21世纪高等学校规划教材

XIANDAI CANGCHU GUANLI

现代仓储管理

周文泳　主编

化学工业出版社

·北京·

本书较为系统地论述了现代仓储管理的相关知识，共分6个部分：一是现代仓储管理的基础知识，二是库场规划与管理的相关知识，三是仓储的作业流程、货品与储位管理的相关知识，四是库存预测与控制的方法与技术，五是仓储信息管理的相关知识，六是仓储服务质量管理的相关知识。

本书可作为物流管理及相近专业的本科生及网络教育、成人教育教材，也可作为企业仓储管理领域的专业培训教材，还可作为仓储管理领域教学、研究及管理人员的参考用书。

图书在版编目（CIP）数据

现代仓储管理/周文泳主编．—北京：化学工业出版社，2010.1（2017.1重印）
21世纪高等学校规划教材
ISBN 978-7-122-07090-6

Ⅰ.现…　Ⅱ.周…　Ⅲ.仓库管理-高等学校-教材
Ⅳ.F253.4

中国版本图书馆CIP数据核字（2009）第224566号

责任编辑：杜　星　唐旭华　　文字编辑：叶晶磊
责任校对：宋　玮　　装帧设计：韩　飞

出版发行：化学工业出版社（北京市东城区青年湖南街13号　邮政编码100011）
印　　装：三河市延风印装有限公司
787mm×1092mm　1/16　印张18½　字数482千字　2017年1月北京第1版第4次印刷

购书咨询：010-64518888（传真：010-64519686）　售后服务：010-64518899
网　　址：http://www.cip.com.cn
凡购买本书，如有缺损质量问题，本社销售中心负责调换。

定　　价：38.00元

前　言

现代仓储业不仅是物流行业的一个重要组成部分，也是衔接社会生产、流通与消费的一个不可缺少的环节，在国民经济与社会生活中扮演着非常重要的角色。仓储管理学是一门发展中的综合性边缘学科，涉及物流管理、企业管理、信息管理、质量管理、设备管理等相关学科。目前，国内关于现代仓储管理学的教材与著作较少。本书是在前人研究的基础上，参考近期国内外的研究成果，并以编者长期从事物流管理专业的本科生现代仓储管理课程的教案为基础编写而成。

本书系统地论述了现代仓储管理的相关知识，共分6个部分：一是现代仓储管理的基础知识（第一章），二是库场规划与管理的相关知识（第二章、第三章、第四章），三是仓储的作业流程、货品与储位管理的相关知识（第五章、第六章），四是库存预测与控制的方法与技术（第七章、第八章），五是仓储信息管理的相关知识（第九章），六是仓储服务质量管理的相关知识（第十章）。

本书可作为高等院校物流管理及相近专业的本科生及网络教育、成人教育教材，也可作为企业仓储管理领域的专业培训教材领域，其教学内容可以根据具体教学要求来选择相关章节。

本书由同济大学经济与管理学院周文泳副教授主编。在编者的现代仓储管理课程教案的基础上，同济大学经济与管理学院的徐经伟、宋泽乾、陈媛、宋梅分别参与了第一至五章、第六至八章、第九章、第十章的编写工作。本书的出版得到了同济大学继续与网络教育研究与奖励基金的资助。

在本书编写过程中，编者倾注了许多心血，阅读了国内外大量的有关物流与仓储管理、服务质量管理的文献，但由于学术视野和专业水平的局限，书中难免有不足之处，恳请广大读者批评指正。

编者

2009年11月

目　录

第一章　仓储管理概论

仓储活动伴随着人类社会的剩余产品的产生而应运而生。现在仓储活动已经成为推动与制约社会产品生产、消费与流通等领域发展的一个重要因素。本章介绍了仓储的概念、功能与作用，阐述了仓储管理的概念、内容、目标与原则，概述了国内外仓储行业的发展状况，指出了现代仓储管理的特点与基本任务。

第一节　仓储的概念、功能与作用

在人类的历史长河中，自从出现了剩余产品，仓储活动就应运而生了。在自此以后的人类几千年文明发展过程中，没有一个国家、一个地区、一个家庭、一个人能离得开仓储。进入 21 世纪以来，仓储活动的效率与有效性已经成为推动与制约社会产品生产、消费与流通等领域发展的一个重要因素。为此，有必要对仓储的概念、功能与作用进行讨论。

一、仓储的概念

仓储是指通过仓库对暂时不用的物品进行储存和保管。“仓”即仓库，存放物品的建筑物和场地，可以是房屋建筑、洞穴、大型容器或特定的场地等，具有存放和保护物品的功能。“储”即储存、储备，表示收存以备使用，具有收存、保管、交付使用的意思。为了更好地理解仓储的内涵，下文将对仓储的目的、场所、对象、形态、价值等方面进行讨论。

仓储的根本目的在于维持仓储物品的使用价值。在维持仓储物品使用价值的过程中，既要维护好仓储物品的有形价值，也要防止仓储物品的精神磨损。在日常的仓储活动中，人们要对储存物品进行维护和保养，防止这些物品的腐蚀、变质或损坏，以确保这些物品的有形价值。与此同时，人们也要持续关注储存物品的替代产品市场供需变化情况，避免这些物品因替代产品的升级换代而导致的价值磨损（即精神磨损），如：手机、电脑等电子产品更新换代快，这类产品储存时间太长会有被市场淘汰的风险。

物品仓储过程需要消耗资源，同时也可能创造物品价值。在物品仓储过程中，需要消耗人工、仓储设备、仓储设施、仓库储位、燃料与动力等资源，会产生一定的物品仓储成本。而不同物品在不同时间点上的效用价值是不一样，仓储可以将物品由效用价值低的时刻延迟到效用价值高的时刻。可见，尽管物品的仓储过程中，尽管要消耗一些资源，但是仓储本身也创造价值，即能将特定商品由效用价值低的时刻维持到效用价值高的时刻，这也是仓储活动存在的理由。

仓储既有静态的物品储存，也包括动态的物品存取、保管、控制的过程。当产品不能被及时消耗掉，需要专门场所存放时，就产生了静态的仓储；而将物品存储在仓库以及对于存放在仓库里的物品进行保管、控制、提供使用等的管理，则形成了动态的仓储。可见，仓储是对有形物品提供存放场所，并在这期间对存放物品进行存储、保管、控制的过程。

仓储活动发生在仓库等特定的场所，仓储的对象只包括实物动产。仓储活动作为一种客观的物质活动，需要在特定的场所中进行。储存与保管物品的场所很多，既可以在不同形式的仓库（如：露天堆场、货棚、库房等）里进行，也在运输工具（如：船舶的货舱、列车的车厢、管道等）里进行。仓储的对象既可以是生产资料，也可以是生活资料，但是，并非所有的生产资料与生活资料都属于物流仓储的范畴。像土地、房屋等不动产尽管可以储备，在储备过程中也需要维护，但是不动产不属于物流的范畴，也不属于仓储的范畴。可见，仓储的对象只包括实物动产。

仓储贯穿于物质产品的生产、流通与消费等各个环节之中，是联接各个环节的桥梁与纽带。在制造企业生产物质产品的过程中，不仅需要对产品生产所需的原材料与零部件、生产出来的半成品与在制品进行存储与保管，还需要对进入流通环节之前的产成品进行存储与保管。在物质产品流通与消费各相关环节中，一般都需要利用仓储对这些物质产品进行维护与保养，以确保这些物品保质保量地为消费者所用。可见，仓储活动是一个在物质产品生产流通中的持续过程，是联接供应商与顾客之间的桥梁与纽带。

二、仓储的功能

整个物流过程主要创造空间效用、时间效用与形质效用等三种效用。物质产品从供给者到需求者之间有一段空间差，供给者和需求者往往处于不同的场所，由于改变物品的存在位置所创造的效用称作空间效用；在物流过程中，空间效用主要是由运输（配送）环节创造。物质产品从供给者到需求者之间存在一段时间差，由于改变这一时间差创造的价值，我们称之为时间效用；在物流过程中，时间效用主要是由存储与保管（仓储）环节创造。在流通过程中，可以通过流通加工的特殊生产形式，使处于流通过程中的物质产品通过特定方式的加工，将供应者手中所具有的形状性质的物品改造成具有需求者所需要的形状性质的物品，创造物品的形质效用，从而增加产品的附加值；在物流过程中，形质效用主要是由流通加工环节来创造。从物流的角度看，仓储的基本功能就是创造物品的时间效用。在现代物流活动中，仓储环节不仅承担存储、保管、加工、整合、分类与转运等功能，有时也承担着支持企业市场形象、市场信息传递、信用保证、现货交易等功能。

1. 存储功能

现代社会生产的一个重要特征就是专业化和规模化，劳动生产率高，产量大，绝大多数产品都不能被及时消费，需要经过仓储手段进行存储，以避免生产过程堵塞，保证生产能够继续进行。另一方面，对于生产来说，适当的原材料、半成品的存储，可以防止因缺货造成的生产停顿。而对于销售过程来说，存储尤其是季节性存储可以为企业的市场营销创造良机。适当的存储也是市场营销的一种战略。

2. 保管功能

生产出的产品在消费之前必须保持其使用价值，否则将会被废弃。这项任务就需要由仓储来承担，在仓储过程中对产品进行保护、管理，防止因损坏而丧失价值。如水泥受潮易结块，使其使用价值降低，因此在保管过程中就要选择合适的储存场所，采取合适的养护措施。

3. 加工功能

物品在保管期间，保管人根据存货人或客户的要求对物品的外观、形状、成分构成、尺度等进行加工，使物品发生所期望的变化。加工主要包括：一是为保护产品进行的加工，如对保鲜、保质要求较高的水产品、肉产品、蛋产品等食品，可进行冷冻加工、防腐加工、保鲜加工等；对金属材料可进行喷漆、涂防锈油等防锈蚀的加工。二是为适应多样化进行的加工，如对钢材卷板的舒展、剪切加工；对平板玻璃的开片加工；将木材改制成方材、板材等。三是为使消费者方便、省力的加工，如将木材直接加工成各种型材，可使消费者直接使用；将水泥制成混凝土拌和料，只需稍加搅拌即可使用等。四是为提高产品利用率的加工，如对钢材、木材的集中下料，搭配套材，减少边角余料，可节省原材料成本和加工费用。五是为便于衔接不同的运输方式，使物流更加合理的加工，如散装水泥的中转仓库担负起散装水泥装袋的流通加工及将大规模散装转化为小规模散装的任务，就属于这种形式。六是为实现配送进行的流通加工，仓储中心为实现配送活动，满足客户对物品的供应数量、供应构成的要求，可对配送的物品进行各种加工活动，如拆整化零，定量备货，把沙子、水泥、石子、水等各种材料按比例要求转入水泥搅拌车可旋转的罐中，在配送的途中进行搅拌，到达施工现场后，混凝土已经搅拌好，可直接投入使用。

4. 整合功能

整合是仓储活动的一个经济功能。通过这种安排，仓库可以将来自于多个制造企业的产品或原材料整合成一个单元，进行一票装运。其好处是有可能实现最低的运输成本，也可以减少由多个供应商向同一客户进行供货带来的拥挤和不便。为了能有效地发挥仓储整合功能，每一个制造企业都必须把仓库作为货运储备地点，或用作产品分类和组装的设施。这是因为，整合的最大好处就是能够把来自不同制造商的小批量货物集中起来形成规模运输，使每一个客户都能享受到低于其单独运输的成本的服务。如图 1-1 所示。

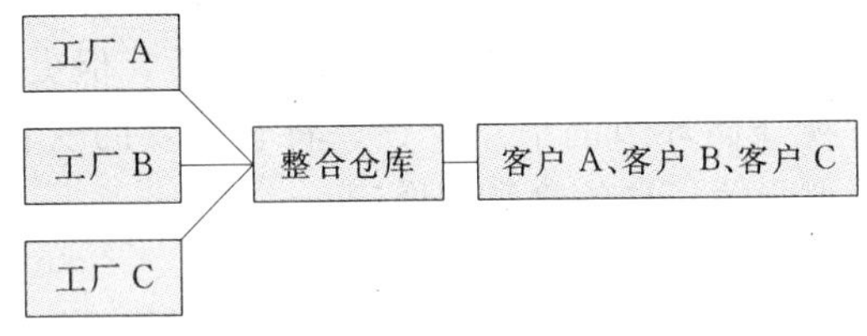

图 1-1　仓储过程中的整合功能

5. 分类和转运功能

分类就是将来自制造商的组合订货分类或分割成个别订货，然后安排适当的运力运送到制造商指定的个别客户。转运是指仓库从多个制造商处运来整车的货物，在收到货物后，如果货物有标签，就按客户要求进行分类；如果没有标签，就按地点分类，然后货物不在仓库停留直接装到运输车辆上，装满后运往指定的零售店。同时，由于货物不需要在仓库内进行储存，因而，降低了仓库的搬运费用，最大限度地发挥仓库装卸设施的功能。如图 1-2（a）、（b）、（c）说明了零售业对仓储过程中分类和转运功能的应用。

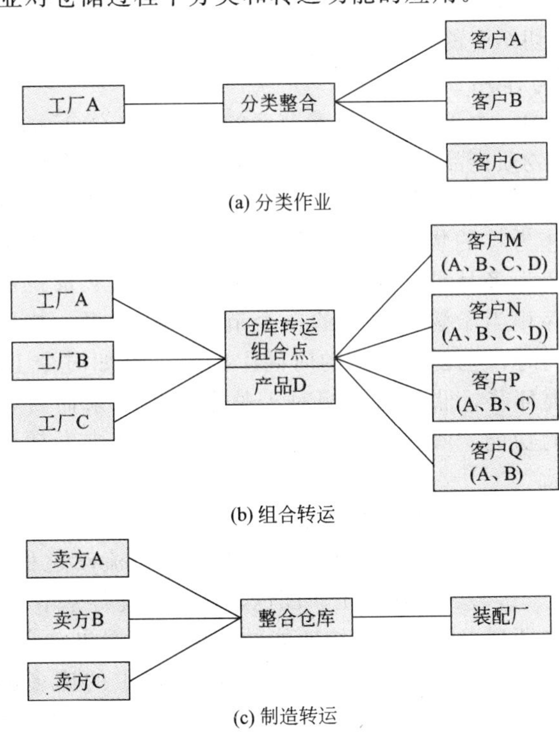

图 1-2　仓储过程中的分类和转运功能

6. 支持企业市场形象的功能

尽管支持企业市场形象的功能所带来的利益不像前面几个功能带来的利益那样明显，但对于一个企业的营销主管来说，仓储活动依然应能被其重视起来。因为从满足需求的角度看，一个距离较近的仓库供货远比从生产厂商处供货方便得多，同时，仓库也能提供更为快捷的递送服务。这样会在供货的方便性、快捷性以及对市场需求的快速反应性方面，为企业树立一个良好的市场形象。

7. 市场信息传递的功能

任何产品的生产都必须满足社会的需要，生产者都需要把握市场需求的动向。社会仓储产品的变化是了解市场需求极为重要的途径。仓储量减少，周转量加大，表明社会需求旺盛；反之则为需求不足。厂家存货增加，表明其产品需求减少或者竞争力降低，或者生产规模不合适。仓储环节所获得的市场信息虽然比销售信息滞后，但更为准确和集中，且信息成本较低。现代企业特别重视仓储环节的信息反馈，将仓储量的变化作为决定生产的依据之一。现代物流管理特别重视仓储信息的收集和反应。

8. 提供信用保证

在大批量货物的实物交易中，购买方必须检验货物、确定货物的存在和货物的品质，方可成交。购买方可以到仓库查验货物。由仓库保管人出具的货物仓单是实物交易的凭证，可以作为对购买方提供的保证。仓单本身就可以作为融资工具，可以直接使用仓单进行质押。

9. 现货交易的场所

存货人要转让已在仓库存放的商品时，购买人可以到仓库查验商品、取样化验，双方可以在仓库进行转让交割。国内众多的批发交易市场，就既是有商品存储功能的交易场所，又是有商品交易功能的仓储场所。众多具有便利交易条件的仓储场所都提供交易活动服务，甚至部分形成有影响力的交易市场。近年来我国大量发展的阁楼式仓储商店，就是仓储功能高度发展、仓储与商业密切结合的结果。

三、仓储的地位与作用

在社会生产与生活中，由于生产与消费节奏的不一致，总会存在现在用不上、用不了或有必要留待以后使用的物质产品。如何在生产与消费或供给与需求的时间差上妥善地保持物质产品的有用性，是物流链中仓储环节所要解决的问题。仓储是物流体系中唯一的静态环节，也有人称之为时速为零的物流。随着经济的发展，需求方式出现了个性化、多样化的改变，生产方式也变为多品种、小批量，仓库的功能也从重视保管效率逐渐变为重视流通功能的实现。储存相当于物流体系的一个节点，在这里，物质实体在化解其供求之间的时间上的矛盾的同时，也创造了新的时间上的效用（如时令上的差值等）。因此，仓储是物流体系中的重要环节，储存功能相对于整个物流体系而言，既有缓冲与调节的作用，也有创值和增效的功能。具体说来，仓储在现代物流中发挥着如下几个方面的重要作用。

1. 仓储是现代物流中不可缺少的重要环节

物流（Logistics）是指物品从供应地向接收地的实物流动过程。根据实际需要，将运输、储存、装卸、搬运、包装、流通加工、配送、信息处理等基本功能实施有机结合（中国《物流术语》）。从图 1-3 所列示的物流系统功能结构中可以看出，仓储在物流中承担着创造物品的时间效用的功能，同时也涉及物流系统功能结构中的诸多辅助功能（如装卸、搬运、包装、信息处理等）。在加工仓库中，仓储活动还拥有流动加工功能，创造物品的形质效用。

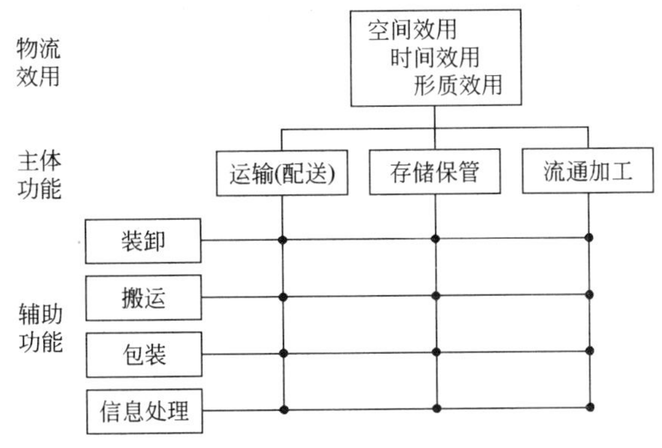

图 1-3 物流系统功能结构

2. 仓储能保证进入下一环节前的物品质量

商品从生产进入流通的过程中，通过仓储环节，对进入市场前的商品进行检验，可以防止伪劣商品混入市场。因此，为保障商品质量，把好仓储这一关，以保证商品不变质、不受损、不短缺和有效的使用价值是非常重要的，仓储的任务就是要最大限度地保证商品的使用价值。通过仓储来保证商品的质量主要在两个关键环节，一是商品入库时的质量检验关，二是商品储存期间的保质关。对于前者，应严格检查待入库商品是否满足仓储的要求，严禁不合格商品混入仓库。对于后者，则是针对在存商品的数量和质量。通过物品入库检验，预防不合格品进入仓库；把好仓储期间的质量关，避免物品因变质、受损、短缺等原因引起的质量问题，可以有效地预防不合格品流入下一工序或混入市场。

3. 仓储是加快流通、节约流通费用的重要手段

商品在仓库内的滞留，表面上是流通的停止，而实际上恰恰促进了商品流通的畅通。仓储的发展，在调配余缺、减少生产和销售部门的库存挤压，在总量上减少地区内货物存储量等方面都起到了非常积极地作业。另一方面，加快仓储环节的收发和出库前为流通所做的准备，将直接缩短商品流通的时间。仓储作为物流的一个重要环节，降低其费用是节约整个流通费用的重要手段。

4. 仓储为商品进入市场做好准备

仓储可以使商品在进入市场前完成整理、包装、质检、分拣、加标签等加工，以缩短后续环节的工作和时间，加快商品的销售。承担存储货物的简单加工已经变成仓储企业的一项重要业务，也是仓储企业改善服务，强化竞争能力的重要手段。

第二节 仓储管理的概念和内容

仓储管理学是一门发展中的综合性边缘学科，涉及物流管理、企业管理、信息管理、质量管理、设备与设施管理等相关学科。一名出色的仓储管理工作人员，不仅需要掌握非常扎实的管理学知识，也需要拥有良好的仓储设备与设施相关专业的技术素养，还需要具备丰富的仓库（库场）营运的工作经验。下文对仓储管理的概念、对象、研究内容与评判标准进行阐述。

一、仓储管理的概念

仓储管理是运作仓储资源实现仓储组织目标的过程。仓储管理是由一系列相互关联的仓储活动组成的过程，这些仓储活动主要包括物品存储、物品保管、物品包装、物品分拣、物品整理等活动。为了更好地理解仓储管理的内涵，我们需要明确如下 4 个问题：①仓储管理

者是什么人？②实现仓储组织目标的途径是什么？③仓储资源有哪些？④仓储管理的本质是什么？

1. 仓储管理者

仓储管理的主体是仓储管理者，仓储管理的客体包括仓储物品、仓储设施、存储设施、装卸搬运设备等。所谓仓储管理者是在仓储组织（如仓储企业、其他组织的仓储部门）中有权指挥下级（如下级仓管人员、库房一线操作工人等）活动的人。也就是说，在仓储组织中，每一个仓储管理者从组织结构的角度看都存在他的下级。按组织层次划分，仓储管理者可以分为高层仓储管理者、中层仓储管理者、基层仓储管理者。高层仓储管理者在仓储组织中负有全面性的职责，相应赋予他们在仓储组织中最高的权力；中层仓储管理者在仓储组织中负有他们管辖领域的职责，也赋予他们在仓储组织中局部的权力；基层仓储管理者直接面对仓储组织中第一线工作的操作者（如搬运工、叉车驾驶员等），他们具有指挥操作者和实施具体仓储工作任务的职权。

2. 实现仓储组织目标的途径

仓储组织的类型不同、隶属关系不同，其目标会存在明显差异。对一个第三方物流仓库（仓储企业）来说，其赖以生存与发展的基础是向社会各类顾客提供仓储服务，在仓储服务提供过程中它也实现了其自身赢利的目标。而对一个隶属制造企业的仓储部门而言，则是围绕着其所隶属企业的经营目标与管理目标而承担其职能，主要是为企业其他相关部门提供所需的仓储服务。因此，任何仓储组织在实现其目标过程中，都需要提供仓储服务。在提供仓储服务过程中，都需要配置与运作仓储组织所需的各类仓储资源。可见，配置与运作仓储组织所需的各类仓储资源是仓储组织实现目标的基本途径。

3. 仓储资源

仓储组织的仓储资源可以分为人力、财力、物力、信息、技术与管理等几类。其中人力资源处于核心的地位，人力资源的配备情况是仓储组织能否有效运作其他资源的前提与基础；良好的人力资源结构表现为具备与仓储组织相匹配的合理的人员结构、能力结构与专业结构。财力资源一般是指仓储组织在特定时期内能够运作的资金，有时也将仓储组织中各类固定资产与流动资产通过货币计量后纳入到财务资源之中。仓储组织中物力资源主要包括仓储设施、储存设施、装卸搬运设备、动力燃料、包装材料等物质资料。信息资源是仓储组织在提供仓储服务过程中所涉及的各种数据与信息，是链接各项仓储活动的纽带。仓储组织的技术资源表现在如下两个方面，一方面是通过仓储设备与设施等物化形态表现出来的技术水平，另一方面是隐含在组织成员中的专业技术能力和素养。管理资源主要表现为仓储组织的仓储管理活动的水平与能力。

4. 仓储管理的本质

仓储组织为了实现其仓储目标，不仅需要处理组织成员之间的关系，处理组织成员与其他仓储资源之间的关系，还需要处理仓储组织当前目标与长远目标之间的关系……要处理好上述这些关系，就需要仓储管理者来协调上述种种关系。只有协调好上述种种关系，仓储组织才能向其顾客（或关联部门）提供仓储服务，才能实现仓储组织的目标。因此，可以说仓储管理的本质是协调。

二、仓储管理的研究内容

仓储管理主要是从物品流通整个过程的购、销、储、运各个环节的相关关系中，研究物品储存的收、管、发和与之相关加工的物流活动，以及围绕物品储存与保管业务所开展的对人、财、物、信息、技术等资源的管理。仓储管理的研究对象主要包括仓储物品、仓储资源、仓储技术、仓储信息等诸多方面。

仓储管理的研究内容主要包括如下几个方面。①仓库地址的选择与内部规划建设，例如，仓库地址的选择，仓库占地面积大小的确定，仓库内库房、货场、运输道路等的规划。②仓库机械设备的选择、配置及管理，例如，如何根据仓库作业特点和所储存物资的种类及其理化特性，选择机械装备的类型以及应配备的数量，如何对这些机械进行管理等。③仓储作业管理，例如，如何组织货物入库前的验收，如何存放入库物资，如何对在库物资进行保管保养，如何将物资发放出库，如何分拣配送等。④仓储物品的库存管理，例如，如何根据企业生产需求状况，储存合理数量的物资，既不致因为储存过少引起生产中断造成损失，又不致因为储存过多占用过多的流动资金等。⑤仓库安全管理，例如，仓库的治安保卫，仓库消防以及仓库安全作业等。此外，仓储管理的研究内容还涵盖了仓储信息管理，例如，物品仓储过程中相关信息的收集、处理和使用，仓储管理领域中现代信息技术的引入与应用等。

三、仓储管理的评判标准

评判管理好坏的标准有两个：有效性、效率。由于仓储组织是向顾客提供仓储服务的，所以仓储管理的评判标准有三个：效率、有效性、顾客满意度。

仓储管理的效率是指仓储服务提供过程中投入与产出的比例关系。当投入仓储资源少，提供的仓储服务多，说明发挥作用的仓储资源的比例高，浪费的仓储资源少，仓储管理的效率高。仓储管理的有效性是指能否通过运作仓储资源实现仓储目标，也就是说，仓储管理工作对投入后的产出与仓储组织目标的一致性程度。如果一个仓储组织能够很好地利用仓储资源实现其目标，说明其仓储管理是有效的。仓储组织顾客满意度是指顾客（仓储组织顾客可以是外部的，也可以是仓储组织内部的）对仓储组织所提供的仓储服务的满意程度。如果顾客对仓储组织所提供的仓储服务越满意，则仓储管理的顾客满意度就越高。

仓储管理的效率、有效性与顾客满意度是相互联系的。现实的仓储管理中，片面的只讲效率、有效性或顾客满意度，都是应该避免的。良好的仓储管理应该既是高效率的，又是有效的，也是顾客满意程度高的。可见，良好的仓储管理应该是仓储组织的效率、有效性与顾客满意度的有机统一。

第三节 仓储管理的目标和原则

对不同类型的仓储组织来说，仓储管理的目标存在明显差异，但都是在向其顾客提供仓储服务中得以实现。在实际仓储管理工作中，应该遵循效率原则、效益原则和服务原则。

一、仓储管理的目标

按性质划分，仓储组织可以分为仓储企业与仓储部门两种基本类型。仓储企业是指为社会上各类组织与个人提供仓储服务的企业法人。仓储部门是指隶属于企业或其他类型组织（如事业单位、军队、政府机构）的仓储组织。仓储企业与仓储部门的目标是有差异的。一般说来，仓储企业作为企业法人，通过向社会公众或各类组织提供仓储服务，实现仓储企业赢利目标与承担相应的公共服务责任。而仓储部门目标则服务与服从于所隶属的组织的目标。而在剥离不同类型的仓储组织的性质差异的基础上，仓储组织所提供的都是仓储服务。所以，对任何一个仓储组织而言，其仓储管理的目标都是在向其顾客提供仓储服务中得以实现的。

二、仓储管理的原则

尽管仓储组织的性质不同，其仓储管理的目标也存在明显差异，但是，任何仓储组织在仓储目标实现过程中，都需要运作仓储资源，都需要向其顾客提供仓储服务。世界上，不存在适用于所有仓储组织的最佳的管理模式，但是，还是有一些具有共性的基本原则可以用来指导仓储组织的实际管理工作。

1. 效率原则

效率是指在一定劳动要素投入时的产品产出量。高效率就是指以较小的劳动要素投入产出较多产品。高效率就意味着单位劳动产出大。劳动要素利用的高效率是现代生产的基本要求。仓储的效率表现在货物周转率、仓容利用率、进出库时间、装卸车时间等指标上。高效率仓储有"快进、快出、多储存、保管好"的特点。仓储管理以效率管理为核心，实现以最少仓储资源投入获得最大的仓储服务产出的目标。仓储资源的投入主要包括劳动力的数量及作业时间、生产工具及使用时间等诸多方面。效率是所有仓储管理工作的基础，没有生产效率，就不会有经营效益，更不可能有优质的仓储服务。高效率的实现是管理艺术的体现，通过准确的核算，科学的组织，妥善的场所和空间安排，部门与部门、人员与人员、设备与设备、人员与设备之间的默契配合，使生产作业过程有条不紊地进行。高效率需要有效的管理过程作为保证，包括现场的组织，标准化、督促、制度化的操作管理，严格的质量责任制约束。现场作业混乱、操作随意、作业质量差甚至出现作业事故等显然不可能有效率。

2. 效益原则

无论是仓储企业，还是赢利性企业的仓储部门，在提供仓储服务过程中，都需要考虑仓储服务本身所带来的效益。仓储服务的效益表现为特定仓储服务提供过程中收益（对仓储企业而言，这种效益表现为仓储服务所带来的收入）与仓储成本（包括仓储过程所发生的各类成本和费用）的差值。如果这一差值为正值，则说明提供这一仓储服务能为仓储组织带来效益。对一个特定的仓储企业而言，如从财务评价的角度上看，这种效益可以通过利润的形式表现出来，仓储企业利润等于企业经营收入减去经营成本后再减去税收；如从国民经济的的角度上看，这种效益则表现为国民经济的净效益，即效益流量与费用流量的差值。因此，对任何仓储组织而言，仓储管理过程中，都应该关注其所提供仓储服务的效益问题，也就是说，仓储组织都应该遵循效益原则。

3. 服务原则

仓储活动以为顾客提供仓储服务为内容，仓储服务是贯穿仓储活动的一条主线。仓储的定位、具体操作、对储存货物的控制都以向顾客提供仓储服务为中心而展开。仓储管理需要围绕仓储服务定位而展开相应的管理工作，例如仓储服务的计划、仓储服务的组织、仓储服务过程的领导、仓储服务的创新、仓储服务过程与质量的控制等工作。一般说来，对一个特定的仓储组织而言，在特定仓储服务中投入的力度越大，仓储服务的水平越高，顾客所需支付的仓储服务费用也越高；在仓储服务投入不变的前提下，仓储组织的可以提高其仓储管理水平，在保证仓储服务的质量与水平的基础上，降低仓储成本。仓储组织在仓储服务的策划与提供过程中，应以顾客为中心，从顾客需求与期望出发，实现仓储组织自身的效益。因此，仓储管理中应该遵循服务原则，才能实现仓储组织的管理目标，才能保证仓储组织的生存与发展。

第四节　国内外仓储行业的发展现状

与欧美日物流发达国家相比，我国的仓储行业有着明显差距。从技术层面上看，仓储业依次经历了人工和机械化仓储、自动化仓储、智能化仓储三个阶段。我国仓储行业的发展需要结合我国的具体国情，明确仓储行业发展目标。与物流发达国家相比，我国仓储企业管理水平有着明显差距，在日趋激烈的市场竞争中，更需关注自身发展的战略管理问题。

一、国内外仓储业概述

1. 欧美日发达国家仓储业概况

第二次世界大战以后，世界经济得到了迅速的恢复和发展，物流量越来越大，物流中的矛盾也愈加突出。如何使物流更为畅通，如何使物流过程更为合理，已成为人们关心的问题。为此，国外出现了一批从事与物流相关的经济活动的企业和一些专门研究物流的机构，特别是在美国和日本。随着商品经济的发展，商品流通费用占总费用比例呈上升趋势，目前，一些国家的商品流通费用已占商品总成本的10%～30%，这就要求通过降低流通费用来提高经济效益。西方国家已经在这方面做出了许多努力。例如，20世纪50年代始于美国，70年代在日本得到高速发展的自动化立体仓库就是这种努力的结果。

目前，欧美国家又在发展大型中转仓库，面积可达上万平方米，单层高度达十多米，使货物流转更加畅通和迅捷。特别是近几年在大型货物配送中心方面发展很快，由此形成的配送网络的覆盖面越来越广。配送中心的发展使传统的仓储功能发生了质的变化，进一步提升了仓储在物流中的地位。

以日本为例，作为一个资源缺乏的发达国家，日本对仓库的建设特别重视，而且现代化程度较高。在日本，仓储主要是由独立的企业承担，政府对仓储业的管理主要是通过法律的约束，如日本制定有专门的《仓库法》。在仓储企业经营方面，越来越多的日本仓储企业在从事拆、分、拼装商品等多种经营业务，出现众多的为生产企业和商业连锁点服务的配送中心，由此大大减少了各部门内仓库中的货物存储量，从而降低了资金的积压。

2. 我国仓储业的发展概况

在我国，随着1840年鸦片战争爆发以后，世界帝国主义列强侵入我国，并按照他们的方式开埠通商，使我国沿海运输和商业活动骤增，从而也使与之相关的仓储经营业务得到较快的发展。近代中国的商业性仓库也称之为堆栈，即是堆存和保管货物的场所。堆栈经营者将资金投入堆栈业，并配备一定的设备，专门用于存放他人的货物，收取栈租。在租用堆栈中，保管货物的契约凭证是栈单。单上所列项目有寄托人姓名、住址，保管场所，受寄物种类、品质、数量和包装种类、件数、记号，栈单填发地和填发年月日，保存期限，保管费用，受寄物的保险情况等。当时的堆栈根据其服务性质可分为码头堆栈、铁路堆栈、保管堆栈、厂号堆栈、金融堆栈和海关堆栈等几类。我国工商业发展较快地区的堆栈业也较发达。如东南沿海地区和沿江地区的主要工商业城市由于处于货物的集散中心，堆栈业发展较快。例如，1929年上海的大小仓库已有40多家，库房容量达到90多万吨。

新中国成立以后，政府在接收了旧中国官僚买办的堆栈，并对私营仓库进行公私合营的基础上，建立和发展了新中国的仓储业。20世纪50年代，各地纷纷建立了国营的商业性仓储公司，并成立了仓库同业公会，对行业起领导作用。在1953年召开的全国第一届仓储会议上，明确了国营商业仓库实行集中管理与分散管理相结合的体制，即对于较大型的仓库由各地商业部门统一收回，拨交仓储公司经营，并与我国商业流通的三级批发管理体制相一致，形成层次清楚，大小规模配套，集中、分散结合的物流系统的仓储体系；20世纪60年代以后，随着世界经济发展和现代科学技术的突飞猛进，仓库在我国仓储业的性质发生了根本性变化，从单纯地进行储存保管货物的静态储存一跃而进入了多功能的动态储存新领域，成为生产、流通的枢纽和服务中心。20世纪70年代初期，我国开始研究采用巷道式堆垛机的立体仓库。1980年，由北京机械工业自动化研究所等单位研制建成的我国第一座自动化立体仓库在北京汽车制造厂投产。从此以后，立体仓库在我国得到了迅速的发展。

据不完全统计，截至2006年年末，我国已建成的立体仓库有300座左右，其中全自动的立体仓库有50多座，其中高度在12米以上的大型立体仓库有8座，这些自动化的仓库主要集中在烟草、医药保健品、食品、通讯和信息、家具制造业、机械制造业等传统优势行业。在此基础上我国对仓库的研究也向着智能化的方向发展，但是目前我国还处于自动化仓储的推广和应用阶段。

尽管通过最近几十年的发展，我国仓储业已形成了相当的规模。但是，这与高速发展的经济和货物流通的需求仍不相适应，仓储能力和技术水平仍远未满足需要。例如，用于存放冷冻农副产品的专用仓库的数量尚不能保证对货物的及时收购。特别是与国外发达国家相比，我国仓储业在规模和水平上所反映出的差距更大。在国外已普遍采用的一些仓储形式在我国却还鲜为人知。当然，随着改革开放以来广泛的国际交流，国外许多先进的仓储技术和管理方法正在不断地被引进，我国仓储业的发展正逐步跟上世界发展的潮流。

二、仓储行业的发展历程

国内外仓储行业的发展大致经历了人工和机械化仓储、自动化仓储、智能化仓储三个历史阶段，下文对这三个阶段做简要说明，并对仓储行业的发展趋势进行展望。

1. 人工和机械化的仓储阶段

人工和机械化的仓储阶段物资的输送、仓储、管理、控制主要是依靠人工及辅助机械来实现。物料可以通过各种各样的传送带、工业输送车、机械手、吊车、堆垛机和升降机来移动和搬运，用货架托盘和可移动货架存储物料，通过人工操作机械存取设备，用限位开关、螺旋机械制动和机械监视器等控制设备来运行。机械化满足了人们对速度、精度、高度、重量、重复存取和搬运等方面的要求，实时性和直观性是其明显优点。

2. 自动化仓储阶段

自动化技术对仓储技术和发展起了重要的促进作用。自 20 世纪 50 年代末开始，相继研制和采用了自动导引小车（AVG）、自动货架、自动存取机器人、自动识别和自动分拣等系统。到 20 世纪 70 年代，旋转体式货架、移动式货架、巷道式堆垛机和其他搬运设备都加入了自动控制行列，但这些只是各个设备的局部自动化并各自独立应用，被称为“自动化孤岛”。

随着计算机技术的发展，工作重点转向物资的控制和管理，要求实时、协调和一体化。计算机之间、数据采集点之间、机械设备的控制器之间以及它们与主计算机之间的通信可以及时的汇总，仓库计算机及时地记录订货和到货时间，显示库存量，计划人员可以方便地作出供货决策，管理人员随时掌握货源及需求。

信息技术的应用已成为仓储技术的重要支柱。到 20 世纪 70 年代末，自动化技术被越来越多地应用到生产和分配领域。“自动化孤岛”需要集成化，于是便形成了“集成系统”的概念。在集成化系统中，整个系统的有机协作，使总体效益和生产的应变能力大大超过各部分独立效益的总和。集成化仓库技术作为计算机集成制造系统（CIMS—Computer Integrated Manufacturing System）中物资存储的中心受到人们的重视，在集成化系统里包括了人、设备和控制系统。

3. 智能化仓储阶段

在自动化仓储的基础上继续发展，实现与其他信息决策系统的集成，朝着智能和模糊控制的方向发展，人工智能推动了仓储技术的发展，即智能化仓储。现在智能化仓储技术还处于初级发展阶段，21 世纪仓储技术的智能化将具有广阔的应用前景。

4. 仓储业的发展趋势

随着现代工业生产的发展，柔性制造系统（Flexible Manufacturing Systems）、计算机集成制造系统（Computer Integrated Manufacturing Systems）和工厂自动化（Factory Automation）对自动化仓储提出更高的要求，搬运仓储技术要具有更可靠、更实时的信息，工厂和仓库中的物流必须伴随着并行的信息流。

射频数据通信、条形码技术、扫描技术和数据采集越来越多的应用于仓库堆垛机、自动导引车和传送带等运输设备上，移动式机器人也作为柔性物流工具在柔性生产中、仓储和产品发送中日益发挥重要作用。实现系统柔性化，采用灵活的传输设备和物流线路是实现物流和仓储自动化的趋势。

人工智能技术的发展必将推动自动化仓库技术向更高阶段即智能自动化方向发展，在智能自动化物流阶段，生产计划作出后，自动生成物料和人力需求，查看存货单和购货单，规划并完成物流。如果物料不够，无法满足生产要求，系统会自动推荐修改计划以便生产出等值产品。

目前，智能仓储系统的基本原理已经在一些实际的物流系统中逐步得到实现，这种系统将人工智能集成到物流系统中。可以预见，在本世纪智能仓储技术将具有广阔的应用前景。

三、我国仓储业的基本特征与发展目标

（一）我国仓储业的基本特征

我国仓储业在发展过程中，取得了巨大的飞跃，为经济发展起到了一定的后勤保障作用。就我国仓储业的现状讲，具有如下特点。

1. 具有明显部门仓储业的特征

自从我国确立了以生产资料公有制为主体的社会主义经济制度后，在中央集中统一领导下，形成了以部门为主的管理体制。在以前高度计划经济体制下，我国的生产资料流通完全纳入了计划分配轨道，企业所需要的物资只能按照企业的隶属关系进行申请，经过综合平衡以后，再按各部门进行计划供应。而各部门为了储存保管好分配来的各种物资，就需要建立仓库，逐渐形成了部门仓储管理系统。

最初，各部门设仓库的目的，是为了满足本系统或本部门物资供应的需要，这些仓库大多分布在经济发达的地区和城市，而且仓库大部分是平房，占地面积大，储存效率低。仓库的重复建设不但加大了我国的基建投资，还占用了大量的土地。加之是一种部门仓储业，因此，易出现同城同类仓库来回倒库的严重问题，造成货物中转环节多、货物旅行等不合理物流现象，浪费了大量的人力、物力和财力。而一些边远落后地区在发展经济急需仓库时，又由于资金不足或其他原因，不能及时到位修建仓库。仓库布局的这种不平衡，直接影响了地区经济的发展，进而影响了城市或区域整体经济发展规划的实施。

2. 仓库的拥有量大但管理水平较低

由于以前我国是以行政部门为系统建立仓库，不同部门、不同层次、不同领域为满足自身使用的方便都设立仓库，这就使我国仓库的拥有量居世界前列。但由于我国没有一个统一的仓储管理部门，也没有做过全国仓库拥有量的统计，所以，仓库拥有量的底数并不十分清楚。

我国的仓库数目虽然很多，但是仓库管理水平却不高。究其主要原因，是在思想上对仓库管理不够重视。人们把主要精力放在争取货源上，一旦货物到手，往仓库里一放，就以为是万事大吉了，至于如何管理好库存物资，就不太关心了。再加上社会上普遍对仓库工作存在一种偏见，认为仓库管理不需要知识，也不需要技术，致使仓库人员的素质，尤其是文化素质不高；另一方面，仓储机械设备也较少，因而仓储管理水平较低。

3. 仓储技术发展不平衡

20 世纪 80 年代以后，我国仓储技术得到较大发展，但是，各地发展不均衡。改革开放以后，国外先进的仓储技术传入我国，我国的仓储技术有了较大的提高。与此同时，人们对仓储工作的看法也发生了变化，逐渐重视仓储管理工作，并注意引进先进的仓储技术和提高仓储工作人员的素质。但各地区发展不平衡，目前我国仓储技术还处在先进与落后并存的状

态。目前各仓库所拥有的设备状况不一，有的现代化仓库拥有非常先进的仓储设备，例如，有的仓库拥有各种先进的装卸搬运设备、高层货架，实行计算机管理；而有的仓库还处在以人工作业为主的原始管理状态，仓库作业主要靠人工，只有少量的机械设备和铁路专用线，且利用率不高；有些设备已经老化，有些已经陈旧，但由于资金不足，无力更新，只得“带病”作业，隐藏着许多不安全因素。仓库设备状况相差悬殊，各仓库作业效率不均衡，这些现象使我国仓储的综合效益难以提高。

4. 仓储管理方面的法规还不够健全

建立健全以责任制为中心的规章制度是仓储管理的一项基础工作，严格的责任制是现代化生产的客观要求，也是规范每个岗位职责的依据。新中国成立以来，建立了不少仓储方面的规章制度，但随着生产的发展和科学水平的提高，有些规章制度已经不适应今天的要求，需要进行修改和新建。在仓储管理法制方面，我国起步较晚，至今还没有一部完整的仓库法。同时，我国仓储管理人员的法制观念不强，不会运用法律手段来维护企业的利益。

（二）我国仓储业的发展目标

随着生产的发展和流通规模的扩大，一方面出现物流量的急剧增加，仓储业务量增大，加上社会需求的变化，对仓储业务在时间上、质量上和服务水平上都提出了更高的要求；另一方面，现行的这种分散型、封闭型的仓储格局与社会化大生产、开放式的社会主义市场经济很不协调，致使现有的仓储能力不能得到充分利用。这个问题已经引起政府的重视，根据国家的总体部署，借鉴发达国家仓储业以及物流业的发展经验，我国仓储业应朝着仓储社会化、仓储产业化、仓储标准化及仓储现代化的“四化”方向发展。

1. 仓储社会化

所谓仓储社会化就是指随着改革开放和社会主义市场经济的发展，仓库要打破部门间、行业间、地区间、系统内外间、生产资料与生活资料间的界限，向社会开放，相互展开竞争，形成一个分散型的仓储市场。只有打破部门与地区的框框，使仓库从附属型向半经营型或经营型转化，面向社会，开展平等竞争，优胜劣汰，我国的仓储业才能获得发展。

要实现仓储社会化，首先要解决体制问题。我国仓储的管理模式长期以来形成的条块分割、地区分割、“小而全、大而全”的局面，形成了目前以部门或地区为核心的仓储业，它们各自为政，自成系统。这样不仅占用了大量土地，而且还占用了大量劳动力和设备。占用这么多的资源，利用状况却并不乐观。我国仓库平均利用率还不到40%，但也有些部门的仓库不够用，如遇到农业丰收时，粮食、棉花等的仓库就紧张。一方面仓库闲置，一方面还要新建仓库，这种不协调的状况是旧体制造成的。这种小生产方式的仓储业远远不能适应现代生产、流通发展的需要。

随着改革开放和社会主义市场经济的发展，有不少储运公司以及仓库相继向社会开放，逐渐打破了系统内与系统外的界限，打破了生产资料的界限，相互展开竞争，基本形成了一个分散型的储运市场。这种形式与条块分割、地区分割的封闭型储运市场相比有很大发展，打破了部门与地区的框框，使仓库从附属型向半经营型或经营型转化，面向社会，开展竞争，优胜劣汰，使我国的仓储业得以发展。但要真正解决仓储业的社会化问题，应做好两方面的工作：首先，解决体制问题。根据市场经济的要求和仓储业的特点，打破部门、条块分割的管理局面，广泛开展部门间仓储企业的横向联合，实行仓储全行业的管理系统，以避免由于按条块管理只顾本部门经济效益，忽视社会经济效益的弊病，有利于全行业整体功能的发挥。同时，可以按专业分工原则统一规划，合理布局，形成全国统一的储运市场，以有利于普及推广仓储管理的“作业标准化、行业规范化、工作程序化、管理现代化”的原则，取得政策与制度上的统一，提高专业技术和管理水平。其次，建立多功能综合性仓库，发展物流技术，促使物流、商流达到协调运行与发展。为适应市场经济发展的需要，仓库应从单纯储存型向综合型发展，从以物资的储存保管为中心，转变到以加快物资周转为中心，集储存、加工、配送、信息处理为一体的多功能综合仓库，成为高效率、低费用、快进快出的物流中心，全面提高仓储业的服务水平。

2. 仓储产业化

仓储活动要想真正同工业、农业一样，成为一个独立的行业，必须发展自己的产业。虽然，仓储活动不能脱离保管业务单纯地进行生产加工业务，但仓储完全有条件利用自身的优势去发展流通加工业务。国外的经验告诉我们，仓储发展流通加工是大有前途的，而我国恰恰在这方面很薄弱，大多数仓储部门固守传统的仓储业务，思想不够解放。流通加工是商品从生产领域向消费领域流通过程中，为促进销售，提高物流效率以及商品利用率而采取的加工活动，它是流通企业唯一创造价值的经营方式。世界上许多国家和地区的物流中心或仓储经营中都大量存在着流通加工业务。例如，日本的东京、大阪、名古屋等地区的 90 家物流公司中有一半以上具有流通加工业务，它为企业带来了巨大的经济效益，也产生了较好的社会效益。仓储部门储存着大量的商品，又拥有一定的设备和技术人员，只要再增加一些流通加工设备和工具，就可从事流通加工业务，因此，仓储产业发展流通加工是最有发展前途的。

3. 仓储标准化

为了提高物流效率，保证物流的统一性以及各种物流环节的有机联系，并与国际接轨，必须制订物流标准。仓储是物流的重要组成部分，因而，仓储标准化是物流标准化的重要组成部分。仓储标准化不仅是为了实现仓储与其他物流环节的紧密联系，也是仓储内部提高作业效率、充分利用仓储设施和设备的有效手段，同时是实现仓储机械化、仓储自动化、仓储信息化的前提条件。

仓储标准化是一项基础性工作。由于仓储分散在商业、物资、外贸、运输等部门，因此，更有必要从标准入手，推进仓储行业的整体发展。仓储标准化内容很多，例如，全国性通用标准（仓库种类与基本条件标准、仓库技术经济指标以及考核办法标准、仓储业标准体系、仓储服务规范、仓库档案管理标准、仓库单证标准、仓储安全管理标准等），仓储技术通用标准（仓库建筑标准、货物入出库标准、储存货物保管标准、包装标准、货物装卸搬运标准等），仓库设备标准，仓库信息管理标准，仓库人员标准等。

4. 仓储现代化

机械化和自动化是仓储现代化的重要标志。随着生产技术的发展，生产机械化已是现代企业生产的基本要求。机械具有承重能力强、效率高、工作时间久、损害低等多种特点。仓储作业大都负荷重、作业量大、作业环境恶劣、时间紧、存在着众多系统性安全隐患，因而仓储机械化是仓储业发展的必然。仓储企业应通过机械化实现最低的人力作业，加大企业集成度，减少人身伤害和货物损害，提高作业效率。随着货物运输包装向大型化、托盘化的发展，仓储也必然要向机械化过渡。

由计算机管理和控制的仓储作业称为自动化仓储。在自动化仓库中，货物仓储管理、环境管理、作业控制等仓储工作，通过信息管理、扫描技术、条形码、射频通信、数据处理等技术，指挥仓库堆垛机、传送带、自动导引车、自动分拣等设备自动完成；自动控制空调、监控设备、制冷设备进行环境管理；向运输设备下达运输指令安排运输等；并同时完成单证、报表的制作和传递。对于危险品、冷库暖库、粮食等特殊仓储，自动化控制和管理是其发展的趋势。

实现仓储现代化的关键在于科学技术，而发展科学技术的关键在于人，没有知识，没有人才，现代化就是一句空话。因此，应从以下几个方面做起。

（1）仓储人员的专业化

在生产力高度发展的今天，科学技术越来越进步，机器设备的数量和品种也越来越多，人在操纵现代化生产设备中的作用也就越来越大，要求有一大批既懂管理，又懂专业知识，并掌握现代化管理方法和手段的高素质的管理人才。而对仓储业来讲，普遍存在人员素质不高，技术和管理水平偏低的现象。因此，对仓储人员的培训就显得迫切和重要。必须按现代化管理的要求，加强对仓储人员的培养、教育和提高，尽快培养出一批具有现代科学知识和管理技术、责任心强、素质高的仓储专业人员。

（2）仓储技术的现代化

当前仓储技术是整个物流技术中的薄弱环节，因此加强仓储技术的发展与更新，是仓储现代化的重要内容。仓储现代化首先要解决信息现代化，包括信息的自动识别、自动交换和自动处理。当前应从以下几个方面抓起。①实现物资出入库和储存保管的机械化和自动化。从中国的国情出发，重点发展物资存储过程中所需要的各种装卸搬运机械、机具等，例如，研制并推广作业效率高、性能好、能耗低的装卸搬运机械；发展自动检测和计量机具；提高分货、加工、配送等作业手段和方法等。②存储设备的多样化。存储设备朝着省地、省力、多功能方向发展，推行集装化、托盘化，发展各类集合包装以及结构先进实用的货架，实现包装标准化、一体化。③适当发展自动化仓库，有重点地建设一批自动化仓库；加强老库的技术改造，尽快提高老库的技术和管理水平，充分发挥老库的规模效益。

（3）仓储管理方法的科学化和管理手段的自动化

根据现代化生产的特点，按照仓储客观规律的要求和最新科学技术成就来进行仓储管理，实现仓储管理的科学化。在仓储管理中，结合仓储作业和业务特点，应用先进的科学技术，使用科学的管理方法，是促进仓储合理化的重要步骤。运用电子计算机辅助仓储管理，进行仓储业务管理、库存控制、作业自动化控制以及信息处理等，以达到快速、准确和高效的目的。

总之，应在仓储标准化、社会化、产业化的基础上，全面提高仓储的技术水平，彻底改变仓储原始的人工作业方式，实现仓储的机械化。要在有条件的仓库中发展配送中心，形成集储运、配送、加工、信息处理为一体的多功能物流配送中心。

四、我国仓储企业发展的战略思考

随着我国社会主义市场经济的发展，流通领域已逐步从卖方市场转向买方市场，这就促使仓储业的经营方式发生深刻的变化。如果不能适应这种市场经济带来的变化，则会在激烈的仓储业务竞争中被淘汰。在日益激烈的市场竞争的格局中，我国仓储企业在制订和实施发展战略过程中，要关注哪些要素呢？下文将就我国仓储企业的发展战略应关注的若干问题进行阐述。

（一）以顾客需要为关注焦点

仓储业处于客户市场的事实已迫使仓储企业不得不向客户提供良好的服务，以吸引客户使用本企业的仓库和其他服务。因此，注意客户的需求，以及这种需求所带来的变化，及时捕捉客户（包括潜在客户）信息，并加以分析是非常重要的。

（二）把握经营管理方法的新动向

仓储企业在战略管理过程中，应注重学习、吸收与创新当前经营管理的理念与方法的新动向，才能制定适合仓储企业特点的发展战略。例如，日本丰田公司改变了过去生产中中间仓库大量储存半成品的现象，确立了“必要时提供必要的零部件”的看板方式，即创立了我们所熟悉的“即时”（Just in Time）管理理念，并成为这一思想的先导。类似这些新的经营管理方法是仓储企业的经营者应该认真研究和及时吸取的。

（三）密切关注周围环境的变化

土地价格的上涨，交通线路的变化，生产力布局的改变，人们消费热点的迁移等，都将引起仓储业未来发展的变化。因而，仓储企业应注意收集环境信息，发挥行业协会的作用和利用政府的信息渠道，直接进行调查，多方位获取信息。

（四）适应仓储物品的多品种、小批量的变化趋向

随着人们需求的多样化，销售部门相应采取更为“柔性”的进货方式，使销售行业自备大型仓库的情况减少，取而代之的将是“即时”性的供货方式。因此，仓储企业面对这种变化，应该注意发展国外已有的“配送中心”经营模式。同时，由于多品种、小批量货物的堆存面积利用率较低，因此，采用自动化立体仓库是较好的方法。

（五）市场拓展的着力点

在市场经济条件下，仓储企业应转变观念，突破传统业务范围，开拓新的服务市场。仓储企业的市场拓展可以从以下四个方面着手。

1. 为某一特定的商品实行全过程的服务

即在从生产、批发、零售直到消费者的整个过程中提供运输、仓储、配送以及有关这种商品的市场信息的收集和反馈等。

2. 扩大仓储业的服务功能

为了向客户提供全方位的服务，同时，也是为了给企业开辟更多的业务渠道，仓储企业应着眼于向多功能的方向发展，增强自己的市场竞争能力。这包括：向客户提供信息服务，提供能促使销售商扩大流通渠道、提高经营管理效率的新的服务项目；注意客户的需求，充分利用自己的资源，谋求扩大市场，拓宽服务项目，提高经营能力等。

3. 建立区域性的仓储信息网络

商品从原材料经过生产环节、流通环节，进入消费环节，在这个过程中，商品的流动便形成了一个物流网络，伴随着物流的是相关的信息，由此形成一个信息网络，如图 1-4 所示(图中不包括反馈信息流)。物流信息的畅通有利于加速商品的合理流动。在物流过程中，仓储企业则是承担信息服务的最佳角色。因此，仓储企业应建立为客户服务的物流信息服务系统。

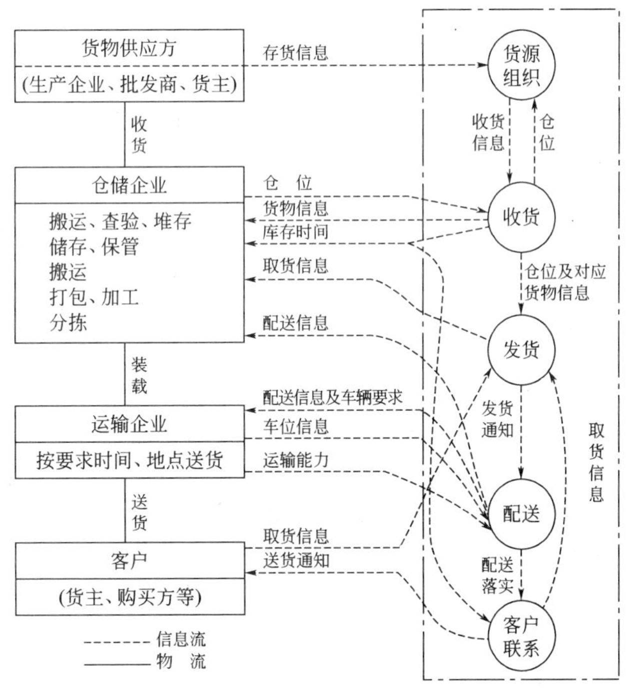

图 1-4　仓储物流与信息流

4. 扩大合作

为了扩大企业的客户面而与物流环节中的其他企业联手合作是必要的，这有利于实现优势互补。例如，与运输企业、大型商业、生产企业的联合，与国外同行的联手等。

（六）推行标准化策略

仓储企业在进入市场经济环境后，由于激烈的竞争，使企业害怕合作，不愿采用由全行业共同遵守的标准。但是，恰恰是仓储企业的非标准化以及各自为政的发展，给客户带来诸多不便，进而影响到仓储业本身的发展。因此，为了仓储企业自身的利益以及社会的效益，在仓储业推行标准化是非常必要的。例如，使托盘、包装箱标准化，推行条形码等。

第五节　现代仓储管理的特点和任务

随着科学技术的迅猛发展，传统的仓储组织在市场竞争中面临着诸多挑战。仓储管理的现代化已经成为各类仓储组织发展的努力方向。那么，现代仓储管理具有哪些特点呢？我国现阶段仓储管理面临着哪些历史使命呢？

一、现代仓储管理的特点

（一）实现“零库存”管理

所谓“零库存”并不是等于不设库存，而是对于某一企业或组织来说，把自己的库存向上转移给供应商或向下转移给销售商，以实现自己的零库存。在科学技术发展的今天，零库存是完全可以实现的。例如丰田公司的准时制生产方式完全有效地消除了库存，实现了零库存。从物流运动合理化的角度来研究问题，零库存概念应包含有两层意义：一是库存对象物的数量趋于零或等于零（即近乎于无库存）；二是库存设施、设备的数量及库存劳动耗费同时趋于零或等于零（即不存在库存活动）。而后一种意义上的零库存，实际上是社会库存结构的合理调整和库存集中化的表现，就其经济意义而言，它并不来自通常意义上的仓库物资数量的合理减少。而实现零库存的途径主要有以下几种方式。

1. 推行协作、配套的生产方式

在协作、配套的生产方式下，企业与企业之间的经济关系日益密切，在一些企业之间（如在生产零部件的企业和组装产品的主导企业之间）开始自然地构筑起稳定的供货（或购货）渠道。由于供货渠道稳定，就可以免除生产企业后勤保障的后顾之忧，促使其库存物资的总量减少，直至取消供应品库存，实现零库存。

2. 分包销售的经营方式

在分包销售的方式下，“统一组织产品销售、集中设库储存产品”的实行，以及通过配额供货的形式将产品分包给经销商，使得在各个分包（销售）点上是没有库存的。换句话说，在分包销售方式下，分包者的“销售品库存”等于零。

以上配套生产和分包销售的现象以制造业为多。在发达国家的制造业中，通常情况下，许多经销商和生产商的零库存在极大程度上都是通过实行产品分包销售和实行协作、配套的生产方式而实现的。在这些国家里，汽车和家用电器等机电产品的生产企业都是以集团来组织的企业。从结构上看，集团是由少数几家规模很大的主导企业和若干家规模较小的协作企业组成的。其中，主导企业主要承担的任务是负责完成产品装配和市场开发，协作企业承担的任务则是负责零部件的制造和根据主导企业的生产进度和速度来调整和安排自己的生产活动，并且能在主导企业所要求的时间内送货到位。由于供货有了充分的保障，主导企业通常都不会另设库存，从而使其达到零库存状态。

3. 依靠专业流通组织实现零库存

专门从事商品购销活动的流通组织，通常都拥有配套的物流设施和先进的物流设备，拥有大量的物资和资金，依靠这样的组织均衡和准时地向需求者提供货物。在某种意义上来说就是利用专业流通企业的财力、物力（库存物资）去达到支持社会上的生产活动和经营活动的目的。从需求者的角度来看，依靠专业流通组织达到准时而均衡的供货，等于是把某些后勤服务工作让位职能企业承担。在这样的供应体制下，作为需求者的商业企业和生产企业，再设庞大的库存是没有必要的，它们会自动的缩减或取消自己的库存，从而达到零库存的状态。

4. 委托营业仓库储存和保管货物以实现零库存

国外一些仓库虽然是某个集团公司的隶属部分，但其服务对象不局限于集团内部的成员企业，而是面向社会开展经营活动，这种仓库被人称为营业仓库。很明显，营业仓库是一种社会化、专业化程度比较高的仓库。委托这样的仓库存储货物，是将所有权属于用户（委托方）的货物寄存在专业化的仓库中，由后者为用户提供保管和发送货物的服务，用户则根据通行的标准向受托方（仓库）支付服务费。采用这种方式储存货物，用户就没有必要再过多地储存货物，甚至也没有必要再单独设立仓库进行货物的保管、维护之类的活动。

委托营业仓库储存和保管货物实现零库存有很多好处。从营业仓库角度来说，可以利用其专业化水平高的优势充分开展规模经营活动，从而能够实现以较低费用的库存管理提供较高水平的后勤服务的目标；从用户角度来说，减少了大量后勤的工作，能够更加集中精力地从事生产经营活动。但是，必须注意到，通过上述方式达到零库存，实际上是库存（或库存物资）位置的移动，它并没有使社会总库存减少和使库存物资总量降低。

5. 实行“看板供货”制度

“看板供货”，就是通常所说的“及时供货”。“看板供货”制度最早产生于美国，后来在日本得到了进一步的完善和发展。20 世纪 90 年代中期，我国也曾有部分生产企业试行过这一供货制度。

从运作方法和原理的角度来看，“看板供货”就是在企业内部各工序之间，或者在相互建立供求关系的企业之间，由下一个环节采用固定格式的卡片根据自己的生产节奏逆流而上，向上一个环节提出关于供货的要求，上一个环节则按照卡片上指定的供应数量、品种等及时组织送货。实行这样的供货制度（或供货办法）明显的好处是可以做到同步、准时向需求者供应货物。

（二）实施整合化管理策略

整合化管理策略是指把社会的仓储设施，各相关供应商、零售商、制造商、批发商，甚至客户的仓储设施进行整合，达到企业仓储管理优化的策略。也就是说在供应链管理的框架下，实行仓储管理，把相关仓储管理的作业或设施进行重建。供应链管理下的仓储管理，能够实现在动态中达到最优化这一目标，在达到满足顾客要求的前提下，尽量降低库存，从而可以提高供应链的整体效益。整合化管理的目标包含以下几个方面。

① 仓储成本最小化。企业只有通过降低库存成本才能达到降低总成本、增加赢利和提高竞争能力的目标。

② 仓储供应保证程度最大化。企业的销售机会有很多，这就使得仓储对其他经营活动、生产活动的保证显得十分重要，而仓储本身的效益就较为次要了。企业通过增加生产以扩大经营时，通常选择仓储供应保证程度最大化。

③ 实现缺货零可能。由于技术、工艺条件决定企业不允许停产，则必须通过控制实现缺货零可能，才能起到保证不停产的作用。当企业签订某些重大合同，他们必须以供货为保证，否则会受到巨额赔偿的惩罚时，可制定实现缺货零可能的控制目标。

④ 有效控制资金使用。企业必须在限定资金预算的前提下实现供应，这就需要以控制资金使用为前提对仓储进行一系列控制。

⑤ 快捷迅速，效率优先。仓储管理不依本身经济性来确定目标，而依大的竞争环境系统要求考虑实现什么目标，这常常出现以最快速度实现进出为目标来对仓储进行控制。

为了实现仓储控制的最优目标，需要协调和整合各个部门的活动，使每个部门以实现企业的整体效益为目标，不是以有效实现本部门的功能为目标。高的顾客满意度和低的库存投资看上去似乎相冲突，这两个目标同时实现在过去曾被认为是不可能的。现在，通过供应链管理下创新的物流管理技术及企业内部管理的改进，这些目标是能够实现的。

（三）计算机化与网络化管理

新科技革命以来，在美国，计算机在仓储管理中的应用日益广泛，它可以把复杂的数据处理简单化。同时还有成熟的仓储管理软件供企业挑选采用。网络在近年来的迅速普及使得库存管理网络化正成为一种趋势。

计算机通过其强大记忆功能，把复杂的仓储管理工作进一步简化并大大提高效率；它具有的准确计算能力使人们增强了对它的信赖；它可以对临时变动进行应对，对临时需要进行适时处理。因此，计算机已经成为库存控制信息系统的核心，作为对各项管理业务发出企业指令的指挥中心而起着重大的作用。

随着网络日益普及，网络在世界的每一个角落几乎都存在，面对如此方便、迅捷、畅通的通信和信息渠道，每一个关心网络运用的公司，都将会从中得到极大的好处。对通畅的网络渠道进行充分利用，可以大量节省管理和通信费用，可以在任何时候查看公司在各地的仓储资料。网络将总公司、分公司、营业所、销售点以及分布在各地区的制造厂、组装厂、供货方、营业仓库、流通中心、运输公司等连成一体，形成一个贯穿全国甚至世界的库存控制系统。只要把仓储管理涉及的部分均接入网络，便形成了一个仓储管理的整体，充分发挥出统筹和整体策划的优势，从而可以大幅度降低成本。网络化的仓储管理可以直接得到处理结果和反馈信息，做到实时处理，并能够以日报表、月报表等形式打印出来。

二、我国现阶段仓储管理的任务

仓储管理由简单到复杂直至现代化，是与整个社会的生产力发展水平相适应的。我国是一个社会主义大国，同时又是一个经济欠发达的国家，经济发展极不平衡。在沿海经济发达地区以及某些技术、资金力量比较雄厚的部门，已经开始建立自动化立体仓库，仓库管理也较快地向现代化的方向迈进。但是，在一些边远山区和经济落后的地区，仓库还十分简陋，仍然处在简单仓储的发展阶段。从总体来看，我国仓储管理水平与世界上一些发达国家相比，无论在理论上还是实践上，都存在一定的差距。因此我们必须引进和吸收一些发达国家的先进经验，持续快速地实现仓储管理的现代化。现阶段，我国仓储管理的任务包括以下几点。

1. 从生产企业出发，为生产和人民生活服务

从生产企业出发，为生产和人民生活服务，是仓储管理的首要任务。这是由企业物资仓储管理的性质所决定的。企业有自己独立的经济利益，但当这种局部利益与整体利益、国家利益发生矛盾时，作为社会主义的物资仓储企业，要以国家利益为重。仓储企业作为物资流通中储存物资的重要环节，有责任、有义务堵塞漏洞，为国家分忧。

2. 搞好物资的收发、保管保养工作，确保入库物资的数量准确和质量完好

物资的收发、保管保养工作是仓储活动的核心工作。要搞好物资的收发、保管保养工作，提高仓储管理水平，就必须从仓储活动的基本职能做起。搞好物资从入库到出库各个环节的质量管理，做到快进快出、及时供应，尽量缩短物资在各个业务环节的停留时间，加快

物资运动速度。根据物资本身的理化特性，研究和掌握影响物资变化的各种因素及其变化规律，采取科学的保管保养方法，保证储存物资数量准确，保证账、卡、物、证四相符，充分发挥现有仓储设施的潜力，不断提高库容的利用率，减少建设投资。

3. 认真开展仓储技术的科学研究，不断提高仓库的机械化和自动化水平

开展仓储技术的科学研究工作，积极开展技术革新、技术改造，是实现仓库作业机械化、自动化的重要途径。过去一个时期，由于对仓储技术的研究工作重视不够，致使我国的仓库机械化水平和科学管理水平较低。要迅速改变这种状况，必须加强对仓储技术的科学研究，尽快将国内外现代科学技术的新成果运用到仓储管理中去。

4. 建立健全仓储管理规章制度，不断提高仓储管理水平

为了保证仓储活动各个环节都能够正常运行，并取得良好的经济效益，就必须协调仓储活动过程中人、机器设备、工具、物料之间的关系。这就要求有严格的管理制度，使得人们按照规定的工作内容、工作程序、时间和工作方法进行工作。根据 ISO 9000 国际质量体系认证和 TSO 14000 环境保护的要求，不断健全和完善仓储管理规章制度和作业程序，使仓储管理同国际接轨，使国外先进管理技术本土化。

5. 掌握、监督库存动态，合理规划物资储备

过多的物资储备固然可以提高供应能力，但是会占用过多的流动资金及增加保管储存费用，在经济上是不合理的。所以，仓储管理必须对各项物资的储备量予以正确的规划，并经常监督检查使得储存物资数量始终保持在一个合理的范围之内。

6. 讲究经济效益，搞好经济核算

仓储管理是一种经济活动，它是通过仓储活动给客户提供增值服务的，与此同时，仓储活动产生的费用，构成了仓储成本。仓储管理必须通过不断改善管理手段，在采购、运输、验收、保管、发放出库等环节上采用先进、科学的方法，合理规划货位，加快货物周转，提高仓储设施利用率，降低作业成本，才能取得良好的经济效益。搞好经济核算，通过对仓储作业各项经济技术指标的考核，发现问题并及时解决，不断总结经验，提高仓储管理水平。

7. 重视职工培训，不断提高职工的思想政治觉悟和业务水平

仓储本身是对“物”的管理，但这种管理又是由人来实现的。机器是由人来操纵的，各种科学的管理方法也是由人来组织、实施的。只有较高素质的劳动者与现代化机器设备相结合，才能充分发挥这些设备的作用。因此，通过对职工的教育来调动职工的积极性和创造性，通过业务培训，帮助职工掌握科学技术和管理技术，不断提高职工队伍的业务水平、技术水平和管理水平。培养一支思想向上、业务过硬的职工队伍是仓储管理的一项重要任务。

8. 搞好仓库清洁卫生

对仓库清洁卫生的要求与其他场合不同，是根据货物储存要求来确定的。但灰尘杂物对所有货物的质量都有不同程度的影响。因此，搞好清洁卫生是仓储管理的基本要求之一。

9. 确保仓库和物资的安全

防止火灾和防止盗窃，以保证仓库物资和仓库不受意外损失，是仓储管理的重要任务。一切物资均应存入合适的仓库，规定严格的防护制度。仓库消防系统要有专人负责，使之始终处于正常状态。更重要的是要教育仓库工作人员应以主人翁的态度来对待企业及其财产，懂得任何损失不仅影响企业正常生产，也影响职工自身的经济利益。

复习思考题

1. 如何理解仓储的概念？在物流过程中，仓储主要创造哪方面的效用？
2. 简要说明仓储的功能、地位与作用。

3. 什么是仓储管理？如何理解仓储管理的基本内涵？

4. 什么是仓储管理者？仓储管理的主体和客体分别是什么？

5. 以某一个特定仓储组织为例，简要说明这一仓储组织拥有哪些仓储资源？

6. 结合实际工作，谈谈一名出色的仓储管理者应该具备哪些方面的素养？

7. 评判仓储管理好坏的标准有哪些？良好的仓储管理具有什么特点？

8. 仓储管理的研究对象是什么？仓储管理主要研究内容包括哪些方面？

9. 仓储管理的目标是什么？在现实的仓储管理工作中，应该遵循哪些原则？并作简要说明。

10. 简述仓储行业的发展历程与发展趋势。

11. 我国现阶段仓储行业有哪些基本特征？我国仓储业的发展目标是什么？

12. 假如你是一位某仓储企业的高层管理者，你将如何制订企业的发展战略？

13. 什么是仓储社会化？实现我国仓储现代化需要从哪些方面着手？

14. 简述现代仓储管理的基本特点？

15. 现阶段我国仓储管理的任务有哪些？

16. 论述仓储管理学是一门什么样的学科？你将如何学好这一门课程呢？

参考文献

[1] 真虹，张婕姝．物流企业仓储管理与实务［M］．第2版．北京：中国物资出版社，2007.

[2] 郭元萍．仓储管理与实务［M］．北京：中国轻工业出版社，2005.

[3] 刘军，左声龙．现代仓储作业管理［M］．北京：中国物资出版社，2006.

[4] 尤建新，雷星晖，彭正龙等．管理学概论［M］．第2版．北京：同济大学出版社，2003.

[5] 约瑟夫．M. 普蒂，海茵茨．韦里奇，哈罗德．管理学精要［M］．丁慧平，孙先锦译．北京：机械工业出版社，1999.

[6] 崔忠付．我国仓储业面临的任务及发展方向［J］．现代物流报，2006，(3)．

[7] 董彦龙．我国仓储物流现状及其优化［J］．商业时代，2006，(16)．

第二章　仓库的营运设施

仓储设施与设备是仓储活动得以进行的硬件基础，机械化和自动化设备的采用可以提高仓储作业效率，对于仓库现代化水平的提高起着至关重要的作用。现代企业要降低仓储成本，提高仓储服务质量，保证仓储运作的高效率，必须拥有适合企业自身的设备和设施，同时能够进行科学合理的使用和管理。本章介绍了仓库的概念和分类，阐述了自动化立体仓库、仓库设施、存储设施以及装卸搬运设备等相关知识。

第一节　仓库概述

仓库是储存物资的场所，是物流活动的中转站，是调节物流的中心。作为进行仓储活动的主体设施，仓库在仓储管理中发挥着举足轻重的作用，这主要体现在它的保管储存、调节供需、流通配送、调节货物运输能力以及信息管理功能等方面。仓库的概念、功能及其分类情况如下所述。

一、仓库的概念

仓库是用来保管、储存物品的建筑物和场所的总称。从这一概念出发，仓库不仅包括可以用来存放物品并对其数量和价值进行保管的建筑物，还包括可用于防止物品减少或损伤而进行作业的地面或水面等场所。

二、仓库的功能

仓库作为物流服务的据点，一个最基本的功能就是存储物资，并对存储的物资实施保管和控制。但随着人们对仓库概念的深入理解，仓库也担负着挑选、配货、检验、分类、信息传递等功能并具有多品种小批量、多批次小批量等配送功能以及附加标签、重新包装等流通加工功能。一般来讲，仓库具有以下几方面功能。

1. 储存和保管的功能

这是仓库最基本、最传统的功能。仓库具有一定的空间，用于储存物品，并根据物品的特性，仓库内还配有相应的设备，以保持储存物品的完好性。如储存精密仪器的仓库，需要防潮、防尘、恒温等，应设置空调、恒温等控制设备。在仓库作业时，防止搬运和堆放时碰坏、压坏物品，从而要求搬运机具和操作方法的不断改进和完善，使仓库真正起到储存和保管的作用。

2. 调节货物运输能力的功能

各种运输工具的运输能力差别较大，船舶的运输能力很大，海洋船舶一般都在万吨以上，火车的运输能力较大，每节车厢能装三十多吨，一列火车的运量多达几千吨。汽车的运输能力相对较小，一般在十吨以下，它们之间运输能力的差异也是通过仓库调节和衔接的。

3. 配送和加工的功能

现代仓库的功能已由保管型向流通型转变，即仓库由原来的储存、保管货物的中心向流通、销售的中心转变。仓库不仅具备储存、保管货物的设备，而且还增加了分装、配套、捆装、流通加工、移动等设施。这样，既扩大了仓库的经营范围，提高了物资的综合利用率，又方便了消费者，提高了服务质量。

4. 信息传递的功能

信息传递功能总是伴随着以上三个功能而发生的。在处理有关仓库管理的各项事务时，需要及时而准确的仓库信息，如仓库利用水平，进出货频率，仓库的地理位置，仓库的运输情况，顾客需求状况以及仓库人员的配置等，这对一个仓库管理取得成功至关重要。

目前，在仓库的信息传递方面，越来越多的依赖计算机和互联网络，通过使用电子数据交换系统（EDI）或条形码技术来提高仓库物品的信息传递速度及准确性，通过互联网（Internet）来及时了解仓库的使用情况和货物的存储情况。

三、仓库的分类

当从不同侧面来考察仓库时，可以得出对仓库的不同分类方法。例如，可以从仓库的用途、保管货物的特性、库场构造、建筑材料、所处位置以及使用范围等方面对仓库进行分类，如表 2-1 所示。

表 2-1　仓库的分类

分类依据	仓　库　分　类
用途	采购供应仓库、批发仓库、零售仓库、储备仓库、中转仓库、加工仓库、保税仓库
保管货物特性	原料仓库、成品仓库、冷藏仓库、恒温仓库、危险品仓库、水面仓库
库场构造	单层仓库、多层仓库、立体仓库、筒仓、露天堆场
建筑材料	钢筋混凝土仓库、混凝土块仓库、钢质仓库、砖石仓库、泥灰墙仓库、木架砂浆仓库、木板仓库
所处位置	码头仓库、内陆仓库、车站仓库、终点仓库、城市仓库、工厂仓库
使用范围	自用仓库、公用仓库
功能	储存仓库、流通仓库
作业方式	人力仓库、半机械化仓库、机械化仓库、半自动化仓库、自动化立体仓库

（一）按用途分类

仓库按在商品流通过程中所起的作用，可以分为采购供应仓库、批发仓库、零售仓库、储备仓库、中转仓库、加工仓库、保税仓库等下几种形式。在上述几种仓库形式中，采购供应仓库主要服务于制造企业的生产过程，批发仓库与零售仓库主要服务于商品流动过程，中转仓库在物流系统中主要为运输或配送环节起衔接作用，而兼有加工功能的仓库已经成为现代仓储业发展一个趋势。此外，储备仓库与保税仓库与一个国家或地区的政策密切相关。下文对上述仓库形式做简要说明。

1. 采购供应仓库

采购供应仓库主要用于集中储存从生产部门收购的和供国际间进出口的商品。这类仓库一般设在商品生产比较集中的大、中城市或商品运输枢纽的所在地。采购供应仓库一般规模较大。例如，我国曾经在商业系统中设置一级和二级采购供应站，其所属的仓库就属于这类。当时的一级供应站面向的是全国，而二级供应站则面向省、自治区或经济区。随着市场经济的逐步确立，这种供应站的职能划分已被打破，但是作为流通领域的一种经济实体，供应类仓库在物流网络中发挥着重要作用。

2. 批发仓库

批发仓库主要用于收储从采购供应仓库调进或在当地收购的商品。这类仓库贴近商品销售市场，是销售地的批发性仓库，它既从事批发供货，也从事拆零供货业务。

3. 零售仓库

零售仓库主要为商业零售业作短期储货，以供商店销售。在零售仓库中存储的商品周转速度较快，而仓库规模较小，一般附居于零售企业。

4. 储备仓库

这类仓库一般由国家设置，以保管国家应急的储备物资和战备物资。货物在这类仓库中储存的时间往往较长，并且为保证储存物资的质量需定期更新储存的物资。

5. 中转仓库

中转仓库处于货物运输系统的中间环节，存放那些待转运的货物。这类仓库一般设在铁路、公路的场站和水路运输的港口码头的附近。

6. 加工仓库

在这种仓库内，除商品储存外，还兼营某些商品的挑选、整理、分级、包装等简单的加工业务，以便于商品适应消费市场的需要。目前，兼有加工功能的仓库是仓储业发展的趋势。

7. 保税仓库

保税仓库是指为国际贸易的需要，设置在一国国土之上，但在海关关境以外的仓库。国外货物可以免税进出这些仓库而无须办理海关申报手续。并且，经批准后，可在保税仓库内对货物进行加工、存储、包装和整理等业务。对于在划定的更大区域内的货物保税，则可称之为保税区。

（二）按保管货物的特性分类

由于保管货物的特性不同，对其储存与保管的环节也存在差异，为此，不同特性的货物需要与之相适应的仓库形式来进行储存与保管。按保管货物的特性分类，仓库可以分为原料仓库、成品仓库、冷藏仓库、恒温仓库、危险品仓库与水面仓库等形式。

原料仓库是用来保管生产中使用的原材料的仓库，这类仓库一般规模较大，设有大型的货场。产品仓库是用来保管完成生产、但尚未进入流通的产品，一般这类仓库附属于产品制造企业。冷藏仓库是用来保管需要冷藏储存的货物，一般多为农副产品、药品等。恒温仓库是为保持货物存储质量，将库内温度控制在某一范围的仓库，这种仓库规模不大，可以存放精密仪器、药品等对存储温度有一定要求的商品。危险品仓库是专门用于保管易燃、易爆和有毒的货物，对于这类货物的保管有特殊的要求。水面仓库是利用货物的特性以及宽阔的水面来保存货物的仓库，例如，利用水面保管圆木、竹排等。

（三）按库场构造分类

在现实生活中，我们可以看到构造结构各异的仓库形式。按库场构造来划分，仓库一般可以分为单层仓库、多层仓库、立体仓库、筒仓、露天堆场等几种形式。

1. 单层仓库

这是最常见的，而且使用很广泛的一种仓库建筑类型。这种仓库没有上层，不设楼梯（见图 2-1）。单层仓库具有如下几个方面的特点：单层仓库设计简单，在建造和维修上投资较省；全部仓储作业都在一个层面上进行，货物在库内装卸和搬运方便；各种设备（如通风、供水、供电等）的安装、使用和维护比较方便；仓库地面能承受较重的货物堆放。一般说来，单层仓库的建筑面积利用率较低，在城市土地使用价格不断上涨的今天，在市内建筑这类仓库，其单位货物的存储成本较高。故单层仓库一般建在城市的边缘地区。

2. 多层仓库

多层仓库一般建在人口较稠密、土地使用价格较高的市区，它采用垂直输送设备（如电梯或倾斜皮带输送机等）实现货物上楼作业。图 2-2 反映了一种阶梯形的多层仓库，它通过库外起重机将货物吊运至各层平台。多层仓库主要有以下特点：多层仓库可适用于各种不同的使用要求，如办公室与库房可分别使用不同的楼面；分层的仓库结构将库区自然分隔，这有助于仓库的安全和防火，如火警的发生往往可以被控制在一个层面；而不危及到其他层面的货物；现代的仓库建筑技术已能满足将较重的货物提升上楼；多层仓库一般建在市区，特别适用于存放城市日常用的高附加值、小型的商品（如家用电器、生活用品、办公用品等）。多层仓库的最大问题是建造和使用维护的投资较大，故堆存费用较高，一般适用于高附加值的商品堆存。

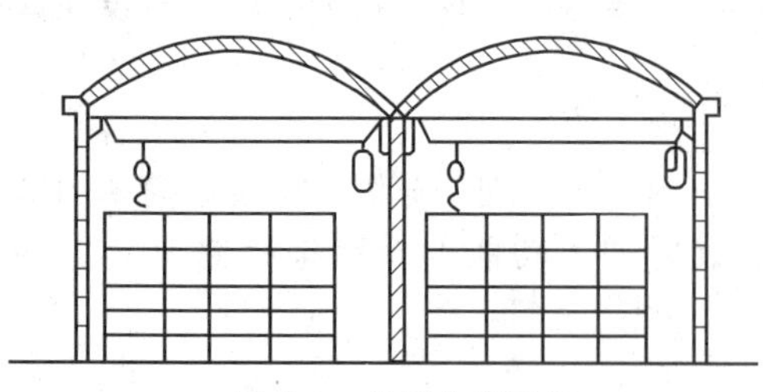

图 2-1 单层仓库示意

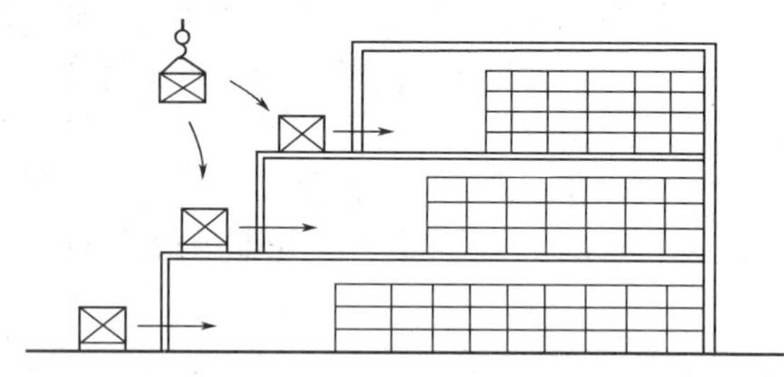

图 2-2 阶梯形多层仓库示意

3. 立体仓库

立体仓库又称高架仓库，实质上是一种特殊的单层仓库，它利用高层货架堆放货物（见图 2-3）。一般与之配套的是在库内采用自动化的搬运设备，形成自动化立体仓库。当采用自动化的堆存和搬运设备时，便成为自动化立体仓库。

图 2-3 立体仓库内部布置

图 2-4 钢板圆筒仓

4. 筒仓

这类仓库是可以用于存放散装的小颗粒或粉末状货物的封闭式仓库，一般置于高架之上。如存储粮食、水泥和化肥等。图 2-4 是一个钢板圆筒仓的外形视图。

5. 露天堆场

露天堆场是指露天堆放货物的场所。一般堆放大宗原材料，或不怕受潮的货物。图 2-5是一个用于集装箱堆存的一个露天堆场。

图 2-5 集装箱露天堆场

（四）按建筑材料分类

根据仓库所使用的建筑材料不同，可以将仓库分为：钢筋混凝土仓库、混凝土块仓库、钢质仓库、砖石仓库、泥灰墙仓库、木架砂浆仓库和木板仓库等。随着建筑材料的发展，按建筑用材划分的仓库还会有新的种类出现。

（五）按所处位置分类

根据仓库所处的地理位置，可以将仓库分为：码头仓库、内陆仓库、车站仓库、终点仓库、城市仓库以及工厂仓库等。

（六）按仓库的使用范围分类

根据仓库隶属关系的不同，按其使用范围可将仓库分为自用仓库与公用仓库等两类。自用仓库只为企业本身使用，不对社会开放，在物流概念中被称之为第一方物流仓库和第二方物流仓库，如我国大型企业的仓库和大多数外贸公司的仓库就属于此类，这些仓库由企业自己管理。当然，随着市场经济的影响，已有许多自用仓库在满足自身的需要以后，也逐步向社会开放。公用仓库是一种专业从事仓储经营的，面向社会的，独立于其他企业的仓库，在物流概念中被称之为第三方物流仓库。国外的大型仓储中心、货物配送中心即属于此类。近年来，我国专事于仓储业务的企业发展迅速，已在物流系统中扮演着越来越重要的角色。

（七）按仓库的功能分类

从功能性的角度，仓库可分为储存仓库与流通仓库两种类型。储存仓库以储存、保管为重点，货物在库时间相对较长，仓库工作的中心环节是提供适宜的保管场所和保管设施设备，保存商品在库期间的使用价值。流通仓库也可称为流通中心。流通仓库与储存仓库的区别在于：货物在库的保存时间较短、库存量较少，而且出入库频率较高。流通仓库虽然也做保管业务，但更多的是做货物的检查验收、流通加工、分拣、配送、包装等工作，在较短的时间内向更多的用户出货。制造厂家的消费地仓库、批发业和大型零售企业的仓库多属于这种类型。流通中心本身又可分为两类，我们通常将集中多个仓库的综合性、区域性物流基地的叫做物流中心，将属于各企业的叫做配送中心。

（八）按仓库的作业方式分类

仓库的作业方式千差万别，有从原始的人工作业到自动化作业等多个层次。按作业方式区分，通常可以分为人力仓库、半机械化仓库、机械化仓库、半自动化仓库、自动化立体仓库五个层次。人力仓库一般是指储存电子元器件、工具、备品备件货物的仓库，这种仓库规模较小；这类仓库采用人工作业方式，无装卸机械设备。半机械化仓库是指入库采用机械作业（如叉车等）、出库采用人工作业方式的仓库形式；这类仓库一般适合批量入库、零星出库的情况。机械化仓库是指入库和出库均采用机械作业（如行车、叉车、输送机等）适合于整批入库和出库、长大笨重货物储存的仓库形式；一般机械化仓库配备有高层货架，有利于提高仓库空间利用率。半自动化仓库是自动化仓库的过渡形式，它配备有高层货架和输送系统，采用人工操作巷道堆垛机的方式，多见于备件仓库。自动化立体仓库是指以高层货架为主体，配备自动巷道作业设备和输送系统的无人仓库，如青岛海尔、红塔卷烟集团等企业所拥有的自动化仓库。

第二节　自动化立体仓库

随着信息管理和设备控制集成技术的发展，自动化立体仓库越来越凸显其空间利用率高，便于实现自动化管理、实时自动清算库存的货物种类和数量等优点，成为实现物流系统合理化的关键。本节主要介绍自动化立体仓库的含义、功能、分类、组成等内容，并总结归纳了自动化仓库的优缺点以及企业在建设自动化仓库时应该考虑的因素。

一、自动化立体仓库的含义

自动化仓库是指由电子计算机进行管理和控制，不需要人工搬运作业，而实现收发作业的仓库。立体仓库是指采用高层货架以货架或托盘存储货物，用巷道堆垛起重机及其他机械进行作业的仓库。将上述两种仓库的作业结合成为自动化立体仓库，如图 2-6 所示。

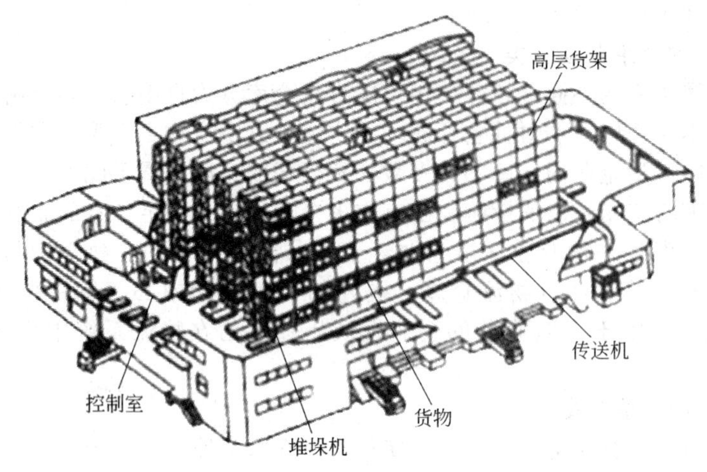

图 2-6 立体仓库示意

自动化立体仓库又称自动存取系统（AS/RS：Automated Storage/Retrieval System）、自动仓库、自动化高架仓库、高架立体仓库、无人仓库、无纸作业仓库等，它是第二次世界大战后随着物流与信息技术的发展而出现的一种新的现代化仓库系统。

世界上第一座自动化立体仓库建于 1962 年。虽然立体仓库诞生不到半个世纪，但已发展到相当高的水平，特别是现代化的物流管理思想与电子信息技术的结合，促使立体仓库逐渐成了企业成功的标志之一，许多企业纷纷兴建大规模的立体仓库，有的企业还建造了多座立体仓库。

在中国，真正意义上的立体仓库出现于 20 世纪 70 年代，至今已建成立体仓库数百座，在卷烟、制药、化工、电子、家电、航运、钢铁、食品等行业以及军事后勤领域立体仓库建设最多，从其规模和自动化程度来看，经济效益好、利润率较高的卷烟、制药、电子、家电行业的立体仓库走在前列，国内大型卷烟厂 80％以上已经建成立体仓库，一些有一定实力的大中型企业也已将立体仓库建设纳入规划，立体仓库的确能给企业带来许多收益。

二、自动化立体仓库的功能

自动化立体仓库除了具有同其他一般仓库一样的收货、存货、取货、发货等基本功能外，还能充分利用空间，从而显著地节省仓库用地面积。而且，还容易实现现代化的控制和管理，能较好地适应特殊场合的需要。其功能主要可以概括为以下几点。

1. 储存量大

一般一个自动化立体仓库的货架高度在 15 米左右，最高达 44 米，拥有货位数可多达 30 万个，可储存 30 万个托盘，以平均每托盘货物重 1 吨计算，则一个自动存取系统可同时储存 30 万吨货物。意大利 Benetton 公司只需建造一个这样的自动存取系统，就可以承担向全球 60 个国家的 5000 多家 Benetton 店铺配送商品的任务。

2. 自动存取

自动化立体仓库的出入库及库内搬运作业全部实现由计算机控制的机电一体化即自动化。在意大利 Benetton 公司拥有 30 万个货位的自动存取系统中，每天的作业只需 8 个管理人员，他们主要负责货物存取系统的操作、监控、维护等，只要操作员给系统以出库拣选、入库分拣、包装、组配、储存等作业指令，该系统就会调用巷道堆垛机、自动分拣机、自动导向车及其配套的周边搬运设备协同动作，完全自动地完成各种作业。

3. 信息处理

自动化立体仓库能随时查询仓库的有关信息和伴随各种作业产生的信息报表单据。在自动化仓库中可以随时查询库存信息、作业信息以及其他信息，这种查询可以在仓库范围内进行，也可以在其他部门或分厂进行。

总之，自动化立体仓库的出现，使仓库由储存、保管货物中心向流通、销售中心的转变成为可能。自动化立体仓库提高了仓库存取作业自动化程度，使物流系统更加方便和合理。同时，也扩大了仓储系统的综合利用率和作业范围，增加了分拣、转运、配送、包装、流通加工、信息处理等设施，能够全面地为生产和商业流通服务。

三、自动化立体仓库的分类

1. 按货架的结构形式分类

① 整体式自动化立体仓库　这种自动化立体仓库的货架与建筑物结构为一体，货架既是储存货物的构件，又是仓库屋顶和墙体支撑的结构体系［见图 2-7（a）］。因此，货架除承受储存品的负荷外，还必须承受库顶重量，以及风力、地震等外力所产生的应力。一般认为，这种形式适宜于货架高度较高（15 米以上）的情况。采用这种结构形式的优点是比较经济，缺点是建成以后，很难改变和扩展。

② 分离式自动化立体仓库　货架设置在库房建筑之内，货架结构与库房建筑是分离的结构体［见图 2-7（b）］。其优点是简单灵活，便于改变和扩建。分离式自动化立体仓库高度以 15 米以下较为经济，否则对地面承载力要求高而需进行加固。

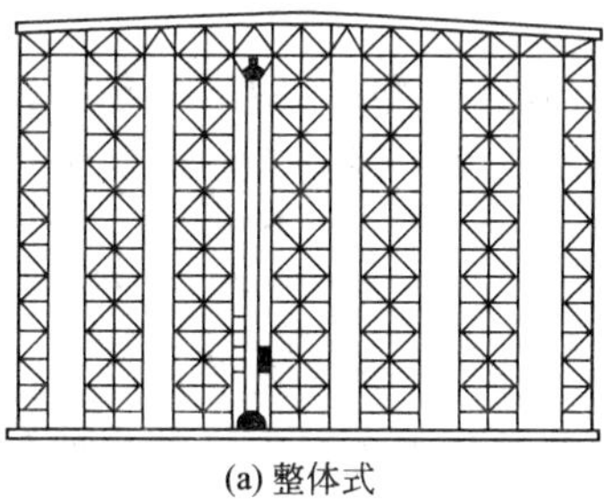

(a) 整体式

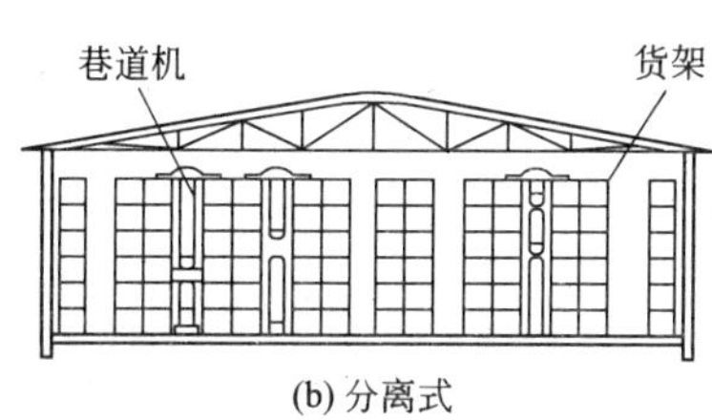

(b) 分离式

图 2-7　自动化立体仓库结构示意

2. 按储存物品分类

① 常温自动化立体仓库　用于一般工业品、生产资料的存取。

② 低温自动化立体仓库　用于对温、湿度有特殊要求的商品的存取。

③ 防爆危险品自动化立体仓库　用于易挥发、易产生尘爆的化学危险品的存取。

④ 无尘自动化立体仓库　用于计算机芯片、磁带、录像带等物品的存取。

3. 按储存作用分类

按储存作用划分，自动化立体仓库可以分为生产型与流通型两种。

生产型仓库又可以分为如下三种。

① 用于存放原材料、零部件的仓库　这类仓库的特点是存储货种较多，出入库作业频繁；这类仓库的规模一般较大，可以有上万个货位，仓库需要配备大量的搬运装卸设备。

② 作为柔性制造系统（FMS）中一个环节的仓库　这类仓库的装卸搬运设备往往与加工单元和装配线连在一起，可以及时、准确地向生产线提供物料服务；一般这类仓库所储存的货物种类不多、规模不大、库存周期较短（甚至短至几小时）。

③ 备品备件仓库　这类仓库是生产过程中设备维修、保养的需要所配备的仓库，仓库中货物种类较多，批量较少，货物进出库频率较低。

流通型仓库是目前立体仓库的主要发展趋势，可以分为如下三种。

① 商品配送中心仓库　它是为用户送货所配备的仓库，商品的分拣是这类仓库的突出功能。

② 大型批发仓库　它是为商品流通过程中的批发环节服务；这类仓库所存货物的数量较多，周转较快。

③ 物资交易市场仓库　它是参与交易市场的各会员单位共同使用的存放同一类物资的仓库。由于储存量较大，这类仓库的容量和规模一般较大，而货物的存储时间则与季节和经济的波动有关。

四、自动化立体仓库的构成要素

1. 货架

一般为钢铁结构构成储存商品的单元格，一般单元格内存放托盘装货物。一个货位的唯一地址由其所在的货架的排数、列数及层数来确定，自动出入库系统据此对所有货位进行管理。

2. 巷道机

在两排高层货架之间一般留有1～1.5米宽的巷道，巷道机在巷道内做来回运动，巷道机上的升降平台可做上下运动，升降平台上的存取货装置可对巷道机和升降机确定的某一个货位进行货物存取作业。

3. 周边搬运系统

周边搬运系统所用的机械常有输送机、自动导向车等，其作用是配合巷道机完成货物的输送、转移、分拣等作业；同时当高架仓库内主要搬运系统因故障停止工作时，周边设备可以发挥作用，使立体仓库继续工作。

4. 控制系统

自动化立体仓库的计算机中心或中央控制室接收到出库或入库信息后，由管理人员通过计算机发出出库或入库指令，巷道机、自动分拣机及其他周边搬运设备按指令启动，共同完成出库或入库作业，管理人员对此过程进行全程监控和管理，保证存取作业按最优方案进行。

五、自动化立体仓库的优缺点

1. 自动化立体仓库的优点

① 由于能充分利用仓库的垂直空间，使其单位面积储存量远大于普通的单层仓库，一般是单层仓库的4～7倍。目前，世界上最高的立体仓库可达四十多米，容量超过数万甚至十多万个货位。

② 立体仓库采用巷道堆垛机，它沿着廊道上的轨道运行，不会与货架碰撞，也无其他障碍物，因此，行驶速度较快，一般可达80～130米/秒，升降速度为12～30米/秒（最高可达48米/秒），货叉取货速度一般为15～20米/秒。如果借助于计算机控制，可以准确无误地完成货物库内搬运工作。货物的搬运效率远比一般仓库高。

③ 立体仓库采用计算机进行仓储管理，可以方便地做到“先进先出”，防止货物自然老化、变质、生锈，也能避免货物的丢失。在库存管理中采用计算机，随时可以迅速、准确地清点盘库，由此大大提高了货物的仓储质量。

④ 立体仓库采用能堆存较高货位的占用较窄巷道的堆垛机，使仓库面积和空间位置的

利用率大大提高。据统计，比单层仓库可节约用地$\frac{1}{5}\sim\frac{1}{3}$，节省劳动力70%。因此，经济性也较好。

⑤ 采用自动化立体仓库后，能较好地适应黑暗、低温、有毒等特殊环境的需要。例如，胶片厂储存胶片卷轴的自动化仓库，在完全黑暗的条件下，通过计算机控制可以自动实现胶片卷轴的入库和出库。

总之，自动化仓库的出现，使传统的仓储观念发生了根本性的变化。原来那种固定货位、人工搬运、人工堆放、人工管理，以储存为主的仓储作业已经转变为自由选择货位，按需要实现“先进先出”的机械化、自动化仓储作业。在储存的同时，可以对货物进行必要的拣选、组配并根据整个企业生产的需要，有计划地将库存货物按指定的数量和时间要求送到合适的地点，满足均衡生产的需要。

2. 自动化立体仓库的缺点

① 结构复杂，配套设备多，需要的基建和设备投资高；货架安装精度要求高，施工比较困难，而且周期长；工艺要求高，包括建库前的工艺设计和投产使用中按工艺设计进行作业；对仓库管理和技术人员要求较高，必须经过专门培训才能胜任。

② 储存货物的品种受到一定限制，对长大笨重货物及要求特殊保管条件的货物，必须单独设立储存系统。

③ 弹性较小，难以应付储存高峰的需要。流通业在实际运作时，常常会有淡旺季或高低峰及顾客紧急的需求，而自动化设备数目固定，运行速度可调整范围不大，因此，其作业弹性不大，而对于传统设备只要采用人海战术就可以应付这种紧急需求。

④ 必须注意设备的保管修养并与设备提供商保持长久联系。自动化立体仓库的高架吊车、自动控制系统等都是先进的技术型设备，由于维护要求高，就必须依赖供应商，以便在系统出现故障时能提供及时的技术援助。

⑤ 由于自动化立体仓库要充分发挥其经济效益，就必须与采购管理系统、配送管理系统、销售管理系统等系统相结合，但是这些管理系统的建设都需要大量投资。

因此，在选择建设自动化立体仓库时，必须要综合考虑自动化仓库在整个企业中的营运策略和设置的目的，不能为了自动化而自动化。在实际建设中要有详细的方案规划，进行综合测评，充分考虑自动化仓库带来的正面和负面影响，同时还要考虑相应的补救措施才能最终确定建设方案。

六、建设自动化立体仓库应考虑的因素

建设自动化立体仓库需要考虑的因素很多，如果选择失当，往往会走入误区，这些因素包含以下几方面。

1. 企业近期的发展

一般要考虑3～5年的发展情况，但也不必考虑太久远的发展。如果投资巨大的立体仓库不能使用一段时间，甚至刚建成就满足不了需求，那么这座立体仓库是不成功的，同时，盲目上马是许多物流项目的最大失误，有的公司并没有建造立体仓库的必要，但为了提高自身形象或其他原因，连立体仓库的功能定位都没有考虑清楚，就仓促决定建一座立体仓库，而且还要自动化程度较高的，设备要全进口的，结果导致投入与产出相去甚远，使公司大伤筋骨，一蹶不振。

2. 选址

仓库选址时要考虑城市规划、企业布局以及物流整体运作。立体仓库地址最好靠近港口、码头、货运站等交通枢纽，或者靠近生产线或原料产地，或者靠近主要消费市场，这样

会大大降低物流费用。同时，要考虑环境保护、城市规划等。立体仓库选址不合理也是很容易犯的错误，假如选择在受交通限制的商业区，一方面与繁华的商业环境不协调，而且要花高价来购买地皮；另一方面受交通的限制，只能每天半夜来进行货物的出入，这样的选址肯定是败笔。

3. 库房面积与其他面积的分配

平面面积太小，立体仓库的高度就需要尽可能地高。立体仓库设计时往往会受到面积的限制，造成本身的物流路线迂回，许多企业建造立体仓库时，往往只重视办公、实验（包括RSLD)、生产的面积，没有充分考虑库房总面积是一定的，但是“蛋糕”切到最后，只剩下一丁点儿给立体仓库。为了满足库容量的需求，最后只好通过向空间发展来满足要求。货架越高，设备采购成本与运行成本就越高，此外，立体仓库内最优的物流路线是直线形，但因受面积的限制，结果往往是S形的，甚至是网状的，迂回和交叉太多，增加了许多不必要的投入与麻烦。

4. 机械设备的吞吐能力

立体仓库内的机械设备就像人的心脏，机械设备吞吐能力不能满足需要，就像人患了先天性心脏病，在兴建立体仓库时，吞吐能力过小或各环节的设备能力不匹配是常见的失误。因为理论的吞吐能力与实际存在差距，设计时无法全面考虑到。一般立体仓库的机械设备有巷道堆垛机、连续输送机、高层货架，自动化程度高一点的还有AGV，这几种设备应该尽量匹配而且要满足出入库的需要。一座立体仓库到底需要多少台堆垛机、输送机和AGV等，可以通过物流仿真系统来模拟计算出。

5. 人员与设备的匹配

人员素质跟不上，仓库的吞吐能力同样会降低，一些由传统仓储或运输企业过渡来的现代物流企业公司，立体仓库建成后往往人力资源跟不上。立体仓库的运作需要一定的劳动力和专业人才，一方面，人员的数量要合适，自动化程度再高的立体仓库也需要一部分人工劳动，人员不足会导致立体仓库效率的降低，人员太多又会造成浪费；另一方面，人员的素质要跟上，专业人才的招聘与培训是必不可少的，大多数企业新建了立体仓库之后，把原来普通仓库或运输的原班人马不经技术培训就搬到立体仓库，其结果可想而知。

6. 库容量（包括缓存区）

这是立体仓库最重要的一个参数，由于库存周期受到许多预料之外的因素影响，库存量的波峰值有时会大大超出立体仓库的实际容量。此外，有的立体仓库仅单纯地考虑了货架区的容量，而忽视了缓存区的面积，结果造成缓存区严重不足，货架区的货物出不来，库房外的货物进不去。

7. 系统数据的传输

设立立体仓库时要考虑立体仓库内部以及与上下级管理系统间的信息传递。这是因为数据的传输路径或数据的冗余等，会造成系统数据传输速度慢，有的甚至会出现数据无法传输的现象。规模较大的公司，在立体仓库管理系统（ASMCS）基础上往往还有上级管理系统，如MRPII、ERP，ASMCS等，与这些系统的接口也容易造成数据传输出现问题。

8. 整体运作能力

立体仓库的上游、下游以及其内部各子系统的协调，有一个“木桶效应”——最短的那一块木板决定了木桶的容量。虽然有的立体仓库采用了许多高科技产品，各种设施设备也十分齐全，但由于各子系统间协调性、兼容性不好，导致整体的运作比预期的差很远。

总之，立体仓库的设计必须通盘考虑，既要重视设备制造又要重视物流集成和整合。随着电子商务的发展，B to B、B to C 的模式也影响着企业的生产与储运，拉动着立体仓库的管理系统走向科技含量更高的层次。

第三节　仓库设施

为了满足仓储管理的需要，仓库必须配置一定的硬件设施和设备。仓库设施主要是指用于仓储的仓库建筑物，它由仓库的主体建筑、辅助建筑和附属设施构成。

一、仓库主体建筑

仓库的主体建筑分库房、货棚和露天货场三种。

1. 库房

库房是仓库中用于存储货物的主要建筑，多采用封闭方式。库房主要由以下建筑结构组成。①基础。基础用于承受房屋的重量。库房基础可以分为两种，连续基础和支点基础。连续基础是在实体墙下由砖、块石和水泥浆砌成；支点基础是在墙柱下形成柱形基础，柱形基础一般间隔 3～3.5 米。②地坪。地坪用于承受堆存的货物。它要求坚固（承受冲击）、耐久（耐摩擦）、有承载能力（5～10 吨/平方米）以及平坦（便于车辆通行）。③墙壁。墙壁是库房的维护、支撑结构。其作用是使库内环境尽可能不受外界气候影响。库房墙壁按其所起作用不同，可分为承重墙、骨架墙和间隔墙。其中，骨架墙是砌在梁柱间起填充作用和隔离作用的墙。④库门。库门的尺寸应根据进出仓库的运输工具携带货物时的外形尺寸确定。对于较长的库房，每隔 20～30 米应在其两侧设置库门。如果与火车装卸线对应，则库门的间距为 14 米。⑤库窗。库窗主要用于库内采光和通风。为了便于开闭库窗的操作，仓库可设置自动采光装置。⑥柱。柱是库房的承重构件。柱子的位置和密度的确定应综合考虑堆码方式、建筑面积、结构类型以及便于车辆行驶等诸方面因素。⑦库顶。库顶其主要作用是防雨雪和保温。库顶建筑的要求是，附合防火安全要求，坚固和耐久。库顶的外形有平顶、脊顶和拱顶三种。⑧站台。站台其主要作用是便于货物的车辆装卸和进出仓库。站台平面应与车厢底面和仓库地面齐平，一般比地面高出 1.1 米左右。站台宽度根据库内流动机械的回转半径确定，一般为 6～8 米。站台围绕库房四周构筑。⑨雨篷。在货物进出仓库时，防止雨雪侵淋。其宽度应大于站台 2～4.5 米。

2. 货棚

货棚是一种简易的仓库，为半封闭式建筑。货棚存放对自然环境要求不高的货物。货棚根据其围墙建筑情况，可以分成敞棚（仅有支柱和棚顶构成）和半敞棚（有一面、二面和三面墙之分）。

3. 露天货场

露天货场主要用于堆存不怕雨淋、风吹的货物，采用油布覆盖时，则可堆存短期存放的、对环境要求不太高的货物。露天货场的地面材料可根据堆存货物对地面的承载要求，采用压实泥地、铺沙地、块石地和钢筋水泥地等方式铺设。

二、仓库辅助建筑

仓库的辅助建筑是指办公室、车库、修理间、装卸工人休息间、装卸工具储存间等建筑物。这些建筑物一般设在生活区，并与存货区保持一定的安全间隔。其中，办公室、车库的布置要求分别如下：办公室可建在仓库大门附近，考虑到安全要求，办公室与库房和货场的距离应大于 20 米；车库是使停驶车辆不受雨雪等气候影响的建筑，车库面积根据车型和停车数量来确定，每个车位一般可取 4 米×9 米。

三、仓库辅助设施

仓库除以上设施外，还有一些辅助性设施，主要有通风设施、照明设施、取暖设施、提升设施（电梯等)、地秤（车辆衡、轨道衡）以及避雷设施等。这里主要介绍通风设施、照明设施以及取暖设施。

1. 通风设施

通风设施是使库内空气清洁，防止高温和不良气体影响的设施。根据通风方式的不同，可以分为自然通风和人工通风两种。自然通风靠库内外温湿度的差异来实现空气交换，自然通风可利用库房墙壁的空隙、库门和库窗来实现。人工通风要利用专门设置的通风装置，强迫库内库外进行空气交换。

2. 照明设施

为便于库房内作业以及夜间作业，仓库应设置照明设施。仓库的照明设施可以分为天然照明和人工照明两种。天然照明主要通过库门和库窗采光来实现库内照明的需要；我国有关建筑规程规定，仓库内的天然照明一般取 30～36 烛光/平方米。人工照明是采用电气方式实现仓库的照明。为了提高作业的安全性和工作效率，仓库内人工照明应做到照度均匀，避免阴影和炫目的影响，一般采用直射光灯。

仓库内部照明所用灯数及能量可按式（2-1）和式（2-2）计算

$$F=\frac{OZES}{n\eta} \tag{2-1}$$

其中

$$n=\frac{S}{a^2} \tag{2-2}$$

式中 F——一盏灯的光流量（流明），可根据表 2-2 取值；

E——通常照明度（勒克斯），根据不同的工作场所要求确定，具体标准见表 2-3；

S——房屋面积（平方米）；

η——利用系数，根据室内涂料的明暗而取 0.20～0.55，一般取 0.45；

O——储备系数，根据库房清洁程度，可选择 1.3～2.0；

Z——库房照明分配不平衡系数，可取 1.0～1.4；

n——库房内照明灯数；

a——灯间距离（米）。

表 2-2 钨丝灯标准规格

功率/瓦	光流量/流明	
	110～127 伏	220 伏
10	66	—
15	124	95
25	225	191
40	380	33
60	645	540

表 2-3 仓库照明标准

序号	工作场所	照明标准/(勒克斯/平方米)
1	库房	10～20
2	办公室	20～30
3	楼梯及走廊	6～15
4	库区界内	1～5
5	装卸场	3～15

3. 取暖设施

根据商品储存要求和当地气温条件，仓库内可设置取暖设施。取暖设施分为汽暖和水暖两种。蒸汽取暖会导致库内空气过分干燥，这对商品养护不利；而热水取暖能保持一定的湿度要求，这对商品养护比较有利。

第四节　保管设备

仓储设备是指仓储业务中所需使用的技术装置和机具，它可分成保管设备和装卸搬运设备。本节重点介绍两种常用的保管设备：托盘和货架。

一、托盘

托盘是一种重要的集装器具，是在物流领域中适应装卸机械化而发展起来的一种集装器具，托盘的发展是与叉车同步的。叉车与托盘的共同使用，形成的有效装卸系统大大促进了装卸活动的发展，使装卸机械化水平大幅度提高，使长期以来运输过程中的装卸瓶颈得以改善。

（一）托盘的概念

托盘（Pallet），是指一种便于装卸、运输、保管、使用的由可以承载单位数量物品的负荷面和供叉车作业的插入口构成的装卸用垫板。因为好似盘子可以托起食品一样，所以形象地称之为托盘。

托盘是用于集装、堆放、搬运和运输的放置作为单元负荷的货物和制品的水平平台装置。在平台上集装一定数量的单件货物，并按要求捆扎加固，组成一个运输单位，便于运输过程中使用机械进行装卸、搬运和堆存。

目前，在物流活动中，托盘作为实现单元化货物装载运输的重要工具，正在被各行各业所认识和接纳，使用越来越广泛，在企业中体现出来的“第三利润”效应不断地强化着它在物流系统中的地位和作用。

（二）托盘的分类

托盘的种类很多，目前国内外常见的托盘大致可以分为平面托盘、立柱式托盘、箱式托盘、塑料垫板托盘和三合箱式托盘、滑板托盘、轮式托盘、特种专用托盘七大类。

1. 平面托盘

平面托盘又称通用托盘，是使用量最大的一种托盘，如图 2-8 所示。

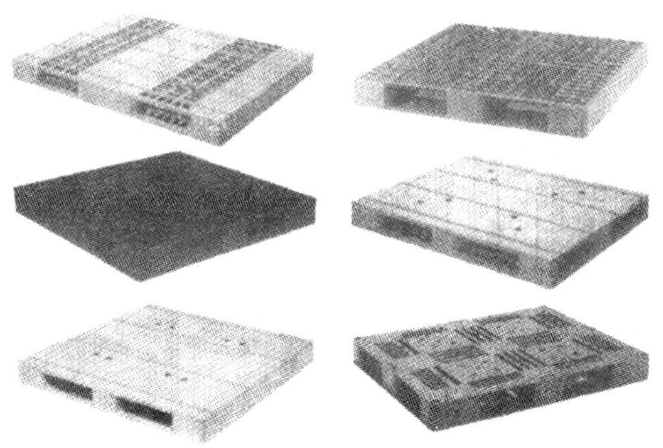

图 2-8　木质、钢质、塑料平面托盘

平面托盘具体又可按以下三种方式分类。按承托货物台面分，平面托盘可以分为单面型、单面使用型、双面使用型、冀型四种；按叉车叉入方式分，平面托盘可以分为单向叉入型、双向叉入型、四向叉入型三种，如图 2-9 所示。按托盘材质分，平面托盘又可以分为木托盘、钢托盘、塑料托盘、胶合板托盘、纸板托盘、铝合金托盘等几种。下文对以按材质划分的几种具体托盘形式做简单介绍。

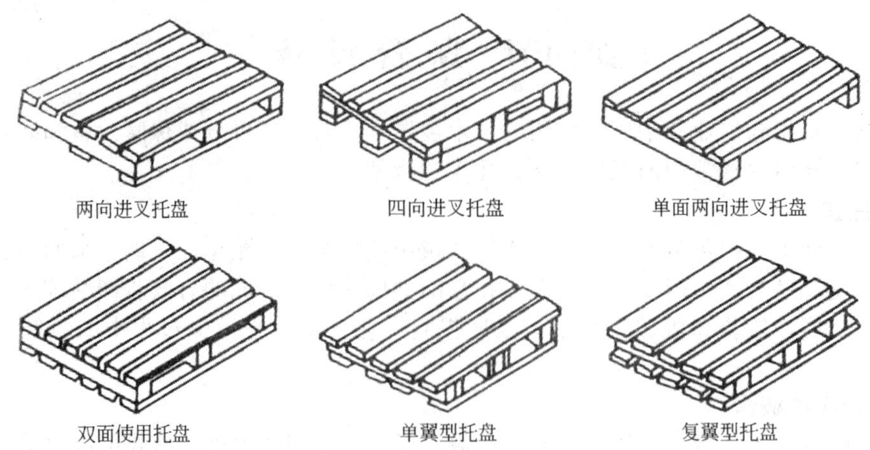

图 2-9 几种常见的进叉型托盘

(1) 木托盘

木托盘制造方便，便于维修，自重也较轻，是广泛使用的平托盘。

(2) 钢托盘

钢托盘是用角钢等异型钢材焊接制成的平托盘，和木质托盘一样，也有叉入型和单面、双面使用型等各种形式。钢质平托盘自身较重，比木质平托盘重，人力搬运较为困难。最近采用轻钢结构，可制成最低重量 35 公斤的 1100 毫米×1100 毫米钢质平托盘，可使用人力搬移。钢质平托盘最大特点是强度高、结构牢靠、不易损坏和变形、维修工作量较小。钢质平托盘制成翼型平托盘有一定优势，因为这种托盘不但可使用叉车装卸，也可利用两翼套吊具进行吊装作业。

(3) 塑料平托盘

塑料托盘与钢质托盘相比具有质轻、平稳、美观、整体性好、无钉无刺、无味无毒、耐酸、耐碱、耐腐蚀、易冲洗消毒、不腐烂、不助燃、无静电火花、可回收等优点，使用寿命是木质托盘的 5～7 倍。是现代化运输、包装、仓储的重要工具，是国际上规定的用于食品、水产品、医药、化学品、立体仓库等各企业之储存必备器材。但由于成本高，使用不普及。常见的塑料托盘根据制造材料与工艺的不同分为以下几种：注塑托盘、中空吹塑托盘、日本 DIC 塑料托盘以及韩国塑料托盘等。

(4) 胶合板平托盘

胶合板平托盘是用胶合板钉制台面的平板型托盘，这种托盘质轻，但承重力及耐久性较差。

(5) 纸质平托盘

纸质托盘因具有无虫害、环保、价格低廉以及承重能力强等优点，目前正成为行业关注的焦点。常见的纸质托盘有以下几种：阿贝纸托盘——以牛皮纸为基本原料所生产的托盘；蜂窝纸托盘——以蜂窝纸为基本原料所生产的托盘；瓦楞纸托盘——以瓦楞纸为基本原料所生产的托盘；滑托盘——以高质牛皮纸为原料所生产的新型托盘。正确使用纸质托盘守则包括以下几个方面：①承载物应均匀平整的摆放在托盘上，保证托盘表面均匀受力；②在使用叉车提升货物前，应保证叉车的工作臂完全进入到托盘内（工作臂进入深度不应低于托盘 2/3 深度），提升货品时应保证叉车工作臂保持水平；③使用叉车时，勿直接推拉或撞击托盘，严重的碰撞会令纸托盘损毁；④纸托盘是根据用户需要特殊设计制造的，用户只能将该托盘用于专门用途、专门货品；⑤员工切勿站立在纸托盘上，以免破坏托盘结构，对员工产生危险；⑥托盘应放在室内干燥的地方，弄湿的纸托盘会影响承托效果。

2. 立柱式托盘

立柱式托盘（如图 2-10 所示），是在平托盘基础上发展起来的，其特点是在托盘的四个角有用钢制成的固定式或可卸式的立柱，有的柱与柱之间有连接的横梁，使柱子成为框型。这种托盘的优点：一是可以防止托盘上放置货物在运输、装卸等过程中发生滑落，最适宜装运袋装货物。二是可以利用加固四角，支撑承重，在不压坏底层货物的前提下，可提高托盘上放置货物的堆码高度，可充分提高其利用率。近年来，在国外推广迅速。

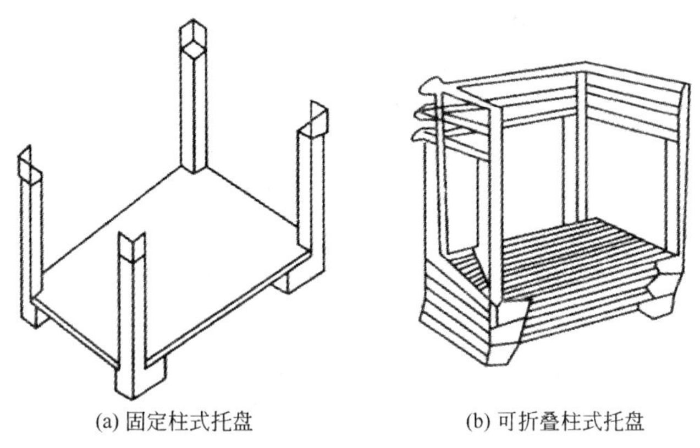

(a) 固定柱式托盘　　(b) 可折叠柱式托盘

图 2-10　立柱式托盘

3. 箱式托盘

箱式托盘指在托盘上面带有箱式容器的托盘，如图 2-11 所示。它的基本结构是沿托盘四个边有板式、栅式、网式等栏板和下部平面组成的箱体，有些箱体有顶板，有些没有顶板。箱板有固定式、折叠式和可卸式三种。由于四周栏板不同，箱式托盘又有各种称法，如四周栏板为栅栏式的也称笼式托盘或集装笼。箱式托盘的主要特点：一是防护能力强，可有效防止塌垛，防止货损；二是由于四周有护板护栏，这种托盘装运范围较大，不但能装运码垛形状整齐的包装货物，也可装运各种异型不能稳定堆码的物品。

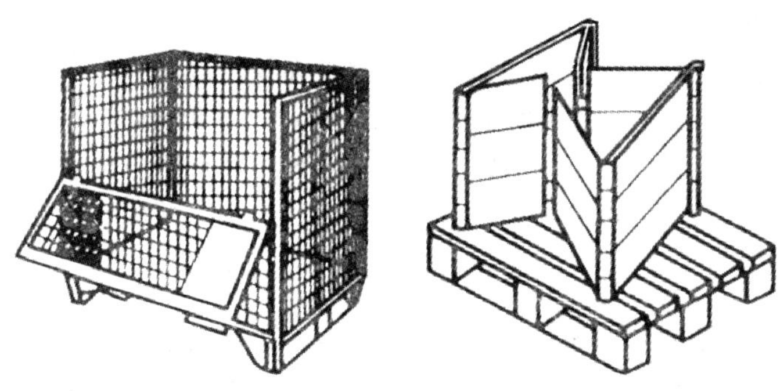

图 2-11　箱式托盘

4. 塑料垫板托盘和三合箱式托盘

塑料垫板托盘是用聚乙烯压制成垫板后，在垫板上面粘以双面胶条，再与瓦楞纸箱固定而制成。有塑料垫板保护箱子可以防止地面潮湿对箱子渗透的影响。三合箱式托盘是用塑料制成六角，再用瓦楞纸箱和用钢包边的纸板制成，适合于陆海空各种运输。

5. 滑板托盘

滑板托盘是一种不用叉车作业的新型托盘，没有叉口，由一张片料简单地折曲而成，仅在操作方面有突出的折翼，以便进行推、拉操作。按折翼的个数不同分为单折翼型滑板、双折翼型滑板、三折翼型滑板和四折冀型滑板。

6. 轮式托盘

轮式托盘（如图 2-12 所示），是在立柱式、箱式托盘下部装有小型轮子的托盘。这种托盘不仅具有一般柱式、箱式托盘的优点，而且可利用轮子作短距离移动，不需要搬运机械就能实现搬运。可利用轮子作滚上滚下的装卸，也有利于装放于车内、舱内后，移动其位置，所以轮式托盘有很强的可搬运性。另外，在生产企业物流系统中，还可兼做为作业车辆。

图 2-12 轮式托盘

7. 特种专用托盘

这类托盘是根据产品特殊要求专门设计制造的。例如：冷冻托盘、航空托盘、平板玻璃托盘、油桶专用托盘、托盘货架式托盘、轮胎托盘等。①冷冻托盘：冷冻托盘实质上是一种将特种产品所需环境及使用要求结合在一起的技术装置。这是一个自容性的冷冻装运设备（尺寸与一个装运托盘差不多），可放置于一辆普通的干燥货车内。作为一个“拼装”运输，它消除了对冷冻卡车的依赖性，像冷冻托盘这样的复合技术有助于一批产品迅速有效地流动，他们依赖于通过控制温度以延长商品的寿命及适销性，如新鲜食品、鲜花、化工产品、医疗及冷冻食品。②航空托盘：航空货运或行李托运托盘，一般采用铝合金制造，为适应各种飞机货舱及舱门的限制，一般制成平托盘，托盘上所载货品用网覆罩固定。③平板玻璃集装托盘：又称平板玻璃集装架。这种托盘能支撑和固定平板玻璃，在装运时，平板玻璃顺着运输方向放置以保持托盘货载的稳定性。④油桶专用托盘：专门装运标准油桶的异型平托盘，托盘为双面形，两个面皆有稳固油桶的波形表面或侧挡板，油桶卧放于托盘上面，由于波形槽或挡板的作用，不会发生滚动位移，还可几层叠垛，解决桶形物难堆高码放的困难，也方便了储存。⑤轮胎专用托盘：轮胎本身有一定的耐水、耐腐蚀性，因而在物流过程中勿须密闭，且本身很轻，装放于集装箱中不能充分发挥集装箱的载重能力。其主要问题是储运时怕压、挤，采用这种托盘是一种很好的选择。

（三）托盘的选用及标准化

一个物流企业使用的托盘数量通常较大，其消耗在物流费用中占一定的比例。以一家拥有木托盘 16 万块的企业为例，按每块托盘 60 元计算，托盘价值约 1000 万元，耗用木材约 8000 立方米，年报废率约为 7%，相当惊人。为此，如何合理使用托盘，减少损耗，延长其使用寿命，对一个物流企业来说具有重大的经济意义。为了达到这一目的，主要应从下列几方面加强托盘管理。

1. 托盘的选择

在选购或制作木托盘时，应严格保证托盘的质量。具体说来，托盘选择过程中，应注意如下几个方面：①木材材种、材质和铺板、横梁尺寸应符合国家标准的要求，含水率要小于 25%，节疤要少，边板不能有木节；②钉子的规格、排列和数量要符合规定，钉子必须用 80 毫米及 90 毫米长的四线螺旋钉，而不是普通铁钉，且钉入前要先钻孔；③铺板时，钉的方向要和木纹一致；④严格验收把关，剔除不合格的托盘，应按 GB 4996—85 的测试标准进行测试。

2. 托盘的使用

在使用中，叉车司机和装卸搬运工人要严格执行操作规程。具体说来，托盘使用过程中应注意如下几个事项：①叉车叉取托盘时，叉齿要保持水平，不应上下倾斜；②叉车必须对准叉孔，垂直于托盘，不应斜着进出托盘；③严禁甩抢空盘，更不准空托盘以边角落地；

④不准用叉齿推移、拖拉托盘；⑤空托盘应用叉车整齐叠放，避免撞碰和日晒雨淋，单块空托盘不宜平放，以避免压坏；⑥如用绳索捆扎货物，捆扎方向应与边板平行；不应垂直于铺板，以避免钉子受力松动。

此外，为延长托盘的使用寿命，节省开销，还应该加强托盘的养护和维修。具体说来，托盘的养护和维修过程中应注意如下几点：①专人检查，一经发现任何损坏，即应停止使用，使用损坏的托盘不仅缩短使用寿命，还会损坏货物；②及时修理，按标准的要求更换板、钉，整修恢复到原样。一般，只要在采购、使用、维修方面严格按照上述要求去做，木托盘的使用寿命可达 10 年。反之，一两年就得报废。

3. 托盘的标准化

形状的标准化，在物流领域是一个非常重要的问题，托盘标准化也是如此。托盘如果只在工厂和仓库里使用，是不能充分发挥其效益的，只有全程托盘化，即以单位商品为搬运单位，运输到目的地后又连同托盘一起搬运，才能取得良好的效果。实施全程托盘化，必然涉及托盘回收的问题。将商品装在托盘上送到目的地时，既不能将托盘放下不管，也不能等对方卸下商品再带回空托盘，那样会导致时间效率差，因此，托盘交换系统就显得很重要。商品送到的时候，或者带回同样数量的空托盘，或者集中起来委托专业回收公司送回。为此，必须做到托盘标准化，这是最基本的条件。

从国际上看，ISO 对物流标准化的基础模数尺寸虽未正式颁布实施，但已成定局，许多国家都打算放弃国内原来使用的模数尺寸，而改用国际的模数尺寸。根据 ISO 6780《联运通用平托盘重要尺寸及公差》规定，国际上托盘现有 4 个系列。即 1200 系列（1200 毫米×800 毫米和 1200 毫米×1000 毫米），1100 系列（1100 毫米×1100 毫米），1140 系列（1140 毫米×1140 毫米），1219 系列（1219 毫米×1016 毫米）。我国国家标准中规定的托盘规格共有 800 毫米×1200 毫米、800 毫米×1000 毫米和 1000 毫米×1200 毫米三种。另外，托盘高度基本尺寸为 100 毫米与 70 毫米两种。

为了使托盘在将来的使用中有通用性，在购置托盘时应尽可能地选用以上几种规格托盘，这样便于今后托盘的交换和使用。具体还应该考虑以下因素：①运输工具和运输装备的规格尺寸，合适的托盘尺寸，应该是刚好满足运输工具的尺寸，这样可以使运输工具的空间得到充分合理地利用，节约运输费用，尤其要考虑集装箱和运输卡车的箱体尺寸，表 2-4 列出了国际集装箱的规格尺寸；②仓库的大小、每个货格的大小；③托盘装载货物的包装规格，根据托盘装载货物的包装规格选择合适尺寸的托盘，可以最大限度的利用托盘的表面积；④托盘的使用区间，装载货物的托盘的流向直接影响托盘尺寸的选择，通往欧洲的货物要选择 1200 毫米×1000 毫米的托盘；通往日本的货物要选择 1100 毫米×1100 毫米的托盘。

表 2-4 国际集装箱的规格尺寸

<table>
<tr><th>集装箱型号</th><th>长度 L/毫米</th><th>宽度 W/毫米</th><th>高度 H/毫米</th><th>集装箱型号</th><th>长度 L/毫米</th><th>宽度 W/毫米</th><th>高度 H/毫米</th></tr>
<tr><td>1AAA</td><td rowspan="4">12192</td><td rowspan="4">2438</td><td>2896</td><td>1CC</td><td rowspan="3">6058</td><td rowspan="3">2438</td><td>2591</td></tr>
<tr><td>1AAA</td><td>2591</td><td>1C</td><td>2438</td></tr>
<tr><td>1AAA</td><td>2438</td><td>1CX</td><td><2438</td></tr>
<tr><td>1AX</td><td><2438</td><td>1D</td><td rowspan="2">2991</td><td rowspan="2">2438</td><td>2438</td></tr>
<tr><td>1BBB</td><td rowspan="4">9125</td><td rowspan="4">2438</td><td>2896</td><td>1DX</td><td><2438</td></tr>
<tr><td>1BBB</td><td>2591</td><td colspan="4" rowspan="3"></td></tr>
<tr><td>1BBB</td><td>2438</td></tr>
<tr><td>1BX</td><td><2438</td></tr>
</table>

二、货架

根据国家标准 GB/T 18345—2001 中的定义，货架是指用支架、隔板或托架组成的专门用于存放成件物品的立体储存货物的设施。其特点有：可以充分利用仓库空间，提高库容利用率；存入货架中的货物互不挤压，可保证货物完整，减少货品损失；存放在货架上的货品，存取方便，便于清点和计量，可做到先进先出；可以采取防潮、防尘等措施，保证和提高货物存储质量。

（一）货架的作用

货架在仓库中居于非常重要的地位，随着现代工业的迅速发展，物流量的大幅度增加，为了实现仓库现代化管理，改善仓库的功能，不仅要求仓库货架的数量多、功能多，能满足实现机械化、自动化的要求，而且要求货架的使用要合理。货架的作用可以归纳为以下几个方面。

① 有利于仓库空间的利用，提高库容利用率，有效扩大仓库的储存能力。货架是一种架式结构，可以向空间延伸，同样仓库占地面积，货架的储存能力根据货架的层数而倍增，简单而有效地提高了储存能力。

② 有利于货物存取、拣选、计量、清点等作业，有利于提高作业效率及贯彻先进先出的原则。存入货架中的商品，由于有货架层格的分隔作用，存取作业方便，便于清点及计量，操作速度快，而且易于定位，操作准备时间短。

③ 有利于货物完整，减少货物损失。由于有货架隔板的承托和分隔作用，存入货架中的商品，互不挤压，可以方便地采取防尘、防潮等措施，保证货物本身的质量，减少物资的损耗。

④ 有利于实现仓库作业的机械化和自动化，提高仓储作业的现代化水平。有些新型货架的结构及功能有利于进一步实现机械化、自动化、电子化，从而减少人力消耗，降低成本，提高效率。

（二）货架的分类

货架的分类方式多种多样，下文从货架的发展、适用性、结构、可动性、高度、重量、加工形式、用途八个角度进行分类。

按货架的发展可分为传统货架和新型货架两种。传统货架包括层架、层格式货架、抽屉式货架、罐钢瓶架、轮胎专用架等；新型货架包括托盘货架、驶入式货架、驶出式货架、旋转式货架、移动式货架、调节式货架、阁楼式货架、重力式货架等。

按货架的适用性可分为通用货架和专用货架。按货架的结构可分为层架、层格架、抽屉架、橱架、悬臂架、三脚架、栅型架等。按货架的可动性可分为固定式货架、移动式货架、旋转式货架、组合式货架、可调式货架。按货架的高度可分为低层货架（高度在 5 米以下）、中层货架（高度在 5～15 米）、高层货架（高度在 15 米以上）。按货架的重量可分为重型货架（每层货架载重量在 500 公斤以上）、中型货架（每层货架载重量在 150～500 公斤）、轻型货架（每层货架载重量在 150 公斤以下）。

按加工形式可分为组合式货架和焊接式货架，其中，组合式货架有轻便、灵活、适用范围广等特点，多用于平面仓库和分离式自动仓库；而焊接式货架有牢固、承载大、刚性好等特点，多用于库架合一式自动仓库。

按用途不同可分为仓储货架和超市货架，其中，超市货架主要用于零售业的店面商品的陈列与销售，而仓储货架主要用于工厂、仓库、配送中心的货物的储存、保管、拣选。

（三）几种常见的货架简介

1. 托盘货架（Pallet Rack）

托盘货架是以托盘单元货物的方式来保管货物的货架（见图 2-13），是机械化、自动化货架仓库的主要组成部分。托盘货架使用广泛，通用性强。其结构是货架沿仓库的宽度方向分成若干排，其间有巷道，供堆垛起重机、叉车或其他搬运机械运行，每排货架沿仓库纵长方向分为若干列，在垂直方向又分成若干层，从而形成大量货格，得以用托盘存储货物。

图 2-13 托盘货架

托盘货架具有如下优点。①每一块托盘均能单独存入或移动，而不需移动其他托盘；②可适应各种类型的货物，可按货物尺寸要求调整横梁高度；③配套设备简单，成本低，能快速安装及拆除；④货物装卸迅速，主要适用于整托盘出入库或手工拣选的场合。

这种货架适用于品种中量、批量一般的储存。通常以高 6 米以下的 3～5 层为宜。此外，它的出入库不受先后顺序的影响，一般的叉车都可使用。

2. 窄巷道型货架

窄巷道型货架（Very Narrow Rack）的通道仅比托盘稍宽，继承了托盘货架对托盘存储布局无严格要求的特点，能充分利用仓库面积和高度，具有中等存储密度。但是窄巷道型货架需用特殊的叉车或起重机进行存取作业，同时还需要其他搬运机械配套，周转时间比传统的货架相对较长。由于货架不仅有储存托盘的功能，还须有支撑和加固搬运设备的功能，因此对结构强度和公差配合要求极为严格，必须综合考虑，精确设计、安装。窄巷道型货架也可以同时集成货物暂存平台，大幅度提高存储效率。

3. 驶入式货架

驶入式货架（Drive in Rack）如图 2-14 所示，这是一种不以通道分割的、连续性的整栋式货架。在支撑导轨上，托盘按深度方向存放，一个紧接着一个，这使得高密度存储成为可能。货物存取从货架同一侧进出，“先存后取，后存先取”。平衡重力式及前移式叉车可方便驶入货架中间存取货物。

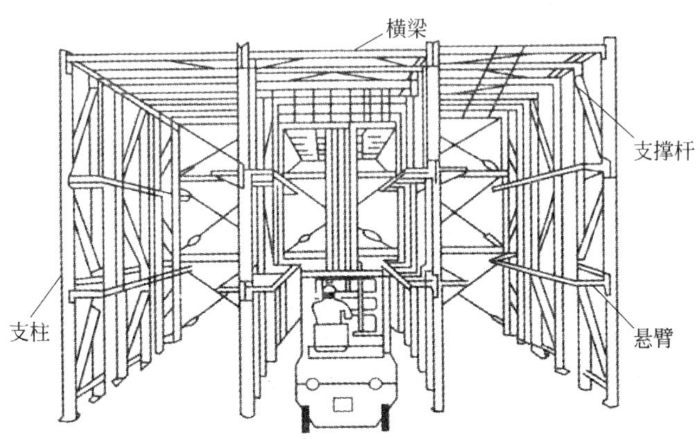

图 2-14 驶入式货架

驶入式货架投资成本相对较低，因为叉车作业通道与货物保管场所合一，仓库面积利用率大大提高。但同一通道内的货物品种必须相同或同一通道内的货物必须一次完成出入库作业。适用于横向尺寸较大、品种较少、数量较多且货物存取模式可预定的情况，常用来储存大批相同类型货物。由于其存储密度大，对地面空间利用率较高，常用在冷库等存储空间成本较高的地方。

其特点是储存密度高、存取性差；不易做到先进先出管理；不宜存储太长太重的物品。适用于保管品种少、批量大且出货频率较低的货品。

4. 驶出式货架

驶出式货架（Drivethrough Rack）如图 2-15 所示，与驶入式货架不同之处在于驶出式货架是贯通的，前后均可安排存取通道，可实现先进先出管理。

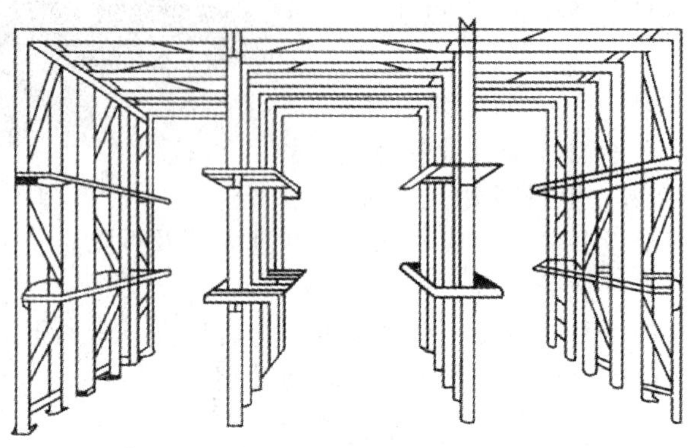

图 2-15 驶出式货架

5. 流动式货架（Uve Pallet Rack）

流动式货架的结构如图 2-16 所示。这种货架的一端较高，其通道作为放大货架用，另一侧较低，倾斜布置，其通道作为出货用。由于货物放在滚轮上，货架向出货方向倾斜，因此可以利用重力使货物向出口方向自动下滑，以待取出。

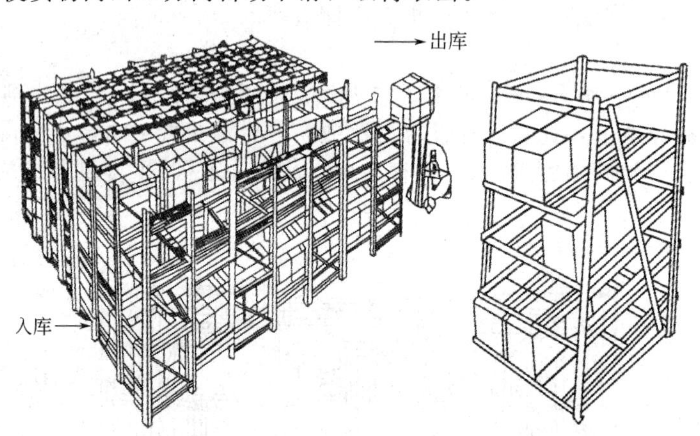

图 2-16 流动式货架

存货时托盘从货架斜坡高端送入滑道，通过滚轮下滑，逐个存放；取货时从斜坡底端取出货物，其后的托盘逐一向下滑动待取，托盘货物在每一条滑道中依次流入流出。这种储存方式在排与排之间没有作业通道，大大提高了仓库面积利用率。仓库利用率极高，运营成本较低，但使用时，最好同一排、同一层上的货物，应为相同的货物或一次同时入库和出库的货物。此外，当通道较长时，在导轨上应设置制动滚道，以防止终端速度太大。

这种货架的特点如下：①适用于大量储存短时发货的货物；②适用先进先出的货物；③空间利用率可达 85%；④适用与一般叉车配套存取货物；⑤高度受限，一般在 6 米以下。

流动式货架的储存空间比一般托盘货架的储存空间多50%左右。

6. 移动式货架（Mobile Rack）

这是一种在货架的底部安装有运行车轮，可在地面上运行的货架（见图2-17）。按驱动方式不同可分为人力推动式（Manual Mobile Rack）、摇把驱动式（Crank type Mobile Rack）和电动式（Electric Mobile Rack）。

图2-17　移动式货架

移动式货架因为只需要一个作业通道，可大大提高仓库面积的利用率。其广泛应用于办公室存放文档，图书馆存放档案文献，金融部门存放票据，工厂车间、仓库存放工具、物料等。适用于库存品种多，出入库频率较低的仓库；或库存频率较高，但可按巷道顺序出入库的仓库。

移动式货架具有如下特点：①比一般固定式货架储存量大很多，节省空间；②适合少品种大批量低频率保管；③节省地板面积，地面使用率可达80%；④可直接存取每一项货品，不受先进先出的限制；⑤高度可达12米，单位面积的储存量可达托盘货架的2倍左右。

7. 后推式货架

后推式货架（Push Back Rack），如图2-18所示，是一种高密度托盘储存系统，它是将相同货物的托盘存入2倍、3倍和4倍深度又稍微向上倾斜可伸缩的轨道货架上，托盘的存放和取出是在同一通道上进行的，存入时叉车将托盘逐个推入货架深处，取出时托盘借重力逐个前移，因而最先放入的托盘是在最后取出的。

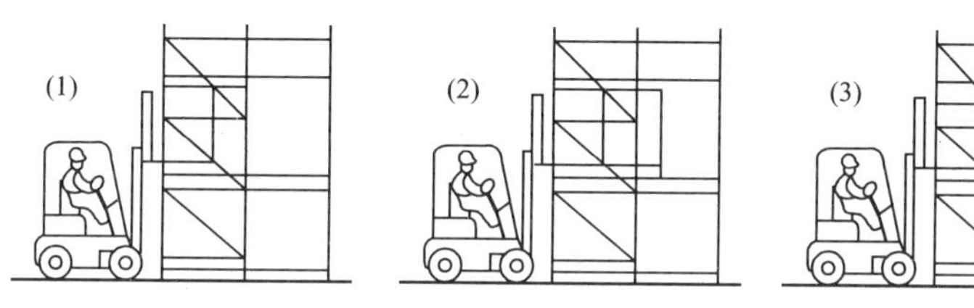

图2-18　后推式货架

该系统既能达到驶入型货架的仓容量，又能达到托盘自滑动型货架的取出能力。后推式货架具有如下优点。①当某产品的托盘数量较大而又不要求“先进先出”时，能简化工作程序，效益极为显著；②可缩短拣取时间，不需要特殊的搬运设备；③由于储存面积较大，通道较少，故空间利用率和生产率都很高；④能避免高密度储存货架在装卸作业中常易产生的货损。

8. 旋转式货架

旋转式货架（如图2-19所示）设有对立驱动装置，货架可沿着一个伸长的椭圆轨道由开关或计算机操纵运行，当设备启动后，所需处理的货物会被自动旋转到操作员所处的位置，依照储存货物的要求，可采用不同方向移动的货架联接组成，分为水平旋转和垂直旋转两种。旋转式货架之间没有通道，不仅使储存密度增大、节约仓库空间、节约投资，而且可以降低拣选作业的劳动强度，提高拣货效率。一般适用于电子零件、精密机件等批量小、品种多的货物。此外，旋转式货架的空间利用率很高。

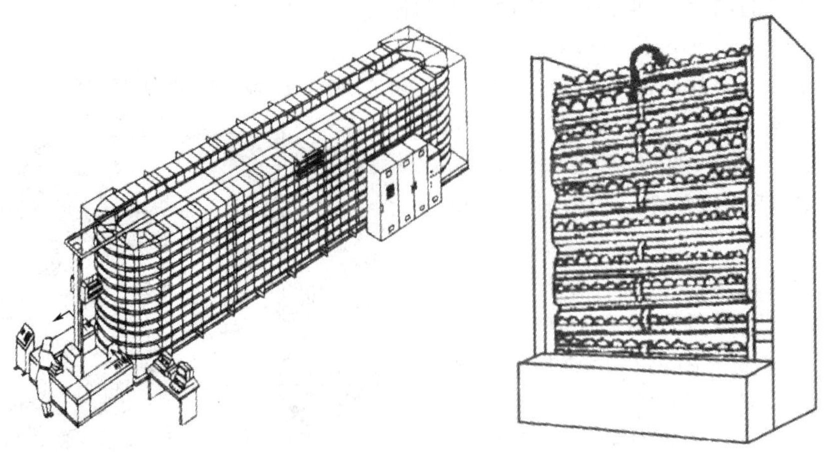

图 2-19　旋转式货架

这种货架具有如下特点：①节省人力，增加空间；②由标准化的组建构成，可适用于各种空间配置；③存取入出口固定，货品不易丢失；④计算机快速检索和寻找储位，拣货快捷；⑤取料口高度符合人机学，作业人员可长时间工作。

9. 悬臂式货架

悬臂式货架（Cantilever Rack）的结构如图 2-20 所示。这种货架适合存储长、大件货物和不规则货物，诸如钢铁、木材、塑料等，其前伸的悬臂具有结构轻巧、载重能力好的特点。如果增加搁板，特别适合空间小、高度低的库房，一般高在 6 米以下为宜，空间利用率低 35%～50%。

图 2-20　悬臂式货架

10. 阁楼式货架

阁楼式货架（Mezzanine Rack）的结构如图 2-21 所示。这种货架是在已有仓库工作场地上进行立体规划，建造阁楼，将原有的单层仓库改成两层或多层的仓库。利用钢梁和金属板把原有的储区作楼层分割，每个楼层可存放不同种类的货架。阁楼式货架适用于库房较高、货物轻巧、人工存取、储货量较大的情况，例如五金工具、电子器材、机械零配件等物品的小包装散件储存，也适用于现有旧库房的改造，存放多品种、少批量货物时可提高仓库的空间利用率。阁楼式货架具有如下特点：①提高储存高度，增加空间利用率；②上层仅放轻量物品，如上层存放箱、包和散件，下层存放托盘之用。

图 2-21 阁楼式货架

第五节 装卸搬运设备

装卸搬运是在货物运输、储存等过程中随同发生的作业，贯穿于物流作业的始终。装卸搬运设备就是用来搬移、升降、装卸和短距离输送物料或货物的机械设备，是仓储活动中的重要机械设备。能否有效的衔接各个工作环节，安全、迅速、优质地完成装卸搬运作业，直接影响到物流的效率和效益。本节主要介绍装卸搬运设备的概念及分类，并详细介绍几种常用的装卸搬运设备的特点及使用要求。

一、装卸搬运设备的概念

装卸搬运设备是指在仓库技术作业中，为实现储存、收发物资和检斤、计重等所必需的物资空间位移而采用的劳动设备。

二、装卸搬运设备的分类

1. 按设备功能分类

① 装卸机械　如手动葫芦。

② 搬运机械　如各种搬运车、手推车及斗式、刮板式输送机之外的各种输送机。

③ 装卸搬运机械　如叉车、港口用的跨运车、车站用的龙门吊及气力装卸输送设备等。

2. 按设备工作原理分类

① 叉车类　包括各种通用和专用叉车。

② 吊车类　包括门式、桥式、履带式、汽车式、巷道式各种吊车。

③ 输送机类　包括辊式、轮式、皮带式、链式、悬挂式等各种输送机。

④ 作业车类　包括手车、手推车、搬运车、无人搬运车、台车等各种作业车辆。

⑤ 管道输送设备类　液体、粉体、气体的装卸搬运一体化设备。

3. 按有无动力分类

① 重力式装卸搬运设备　辊式、辊轮式等输送机属于此类。

② 动力式装卸搬运设备　大多数装卸搬运机械属于此类。

③ 人力式装卸搬运设备　用人力作业，主要是小型机具和手动叉车、手车、手推车、手动升降平台。

三、常用装卸搬运设备的特点和使用要求

（一）叉车

叉车（fork lift truck）又称铲车、叉式举货车，是物流领域最常用的具有装卸、搬运双

重功能的机具。在仓储作业环节的装卸搬运过程中，叉车是最常用的装卸设备，其种类有很多。按其动力装置的不同可分为内燃叉车和电瓶叉车；按其结构和用途不同分为平衡重式叉车、插腿式叉车、前移式叉车（以上三种均为正叉车）、侧面式叉车、跨运车以及其他特种叉车等。

1. 平衡重式叉车

平衡重式叉车（如图 2-22 所示）车体前方具有货叉和门架，车体尾部有装卸作业车辆，依靠车体与车载平衡，故称平衡重式叉车。平衡重式叉车是叉车中应用最广泛的构造形式，约占叉车总数的 80%以上。由于没有支撑臂，需要较长的轴距与较大的配重来平衡荷载，所以车身尺寸与重量很大，需要较大的作业空间。同时，货叉直接从前轮的前方叉取货物，对容器没有任何要求；底盘较高，使用橡胶轮胎或充气胎，使其具有很强的爬坡能力与地面适应能力。因此普遍用于装卸货物及室外搬运。它的特点是货叉伸出在车身的正前方，货物中心落在车轮轮廓之外。为了平衡货物重量产生的倾覆力矩，保持叉车的纵向稳定性，在车体尾部配有平衡量。平衡重式叉车要依靠叉车前后移动才能叉卸货物。

图 2-22 平衡重式叉车

图 2-23 插腿式叉车

2. 插腿式叉车

插腿式叉车（如图 2-23 所示）的特点是叉车前方带有小轮子的支腿能与货叉一起伸入货板叉货，然后由货叉提升货物。由于货物重心位于前后车轮所包围的底面积之内，叉车的稳定性好。一般采用蓄电池作能源，起重量在 2t 以下。插腿式叉车比平衡重式叉车结构简单，自重和外形尺寸小，适合在狭窄的通道和室内堆垛、搬运，但是速度较低，行走轮直径小，对地面的要求较高。

图 2-24 前移式叉车

3. 前移式叉车

前移式叉车（如图 2-24 所示）的货叉可沿着叉车纵向前后移动。它结合了有支撑臂的电动堆垛机与无支撑臂的平衡重式叉车的优点，当门架前伸至顶端，载货重心落在支点外侧，此时相当于平衡重式叉车；当门架完全收回后，载货重心落在支点内侧，此时相当于电动堆垛机。这两种性能的结合，使得在保证操作灵活性及高荷载性能的同时，体积与自重不会增加很多，最大限度地节省作业空间。

取货卸货时，货叉伸出，叉卸货物后或带货移动时，货叉退回到接近车体的位置，因此叉车行驶时的稳定性好。前移式叉车一般由蓄电池作动力，起重量一般在 3t 以下。特点有电动车身小，重量轻，转弯半径小，机动性好，不需要在货堆间留出空处，前轮可做得较大。

前移式系列叉车最具效益的操作高度为 6～8 米，相当于建筑物高度在 10 米左右（此高度是目前最常见的超市、配送中心、物流中心、企业中心仓库的建筑高度），其最大提升高度已达到 11.5 米，载重范围 1～2.5 吨。在此高度范围内，操作人员视线可及，定位快捷，效率较高。但是，由于它的行驶速度低，主要用于室内搬运作业，很少在室外作业中使用。

4. 侧面式叉车

侧面式叉车（如图 2-25 所示）主要用于搬运长大件货物。门架和货叉位于车体中部的一侧，不仅可以上下运动，还可以前后伸缩。叉货时，先将千斤顶顶着地，门架向外推出，叉取货物后，货叉起升，门架退后，然后下降货叉，货物即自动放置在叉车一侧的前后车台上。将千斤顶收起后，叉车即可行驶。由于货物沿叉车纵向放置，可减少长大件货物对道路宽度的要求，同时，货物重心位于车轮支承之内，叉车行驶时稳定性好，速度高，司机的视野比正叉平衡重式叉车好。由于门架和货叉只能向一侧伸出，当需要在对侧卸货时，必须将叉车驶出通道，掉头后才能卸货。

侧面叉车的主要特点有两个：一是在出入库作业时，车体顺通道进入后，货叉侧面面向货架或货垛，在装卸作业时不必再先转弯然后作业，这样，可在窄通道中进行作业，可节约通道的占地面积，提高仓容利用率；二是有利于装卸长条形货物，叉上长尺寸货物，长尺寸货物与车体平行，作业方便，在运行时还可放于侧面台板上，运行也方便。而用其他叉车叉运长尺寸货物时，长尺寸货物横于车前，需要很宽的通道才能通过。这种叉车动力主要是内燃机式，一般多以柴油机驱动，起重量为 2.5～54.5 吨，因为其车体大，自重也大，司机在进行叉装叉卸作业时不如其他叉车方便。

5. 跨运叉车

跨运叉车（如图 2-26 所示）是由门形车架和带抱叉的提升架组成的搬运机械。一般用内燃机驱动，起重量为 10～50 吨。作业时，门形车架跨在货物上由抱叉托起货物后，进行搬运和码垛。在港口，跨车可用来搬运和堆码钢材、木材和集装箱等。跨车的起重量大，运行速度高，装卸快，甚至可以做到不停车卸载，但跨车本身重量集中在上部，重心高，空车行驶时稳定性差，要求有良好的路面。

图 2-25　侧面式叉车

图 2-26　跨运叉车

6. 转向式叉车

转向式叉车（如图 2-27、图 2-28 所示），其主要特点是贷叉可做前、左、右三向旋转，或直接从两侧叉取货物，在巷道中无需转弯，因此所需的巷道空间是最小的。

高架转向拣选式叉车（如图 2-28 所示），适合于仓库面积较小，高度较高，既需要很大的储存量及较高的搬运效率，又不想花费巨大的投资建自动仓库的情况；转向式叉车最大提升高度超过 14 米，巷道宽度通常在 1.6 米左右，载重量最大为 1.5 吨，在制造行业、电子电器行业使用较为普遍。

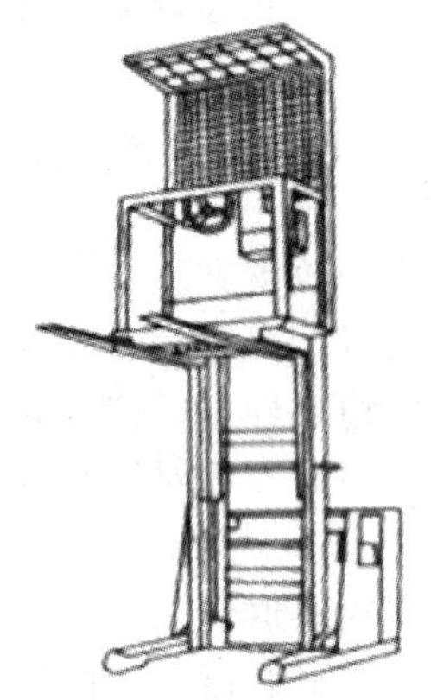

图 2-27 高架转向拣选式叉车

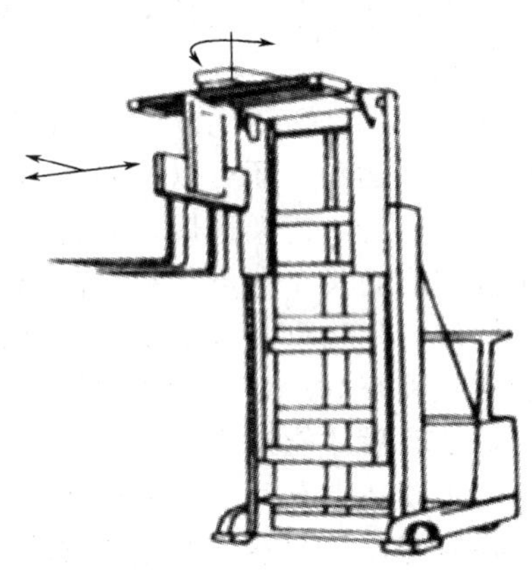

图 2-28 三向堆垛式叉车

高架转向拣选式叉车可分为上人式和不上人式两种。驾驶舱作为主提升随门架同时上升称为上人式，其优点是任何高度都可以保持水平操作视线，保证最佳视野以提高操作安全性。同时由于操作者可以触及货架上任何位置的货物，故可以同时用于拣货及盘点作业。

为了使高架转向叉车在通道内始终保持直线行使，有磁导及机械式导引两种方式。磁导由于必须在巷道中央切割埋上磁导线，容易破坏地坪并且不易搬迁调整，故目前使用最多的是机械式导引。采用机械式导引需要与货架配合，在巷道的两侧安装钢轨，通过车身导轮及其他辅助装置导入巷道并沿直线行驶。

7. 其他类型叉车

为了适应各种用途的需要，叉车还有很多其他的形式，例如液压式叉车、蓄电池式叉车（电瓶车）、自由起升叉车和防爆叉车等（如图 2-29 所示）。

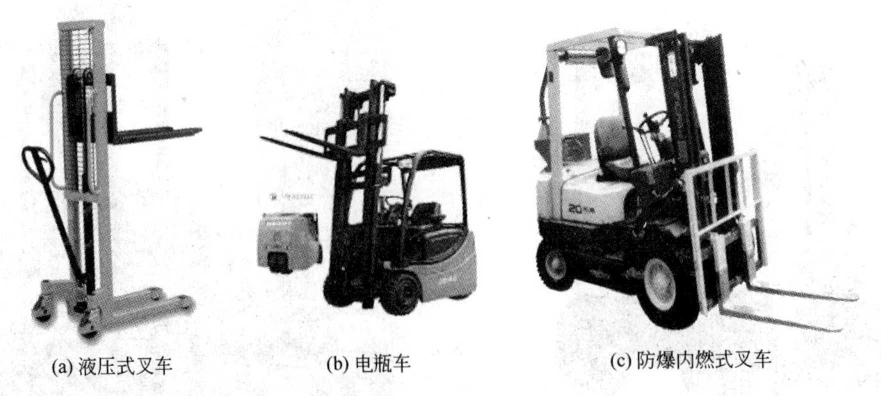

(a) 液压式叉车　(b) 电瓶车　(c) 防爆内燃式叉车

图 2-29 其他类型叉车

（二）起重机

起重机是借助于各种吊索具从物品上部实施装卸的一类起重机械的总称，主要适用于装卸大件笨重货物。最常用的起重机有龙门起重机、桥式起重机、汽车起重机等。

1. 龙门起重机

龙门起重机（如图 2-30 所示），又称门式起重机，俗称门吊，是构架结构的起重设备，分轨道式起重机和轮胎式起重机两种。轨道式起重机是沿着场地上铺设的轨道行走的，因此，只能限制在所设轨道的某一场地范围内进行作业，它由两个沿轨道边运行的支脚及横跨在其上部的梁组成。轮胎式起重机则不受轨道限制，运动范围较大，它不仅可以前进、后退，而且还能左右转向，设有转向装置，可从一个堆场转向另一个堆场进行作业。门式起重机可以在三维空间（纵、横、上下）范围内装卸搬运货物，占地面积少，提升高度和起重能力较大。

图 2-30 龙门起重车

门式起重机起重量较大，可达到 300 吨以上，可同时完成装卸和搬运两项作业，门式起重机有的有较长的悬臂，悬臂伸离支脚轨道范围，覆盖火车装卸区和汽车或船舶装卸区，所以在转运中心、港口及车站特别适合采用这种机具。

2. 桥式起重机

桥式起重机（如图 2-31 所示），又称天车，其工作原理和门式起重机相同。不同的是，门式起重机有两端的高支腿在地面的轨道上行走，用于露天货场；桥式起重机支腿很短，轨道架设在建筑物的立柱跨梁上，这样使节省了支脚所占用的地面，在仓库内由于少占室内面积而有优越性。

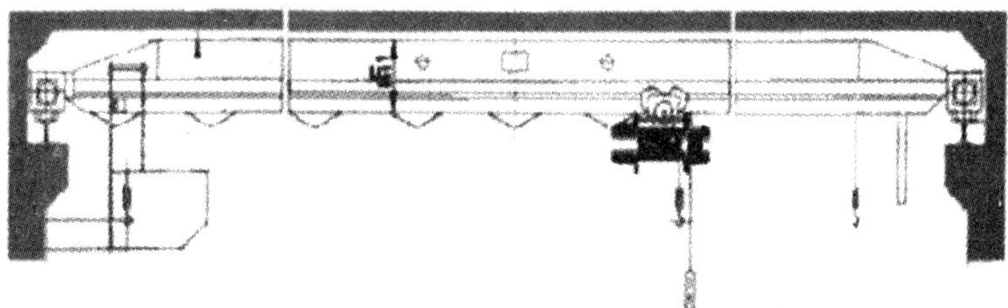

图 2-31 桥式起重车

桥式起重机在厂房内或库内作业的主要优点是，由于从货物上部作业，仓库不需留有通道，靠桥架的纵向运动和天车在桥架上的横向运动，桥式起重机可覆盖整个厂房平面或库房平面，因而就仓库而言，仓容的利用率可高达 90%，这是比叉车作业的优越之处。桥式起重机在生产、物流中应用广泛，尤其是重型工业生产企业和冶金、机械、建材等生产企业使用较广泛，机电仓库、钢材库等库内使用也较广泛。

3. 汽车起重机

汽车起重机（如图 2-32 所示）俗称汽车吊，是一种转扬机构安装在载重汽车上的旋转式起重机，具有起重、行驶并重的特性。适用于长距离两场地之间的装卸作业。

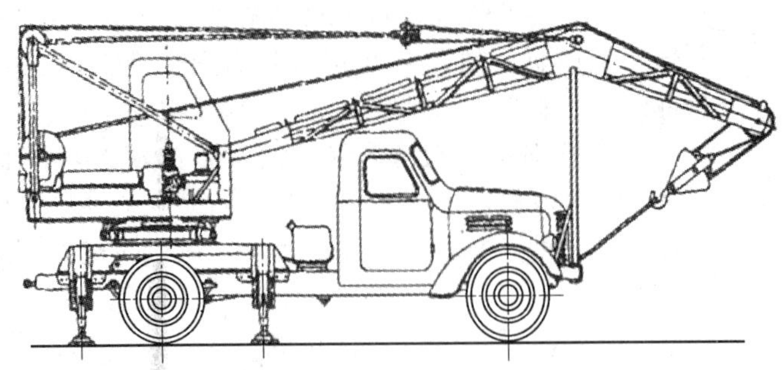

图 2-32　汽车起重车

国产液压汽车起重机最大起重量已达到 125 吨，起升高度 30 米。履带起重机，主要用在挖土方和矿山作矿石装车用。

汽车起重机的行驶性能与一般的汽车不同，在进行装卸作业时，需要用两侧伸出的支腿来维持整体平衡，不能带载行驶。必须注意，汽车起重机的额定起重量只有在一定的条件下（如吊杆位置和角度，吊钩高度等）才能达到。条件不同，最大起重量也随之变化。各类汽车起重机都规定各自的“作业曲线图”，操作时必须严格遵守。如果超过这些条件限制，即超载，可能发生危险。

（三）输送机

输送机又称连续输送机械，是指沿着一定的输送路线运输货物的机械设备。具有以下几个特点：可以不间断的搬运货物，即装货、输送、卸货连续进行，不必因空载回程而引起运货间断，同时由于不必经常启动和制动，因而有较高的输送速度和作业效率；沿着固定的路线输送货物，动作单一，结构简单，便于实现自动控制；通用性较差，每种机型只能适用一定类型的货种，一般不适于运输重量较大的单件物品；大多数的连续输送机械不能自行取货，需要采用一定的供料设备。

连续输送机械的形式、构造和工作原理是多种多样的，其种类也很多。按其运送货物的种类可以分为输送件货的和输送散货的；按其传动的特点可以分为有挠性牵动构件的和无挠性牵动构件的；按其结构形式则分为带式输送机、辊道式输送机、链式输送机、气力输送机等。

1. 带式输送机

带式输送机（如图 2-33 所示），是将输送带张紧在辊柱上，外力驱动辊轮转动则带动输送机循环转动，依靠输送带与物料之间的摩擦力，将置于其上的物料移动。带式输送机是用连续运动的无端输送带输送货物的机械。用胶带作为输送带的称为胶带输送机或皮带机。带式输送机是使用最普通的连续输送机，在各种连续输送机械中，它的生产率最高、输送距离最长、工作平稳可靠、能量消耗少、自重轻、噪声小、操作管理容易，最适宜于在水平或接近水平的倾斜方向上连续输送散货和小型物件。但是，当运送粉末状物料时，容易扬起粉尘，特别是在装卸料点和两台带式输送机的连接处，这时，就需要采取防尘措施。带式输送机在港口、站台、货栈、库场的应用很广，特别适用于煤炭、矿石、粮食等散货的输送。

带式输送机主要有三种类型：一是固定式，固定在两个区域进行搬运，可以进行长距离搬运，在矿山的矿石物流、煤炭物流等领域中应用有很大优势，在港口、车站用于装卸散、块料也是常用的输送机；二是移动式，可利用人力移动位置，随时改变搬运区域，是一种小型机，作为衔接性搬运在集货、配送，拣选货物领域作为配套机械使用，也用于设施外的装卸搬运；三是往复式，皮带回程也设计成运货通路，主要用在仓库、配送中心等设施内。皮带输送机可用于输送散、粒、块状物料，也常用于中小包装货物，一般不用于集装运输。

图 2-33 带式输送机

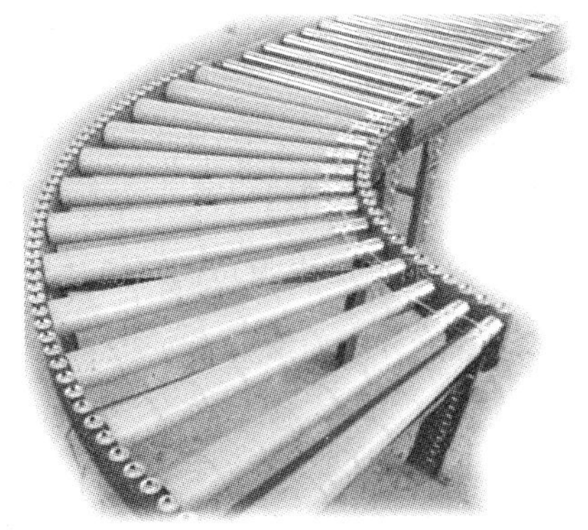

图 2-34 辊式输送机

2. 辊式输送机

辊式输送机（如图 2-34 所示），是由许多定向排列的辊柱组成，辊柱可在动力驱动下在原处不停地转动，以带动上置货物移动，也可在无动力情况下，以人力推动货物在辊柱上移动。辊式输送机主要特点是承载能力很强。由于辊柱滚转，使货物移动的摩擦力很小，因而搬运大、重物件较容易，常用于搬运包装货物、托盘集装货物。由于辊子之间有空隙，所以小散件及粒状、块状物料的搬运不能采用这种输送机。

辊式输送机有固定式和移动式两种类型。主要使用在仓库和配送中心等。

3. 链式输送机

链式输送机是用绕过若干链轮的无端链条作牵引构件，由驱动链轮通过轮齿与链节的啮合将圆周力传递给链条，在链条上固结一定的工作构件的输送机械。链式输送机的类型也有很多，用于港口、货栈的主要有链板输送机、刮板输送机和埋刮板输送机等。

链板输送机的板条上能盛放较重的件货，链条的挠性好，强度高，可以采用较小直径的链轮而传递较大的牵引力。但是，与带式输送机相比，其自重、磨损、消耗功率都较大，而且，由啮合驱动而产生的动载荷会使工作速度受到限制。链板输送机一般主要用于部分仓库或内河港口中输送件货。

刮板输送机是利用相隔一定间距而固定在牵引链条上的刮板，沿敞开的导槽刮运散货的机械。刮板输送机一般适用于在水平方向或小倾角方向上输送煤炭、砂子、谷物等粒状和块状物料。

（四）机器人

机器人是典型的机电一体化的产品，它是计算机科学、自动控制技术、机械技术、电子技术、仿生学、光学、运动学和动力学等多门学科相互渗透的产物。是当今世界技术革命的重要标志。日本产业技术振兴协会机器人调查委员会调查结果表明，安装和搬运作业的机器人的比例占机器人总量的 24.2%。

随着物流系统新技术开发，装卸搬运机器人得到了应用。在生产线的各加工中心或加工工序之间、立体仓库装卸搬运区，机械手搬运机和装卸搬运机器人按照预先设定的命令完成上料、装配、装卸、码垛等作业。其作业速度高，作业准确，尤其适合有污染、高温、低温等特殊环境和反复单调作业场合。机器人在仓库中的主要作业是码盘、搬运、堆垛和拣选作业。在仓库中利用机器人作业的优点是其能在搬运、拣选和堆码过程中完成决策，起到专家系统的作用。

1. 机器人的作业过程

机器人的作业过程主要可以分为码盘、搬运、堆垛、拣选等环节。在码盘与搬运过程中，被运送到仓库中的货物通过人工或机械化手段放到载货台上，放在载货台上的货物通过机器人将其分类。由于机器人具有智能系统，可以根据货箱的位置和尺寸进行识别，将货物放到指定的输送系统上。在堆垛与拣选过程中，仓库中作业的机器人与典型加工制造工厂有很大的不同，在加工制造工厂，机器人动作是固定的，而仓库中机器人的作业会因客户的要求不同而不同。

2. 机器人分类

按其结构可分为如下五种：①直角坐标型机器人，如图 2-35（a）所示，具有三个互相垂直的移动轴线，其工作空间为一个长方体，这种机器人结构简单，定位精度高，但是占地面积大，工作范围小，灵活性差；②圆柱坐标型机器人，如图 2-35（b）所示，其水平臂能沿立柱上下移动，绕立柱转动，并能伸缩，作业空间为圆柱形，结构简单，占地面积小，操作范围较大，定位精度不高；③球坐标型机器人，如图 2-35（c）所示，机器人的手臂能上下俯仰、前后伸缩、绕立柱回转，其作业空间为一个球体，这种机器人作业灵活，作业范围大，定位精度不高；④垂直多关节型机器人，如图 2-35（d）所示，机器人由立柱、大小手臂和手爪组成。立柱与大臂之间形成肩关节，大臂与小臂之间形成肘关节，小臂与手爪之间形成腕关节。这种机器人作业灵活，工作范围大，占地面积小，通用性强，作业速度高；⑤多关节型机器人，如图 2-35（e）所示，除了具有垂直多关节型机器人的特点外，多关节型机器人的臀部和腕部可绕垂直轴的水平面内旋转，末端工作部分可沿垂直轴上下移动，这种机器人动作灵活，速度快，结构复杂，定位精度高。

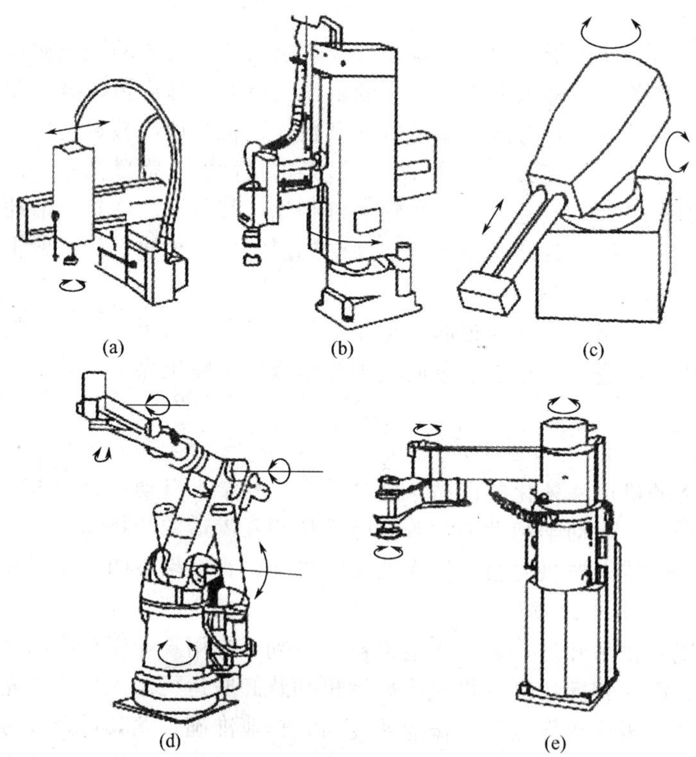

图 2-35 各种坐标形式机器人

按照抓取重量和工作范围分为三种：①大型机器人，其抓取重量 100～1000 公斤或运作范围 10 立方米以上；②中型机器人，其抓取重量 10～100 公斤或动作范围 1～10 立方米；③小型机器人，其抓取重量在 10 公斤以下或动作范围 1～10 立方米。

按照驱动方式分为三种：①液压型机器人，这种机器人动力大，易于直接驱动，动作响应快；②气动型机器人，这种机器人作业速度快，结构简单，维修方便，价格低于中小负荷；③电动机器人，这种机器人作业灵活，使用方便，噪声低，定位精度高，是应用最广泛的一种。

（五）其他装卸搬运设备

1. 双轮手推车

双轮手推车又称手车（如图 2-36 所示），俗称老虎车，是最常用的人力搬运工具，用于货物重量在 50～100 公斤（最大不超过 200 公斤）、体积不超过 0.4 立方米、运距 100 米以内的情况。车身一般多用钢管制作，采用尼龙或橡胶的车轮。手车的形状、尺寸和用料与使用方便和省力很有关系，一般应符合如下几个方面的要求：推行时，货物和车身的重心应落在车轮中心附近，手柄离地面高度约 0.85～0.95 米；停止时（空载或满载），依赖车前的托板，手车能保持直立；车轮大小适宜，尽量减轻自重。

2. 四轮手推车

四轮手推车又称平板推车（如图 2-37 所示），既是搬运工具，又是集装单元器具，能随电梯上下楼或随汽车运输，形式多样，灵活方便。它通常使用于货物重量在 100～500 公斤之间的情况，最大可达 1 吨，运距一般在 50 米以内。

图 2-36　手推车

图 2-37　平板推车

3. 平板拖车

仓库平板拖车是一种安装在定向轮或车轮上的载货平台，它与牵引车配合使用。现有的平板拖车，其尺寸以及载货能力有各种规格，轮胎有实心和充气的两种。平板拖车的选择，可根据载货能力、载货大小、牵引车能力以及路面情况而定。

4. 牵引车和挂车

牵引车是用来牵引仓库平板拖车的电动或机动车辆。一般多为轮胎式，极少采用履带式。国内企业仓库大多使用汽车或拖拉机做牵引车。仓库牵引车对仓库作业的重要性在于当牵引车牵引平板拖车与叉车并用时，可使货物装卸、运输、堆码作业完全机械化。常见的集装箱牵引车俗称拖车，用来拖带载运集装箱的挂车或半挂车，按其拖带挂车的方式可分为半拖挂方式和全拖挂方式。几种常见的牵引车与挂车如图 2-38 所示。

牵引车

自卸半挂车

集装箱半挂车

油挂车

图 2-38 常见的牵引车和挂车

复习思考题

1. 什么是仓库？仓库有哪些功能呢？

2. 列表说明仓库的分类情况，并以某种分类方式为例结合实际谈谈不同分类仓库之间差异。

3. 什么是自动化仓库？什么是立体仓库？什么自动化立体仓库？

4. 简述自动化立体仓库的功能、构成要素及其优缺点。

5. 列表说明自动化立体仓库的分类情况，并说明整体式和分离式自动化立体仓库之间的区别。

6. 仓库的主体建筑可以分为哪三种类型？试比较这三类主体建筑所适用的储存货物特征。

7. 简述托盘的概念、分类与功能。

8. 托盘在选择和使用过程中应注意哪些问题？

9. 什么是货架？货架有哪些用途？

10. 什么是托盘货架？它有哪些优点？

11. 简述几种常用叉车的结构和使用特点。

12. 龙门起重机和桥式起重机有哪些不同之处？

13. 简述自动化立体仓库在国内外的发展和使用情况。

14. 以你熟悉的某个仓库为例，简要说明该仓库营运设施的配备情况。

参考文献

[1] 郭元萍. 仓储管理与实务 [M]. 北京：中国轻工业出版社，2005.
[2] 秦同瞬，杨承新. 物流机械技术 [M]. 北京：人民交通出版社，2004.
[3] 真虹，张婕姝. 物流企业仓储管理与实务 [M]. 第2版. 北京：中国物资出版社，2007.
[4] 刘彦平. 仓储与配送管理 [M]. 北京：电子工业出版社，2006.
[5] 李雪松. 现代物流仓储与配送 [M]. 北京：中国水利水电出版社，2007.
[6] 刘军，左生龙. 现代仓储作业管理 [M]. 北京：中国物资出版社，2006.

第三章　库场规划

库场规划是仓储管理的一个重要内容，本章概述库场选址的概念、目标、原则、影响因素及其一般程序，介绍库场选址的常用方法及其适用范围，阐述库场选址的决策分析方法及其适用条件，说明库场规模设计的相关知识。

第一节　库场选址概述

由于仓库选址对企业的采购成本、服务成本、服务质量都有深远影响，所以对库场选址问题的研究具有重要的现实意义。本节主要介绍库场选址的概念、目标、原则、影响因素及其一般工作程序。

一、库场选址的概念

库场选址是指运用科学的方法决定仓库的地理位置，使之与企业的整体经营运作系统有机结合，以便有效、经济地达到企业的经营目的。库场选址包括如下两个层次的问题：一是选位，即选择什么地区（区域）设置仓库，沿海还是内地，南方还是北方，等等；二是定址，地区选定以后，需要确定具体选择在该地区的什么位置设置仓库，也就是说，在已选定的地区内选定一片土地作为设施的具体位置。设施选址还包括这样两类问题：一是选择一个单一的仓库位置；二是选择多个仓库的位置。

二、库场选址的目标和原则

库场选址目标与该库场所属企业的类型有着密切的关系。如：附属于制造企业的库场选址目标服务与服从于企业自身的经营目标与管理目标，通常以支持企业产品制造成本最小化与企业价值最大化为目标；而附属于物流企业的库场选址目标一般兼顾企业收益最大化与服务水平最优化这两个方面。

在宏观层面上看，库场选址的基本原则是有利于促进生产和货物流通，节约流通费用，有利于运输能力的合理利用，有利于货物的安全储存，以及有利于环境保护。从微观层面上看，一个库场选址过程中一般应遵循效益原则、接近用户原则与可持续发展原则。

效益原则体现了拟建库场的选址方案在国民经济评价、财务评价与社会评价中的可行性问题。一般可以通过技术经济的分析方法，从众多备选的选址方案中，筛选出国民经济评价、财务评价与社会评价三者综合效益最优的选址方案。

接近用户原则体现了拟建库场的选址方案对顾客服务的效率与有效性问题。任何一个库场的建设都是以满足顾客需求为导向，在库场选址过程中遵循接近用户原则，需要将库场建在它所服务的区域附近，不仅可以降低为其顾客提供仓储服务的日常运行成本，还可以提高对顾客需求的反应速度。

可持续发展原则关注的是拟建库场的选址方案的长远发展的战略问题。库场的选址对库场经营有重要影响，在库场选址过程中遵循可持续发展原则，需要预测拟建库场服务对象的未来分布情况及其未来发展趋势，使库场选址的决策方案适应库场投资者的经营战略的需要，以保证库场的投资者、顾客及其社会相关方的价值在库场寿命期内得到整体最优。

三、库场选址的影响因素

（一）基础设施要素

从拟建库场的设施条件的角度看，不论是何种类型的库场，在选址时都要考虑下列基本要素。

1. 防火防污，保证环境安全

库场与周围其他建筑物之间必须有安全间隔，以防止火苗蔓延。在库场选址时，还应注意将油库、化工危险品以及污染性大的库区设在郊外旷野；库场布置时应尽可能少占用良田，少拆迁民宅；并且不应长期预留库场发展用地。

2. 交通便利，有利于商品运输

要从便于商品的购销、加速商品流通、降低流通费用出发，对于货物进出量大、进出频繁的通用、专用和特种库场，要考虑铺设铁路专用线，或建设专用码头。

3. 地质良好，有利于库场建筑

库场应选择在地质坚实、地势较高且平坦、环境干燥或易建地下库场的地点，以降低建筑费用。

4. 给水充足，又无水淹危害

库场选址既要用水方便，同时又要求库区排水系统良好，故在建库选址时，要注意当地的水文情况。

5. 靠近电源，便利库场作业

现代仓储管理，自动化程度不断提高，这就要求当地具有较高的供电能力。因此，库场应选择在电网的附近。

（二）成本因素

库场建设的成本是库场选址的一个重要因素。从运费上考虑，在几个生产地和几个消费地之间建立库场，可以采用线性规划模型使运费达到最小。从场地的可获得性和地价看，在城市中心建设大型库场是不可行的。此外，在什么地方建设库场，还应考虑当地建筑材料的可获得性和价格。

（三）时间因素

建立库场，既要考虑能使为之服务的供应链的成本最小，又要对顾客的需求作出有效地反应。因此，需要考虑货物运送到顾客手中的时间限制。

四、库场选址的一般程序

库场选址实质上是一个管理决策问题。在库场选址过程中，首先要明确库场选址的目标与原则，这是从众多备选的选址方案中筛选出最优方案的前提与基础。在明确选址目标与原则的前提下，通过实地调研、情报收集、电话调研等方式收集备选地址的相关资料，然后对备选地址的相关因素进行分析，拟订出备选的选址方案。然后，从国民经济、财务与社会效益等角度，对各备选方案进行评价，进而筛选出最优的选址方案。图 3-1 简要地列示了库场选址的一般工作程序。在实际的库场选址过程中，选址所需资料收集、选址相关因素分析、拟定备择选址方案、选址方案评价等环节之间存在一些反馈过程。这些反馈过程已在图 3-1 中得到了具体反映。

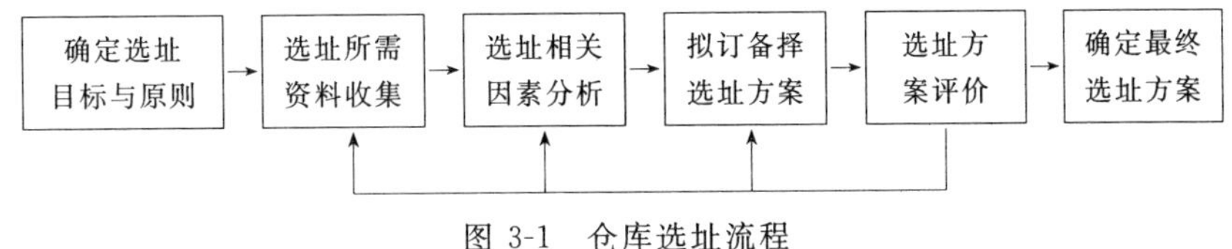

图 3-1 仓库选址流程

第二节 库场选址方法

库场选址问题一般可以分为两类，第一类是单仓库选址问题，第二类是多仓库选址问题。在单仓库选址过程中，一般采用重心法等方法。在多设施选址过程中，一般采用多重心法、混合-整数线性规划、模拟法等方法。下文对上述选址方法做简要介绍。

一、单仓库选址方法

（一）重心法

所谓重心法就是利用费用函数求出由仓库至顾客间运输成本最小的地点，选址因素只包括运输费率和该点的货物运输量。数学上，该模型可被归为静态连续选址模型。

设有一系列点分别代表生产地和需求地，各自有一定量的货物需要以一定的运输费率运向位置待定的仓库，或从仓库运出，那么仓库该位于何处呢？我们以该点的运量乘以到该点的运输费率，再乘以到该点的距离，求出上述乘积之和（即总运输成本）最小的点。即

$$\text{Min } T_C = \sum V_i R_i d_i \tag{3-1}$$

式中 T_C——总运输成本；

V_i——i 点的运输量；

R_i——到 i 点的运输费率；

d_i——从位置待定的仓库到 i 点的距离。

（二）重心法计算过程

求解式（3-1），可以得到工厂位置的坐标值，其准确重心的坐标值为

$$\overline{X} = \frac{\sum_i V_i R_i X_i / d_i}{\sum_i V_i R_i / d_i} \tag{3-2}$$

和

$$\overline{Y} = \frac{\sum_i V_i R_i Y_i / d_i}{\sum_i V_i R_i / d_i} \tag{3-3}$$

式中 $\overline{X}$，$\overline{Y}$——位置待定的仓库的坐标；

X_i，Y_i——产地和需求地的坐标。

距离 d_i 可以由下式估计得到

$$d_i = K\sqrt{(X_i - \overline{X})^2 + (Y_i - \overline{Y})^2} \tag{3-4}$$

式中 K 代表一个度量因子，将坐标轴上的一单位指标转换为更通用的距离度量单位，如英里或公里。

解的过程包括下列 7 个步骤：

① 确定各产地和需求地点的坐标值 X、Y，同时确定各点货物运输量和直线运输费率；

② 不考虑距离因素 d_i，用重心法公式估算初始选址点，即

$$\overline{X} = \frac{\sum_i V_i R_i X_i}{\sum_i V_i R_i} \tag{3-5}$$

和

$$\overline{Y} = \frac{\sum_i V_i R_i Y_i}{\sum_i V_i R_i} \tag{3-6}$$

③ 根据式（3-4），用步骤②得到的$\overline{X}$，$\overline{Y}$计算 d_i（此时，无须使用度量因子 K）；

④ 将 d_i 代入式（3-2）和式（3-3），解出修正的$\overline{X}$，$\overline{Y}$的坐标值；

⑤ 根据修正的 X、Y 坐标值，再重新计算 d_i；

⑥ 重复步骤④和步骤⑤直至$\overline{X}$，$\overline{Y}$的坐标值在连续迭代过程中都不再变化，或变化很小继续计算没有意义为止；

⑦ 最后，如果需要，利用式（3-1）计算最优选址的总成本。

在实际应用中，该方法可以计算出一个合理的接近最优解的选址，可以近似地得出最小成本解，而且当各点的位置、货物运输量及相关成本完全对称时，还可得出最优解。研究表明，当这些条件不能完全满足时，若某一点或几点并不比其他点的货物运量大特别多、所研究的需求点或供给点数量较多、运输费率与距离呈线性或近似线性关系，则潜在误差将很小。例如，一个中等规模的问题包含 50 个需求点，各点的位置、货物运输量随机分布，且具有线性运输费率，使用该方法得出的解与最优解的平均误差为 1.6%。当然，随着需求点数量减少，误差水平会大幅度增加。要找出一个更精确的重心解还需要完成求解过程的其他步骤。我们无法直接找到该解，还须求助于一个反复迭代的过程。一种相当简单而直接的方法就是连续逼近。虽然也有其他方法，但这个方法在实用中非常有效。

（三）重心法计算的假设条件

重心法的连续选点特性和简单性使其不论是作为一个选址模型，还是作为更复杂方法的子模型都很受欢迎。该模型的推广模型主要有：考虑客户服务和收入，解决多设施选址问题，引入非线性运输成本等。

虽然重心法的优点显而易见，但该模型的一些假设可能会对选址结果的正确性带来一定的影响。即便如此，也并不意味着模型没有使用价值。重要的是选址模型的结果对失实问题的敏感程度。如果简化假设条件（比如假定运输费率呈线性），对模型设施选址的建议影响很小或根本没有影响，那么可以证明简单的模型比复杂的模型更有效。

重心法计算中简化的假设条件如下。

① 模型常常假设需求量集中于某一点，而实际上需求来自分散于广阔区域内的多个消费点。市场的重心通常被当做需求的聚集地，而这会导致某些计算误差，因为模型计算出的运输成本是到需求聚集地而非到单个的消费点。

② 单设施选址模型一般根据可变成本来进行选址。模型没有区分在不同地点建设仓库所需的资本成本，以及与在不同地点经营有关的其他成本（如劳动力成本、库存持有成本、公共事业费用）之间的差别。

③ 总运输成本通常假设运价随运距成比例增加，然而，大多数运价是由不随运距变化的固定部分和随运距变化的可变部分组成的。

④ 模型中仓库与其他网络节点之间的路线通常假定为直线。实际上这样的情况很少，因为运输总是在一定的公路网络、在现有有的铁路系统中或在直线环绕的城市街道网络内进行的。我们可以在模型中引入一个比例因子把直线距离转化为近似的公路、铁路或其他运输网络的里程。

⑤ 对这些选址模型人们还有某些其他顾虑，如不是动态的，即模型无法找到反映未来收入和成本变化的解。

二、多仓库选址方法

（一）多重心法

如果我们在多点布局时使用精确重心法，就可以发现多设施选址问题的特点。我们知道精确重心法是一种以微积分为基础的模型，用来找出起讫点之间使运输成本最小的中间设施的位置。如果要确定的点不止一个，就有必要将起讫点预先分配给位置待定的仓库。这就形成了个数等于待选址仓库数量的许多起讫点群落。随后，找出每个起讫点群落的精确重心位置。

针对仓库进行起讫点分配的方法很多，尤其是在考虑多个仓库及问题涉及众多起讫点时。方法之一是把相互间距离最近的点组合起来形成群落，找出各群落的重心位置，然后将各点重新分配到这些位置已知的仓库，找出修正后的各群落新的重心位置，继续上述过程直到不再有任何变化。这样就完成了特定数量仓库选址的计算。该方法也可以针对不同数量的仓库重复计算过程。

随着仓库数量的增加，运输成本通常会下降。与运输成本下降相平衡的是物流系统中总固定成本和库存持有成本的上升。最优解便是使所有这些成本和最小的解。

如果能够评估所有分配起讫点群落的方式，那么该方法是最优的。尽管如此，就实际问题的规模而言，在计算上却是不现实的。即使预先将大量顾客分配给很少的几个仓库，也是一件极其庞杂的工作。因此还需要使用其他方法。

（二）混合-整数线性规划

为寻求解决选址问题的有效方法，数学家们已经付出了多年努力。他们希望求解方法对问题的描述足够宽泛，使其在解决物流网络设计中常见的大型、复杂的选址问题时具有实际意义，同时可以得出数学上的最优解。数学家们尝试使用了先进的管理科学技术，来丰富分析方法，或者提供寻求最优解的改进方法。这些方法包括目标规划法（Goal Programming）、树形搜索法（Tree Search Ap-proach）、动态规划法（Dynamic Programming）及其他方法。其中最有前景的当属混合-整数线性规划法。它是商业选址模型中最受欢迎的方法。

混合-整数线性规划法的主要优点是，它能够把固定成本以最优的方式考虑进去。线性规划在整个网络需求分配过程中的优势是众所周知的，这也是该方法的核心所在。虽然优化法很吸引人，但其代价也相当可观。除非利用个别问题的特殊属性，否则计算机运行的时间将很长，需要的内存空间也非常大。

仓库选址有多种不同形式。使用整数规划法的研究者们对其仓库选址问题描述如下。

某几家工厂生产数种产品，其中这些工厂的生产能力已知，每个消费区对每种产品的需求量已知。产品经由仓库运往消费者，满足需求，而每个消费区由某一指定仓库独家供货。

各个仓库能承受的总的年吞吐量有上限和下限的要求。仓库可能的位置是给定的，但最终使用哪个地点则需做出选择，以达到总分拨成本最低的目标。仓库成本表示为固定成本（实际用地所承担的费用）加上线性可变成本。运输成本被看做是线性的。

这样，问题就转化为应决定用哪个仓库位置；在每个选定位置，仓库的规模有多大；各个仓库该服务哪些消费区；各种产品的运输流模式是怎样的。所有这些都要在工厂生产能力和分拨系统仓库布局的约束条件下，实现以最小的分拨成本满足需求的目标要求。

用描述性的语言可以将这一问题表述如下。找出物流网络中仓库的数量、规模和位置，目标是使得通过该网络运送所有产品的固定成本和线性可变成本在下列条件约束下降至最低：

① 不能超过每个工厂的供货能力；

② 所有产品的需求必须得到满足；

③ 各仓库的吞吐量不能超过其吞吐能力；

④ 必须达到最低吞吐量仓库才可以开始运营；

⑤ 同一消费者需要的所有产品必须由同一仓库供给。

对这类问题可以用一般整数线性规划的计算机软件包来求解。

（三）模拟法

虽然提供数学最优解的选址模型看起来很好，但这种最优解可能并不比模型对问题实际情况的描述更好。况且，这样的优化模型通常很难理解，需要许多管理人员掌握他们并不具备的技能。

因此，一些人认为应该首先要求对问题进行准确描述，这些倡导者常常使用模拟方法进行规划。他们强调对问题的准确描述，宁愿冒险接受改良的次优解，也不要对问题笼统描述的最优解。

模拟设施选址模型指以代数和逻辑语言作出的对物流系统的数学表述，在计算机的帮助下人们可以对模型进行处理。算术模型寻求的是最佳的仓库数量、最佳的仓库位置、最佳的仓库规模，而模拟模型则试图在给定多个仓库、多个分配方案的条件下反复适用模型找出最优的网络设计方法。分析结果的质量和效率取决于使用者选择分析地点时的技巧和洞察力。

下面以一个为某公司开发的仓库选址模型为例说明模拟算法的原理。这一模型适用的范围很广，某公司模拟模型中的主要成本要素包括如下几个方面。

1. 客户

影响成本的因素有：

① 客户的位置；

② 年需求量；

③ 购买的产品类型，不同的产品属于不同的货物等级，从而会有不同的运价要求，当产品组合存在地区差异时，就不能对所有产品按平均运价进行计算；

④ 订单大小的分布，运输批量规模不同，也会导致适用不同的费率。

2. 仓库

影响成本的因素有：

① 公司对自有仓库的固定投资；

② 年固定运营和管理成本，如果选择公共仓库，固定投资就相对较小；

③ 存储、搬运、库存周转和数据处理方面的可变成本。

工厂的地址和各工厂的产品供应能力是影响分拨成本的最大因素。工厂内的某些仓储和搬运费用对分拨成本也可能有一定影响，但这些成本大部分与仓库位置分布无关，可以不做分析。

3. 运输成本

产品从工厂运到仓库产生的运费成本被称为运输成本，它取决于涉及的工厂、仓库的位置，运输批量的大小，产品的货物等级。

4. 配送成本

产品从仓库运到客户手中的成本被称为配送成本。它取决于运输批量的大小、仓库和客户的位置、产品的货物等级。

某公司在应用模拟模型时，输入数据的处理过程分为两部分。首先，预处理程序把通过仓库就能履行的客户订单与那些货量足够大，由工厂履行更经济的订单区分开来。然后，测试程序（或主要程序）计算出经纬度坐标系里从客户到仓库和工厂到仓库的距离。

选择向客户供货的指定仓库时要先检验最近的五家仓库，然后选择从仓库到客户的配送成本、仓库的搬运和储存成本、工厂到仓库的运输成本最低的仓库。接着，在仓库系统产品流向已知，测试程序读入地理信息的条件下，用计算机运行必要的计算来评估特定的仓库布局方案，还要利用线性规划法求解工厂生产能力的限制。

需要评估多少个仓库布局方案，就需要重复进行多少次测试。

目前，模拟模型在仓库选址中依然起着重要作用。这种模型的潜在优势是它们既能够考虑库存的时间方面问题，也能考虑库存的地理分布问题。

适用该方法面临的问题是需要大量的数据信息和较长的计算机运算时间。虽然如此，对现实情况的精确描述仍然是该模型吸引人的首要原因。但是，使用者可能无法确定所选择的仓库布局与最优值究竟差多少。

（四）多设施选址方法的比较

大规模、多设施选址模型给管理人员制定决策带来的帮助是很大的。从包含上百个仓库、几十类产品、几十家工厂、上百个消费需求区的大型供应-配送网络到由上百家供应商供应一家主仓库，然后再供应客户的供应网络都广泛适用该方法。在国防、零售、消费品和工业品等各个行业，许多企业（不论是在国内经营，还是在国际环境中经营的）都已经应用了这种规模的模型。这些模型之所以如此受欢迎，其主要原因是它们提供了解决企业管理中重大问题的决策依据；它们强大有效，可以多次重复用于各种形式的物流网络设计，且能提供规划所需的细节；适用模型的成本不高，因而使用其带来的收益远远超出其应用成本；模型要求的数据信息在大多数企业很容易获得。然而，这些模型仍然有如下几个方面的局限性。

① 库存政策、运输费率结构和生产/采购规模经济中会出现非线性的、不连续的成本关系，如何准确、高效地处理这些关系仍然是数学上的难题。

② 设施选址模型应该得到进一步的发展，应该更好地解决库存和运输同步决策的问题，即这些模型应该是真正一体化的网络规划模型，而不应该分别以近似的方法解决各个问题。

③ 网络设计过程中应该更多地关注收入效应，因为一般来讲，模型建议的仓库数量多于将客户服务作为约束条件、成本最小化时决定的仓库数量。

④ 建立的模型应该便于管理人员和规划者使用，这样模型才能经常被用于策略性规划、预算，而不是仅仅用于偶尔为之的战略规划。这就要求模型与企业的管理信息系统取得更紧密的联系，以便迅速得到模型运算所需的数据。

第三节　库场选址决策分析方法

在定量确定库场选址难以奏效时，定性方式是被人们广泛采用的方法。但定性方式往往提供多个可供选择的选址方案，此时我们又可以借助于定量的方法对此进行决策。可用于库场选址决策分析的定量方法有多种，常用的方法主要有加权评分法和层次分析法。本节在基于这两种方法的基础上，又介绍了两种改进算法，以供参考。

一、加权评分法

（一）基本原理

加权评分方法是一种对具有多个目标的决策方案进行综合评判的、定性与定量相结合的方法，就是通过把多个目标化为一个综合的单目标，据此评价、比较和选择决策方案。

假设方案集合 $(a^1,a^2,\cdots,a^m)$，其中第 i 个 a^i 的 k 个目标值为 $f_1(a^i)$，$f_2(a^i)$，$\cdots$，$f_k(a^i)$，这 k 个目标值的评价分记为 u_j^i，$j=1,2,\cdots,k$，分别按目标的重要性权重 w_j，$j=1,2,\cdots,k$，则有

$$u(a^i)=\sum_{j=1}^{k}w_j u_j^i\ ,i=1,2,\cdots,m$$

用这个线性加权作为新的准则（目标评价），使 $u(a^i)$ 最大的方案 a^* 便是多目标投资

问题的最优决策，即

$$a^* = \max[u(a^*)],\ i=1,2,\cdots,m$$

其中，目标权重一般由专家给出，如果专家 N 个人对 w_j 发表意见，其中第 n 个人对 w_j 估值为 w_{nj}，则按下式可得到平均估值

$$\overline{w} = \frac{1}{N}\sum_{n=1}^{N} w_{nj}$$

算出的值交给这 N 个人评议，修正后得到 w_j。

对方案目标值的给分可以分成几个档次，如规定完全达到预定要求的给 100 分，达到 90%以上为“优”，给 90 分；达到 80%～90%为“良”，给 80～90 分；达到 70%～80%为“中”，给 70～80 分；达到 60%～70%为“及格”，给 60～70 分；在 60%以下为“不及格”，给 0～60 分。

（二）算例

某仓储企业需要确定新建仓库的具体位置，经初步比较，共有以下三种方案选择。方案 1：选择 A 地（a^1）。方案 2：选择 B 地（a^2）。方案 3：选择 C 地（a^3）。

确定评价方案的目标值有以下三项：投资；交通便利性；能源供给。

对三种方案在这三项目标值方面的优劣特性给出评分如下。

方案 1：① 投资（u_1^1）为 90%；② 交通便利性（u_2^1）为 60%；③ 能源供给（u_3^1）为 50%。

方案 2：① 投资（u_1^2）为 80%；② 交通便利性（u_2^2）为 70%；③ 能源供给（u_3^2）为 60%。

方案 3：① 投资（u_1^3）为 50%；② 交通便利性（u_2^3）为 90%；③ 能源供给（u_3^3）为 90%。

由专家对各目标值的重要性确定加权系数（专家人数为 $N=4$，加权系数 $w_{nj}=0\sim9$），由专家确定的加权系数 w_{nj} 见表 3-1。

表 3-1 专家对目标值的重要性确定的加权系数

目标值	专家 1	专家 2	专家 3	专家 4
投资	5	8	2	7
交通便利性	6	6	9	7
能源供给	9	7	5	6

由此得：

$$投资目标权重\overline{w} = \frac{1}{4}(5+8+2+7) = 5.5$$

$$交通便利性目标值权重\overline{w} = \frac{1}{4}(6+6+9+7) = 7$$

$$能源供给目标值权重\overline{w} = \frac{1}{4}(9+7+5+6) = 6.75$$

进而得目标评分为：

方案 1　$u(1)=5.5\times0.9+7\times0.6+6.75\times0.5=12.525$

方案 2　$u(2)=5.5\times0.8+7\times0.7+6.75\times0.6=13.35$

方案 3　$u(3)=5.5\times0.5+7\times0.9+6.75\times0.9=15.125$

由于 $u(3)$ 最大，故方案 3 是最有的，即仓库建设的选址应该在 C 地最好。

二、层次分析法

(一) 基本原理

层次分析法（AHP 法）是美国运筹学家 Saaty 在 1970 年提出的，这是一种定量与定性相结合的系统分析方法。其理论核心是，复杂系统可以简化为有序的递阶层次结构，决策问题通常表现为一组方案优先排序的问题，而这种排序可以通过简单的两两比较的形式导出。

由于仓库选址决策是个多目标的决策问题，采用 AHP 法能较好地解决这类问题。

应用 AHP 法进行系统评价的主要步骤如下。

1. 明确问题，建立层次结构模型

一般地，简单的决策问题可以分解成三个层次，即目标层、准则层和方案层，三层关系如图 3-2 所示。

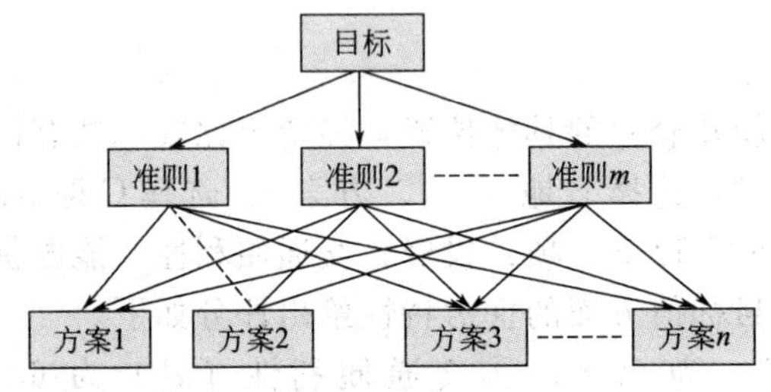

图 3-2　AHP 法三层结构

2. 构造两两比较判断矩阵

在建立递阶层次结构后，可以逐层对各层要素进行两两比较，利用评分方法将比较判断的结果定量化。

(1) 建立两两判断矩阵

判断矩阵是以上一级的某一要素 H_s 作为评价标准，对本级的要素进行两两比较来确定矩阵元素的。例如，以 H_s 为评价标准的有几个要素的判断矩阵，其形式为

H_s	A_1	A_2	…	A_j	…	A_n
A_1	A_{11}	A_{12}	…	A_{1j}	…	A_{1n}
A_2	A_{21}	A_{22}	…	A_{2j}	…	A_{2n}
⋮	⋮	⋮		⋮		⋮
A_i	A_{i1}	A_{i2}	…	A_{ij}	…	A_{in}
⋮	⋮	⋮		⋮		⋮
A_n	A_{n1}	A_{n2}	…	A_{nj}	…	A_{nn}

判断矩阵 **A** 中的元素 $A=\frac{W_i}{W_j}$ 表示从评价准则 H_s 而言的要素 A_i 对 A_j 的相对重要性。即判断矩阵 **A** 又可写成

$$\mathbf{A}=\begin{bmatrix} W_1/W_1 & W_1/W_2 & \cdots & W_1/W_j & \cdots & W_1/W_n \\ W_2/W_1 & W_2/W_2 & \cdots & W_2/W_j & \cdots & W_2/W_n \\ \vdots & \vdots & \vdots & \vdots & \vdots & \vdots \\ W_i/W_1 & W_i/W_2 & \cdots & W_i/W_j & \cdots & W_2/W_n \\ \vdots & \vdots & \vdots & \vdots & \vdots & \vdots \\ W_n/W_1 & W_n/W_2 & \cdots & W_n/W_j & \cdots & W_n/W_n \end{bmatrix}$$

(2) 判断尺度

表示要素 A_5 对 A_3 的相对重要性的数量尺度，称判断尺度。判断尺度的量化含义如下：

① 对 H_s 而言，A_i对 A_j 同样重要；

③ 对 H_s 而言，A_i对 A_j 略微重要；

⑤ 对 H_s 而言，A_i对 A_j 重要；

⑦ 对 H_s 而言，A_i对 A_j 重要得多；

⑨ 对 H_s 而言，A_i对 A_j 绝对重要；

而②、④、⑥、⑧则介于上述两个相邻判断尺度之间。

3. 相对重要度计算

相对重要度指 A_i关于 H_s 的权重。为此可以求出判断矩阵的特征向量 $\boldsymbol{W}$ 然后经归一化处理，可得 A_i关于 H_s 的相对重要度。

$\boldsymbol{W}$ 的分量 $\boldsymbol{W}_i=(\Pi a_{ij})^{i/n}, i=1,2,\cdots,n$

然后对 $W=(\boldsymbol{W}_1,\boldsymbol{W}_2,\cdots,\boldsymbol{W}_N)$ 进行归一化处理

$$\boldsymbol{W}_i^0=\frac{\boldsymbol{W}_i}{\sum \boldsymbol{W}_i}$$

为了避免估计误差，必须引入相容性指标 $\boldsymbol{CI}$，即

$$\boldsymbol{CI}=\frac{\lambda_{\max}-n}{n-1}$$

有关系式：$\boldsymbol{A}W_i^0=\lambda_i W_i^0$，由此式可得 $\lambda_{\max}$。

一般情况下，若 $\boldsymbol{CI}\leqslant 0.1$，就认为判断矩阵有相容性。

4. 综合重要度计算

在计算了各级要素对上一级 H_s 的相对重要度后，即可从最上级开始，自上而下地求出各个要素关于系统总体的综合重要度，其计算公式为

$$b_j=\sum_{i=1}^{m} a_i b_j, j=1,2,\cdots,n$$

综合重要度计算公式表明，要计算某一级的综合重要度，必须要先知道其上一级的综合重要度。

（二）算例

假如考虑影响仓库选址决策有五个因素，即投资、交通、经济效益、与物流总体规划的关系以及能源供应。设相应的评价准则为：C_1、C_2、C_3、C_4、C_5。假设拟订三个选址方案：P_1、P_2、P_3，根据 P_1、P_2、P_3对 C_1、C_2、C_3、C_4、C_5的要求作出仓库选址的决策。

1. 构成仓库选址决策层次结构（见图 3-3）

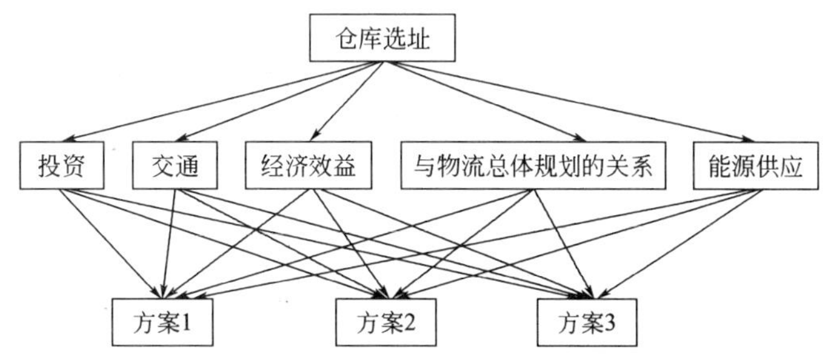

图 3-3 仓库选址决策层次结构

2. 建立判断矩阵

根据对上述五个评价准则进行比较考虑，得出以下判断矩阵：

仓库选址	C_1	C_2	C_3	C_4	C_5	W_i^0	***CI***
C_1	1	3	9	5	7	0.510	
C_2	1/3	1	7	3	5	0.264	
C_3	1/9	1/7	1	1/5	1/3	0.033	0.076<0.10
C_4	1/5	1/3	5	1	3	0.129	
C_5	1/7	1/5	3	1/3	1	0.064	

$W_1=(1\times3\times9\times5\times7)^{1/5}=3.936$

$W_2=(1/3\times1\times7\times3\times5)^{1/5}=2.036$

$W_3=(1/9\times1/7\times1\times1/5\times1/3)^{1/5}=0.254$

$W_4=(1/5\times1/3\times5\times1\times3)^{1/5}=1.000$

$W_5=(1/7\times1/5\times3\times1/3\times1)^{1/5}=0.491$

$$W_A=\sum_{i=1}^{5}W_i=7.717$$

$W_1=3.936/7.717=0.510$

$W_2=2.036/7.717=0.264$

$W_3=0.254/7.717=0.033$

$W_4=1.000/7.717=0.129$

$W_5=0.491/7.717=0.4910.064$

由此得：

$$\lambda_i=\begin{bmatrix}0.510\\0.264\\0.033\\0.129\\0.064\end{bmatrix}=\begin{bmatrix}1&3&9&5&7\\1/3&1&7&3&5\\1/9&1/7&1&1/5&1/3\\1/5&1/3&5&1&3\\1/7&1/5&3&1/3&1\end{bmatrix}\begin{bmatrix}0.510\\0.264\\0.033\\0.129\\0.064\end{bmatrix}=\begin{bmatrix}2.692\\1.372\\0.175\\0.676\\0.332\end{bmatrix}$$

得 $\lambda_{\max}=\lambda_3=5.303$，$\boldsymbol{CI}=(5.303-5)/(5-1)=0.076<0.10$

这里，我们简略了 C-P 判断矩阵的计算过程，其方法同上面一样。

3. 计算综合重要度（P_j^i）

C_i \ P_j	C_1	C_2	C_3	C_4	C_5	$\boldsymbol{W_i}$
	0.510	0.264	0.033	0.129	0.064	
P_1	0.510×0.105	0.264×0.592	0.033×0.081	0.129×0.648	0.264×0.258	0.313
P_2	0.510×0.258	0.264×0.333	0.033×0.188	0.129×0.23	0.264×0.636	0.296
P_3	0.510×0.637	0.264×0.075	0.033×0.731	0.129×0.122	0.264×0.106	0.391

由于 $W_2=0.391$ 为最大，所以方案 3 最优。

三、基于一种改进算法的库场选址方法

为了提高选址决策的科学性和正确性，结合企业追求成本最小化的目标以及以往选址经验、历史数据，提出基于 WSMP（仓库策略管理规划）、遗传算法和层次分析法的第三方物流企业仓库选址决策算法，运用定性和定量分析的方法多次迭代求得模型的解，以最经济的物流成本实现最高的客户服务水平和物流网络的覆盖率，从而为企业在低毛利、充分竞争的市场环境中创造可观的利润。

（一）决策模型建立

1. WSMP 选址分析

WSMP（仓库策略管理规划）选址分析是在第三方物流企业的仓库战略计划的基础上对其配送网络、设备需求及顾客服务进行分析，对企业的需求进行宏、微观分析再通过已定的方式鉴定、衡量和评估各项标准，科学、合理、系统地让企业了解仓库拓展或网络节点整合优化的目标和标准，筛选出选址备选地址，节省了选址的成本和时间；对模型定量和定性化求解后的较优选址组合方案进行检验复查，保证选址最终方案满足企业物流网络建设战略需求。WSMP 选址分析步骤如下所述。

步骤 1：从费用、吞吐量、仓储需求、备用仓储、资源利用情况发现现行操作中的问题，确定一个可以用来衡量建议的标准。

步骤 2：以未来三年或五年为期，通过该期间的运营费用、吞吐量、仓储需求、备用仓储、资源利用等预测确定仓库的需求。

步骤 3：从顾客满意度、配套设施、操作方法等的效率找出现行仓库运作中存在的薄弱环节。

步骤 4：探寻其他的仓库规划方案。

步骤 5：从税后成本、投资回报评估这些仓库规划方案。

步骤 6：筛选并具体化推荐选址备选地址。

步骤 7：更新 WSMP，对模型定量和定性化求解后的较优选址组合方案再进行以上几个步骤的 WSMP 检验。

以上各步骤可归纳为圈定地理位置、建立评判标准、广泛搜集资料、综合全面评估四部分。具体的 WSMP 分析模型如图 3-4 所示。

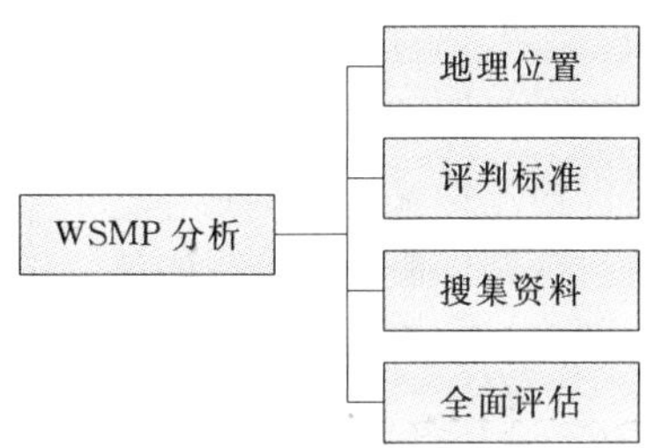

图 3-4 WSMP 分析模型

通过初步的 WSMP 分析明确企业选址的各种约束条件，搜集选址相关资料对各地址进行筛选，选出仓库选址的备选地，再对各备选地进行以下的成本和层次分析。

2. 仓库选址成本模型的建立

现假设某第三方物流企业将在有 p 个供货仓库、m 个需求点的某一个区域建一些仓库，以服务每个需求点。根据交通便利情况、地价、与需求地工厂的距离等因素，初定了 n 个备选仓库（待建）。该问题可转变为在满足约束条件下，计算出不同仓库选择组合下的总成本，进而求出总成本最小下的备选仓库和对应需求点的组合。不同的组合方案对应不同的总成本，每个组合的总成本包括总可变成本、总固定成本、总配送成本与总运输成本之和。以下详述各部分成本表达式。

模型前提假设：①每个需求点有且只有一个仓库负责供货，利于每个仓库对于仓储量的控制管理，避免了仓库间的多余、重复库存；②每个仓库可同时为多个需求点供货，使其流转量尽可能高于经济批量，充分发挥仓储规模效益；③单品种供需运输，企业可将多种商品成本平均为单一品种，便于选址数据处理，节省预测调查成本，减少不必要的选址误差。

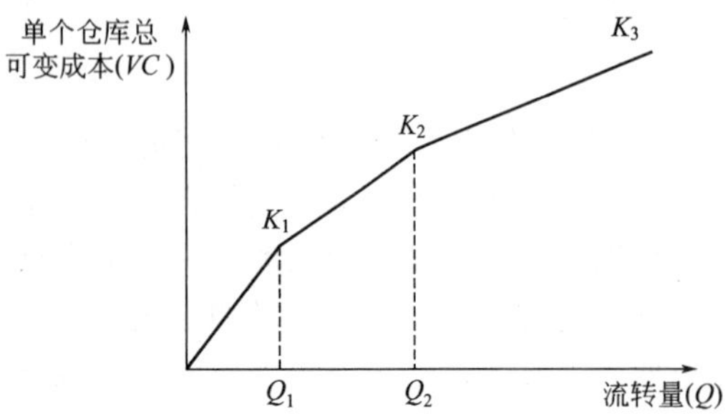

图 3-5 单个仓库可变成本函数曲线图

(1) 可变成本 VC

可变成本即仓库运作中与货物批量有关的可变运营成本之和，主要是仓库的经营管理费用、流转费用等。考虑到仓库主要职能为存储和保管，在一定范围内单位可变成本随流转量的增长而下降，因此本模型中每个仓库的可变成本与流转量之间用分段线性函数表示，充分体现了仓储业务的规模效益，如图3-5所示。

因此设 $Q(i)=\sum_{j=0}^{m-1} X_{ij}\ (i=0,1,\cdots,n-1)$ 表示从第 i 个仓库到第 j 个需求点的运输量综合，即第 i 个仓库的总流转量。则

$$VC(i)=\begin{cases} K_1(i)Q(i),Q(i)\leqslant Q_1(i) \\ K_1(i)Q(i)+K_2(i)(Q(i)-Q_1(i)),Q_1(i)<Q(i)\leqslant Q_2(i) \\ K_1(i)Q(i)+K_2(i)(Q_2(i)-Q_1(i))+K_3(i)(Q(i)-Q_2(i)),Q_2(i)<Q(i) \end{cases}$$

一般情况下，每个仓库的可变成本曲线参数 K_1，K_2，K_3，Q_1，Q_2 是不同的，企业可以根据实际情况将曲线分为更多段，也可将模型简化为只存在一个平均可变成本即 $K_1=K_2=K_3$，$Q_1=Q_2=0$。但均应尽量保证最终选定的仓库能充分发挥其规模效益，使得流传量 $Q_{(i)}$ 至少能高于经济批量 $Q_{(i)}$，以较小的新仓库数目较低成本满足各需求点需求。于是一个组合方案的总可变成本为

$$TVC=\sum_{i=0}^{n-1} VC(i)$$

(2) 固定成本 FC

固定成本是指仓库运营中与货物流转量无关的成本总和，包括建筑物、设备、机器的折旧费及购买或租用土地的投资的利息等。假设 0-1 型变量 $d(i)$ 为

$$d(i)=\begin{cases} 1,Q(i)>0 \\ 0,Q(i)=0 \end{cases}$$

若以 $FC(i)$ 表示各备选仓库固定成本，则一个组合方案的总固定成本为

$$TFC=\sum_{i=0}^{n-1} FC(i)d(i)$$

(3) 运输成本 TC

运输成本是指货物从工厂运送至仓库所需的成本。实际中，因为距离、路线、路况等因素的影响，每个工厂向仓库的运输单价是不同的。用矩阵 $C_{t1}=[t_{ki}]_{p\times n}$ 表示从工厂到备选仓库之间的运输单价，t_{ki} 表示从第 k 个工厂向第 i 个备选仓库的运输单价。则第 i 个仓库的运输成本为 $TC(i)=\sum_{k=0}^{p-1} t_{ki}Y_{ki}$。则一个组合方案的总运输成本为 $TTC=\sum_{i=0}^{p-1} TC(i)$。

(4) 配送成本 DC

配送成本是指货物从仓库运送至需求点所需的成本。同上矩阵 $C_{t2}=[t_{ij}]_{n\times m}$ 表示从备选仓库到需求点之间的运输单价，t_{ij} 表示从第 i 个仓库向第 j 个需求点的运输单价。那么，第 i 个仓库的运输成本为 $DC(i)=\sum_{j=0}^{m-1} t_{ij}X_{ij}$。则一个组合方案的总运输成本为

$TDC=\sum_{i=0}^{n-1}DC(i)$。

(5) 单方案总成本 TDC_{TOT}

综合上述各部分成本可知，单方案总成本

$$TDC_{TOT}=TVC+TFC+TTC+TDC$$

$$\text{约束条件：}\begin{cases}\sum_{i=0}^{n-1}\sum_{j=0}^{m-1}X_{ij}=\sum_{k=0}^{p-1}\sum_{i=0}^{n-1}Y_{ki} & (1)\\ \sum_{j=0}^{m-1}X_{ij}\leqslant Q(i) & (2)\\ \sum_{i=0}^{n-1}Y_{ki}\leqslant A_k & (3)\\ \sum_{i=0}^{n-1}X_{ij}\leqslant D_j & (4)\end{cases}$$

式（1）表示从工厂运至各仓库的运输量应等于该仓库对下属需求点的配送量；式（2）表示各个仓库的流转量应不大于其容量限制；式（3）表示从工厂运往各仓库的运输量不大于其总产量；式（4）表示各仓库运至各需求点的配送量不小于其需求量。

（二）模型求解

由于该模型是以企业选址的实际要求为出发点，不仅能达到运营成本最小的目标，而且能从企业的整体规划及关注的选址定性指标进行综合全面的考量。相较一般的选址模型，更具现实意义，考虑更周全。因此，我们将定量和定性的方法结合来求解模型，并反复迭代确定最优解。

1. 模型求解算法

(1) 遗传算法变量编码方法

本算法采用长度为 l 的二进制编码，编码长度 l 取决于备选仓库的个数 n，$l=\text{int}(\log_2 n)+1$ 以保证长度为 l 的二进制数解码后形成 $0\sim(n-1)$ 之间的十进制数，该十进制数就是满足对应需求点的仓库号。若解码后的十进制数 decode$>n-1$，则采用求余实现循环处理 decode=int（decode%n），从而保证所有染色体均合乎各单参数均在 $0\sim(n-1)$ 之间的要求。由于共有 m 个需求点，故共有 m 个长度为 l 的二进制基因组，将 m 个基因组合并成一个长度为 $l\times m$ 的染色体。

(2) 遗传算法适应度函数

在遗传算法中，每个组合方案都需给出相应的适应值来表示其适宜满意程度，以此对个体进行评估比较。因为选址问题是最小成本问题，为保证每个组合方案的适应值非负，必须设置一个最大成本，该最大成本 $C_{\max}$ 可以是用户设定，也可以是前几次运算中最大值，因此组合方案的适应度函数：fitness$=C_{\max}-C_{TOT}$。

(3) 遗传算子

① 选择算子　根据个体的适应度值决定它在下一代是被淘汰还是被复制。一般通过选择，使适应度大的个体有较大存在机会，而适应度小的个体继续存在的机会也比较小。本算法采用比例选取算子，即根据个体适应度大小，使用轮盘操作确定各个体被选中的次数。

② 交叉算子　对样本中的染色体进行两次随机配对，对每一配对个体，依照交叉概率 P_c，在随机产生的交叉点后，相互交换部分染色体。

③ 突变算子　每一个个体的基因组依照突变概率 P_m，指定其突变点，对该突变点其基

因值取反运算。

（4）遗传算法控制参数

控制参数包括：编码长度 l（由输入的备选仓库数量自动计算得出）、群体容量 U、交叉概率 P_c、突变概率 P_m、遗传代数等，通常 $P_c \gg P_m$，均可由用户根据要求设定。若群体容量较小，如 $U=30$，通常取 $P_c=0.9$，$P_m=0.01$。

（5）建立物流企业仓库选址的层次结构模型

目前影响第三方物流企业选址的因素可归纳为经济合理性、交通便利性、可持续发展性三大类因素。在上几步的基础上，选址决策者根据其优选结果、拟建仓库个数以及企业自身战略目标等，以适当的选取比例按各备选仓库在上步组合方案中被选中率选出进行层次分析的备选仓库。针对仓库选址目标及备选仓库的差异性，根据决策者的经验或通过运用数据仓库和数据挖掘的方法找出影响目标的因素，形成层次结构模型。

（6）专家对各因素进行重要性评价，构造判断矩阵

通过专家（或从历史数据仓库中用数据挖掘的方法），对主要因素进行两两相对重要性的评价，从而得出每个因素相对于其他因素的相对重要性比率，然后将元素的比较结果综合起来，确定各元素在此次选址目标中的优先级，即权重。在构造判断矩阵时，采用美国运筹学家萨迪（A. L. Saaty）提出的 9 标度法。

（7）对判断矩阵进行均一化、一致性检验

假设由专家给出的判断矩阵 $\boldsymbol{A}$ 的各项为 a_{ij}，则转换成的均一矩阵 $\boldsymbol{B}$ 各项 $b_{ij}=\dfrac{a_{ij}}{\sum\limits_{k=1}^{n} a_{kj}}$ $(i=1,2,\cdots,n;\ j=1,2,\cdots,n)$，即 b_{ij} 由判断矩阵各元素 a_{ij} 除以它的列和得到。

所谓一致性检验，即对判断矩阵 $\boldsymbol{A}$ 求出的权系数进行的合理性检验。首先根据公式 $\lambda_{\max}=\sum\limits_{i=1}^{n}\dfrac{(A\omega)_i}{n\omega_i}$ 求得判断矩阵的最大特征根 $\lambda_{\max}$，将其代到 $\boldsymbol{CI}=(\lambda_{\max}-n)/(n-1)$ 中得出一致性检验指标 $\boldsymbol{CI}$ 的数值；根据平均随机一致性指标 $\boldsymbol{RI}$ 数值表查出 $\boldsymbol{RI}$ 的值；最后用 $\boldsymbol{CR}=\boldsymbol{CI}/\boldsymbol{RI}$ 得出相对一致性指标 $\boldsymbol{CR}$ 的数值。当 $\boldsymbol{CR} \leqslant 0.10$ 时，判断矩阵合理，求出的权系数恰当，否则要对判断矩阵进行调整，按上述步骤重新求权系数矩阵。

（8）计算各层元素对目标层的总排序权重

专家对各备选仓库的逐对比较类似步骤（6）中对于各因素的重要性评价，同样对所得的判断矩阵都需进行均一化、一致性检验。层次分析最终要得到最低层中各备选仓库对于目标选址决策的排序权重，即总排序权重。计算公式为：$\boldsymbol{W}^{(S)}=\boldsymbol{P}^{(S)}\boldsymbol{W}^{(2)}$。

式中，$P^{(S)}$ 为最低层对中间层各元素的排序；$W^{(S)}$ 为最低层对目标层的排序权重；$W^{(2)}$ 为中间层对于目标层的排序权重，最后根据总排序权重的大小选择相对最优仓库地址。

（9）WSMP 整体分析

运用 WSMP 选址分析方法对上述方案进行整体分析，如果该方案的整体性满足要求则选用该方案。反之，该选址方案的整体性如果不满足实际业务需求，就在该方案的基础上从步骤（1）开始重新进行求解。

2. 算例

为验证本算法的可行性，以某第三方物流企业为背景，假设该公司将在济南分公司下属区域新建若干仓库，以满足除济南本地区之外的经销商以及分公司（经营部）的需求。如表 3-2 所示为各备选仓库相关参数，表 3-3 所示为各需求点需求量及单位运价。

表 3-2 各备选仓库相关参数

参数 备选仓库	FC	K_1	K_2	K_3	Q_1	Q_2
1	2160	13	11	10	400	550
2	1900	12	11	9	350	500
3	1760	14	12	10	500	600
4	2000	15	13	11	350	425
5	2000	10	9	8	300	450
6	2548	16	14	11	400	450
7	1980	13	12	10	500	650

表 3-3 各需求点需求量及单位运价

需求地 单位运价 备选仓库	1	2	3	4	5	6	7	8	9	10	11	12	13	14	15	16	17	18
1	4	3	2	3	5	8	1	2	4	7	5	3	3	6	1	2	2	1
2	2	3	1	4	6	5	2	1	6	3	5	4	9	2	7	3	4	1
3	3	2	5	6	3	7	7	6	2	3	6	3	1	4	5	8	9	9
4	5	2	8	6	5	3	1	6	5	8	6	5	3	3	5	2	1	3
5	7	4	6	5	3	5	4	9	5	8	1	2	6	5	3	2	2	1
6	1	2	1	6	3	1	2	4	7	3	3	5	8	1	5	1	1	1
7	5	2	4	3	5	4	1	7	3	5	8	3	1	3	4	8	9	9
需求量	417	417	417	278	278	278	250	347	347	347	320	320	320	333	333	333	250	250

运用 WSMP 分析方法从费用、吞吐量、仓储需求、顾客满意度、配套设施等方面分析，确定淄博、泰安、莱芜、聊城、德州、东营、滨州七个为备选仓库。预测各备选仓库的月固定成本 FC，可变成本的临界批量 Q_1、Q_2，单位可变成本 K_1、K_2、K_3 以及 18 个需求点，并预测各需求地的需求量。

刘巧芸等人开发完成基于以上算法的选址决策软件（见文献［1］），运用此软件经过步骤（1）到步骤（4）的多次求解可以得到如下几个选址方案。①选择备选仓库 1、2、3、5，总仓库月运营成本为 76881。②选择备选仓库 1、2、5、7，总仓库月运营成本为 78378。③选择备选仓库 1、2、3、5、7，总仓库月运营成本为 86284。多次运算都得出方案①的结果，可见该方案为成本最优解。

选择容量最大的方案③进行步骤（5）到步骤（8）的分析运算，如果经过分析得到的结果和方案①一致则可以认为该方案为最优方案，否则进行步骤（9）对该方案重新进行 WSMP 分析，进行迭代运算。

四、企业约束理论生产模式下的仓库选址方法

约束理论把企业生产看成是一个完整的系统，认为任何一个生产体制至少都会有一个约束因素。约束理论下企业的生产过程实际上是不断地解决这些约束条件的一种动态的生产过程。为了合理选择约束理论生产模式下的仓库选址，以仓库重新选址的费用结构为研究目标，通过建立动态决策过程中的仓库选址数学模型，分阶段的对仓库地址进行选择。

（一）约束理论概述

约束理论（Theory of Constraint）简称 TOC 理论，该理论把企业生产看成是一个完整的系统，认为任何一个体制至少都会有一个约束因素。犹如一个链条，是链条中最虚弱的那个环节决定着整个链条的作用一样，正是各种各样的制约（瓶颈）因素限制了企业出产产品的数量和利润的增长。在生产系统中，使有效产出最低的环节决定着整个系统的产出水平。因此任何一个环节只要它阻碍企业去更大程度的增加有效产出，或减少库存和运行费，那么它就是一个约束，也可称作瓶颈。

考虑到瓶颈的存在，物料所经过的制造资源，将存在瓶颈与非瓶颈之分。而瓶颈资源与非瓶颈资源的关系，从企业的物流类型可以看出，它们之间存在着四种基本的关系，分别是：从瓶颈资源到非瓶颈资源；从非瓶颈资源到瓶颈资源；瓶颈资源和非瓶颈资源到同一装配中心；瓶颈资源和非瓶颈资源相互独立，见图 3-6。

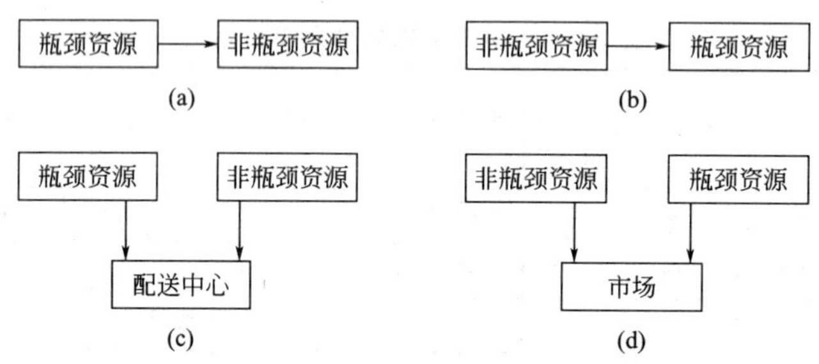

图 3-6 瓶颈资源与非瓶颈资源的关系

（二）TOC 理论系统控制

1. TOC 理论系统控制方法

所有瓶颈和总装工序前都有“缓冲器”，保证起制约作用的瓶颈资源得以充分利用，以实现企业最大产出。其中库存“缓冲”将所需的物料比计划提前一段时间提交，以防随机波动以及机器故障，并以约束资源上的加工时间长度作为计量单位。所有需要控制的工作中心如同一根传递信息的绳子牵制的队伍，按同一节拍，保证均衡的在制品库存，保证均衡的物料流动条件下进行生产。

由于“约束”生产线的产出节奏，而在其上游的工序实行拉动式生产，等于用一根看不见的“绳子”把这些“约束”工序串联起来，有效的使物料依照产品出产计划快速的通过非约束作业，以保证约束资源的需要。所以“绳子”控制着企业物料的进入，起的是传递作用，相当于生产系统中的驱动系统。由于驱动系统的控制，使得约束资源前的非约束资源均衡生产，加工批量和运输批量减少，可以减少提前期以及在制品库存，而同时又不使约束资源停工待料。

2. TOC 理论生产形式下的企业仓库选址

从以上的对 TOC 理论的介绍及该理论的控制方法可以看出，企业的生产过程实际上是一种动态的过程，即不断发现问题，解决问题，再发现问题，再解决问题的过程。以实现企业在生产过程中获取最大利润的过程。那么在 TOC 理论下，企业仓库选址也是动态的决策过程。这也有可能是从某一阶段到下一阶段对物料的需求不同、新设施能力不同或运行费用的变化而造成。在动态情况下，必须对仓库重新选址来满足变化了的费用结构及其他需求。这些费用包括在旧址取消仓库的费用，搬移设备和从旧址到新址搬运零件的费用，新址上新仓库的建造费用。当重新选址费用过高时，这个问题求解时应考虑每个阶段的选址费用和一个阶段到另一个阶段重新选址费用。

假设 S：备选地点集合，是通过对每一个阶段单个问题求最优解得出的；

N：计划期间总的阶段数目；

$C_n^1(k_n)$：在第 n 阶段将新仓库选址在 k 点的初始费用；

$C_n^r(A_{n-1}, k_n)$：在 $n-1$ 阶段选 A 址到 n 阶段选 k 地址的重新选址费用；

$C_n^{tot}(A_{n-1}, k_n)$：在 $n-1$ 阶段为 A 地址到 n 阶段为 k 地址时，第 n 阶段重新选址的总费用；

$L_n^*(A_{n-1})$：如果在 $n-1$ 阶段所选地址为 A，在第 n 阶段所选的最优位置。

动态规划模型：从第 n 个阶段到第 2 个阶段动态规划问题的模型可表示为

$$C_n^{tot}(A_{n-1}, k_n)=C_n^1(k_n)+C_n^r(A_{n-1}, k_n)+L_{n+1}^*(A_n)$$

$$L_n^*(A_{n-1})=\min_{k\in s}\{C_n^{tot}(A_{n-1}, k_n)\}$$

第一阶段的计算公式为：$L_1^*(k_1)=C_1^1(k_1)+L_2^*(k_1)$。

在此假设：$L_{N+1}^*(A_N)=0$；$C_1^r(A_0, k_1)=0$；$C_1^{tot}(A_0, k_1)=C_1^1(k_1)$。

3. 算例

某企业要为一成品仓库选址，据预测，由于市场的需求情况以及 4 年中的运费有所变动，初步分析有 3 个备选仓库地址，以后 4 年中该仓库与 3 个备选仓库点的运行费用如表 3-4、表 3-5 所示。试确定最优的仓库位置配置。

表 3-4　企业与成品仓库间的年运输费用

仓库地址	年运输费用			
	1	2	3	4
1	40	60	60	100
2	30	50	80	120
3	60	20	100	80

表 3-5　重新选址的费用

新址 / 费用 / 原址	1	2	3
1	0	2	1
2	2	0	1
3	2	1	0

解　用动态规划的逆序解法。

首先确定第 4，3，2 阶段的最佳位置，由以上的模型公式计算，如计算地点 1 为阶段 3 的选址点的情况下，阶段 4 的费用。

$$C_4^{tot}(1, 1)=C^r(1_3, 1_4)+C^l(1_4)=0+100=100$$

$$C_4^{tot}(1, 2)=C^r(1_3, 2_4)+C^l(2_4)=2+120=122$$

$$C_4^{tot}(1, 3)=C^r(1_3, 3_4)+C^l(3_4)=0+80=81$$

因此位置 1 为第三阶段的选址点时，阶段 4 的最佳位置是 3，最小总费用为 81。

同样，计算地点 2 为阶段 3 的选址点的情况下，阶段 4 的费用。

$$C_4^{tot}(2, 1)=C^r(2_3, 1_4)+C^l(1_4)=2+100=102$$

$$C_4^{tot}(2, 2)=C^r(2_3, 2_4)+C^l(2_4)=0+120=120$$

$$C_4^{tot}(2, 3)=C^r(2_3, 3_4)+C^l(3_4)=1+80=81$$

因此位置 2 为第三阶段的选址点时，阶段 4 的最佳位置是 3，最小总费用为 81。

同样，计算地点 3 为阶段 3 的选址点的情况下，阶段 4 的费用。

$$C_4^{tot}(3, 1)=C^r(3_3, 1_4)+C^l(1_4)=2+100=102$$

$$C_4^{tot}(3, 2)=C^r(3_3, 2_4)+C^l(2_4)=1+120=121$$

$$C_4^{tot}(3, 3)=C^r(3_3, 3_4)+C^l(3_4)=0+80=80$$

因此位置 3 为第三阶段的选址点时，阶段 4 的最佳位置是 3，最小总费用为 80。同样经过计算，也可得到第 3，2 阶段的最佳位置，如表 3-6 所示。

表 3-6 选址阶段的最佳位置及费用

选址阶段 3	阶段 4 的最佳位置	总费用	选址阶段 2	阶段 3 的最佳位置	总费用
1	3	81	1	1	60
2	3	81	2	1	62
3	3	80	3	1	62
选址阶段 1	阶段 2 的最佳位置	总费用			
1	3	21			
2	3	21			
3	3	20			

然后计算第一阶段的最佳位置。

$$L_l^*(1_l)=40+21=61$$

$$L_l^*(2_l)=30+21=51$$

$$L_l^*(3_l)=60+20=80$$

则第一阶段的最佳位置是 2。总结以上计算结果，第一阶段最佳位置是 2 的情况下，第二阶段的最佳位置是 3，第三阶段的最佳位置是 1，第四阶段的最佳位置是 3。这就是最优的仓库配置方案。

以上数学模型只是结合约束理论生产条件下的企业仓库选址，是一种动态仓库选址方法。但在有些情况下，由于一些原因不能重新选址，最好的方法是把未来时段的需求和能力数据综合考虑，将未来的费用转化为现值，再用单阶段模型求解当前阶段的最佳位置。当可以重新选址及其费用可以忽略时，那么对每一个阶段单独求解问题就可以了。

第四节 库场规模设计

一、库场规模计算及平面布置

（一）库场平面布置

根据仓库的总体设计，科学、合理地对两区（库区、生活区）、四场所（业务场所、辅助业务场所、生活区办公场所以及生活场所）和其他设施进行具体布置，是充分发挥仓库各部分的功能，促进仓库安全管理和业务发展的客观要求。

仓库平面布置应按照“布局整齐、紧凑适用、节省用地、方便生产、便于管理”的原则进行。

库房的布置要按储存商品的类别和安全性质分组布置，要考虑仓储经营的特点、吞吐量大小以及作业的合理流程。在库区中央，出入方便的地方，可布置吞吐量大、无危险性的货物存储库房，其他库房可布置在两翼或后部；有火灾危险的或有污染性的货物的仓库应布置在下风侧面。库房间距应符合《建筑设计防火规范》的有关规定。

库房面积取决于储存商品的总量、种类以及构成。对于单间的无大型设备的仓库，取 500～700 平方米为宜，而对于机械化程度高的大型仓库，其面积可达 1000～2000 平方米。库房的长度应大于装卸线长度；库房的宽度可取长度的 1/3～1/8。小型仓库的宽度一般在 10～13 米；中型仓库为 20～25 米。库房高度视库内使用设备以及货物堆存高度而定，单层仓库一般为5米，多层仓库的底层为4～5米，上层为3.5～4米，一些采用起重机的库房，其高度可达8米以上。

（二）库场平面面积

仓库平面面积主要由储存货物数量确定，但还受到其他因素制约，例如，地面结构的承重能力的大小便影响到单位面积堆存量，还有货物的包装强度影响着堆存高度，又如库房内装卸搬运货物的机械化程度对库房面积的确定也产生影响。

仓库总面积可由式（3-7）、式（3-8）和式（3-9）计算得

$$A=\frac{E}{\lambda q} \tag{3-7}$$

$$E=\frac{Q\times K_1}{T}\times t \tag{3-8}$$

$$K_1=\frac{H_{\max}}{H} \tag{3-9}$$

式中　A——仓库总面积（平方米）；

E——仓库堆存容量（吨）；

Q——年仓库货物总储量（吨）；

K_1——仓库不平衡系数；

$H_{\max}$——月最大货堆存吨天数（吨·天）；

H——月平均货物堆存吨天数（吨·天）；

t——货物在仓库的平均堆存期（天）；

T——仓库年营运天数（天），一般取350～365天；

λ——仓库总面积利用系数，为有效面积占总面积的百分比；有效面积是实际可供堆存货物的面积，等于总面积中扣除办公室、通道、堆货间距和货堆与墙之间的距离等；

q——单位有效面积货物堆存量（吨/平方米），该值可以根据实际堆存情况进行测定，也可在有关手册中查得，表3-7给出了可供参考使用的不同货种情况下的仓库单位有效面积货物堆存量。

表3-7　单位有效面积货物堆存量表

货物名称	包装	包装单位有效面积货物堆存量/(吨/平方米)		货物名称	包装	包装单位有效面积货物堆存量/(吨/平方米)	
		仓库	堆场			仓库	堆场
糖	袋	1.5～2.0	1.5～2.0	小五金	箱	1.2～1.5	1.2～1.5
盐	袋	1.8～2.5	1.8～2.5	橡胶	块	0.5～0.8	0.5～0.8
化肥	袋	1.8～2.5	1.8～2.5	日用百货	箱	0.3～0.5	0.3～0.5
水泥	袋	1.5～2.0	1.5～2.0	杂货	箱	0.7～1.0	0.7～1.0
大米	袋	1.5～2.0	1.5～2.0	生铁	块	2.5～4.0	2.5～4.0
面粉	袋	1.3～1.8	1.3～1.8	铝、铜、锌	块	2.0～2.5	2.0～2.5
棉花	捆	1.5～2.0	1.5～2.0	粗钢、钢板	件	4.0～6.0	4.0～6.0
纸	—	1.5～2.0	1.5～2.0	钢制品	—	3.0～5.0	3.0～5.0

二、堆场规模设计与平面布置

对于散货堆场所需面积大小虽然也可根据前面式（3-7）计算，但式中的散货单位面积堆存量较难确定，究其原因，主要是影响散货堆场面积的因素较多，使该值变化较大。为

此，散货堆场的面积应采取特殊办法确定。这里，我们将讨论两种计算方法，即图表确定法和容积计算法。

(一) 图表确定法

在一张坐标图中，坐标线将图分成四个象限，每一个象限有一组变化的曲线，它反映出两个变量之间的关系。图 3-7 是一张散货堆场主要面积参数确定图表。使用者在任何一个象限中只要已知两个参数，便能确定第三个变量，进而可延伸到邻象限，以确定其他的变量。利用该图表，可以从容量、积载因数得出容积，再从容积与横切面积推出堆场长度。使用该图表的最大特点是方便，但精确度较低，故主要用作粗略的计算。

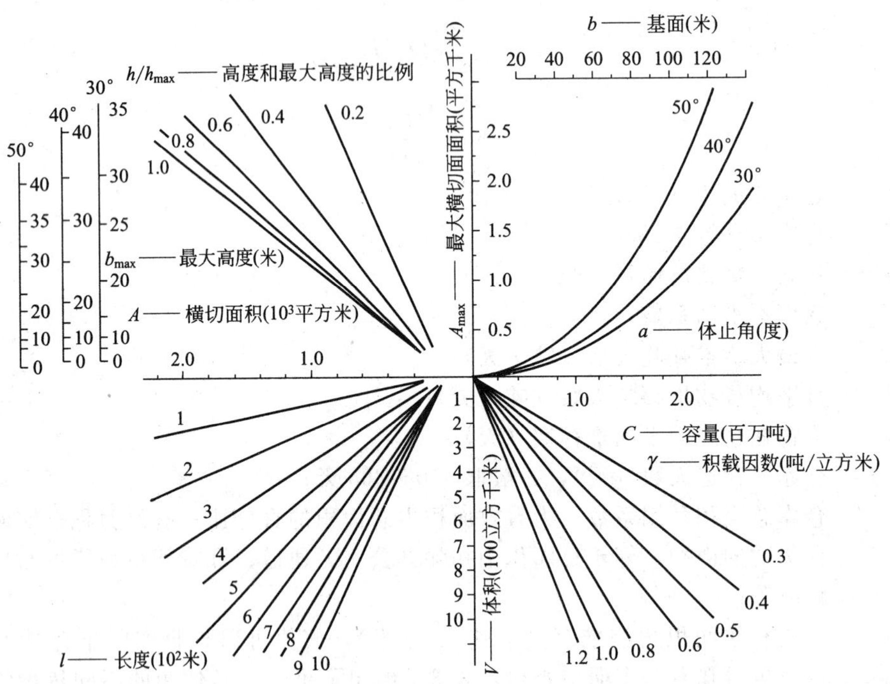

图 3-7 散货堆场面积确定图表

(二) 容积计算法

容积计算法的基本出发点是在货种、堆存方式以及料堆数一定的情况下，料堆几何形状确定的堆场容积应等于由堆场容量所确定的容积。由此，我们可以推导出堆场的主要几何尺寸计算方法。其中，堆场长度是关键参数，它将由下面推导过程求得。

可将散货堆场看做是一个几何台形体，其中较常见的是矩形台体，这种对料堆形状的假设是进行下面计算推导的依据。如图 3-8 所示，1 块台形体可分解为 8 块三棱锥体［图 3-8 (a)］，长、短边三棱柱体［图 3-8 (b)］各两块，以及中间的矩形体 1 块［图 3-8 (c)］。

其中，三棱锥体体积可由下面积分得出

$$V_1 = \iiint dv = \int_0^h dz \int_0^{z/\tan\alpha} dx \int_0^x dy = \frac{h^3}{6\tan^2\alpha} \tag{3-10}$$

式中 α——堆积角。

两种三棱柱的体积分别为

$$V_2 = (b - \frac{2h}{\tan\alpha})(\frac{1}{2} \times \frac{h^2}{\tan\alpha}) \tag{3-11}$$

$$V_3 = (l - \frac{2h}{\tan\alpha})(\frac{1}{2} \times \frac{h^2}{\tan\alpha}) \tag{3-12}$$

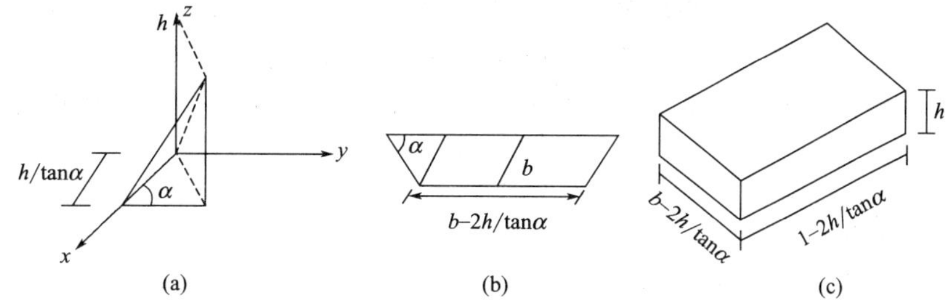

图 3-8　货堆台形体的分解

中间矩形体积为

$$V_4=(b-\frac{2h}{\tan\alpha})(l-\frac{2h}{\tan\alpha})\times h \tag{3-13}$$

整个台形体的体积应为这些分解体体积之和，即

$$\begin{aligned}V&=8V_1+2V_2+2V_3+V_4=\frac{8h^3}{6\tan^2\alpha}+2(b-\frac{2h}{\tan\alpha})(\frac{1}{2}\times\frac{h^2}{\tan\alpha})+\\&\quad 2(l-\frac{2h}{\tan\alpha})(\frac{1}{2}\times\frac{h^2}{\tan\alpha})+(b-\frac{2h}{\tan\alpha})(l-\frac{2h}{\tan\alpha})\times h\\&=hlb-\frac{h^2b}{\tan\alpha}-\frac{h^2l}{\tan\alpha}+\frac{4}{3}\times\frac{h^3}{\tan^2\alpha}\end{aligned} \tag{3-14}$$

式中　l——堆场长度（米）；

b——堆场宽度（米）；

h——堆场料堆高（包括堆取料机械的柜面以上高度及以下高度）(米)。

上面计算的体积仅指一条堆场，对于整块堆场，则可假设有 i 条这样的台形体组成，其总体积应为

$$V=\sum_{i=1}^{mm}V_i=l\times(\sum_{i=1}^{mm}b_i-\frac{mm\times h}{\tan\alpha})-\frac{h^2}{\tan\alpha}(\sum_{i=1}^{mm}b_i-\frac{4}{3}\times\frac{mm\times h}{\tan\alpha}) \tag{3-15}$$

这里，mm 是堆场的条数，当采用不同堆场设备时，该值与设备数有关，一般可取下列数值：

堆取料设备合一　$mm=n+1$

堆取料设备分设　$mm=n-1$

采用龙门起重机时　$mm=2$

式中，n 为机械数。

采用其他设备时，可根据设备与堆场条数的关系自己确定。

利用上述关系时，须假定在一条设备轨道上只布置一台设备，对于不满足这一假定的实际情况，我们同样可找出它们之间的对应关系。

上式中的 $\sum_{i=1}^{mm}b_i$ 为堆场宽度之和，该值的确定方法一般是：

堆取合一　$2b_m+(n-1)b_1$

堆取分开　$(n-1)b_m$

龙门起重机　b_m+b_1　(3-16)

式中　b_m——两边的堆场（单边作业）宽度（米）；

b_1——中间的堆场（两边作业）宽度（米）。

需要说明的是，式（3-15）所得的堆场长度是假定各条堆场长度相等；当然，这一假定

在一般情况下也是合理的，因为各条堆场的长度相等有利于陆域布置和设备的有效利用。

至此，已完成由几何尺寸推导得出的堆场容积。现在从另一角度来考虑堆场的容积计算。根据物料的特性、堆场容量以及堆场容积的利用情况，可以得到下列体积公式

$$V=\frac{E}{\gamma K_1 K_2} \tag{3-17}$$

式中 E——堆场容量（吨）；

γ——货物容量（吨/立方米）；

K_1——堆场高度利用系数；

K_2——堆场长度利用系数。

上式中的 K_1 与 K_2 的乘积通常也称做堆场的容积利用系数。根据前提条件，前面得到的两种不同方法所确定的堆场体积应相等。由此，便可经等式变换得到堆场的长度计算公式

$$l=\frac{\dfrac{E}{K_1K_2\gamma}+\dfrac{h^2}{\tan\alpha}\left(\sum_{i=1}^{mm}b_i-\dfrac{4}{3}\times\dfrac{mm\times h}{\tan\alpha}\right)}{h\times\left(\sum_{i=1}^{mm}b_i-\dfrac{mm\times h}{\tan\alpha}\right)} \tag{3-18}$$

在确定堆场长度时，还必须进一步考虑一个因素，即一条堆场上用于不同货种堆存之间须设隔离道，因而增加了堆场的总长度。堆场隔离道的设置主要考虑如下因素：

① 便于堆场流动机械通行；

② 为防止易燃货物的连续燃烧而须设置的安全间隔（一般可取 6 米）；

③ 防止各种货物的混淆；

④ 不妨碍堆取机械的作业（其间隔要求一般在 10 米）。

经分析可知，货物间隔条数与堆场条数以及布置形式有关，由此引起的每条堆场长度增加的平均值应为

$$\Delta l=\frac{m}{mm}\times d \tag{3-19}$$

式中 m——堆场上货物总堆数；

d——货堆间隔宽度（米）。

把这一部分加入式（3-18），便可得到最后所求得的堆场长度的计算公式

$$l=\frac{\dfrac{E}{K_1K_2\gamma}+\dfrac{h^2}{\tan\alpha}\left(\sum_{i=1}^{mm}b_i-\dfrac{4}{3}\times\dfrac{mm\times h}{\tan\alpha}\right)}{h\times\left(\sum_{i=1}^{mm}b_i-\dfrac{mm\times h}{\tan\alpha}\right)}+\frac{m}{mm}\times d \tag{3-20}$$

在上式中，对计算结果影响较大的是容积利用系数。从前面推导可知，式中容积的确定是根据几何台形体的体积算得的，可实际上在堆场中货物堆存不可能堆放得如此理想（即规则的台形体）。

究其原因，可有以下几个方面。

1. 堆场长度方向不能充分利用

① 货物品种的不同以及设计时的其他考虑而造成的货堆数不同。一条堆场上货堆数的增加会造成长度方向上的容积损失，经估算，一条长 380 米，宽 30 米的堆场，如果有 3 种货物分 3 堆堆存，与只堆一堆货物相比，容积损失为 5%，如果堆放 8 堆，则容积损失达 18%。

② 在堆场机械轨道的两端，因机械无法作业而使堆场两端不能被利用。仍以①中数字

为例，由此引起的容积损失可达 8%～10%。

③ 由于实际货堆四角呈圆弧形（不是理想中的直角），所以，实际容量要小于计算容量，其损失的容积随货堆数多少而不同，4%～10%之间。

④ 在确定堆场容积时，应考虑到最不利情况，既要考虑最高峰时的堆存能力，也要考虑这时有可能有某一块料堆正在进行取料作业而不能同时用于堆料。这就是说，即使容量已达到设计水平，堆场还是应该留有余地。

2. 堆场高度方向不能充分利用

① 某种货物因数量较少而不能堆高到容许高度所造成的损失。

② 为防止易燃物料的自燃，对于含硫量不同的货物须规定不同的最大堆存高度。但是，在计算容积时所取的高度值是根据堆场设备的堆取能力确定，实际上，堆取货物时往往不容许达到这一高度。

③ 在实际堆料作业中，要严格做到货堆顶部如理想台形体那样的平整是不现实的，即使是力求这样做，也会大大降低作业的速度。所以，在实际中所看到的货堆是呈峰状的，这种形状同样会造成容积利用的损失。

除上述原因外，还有一些不测因素。因此，直接利用由台形体算得的布置尺寸不能满足堆存容量 E 的需求，这就是加入反映容积利用情况的系数 K_1、K_2 的原因。当引用该公式时，须对此进行实地测算和统计。事实上，这一工作并不困难，只要将现有堆场的堆存量与同样面积上的按台形体算得的计算容量之比便可得出容积利用系数。当然，要提高这一系数的准确性，须进行多个堆场的统计，作为取值的参考，这里给出一个初步的取值范围，即堆场长度利用系数可取在 0.6～0.8 之间，高度利用系数可取 0.7～0.8。

复习思考题

1. 什么是库场选址？举例说明库场选址的目标导向。

2. 库场选址时应遵循哪些原则？

3. 简述库场选址的影响因素。

4. 试比较不同类型的库场选址方法的适用条件。

5. 一个汽车零部件企业，在某城市有 5 个工厂，主要原材料将从一个新的配送中心仓库运送过去，而此时，中心仓库的位置还正在决策中。运至各个生产厂的原料数量和运费情况如表 3-8 所示，同时将各个工厂位置建立一个坐标系，每个厂址的坐标值同样归纳在表格中。试确定新建的配送中心仓库位置应该设在哪里？

表 3-8　习题 5 数据表

地　　点	A	B	C	D	E
(X,Y)	(3,7)	(8,2)	(4,6)	(4,1)	(6,4)
运费费率/[元/(吨·公里)]	0.5	0.4	0.4	0.5	0.5
日运量/吨	26	9	25	30	40

6. 试比较不同选址方法的优缺点，你认为目前还有哪些更为简单可行的选址方法？

7. 某仓储企业需要确定新建仓库的具体位置，经初步筛选共有 A 地、B 地、C 地等三个备选地址可供选择。该企业将从投资、交通便利性、能源供给等三个方面作为后续的仓库选址的决策依据；经评估，各备选地址在投资、交通便利性、能源供给三方面的目标值得分情况如表 3-9 所示；此外，该企业还请了三位专家对投资、交通便利性、能源供给三方面相对重要性进行打分，其打分情况如表 3-10 所示。试问该企业应将仓库建在哪个地方？

表 3-9 企业自评得分情况

目 标 值	A 地	B 地	C 地
投资	80%	90%	50%
交通便利性	30%	50%	90%
能源供给	70%	50%	60%

表 3-10 专家评估得分情况

目 标 值	专家 1	专家 2	专家 3
投资	9	6	2
交通便利性	6	8	7
能源供给	5	7	8

8. 简述层次分析法在库场选址决策问题中应用的思路和方法。
9. 试比较加权评分法与层次分析法在库场选址决策问题中的适用条件。
10. 以库场规模设计的相关知识，撰写一份库场规模设计的案例。

参考文献

[1] 刘巧芸，李静，丁璐斌．基于一种改进算法的仓库选址研究［J］．物流科技，2008，(1)：21-24.
[2] 杨秋侠．企业约束理论生产模式下的仓库选址［J］．物流技术，2007，(1)：61-62，65.
[3] 高晓亮，尹俊敏，甘卫华．仓储与配送管理［M］．北京：清华大学出版社，北京交通大学出版社，2006.
[4] 徐杰，田源．采购与仓储管理［M］．北京：清华大学出版社，北京交通大学出版社，2004.
[5] 真虹，张婕姝．物流企业仓储管理与实务［M］．第 2 版．北京：中国物资出版社，2007.

第四章　库场管理

库场管理是仓储管理活动中的重要环节，直接影响对存储商品的有效管理、企业的信誉和仓储服务质量。本章概述了库场安全管理的基本常识，论述了5S现场管理方法及其在库场管理中的应用思路，阐述了库场的治安管理工作与消防常识。

第一节　库场安全管理

库场安全管理应贯彻“以防为主”的方针，库场必须有领导干部主管安全工作，把安全工作列入议事日程。库场要建立健全治保、消防等安全组织，制定安全工作的各项规章制度和生产作业的操作规程，经常开展安全思想教育和安全知识教育，使职工保持高度的警惕性和责任心。库场必须实行逐级负责的安全检查制度。保管员每天上下班前后要对本人负责区检查一次；货区负责人、库场主任、企业领导要定期检查。遇到有灾害性天气或有特殊情况，库场工作人员要及时检查，加强防范。各主管部门领导，在汛期、梅雨、夏防、冬防等时期和重大节日前都要组织力量对库场进行安全检查。各级检查中发现的隐患要做好记录，责成有关部门或人员限期解决；自身无法解决的问题要积极采取防范措施，并及时上报。上级领导接到报告后，应及时处理，不得拖延。

同时要求职工掌握各种安全知识和技能，严格照章办事，杜绝违章作业，层层落实责任，并经常开展活动，切实做好“十防”（防偷、防盗、防火、防中毒、防工伤事故、防自然灾害、防跑漏混油、防危险品事故、防商品霉变残损、防设备损坏和交通安全事故）工作，确保人身、商品物资和设备安全。库场发生火灾或其他事故，必须按照规定迅速上报。库场领导要抓紧对事故的调查处理，做到事故原因不查清不放过、责任者和群众没有受到教育不放过、整改措施不落实不放过。库场安全管理具体包括以下几个方面的内容。

一、安全生产管理

仓储企业的生产安全是指在生产过程中对员工和外来人员的人身安全、货物在搬运装卸储存中的质量以及仓储企业自已或外来的设施设备完好所提供的应有保障。为了使企业能在参与激烈市场竞争的同时，保持清醒的头脑，注意企业生产中的安全是非常重要的。为此，应该做好以下工作。

1. 强化安全意识

经常性地进行安全生产方面的教育，使职工从思想上重视安全作业。同时，通过提高仓储设备的技术水平，减少人工直接装卸、搬运，更多地采用机械设备和自动控制装置，这是提高生产安全的最主动的方法。例如，现代自动化立体仓库的使用，使作业的安全性大大提高。

2. 提高操作技能

职工技术水平的提高，可以有效地降低事故的发生。因此，对作业工人进行岗位培训和定期技能考核的方法既能提高企业的生产效率，也能提高劳动的安全性。

3. 认真执行安全规程

仓储企业生产的安全操作规程是经过实践检验能有效减少事故发生的规范化的生产操作

方法，因此，在生产中应予严格执行，并对不按照安全操作规程的行为进行严肃查处。

二、劳动保护制度

劳动保护是为了改善劳动条件，提高生产的安全性，保护劳动者的身心健康，减轻劳动强度所采取的相应措施和有关规定。劳动保护制度则是为达到劳动保护的目的所制订的一套有效的规定。一般说来，库场的劳动保护制度包含以下几个方面。

1. 职工劳动保护的意识

这包括劳动者在生产中自我保护的意识和生产组织者对劳动者身心安全提供保护的意识。只有建立劳动安全的意识，才能重视安全措施，并注意按安全操作规程组织生产。

2. 劳动保护的组织机构的设立

这是为了在组织上保证劳动保护工作的落实。劳动保护组织应采取专业管理与群众自我管理相结合的方法。

3. 劳动保护的规章

保证劳动安全措施的稳定性和公平性，并使劳动保护纳入企业管理的轨道。有关规章的制定也有利于进行劳动保护的宣传和教育，使职工树立起自我保护的意识。

4. 劳动保护措施的计划制订和总结

定期进行有关劳动保护措施计划的制订有利于不断改进劳动保护，而总结和交流劳动保护工作的经验，则能提高全体职工的劳动保护意识，改进劳动保护的措施。

三、库区的安全管理

可以把库区的安全管理划分成几个环节，即仓储技术区、库房、货物保管、货物收发、货物装卸与搬运、货物运输、技术检查、修理和废弃货物的处理等。其中有些环节的安全管理已在其他章节涉及，这里，将重点讨论以下几个环节的安全管理。

1. 仓储技术区的安全管理

仓储技术区是库区重地，应严格安全管理。技术区周围设置高于 2 米的围墙，上置钢丝网，高 1.7 米以上，并设置电网或其他屏障。技术区内道路、桥梁、隧道等通道应畅通、平整。技术区出入口设置日夜值班的门卫，对进出人员和车辆进行检查和登记，严禁易燃易爆物品和火源带入。技术区内严禁危及货物安全的活动（如吸烟、鸣枪、烧荒、爆破等），未经上级部门的批准，不准在技术区内进行参观、摄影、录像或测绘。

2. 库房的安全管理

经常检查库房结构情况，对于地面裂缝、地基沉降、结构损坏，以及周围山体滑坡、塌方，或防水防潮层和排水沟堵塞等情况应及时维修和排除。库房钥匙应集中存放在技术区门卫值班室，实行业务处、门卫值班和保管员三方控制。保管员领取钥匙要办理手续，下班后即交回注销。对于存放易燃易爆、贵重货物的库房要严格执行两人分别掌管钥匙和两人同时进库的规定。有条件的库房，应安装安全监控装置，并认真使用和管理。

3. 货物装卸与搬运中的安全管理

仓库机械应实行专人专机，建立岗位责任制，防止丢失和损坏，操作手应做到：会操作、会保养、会检查、会排除一般故障。根据货物尺寸、重量、形状来选用合理的装卸、搬运设备，严禁超高、超宽、超重、超速以及其他不规范操作。不能在库房内检修机械设备。在狭小通道、出入库房或接近货物时应减速鸣号。

四、仓库技术的安全管理

仓库技术的安全管理主要是针对下列环节所应采取的有关措施。

1. 防雷

仓储企业应在每年雷雨季节来临之前对防雷措施进行全面检查。主要应检查的方面有：

①建筑物维修或改造后是否改变了防雷装置的保护情况；②有无因挖土方、铺设管线或种植树木而挖断接地装置；③各处明装导体有无开焊、锈蚀后截面过小而导致损坏折断等情况；④接闪器有无因接受雷击而熔化或折断；⑤避雷器瓷套有无裂缝、碰伤、污染、烧伤等；⑥引下线距地 2 米一段的绝缘保护处理有无破坏；⑦支持物是否牢固，有无歪斜、松动；⑧引下线与支持物的固定是否可靠；⑨断接卡子有无接触不良；⑩木结构接闪器支柱或支架有无腐蚀；⑪接地装置周围土壤有无沉陷；⑫测量全部接地装置的流散电流。

2. 防静电

爆炸物和危险化学品应采取防静电措施。静电的安全应由有关技术的专人管理，并配备必要的检测仪器，发现问题及时采取措施。所有防静电设施都应保持干净，防止化学腐蚀、油垢沾污和机械碰撞损坏。每年应对防静电设施进行 1～2 次的全面检查，测试应当在干燥的气候条件下进行。

3. 电气

按火灾和爆炸危险场所分级确定对电气设备和线路的管理。库房及其他场所应在工作结束后切断电源。电气设备除经常性检查外，每年至少应当进行两次绝缘检查，发现问题及时修理。要防止配电线路短路、过载等情况的发生，禁止使用不合格的保险装置，禁止私接电器，凡有爆炸品的仓库不能使用碘钨灯和日光灯。吸湿机在开机时，机身应离堆垛 1 米以上，排风口不得朝向堆垛，并应有专人看守，做到人走机停。

4. 防汛

洪水和雨水虽然是一种自然现象，但时常会对货物的安全仓储带来不利影响。所以应认真做好仓库防汛工作，在仓储企业的防汛工作中应注意抓好以下几点：①建立企业内的防汛组织，特别是在汛期来临之前，组成临时性的防汛组织，并应由经理直接领导；②积极防范，日常应经常性的进行防汛教育，汛期则应加强值班，职工轮流守库，领导坐镇一线，统一指挥，组织抢救；③掌握信息，要及时了解汛情的变化，以减少防汛措施的盲目性；④改善存储条件，对陈旧的仓库应注意改造排水设施，提高货位，新建仓库应考虑历年汛情的影响，使仓库设施能抵御雨汛的影响；⑤做到有备无患，汛期前应注意储备防汛物资，如水泵、草（麻）袋、土石等，避免临时措手不及。

第二节　库场现场管理

5S 管理源于日本企业广泛采用的现场管理方法，它通过开展以整理、整顿、清扫、清洁和素养为内容的活动，创造一个干净整洁、舒适良好的工作环境；通过对工作环境的整治，对生产现场中的生产要素进行有效管理。在仓储管理中实行 5S 管理能营造良好的仓储工作环境，提高仓储保管人员的品质，保证仓库安全工作，实施标准化作业，降低作业成本，有效地提高工作效率和仓储效益。本节主要讲述 5S 管理的基本思想、实施要点、实施步骤以及 5S 在库场管理中的应用问题。

一、5S 现场管理概述

（一）5S 的基本思想

5S 源于日本，是一种生产现场的管理技术，旨在使生产现场管理相关人员形成一种良好的习惯。5S 主要包括整理（SEIRI）、整顿（SERITON）、清扫（SEISO）、清洁（SEIKETSU）、素养（SHITSUKE）五个阶段。

5S 现场管理技术是对生产、仓储、办公等各种环境进行控制的一种先进的科学管理系统，特别适合于对各类库场的现场管理。整理是整顿的前提，整理、整顿又是清扫的前提，整理、整顿、清扫又是清洁的前提，素养是推动员工进行整理、整顿、清扫、清洁的基本前提和内在动因，而整理、整顿、清扫、清洁长期作用的目的又在于提升产品的品质和员工的素养。5S 现场管理各阶段之间相互关系如图 4-1 所示。

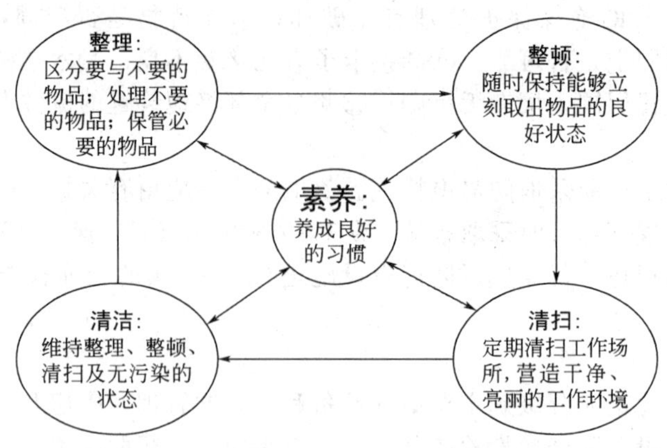

图 4-1　5S 现场管理五个阶段之间相互关系

总之，5S 是源于素养，终于素养，是一个闭合循环。5S 的基本思想就是通过规范现场、现物，营造一目了然的工作环境，培养员工作习惯，其最终目标是提升人的品质。高品质的员工应该养成如下四个好的习惯：①革除马虎之心，养成凡事认真的习惯；②遵守规定的习惯；③自觉维护工作环境整洁明了的良好习惯；④文明礼貌的习惯。

（二）5S 的五阶段

1. 整理阶段

生产过程中经常有一些残余物料、待修品、待返品、报废品等滞留在现场，既占据了地方又阻碍了生产，包括一些已无法使用的工夹具、量具、机器设备，如果不及时清除，会使现场变得凌乱。生产现场摆放不要的物品是一种浪费。这是因为：将使宽敞的工作场所变窄小；棚架、橱柜等被杂物占据而减少使用价值；增加了寻找工具、零件等物品的困难，浪费时间；物品杂乱无章的摆放，增加盘点的困难，成本核算失准。

在整理阶段，需要将工作场所任何东西区分为有必要的和不必要的，把必要的东西与不必要的东西明确地、严格地区分开来；不必要的东西要尽快处理掉。这一阶段的目的在于腾出空间、活用空间；防止误用、误送；塑造清爽的工作场所。

在整理过程中，需要特别注意到：要有决心，将不必要的物品断然地加以处置。在这一阶段的实际操作中，要求做好如下几点：一是要相关员工全面检查自己的工作场所（范围），包括看得到和看不到的场所；二是要制定要和不要的判别标准；三是要将不必要物品清出工作场所；四是要对需要的物品调查使用频度，决定日常用量和放置位置；五是要制定废弃物处理方法；六是要每日自我检查。

2. 整顿阶段

在整顿阶段，需要对整理之后留在现场的必要的物品分门别类放置，排列整齐；明确数量，进行有效地标识。这一阶段的工作目标在于使库场的工作场所一目了然；使工作环境整整齐齐；消除找寻物品的时间；消除过多的积压物品。整顿工作是整理工作的落实，也是提高库场现场管理效率的基础。在整顿过程中的实施要点在于：①流程布置，确定放置场所；②规定放置方法，明确数量；③划线定位，确定场所物品的标识。

为了更好地做好整顿工作，需要特别关注“整顿的三要素”与遵循“三定原则”。整顿的三要素为：①放置场所，物品的放置场所原则上要 100％设定，物品的保管要定点、定容、定量，生产线附近只能放真正需要的物品；②放置方法，易取，不超过所规定的范围；在放置方法上多下工夫；③标识方法，放置位置的标识和放置场所原则上要一对一标识，现物的标识和放置场所的标识，某些标识方法全企业要统一，在标识方法上多下工夫。所谓的“三定原则”是指定点（放在哪里合适）、定容（用什么容器）与定量（规定合适的数量是多少）。

3．清扫阶段

清扫就是要将工作场所清扫干净，保持工作场所干净、亮丽的环境。清扫阶段的主要目的在于：消除脏污，保持工作场所内干净、明亮；稳定品质；减少工业伤害。清扫阶段需要特别注意制度化与责任化的问题。为此，在清扫过程中，需要做好如下几个方面：①建立清扫责任区（室内外）；②执行例行扫除，清理脏污；③调查污染源，予以杜绝或隔离；④建立清扫基准，作为规范。

4．清洁阶段

清洁的目的在于维持好整理、整顿与清扫的成果。为此，在清扫阶段，需要在将整理、整顿、清扫之后的日常活动维持下去，并形成制度和习惯。每位员工随时检讨和确认自己的工作区域内有无不良现象，如有，则立即改正。在每天下班前几分钟（视情况而定）实行全员参加的清洁作业，使整个环境随时都维持良好状态。实施了就不能半途而废，否则又会回到原来的混乱状态。

为了更好地做好清洁工作，需要特别注意制度化与定期检查这两项工作。这一阶段的实施要点可以归纳为如下几个方面：①落实前面的3S工作；②制定考评方法；③制定奖惩制度、加强执行；④高层主管经常带头巡查，以表重视。

5．素养阶段

开展5S容易，但长时间维持必须靠提高员工的素养。提高员工素养就是培养全体员工良好的工作习惯、组织纪律和敬业精神。如果通过5S活动的开展，企业的每一位员工都能自觉养成遵守规章制度、工作纪律的习惯，都能努力创造一个具有良好氛围的工作场所，那么可以说，企业5S活动是富有成效的，也就达到了提高员工素养的目标了。

在全面提升员工的素养过程中，需要做好如下几点：①学习、理解并努力遵守规章制度，使它成为每个人应具备的一种修养；②企业领导的热情帮助与被领导者的努力自律是非常重要的；③需要人们有更高的合作奉献精神和职业道德；④互相信任，管理公开化、透明化；⑤勇于自我检讨反省，为他人着想，为他人服务。此外，随着人们对这一活动的不断深入认识，有人又添加了“坚持、习惯”等两项内容，分别称为6S或7S活动。

为了更好提升员工的素养，需要企业对5S活动的长期坚持，并养成员工良好的习惯。养成员工良好习惯，可以以如下几个方面作切入点：①制定服装、仪容、识别证标准；②制定共同遵守的有关规则、规定；③制定利益守则；④教育训练（新进人员强化5S教育、实践）；⑤推动各种精神提升活动（晨会、礼貌运动等）。

（三）5S的实施要点

从上述对5S各阶段的介绍，可以看出：在整理阶段，关键在于树立正确价值意识，即区分“要”与“不要”的标准在于物品的“使用价值”，而不是“原购买价值”；在整顿阶段，关键需要采用正确方法，即“整顿的3要素”与“3定原则”；在清扫阶段，关键在于责任化，即明确各岗位的5S责任；在清洁阶段，关键在于制度化及考核，即稽查、竞争、奖惩；而提高素养贵在坚持与长期化。表4-1简要地归纳了5S现场管理活动的基本要点。

表 4-1 5S 现场管理的基本要点

阶段	行为对象	行为内容	执行要点
整理	现场的设备、物资，产品等物品	区分要的与不要的，要的进行分类管理，不要的物品坚决清除	区分物品，分别处置
整顿	物品堆放	堆放有序，定置合理，物品数量标识明显；安全、高效，提高工作质量	取物路径最近，时间最短，物资堆放布局最好，标识安全醒目
清扫	环境、货架和设备	清扫对象，擦洗和加油，使工作环境空气净化，工作面干净整齐	彻底清扫，不留死角，清扫尘埃和污染源，定期化和责任化
清洁	环境、货架和设备	保持清扫效果，保持环境最优	持之以恒，落实到人，经常检查
素养	员工	素养是通过教育、训练达到管理规范化、制度化，员工素质提高，讲究社会公德，加强自我修养	从遵守劳动纪律和作业指导书做起

（四）5S 现场管理活动与其他管理活动的关系

5S 是现场管理的基础，是 TPM（全面生产管理）的前提，是 TQM（全面质量管理）的第一步，也是 ISO 9000 有效执行的保证。5S 能营造一种“人人积极参与、事事遵守标准”的良好氛围，有利于 ISO、TQM、TPM 等活动的推动。实施 ISO、TQM、TPM 等活动的效果是隐蔽的、长期的，而 5S 活动的效果是立竿见影的。5S 是现场管理的基础，5S 的水平高低代表着管理者对现场管理认识的高低，而这又决定现场管理水平的高低，制约着 ISO、TQM、TPM 能否顺利、有效的推行。5S 活动的推行，有利于企业从现场管理着手改进企业的“体质”，能起到事半功倍的效果。

二、5S 现场管理的一般步骤

企业推行 5S 现场管理是一项有组织的工作，通常包括如下 11 个步骤。

步骤 1 成立推行小组　成立“推行委员会”及“推行办公室”；确定组织职责；委员的主要工作分派；编组及责任区划分。为了更好推行这一活动，最好由企业主要领导出任 5S 活动“推行委员会”主任，具体安排上可由副主任负责活动的全面推行。

步骤 2 拟定推行方针及目标　制定方针作为活动开展的指导原则。推行方针通常需要结合企业具体情况，用一句有号召力的话来归纳，如：“推行 5S 管理、塑造公司一流形象”；“告别昨天、挑战自我、塑造公司新形象”；“细微处入手塑造公司新形象”；“规范现场现物、提升人的品质”。推行方针一旦制定，要广为宣传。在方针制定后，还需要设定具体的推行目标，作为活动努力方向及便于活动过程的成果检查的依据。在推行目标的制定过程中，要使目标的制定符合企业的实际情况。

步骤 3 拟订工作计划及实施方法　一般说来，在制定工作计划及实施方法时需要做好如下几个方面：拟订日程计划作为推行及控制的依据；收集资料及借鉴他厂做法；制定 5S 活动的实施办法；制定要与不要的物品区分方法；制定 5S 活动评比的方法；制定 5S 活动奖惩办法；其他相关规定（5S 时间等）。此外，工作计划与实施办法一旦拟定，需要让全体员工了解，同时相关负责人应清楚自己及其他责任人的工作内容和工作要求。

步骤 4 培训　对员工进行 5S 现场管理相关知识与技能的培训是全面推行 5S 活动的一项重要的工作内容。培训的内容应该包括 5S 的内容、目的、实施方法、评比方法等诸多方面。在活动推行过程中，当企业有新员工加入时，尤其要注意对新员工的 5S 训练。具体的培训方式可以是多样化的，如听讲座、看录像、现场培训、经验交流等。

步骤 5 活动前的宣传造势　5S 活动要全员重视、参加，才能取得良好的效果。如：最高主管可以通过晨会、内部报刊等形式发表推行 5S 活动的宣言；通过海报、内部报刊、宣传栏等形式进行造势宣传。

步骤 6 实施　这一步骤主要包括如下几个方面的内容：前期的方法说明会、道具准备；

工厂“洗澡”运动（全体上下彻底大扫除）；建立地面划线及物品标识标准；“3定”、“3要素”相关工作的展开；对有代表的场景进行定点摄影；做成“5S日常确认表”及实施；开展部门间的竞赛活动。

步骤7 活动评比办法确定　要制定考核指标，并根据困难系数、人数系数、教养系数等确定不同指标的加权系数；制定考核评分办法。

步骤8 检查　这一环节主要包括如下几点：①现场检查；②5S问题点质疑、解答；③举办各种活动及竞赛（如征文活动等）。

步骤9 评比及奖惩　依5S活动竞赛办法进行评比；公布成绩；实施奖惩。

步骤10 检讨与修正　各责任部门依据缺点项目进行改善，不断提高。

步骤11 纳入定期管理活动中　通过推行中的经验与做法进行标准化、制度化；实施各种5S强化月活动。

三、5S在库场管理中的应用

5S管理本质上是一个品质管理的方法，是一个现场管理的工具。它以5S为基础，借助于PDCA（计划、执行、检查、总结）的不断循环，使人们潜移默化，改变看法，改变工作环境，创造有规律的场所、干净的环境以及能进行目视管理，达到意识改革和企业经营效率化，从紊乱中找出秩序，对企业的全局，特别是对生产现场环境进行综合考虑，并制定切实可行的计划与措施，从而达到规范化管理。

在国内5S管理最先在一些日资、台资、港资企业中得到推广，近年来，越来越受到一些内资企业的认可，它对提升一个工业企业的生产现场管理水平，提高产品品质，发挥了重要的作用。作为公共仓储企业，其业务流程和功能结构与一般工业生产企业有着很大的不同，其管理方式方法与工业企业也有不同。但一个公共仓储企业，也会有作业现场，也会有人员管理，尤其是一些传统仓储企业管理比较粗放，随意性较强，服务水平相对低下。借助5S管理，可以有效地解决这些问题，实现管理精细化。在一个公共仓储企业中推广5S管理时，可以重点从以下几个方面来着手进行实践。

1. 库容库貌

仓储企业属于服务行业，整洁有序的库容库貌可以给客户以良好的第一印象。一些传统的仓库，杂草丛生，给人破败荒凉的感官印象，这些通过“清扫”就可以予以改善，但单纯依靠“清扫”还不行，还应该明确责任区，明确标准，通过制度化，也就是“清洁”来进行长期保持。库区有存货区、有道路，有设备、有附属设施，清晰、醒目、合规、齐全的标识非常必要，位置选在哪，设什么样的标识，则需要认真考察现场环境才好确定，设立的标识才能更发挥效用。

2. 库区规划

库区规划是指一个仓储企业对其可用于仓储业务的作业场所的规划，大可以到一个货区的规划、道路的设计、设备的布局，小可以到一个货位的规划。一般来说，一旦货区规划好后，由于需要设备等配套，一般不会再有变动。因此对于很多人来说，库区都是已经规划好了的，货位已经清晰地划在那里的，似乎只有使用的份儿了。但货位规划的水平关系到库容的充分利用和作业合理性。因此应该经常对货位利用进行分析，适时调整以达到利用最大化。其实如果注意观察、仔细分析就会发现，有些货区货位的划分是非常浪费的。

3. 储存保管

仓库中的货品摆放，在进货时就按操作规范统一摆放，标签一律向外，没有一个倒置，目的是为了出货和清点库存时查询方便。公共仓储企业是为众多客户提供服务的，库存盘点是经常要做的。如果之前码放的不规范，就会直接影响盘库速度，同时也会影响准确性。不同的客户、不同的品种，其进出库频率、进出库量都会有所不同，那么在分配储存货位时，就要把那些离门近的位置分配给周转快的客户，同时也要把那些进出库频率高的货物放在距离更靠近通道的地方，总之要一切以提高作业效率为目的。

4. 作业流程

如果说，储存保管是相对静态的话，那么作业流程（主要是装卸搬运）就是动态的，包括了入库、出库、移库等作业。这个过程中物流设备是主体，要围绕物流设备来布置作业现场，分配设备覆盖区域，分配货物储存空间，尽量减少作业环节实现一次作业，这些都可以达到提高作业效率降低作业成本的效果。一个出色的现场调度可以做到作业现场忙而有序。作业完毕，要清理现场，做到工完场清。而要做到这些，就必须注重规范的建立和素养的提高。在每个仓库中都应该有一本行为规范指导，细到怎样检查销售单、怎样装货、怎样包装、怎样存档等，在这本指导上都有流程图，有文字说明，任何受过基础教育的员工都可以从规范指导中查询和了解到每一个物流环节的操作规范并遵照执行。

5. 安全环境

仓储企业每天核心的工作就是装卸作业，由于要使用龙门吊、汽车吊、行吊、叉车等装卸搬运设备，现场要与火车、汽车等相互衔接，涉及吊叉车司机、丝索工、电工等特殊工种，固定工、劳务工、农民工等多种用工形式，储存品种轻重长短不一，这些都造成现场安全环境非常复杂，也成了安全事故发生较多的场所。而要有效地规避安全风险，除了认真排查安全隐患，保证设备安全运行外，相关作业人员要提高作业技能，从技术上提高安全防范能力，而更为重要的应该是严格遵守操作流程和作业规范。守规矩是保证安全的最基本的原则。

以上只是列举了企业库场管理中的一部分内容，如果想让5S管理在企业仓储管理中发挥更大的作用，我们完全可以把它的概念相对本土化，而不是拘泥于整理、整顿、清扫、清洁素养的字面含义。实际归根结底一句话：管理要精细，管理要守规矩，管理要不断提高。如果企业管理能够做到这些，管理水平就一定会持续提高，企业竞争力也会大大提高。

第三节　库场治安管理

仓库治安保卫工作是仓库管理工作中的一项重要任务，必须引起仓库领导者的高度重视，组织员工，切实做好相关工作。仓库应确定一位领导负责保卫工作，建立和健全警卫保卫制度，并建立相应的保卫组织和专职的警卫守卫组织，同时组建由库内人员及周围单位和居民群众参加的、群众性的治安保卫组织。由这三种组织形成的仓库安全网络，将对仓库的治安保卫工作产生很重要的影响。

一、保卫工作

仓库保卫工作承担了整个仓库人、财、物安全保卫的重任，不仅关系到仓库生产作业能否正常进行，而且直接关系到仓库工作人员生命、财产的大事，还关系到社会再生产能否顺利进行，因此，仓库必须加强安全保卫工作。

仓库保卫组织的形式、大小，应根据仓库的规模、性质及作业特点而定。一般情况下，仓库都设有保卫机构，如保卫股、保卫科、保卫处等，或设有专职或兼职的保卫干部、保卫人员。保卫机构应在仓储企业的领导下进行工作，业务上受上级保卫部门和公安机关的双重领导。

仓库保卫机构工作的主要任务如下。

① 对本仓库的商品、设施、人员的安全负全面的责任，消除各种不安全的隐患，确保

仓库的安全。

② 负责开展法制教育、遵章守纪教育、安全生产教育、交通法规教育及安全行车教育等。

③ 全面做好防火、防爆、防盗、防毒等工作。

④ 负责对所有的安全员进行检查、考评。

⑤ 负责调查和处理各类行车、工伤事故。

⑥ 会同有关部门做好职业病的防治和有毒、有害物质的劳动保护工作。

⑦ 配合消防干部进行消防训练和消防安全竞赛。

⑧ 负责特种作业人员安全技术培训、考核，负责警卫、护卫人员的管理及业务指导。

⑨ 全面落实防台、防汛、防暑降温、防寒防冻等工作。

⑩ 积极完成上级领导和公安机关交办的各项治安保卫任务。

⑪ 仓库除设立专职的保卫部门外，还可建立治安保卫委员会和治安保卫小组。

这种群众性的治安保卫组织，应由仓库领导参加，也应邀请库内、库外的群众参加。群众性治安组织的任务是：对仓库的全体员工和近邻居民进行“十防”宣传教育；组织制定群众治安保卫公约，并监督执行；加强与邻近公安机关、乡政府、街道、单位的联系，团结左邻右舍，取得各方面的密切配合，一起搞好仓库的治安保卫工作。群众性治安组织的成员应明确分工，明确各自的职责，定期举行会议，共同研究，群策群力，一起完成仓库治安保卫的任务。

二、警卫工作

警卫工作是仓库安全管理中必不可少的重要组成部分。仓库的警卫工作，主要是负责仓库日常的警戒和保卫，即守仓和护仓的工作。其主要任务是，日夜轮流守卫仓库，防止被人盗窃和破坏；掌握进出库人员的情况，做好警卫和登记工作，阻止闲人入库；守护仓库大门，严禁火种、易燃、易爆等危险品带入仓库；核对出库凭证，检查出库商品与出库凭证是否相符；同时，在仓库发生各种灾难时，负责仓库的保卫、警卫工作。

负责仓库警卫工作的人员一般有两大类：一类是守护员，或称为护仓员、卡口人员，通常为专职人员；另一类是警卫人员，即经济警察，受仓库和公安部门双重领导，常配备一定的武器。在大型仓库和特种仓库，一般均设有警卫员、警卫班、甚至警卫中队。

仓库的警卫人员应充分发挥护仓保库的重要作用，坚守岗位，认真做好以下工作，贯彻警卫文明岗的规范。

1. 分段负责，确保仓库安全

仓库分管安全的负责人可根据整个仓库的地理位置、地形、地貌及分布情况，分区分段，划定值勤岗哨和巡逻范围，分段负责，以确保整个仓库的安全。在划定区域内，守护员和警卫人员要负担起仓库该区域的安全。在非工作时间，尤其是在夜间，值班的警卫人员要严格把守住仓库的大门，未经仓库负责人批准（如夜间加班作业等），其他人员一律不准擅自进入仓库。

2. 严格遵守警卫制度

仓库警卫人员必须严格遵守仓库的警卫制度，坚守仓库阵地。专职仓库警卫员，应驻守仓库，工作时间不得随意离开仓库，即使有事外出，也应请假，得到准许后，方可外出，并且必须按时返库，以确保仓库警卫岗位始终有专职警卫人员守护。为保证警卫人员的休息，可设立专供警卫人员休息的寝室，并可采用三班制轮休的方法。

3. 熟悉周边情况，做到心中有数

仓库警卫人员不仅应对仓库中人员及设备、商品储存情况了如指掌，而且还应与仓库周边的单位、居委会及当地公安部门建立经常的联系，熟悉四周人员情况及动态，以利于仓库的保卫、警卫工作。

4. 加强学习，提高素质

仓库的警卫人员应努力进行政治学习，提高警惕性、组织性和纪律性，以提高自身的政治素质。同时，仓库的警卫、护卫人员还应努力进行业务学习，可以邀请当地的公安部门有关人员来库讲授警卫的专业知识和进行有关的军事训练，以提高自身的业务素质。

5. 严格遵守警卫文明岗规范

仪容整洁、统一标志、坚守岗位、礼貌待人、举止文明、语言规范，是警卫文明岗规范的基本要求。具体如下：

① 警卫人员当班必须着装整齐；

② 警卫人员当班必须热情服务；

③ 警卫人员实行文明站立执勤，及时指挥车辆、人员的进出，保持仓库通道畅通、场地停车整齐；

④ 外来人员、车辆进出库均要进行登记，商品出库应凭《商品出库凭证》，方可放行；

⑤ 对登记记录及《商品出库凭证》应完整保存，规范装订，及时归档；

⑥ 当班执勤时，要按规定定时进行巡逻检查，巡检情况应详细记录；

⑦ 警卫人员应按规定做好交接班，若下一班的接班人员因故未到，当班的警卫人员不得离岗，应与有关领导联系，等接班人员到达后，方可离开，并按规定做好交接班记录；

⑧ 警卫人员须熟悉防火防盗等有关的业务知识，能熟练使用仓库内各类灭火器材，熟悉和了解仓库处置各类突发事件应急预案，必要时能妥善应急处理；

⑨ 警卫室干净、整洁，窗明几净，当班人员生活用品（茶杯、面盆、毛巾等）应放置整齐，周围环境整洁有序；

⑩ 警卫室不兼做其他场所，不放置无关物品，无关人员不得进入警卫室内闲谈。

第四节　库场消防管理

仓库的消防安全是仓库安全管理的重要内容，仓库中可能存放的易燃易爆品，如燃油、化学危险品、仓库电器设施等，是造成火灾的重要隐患。加强消防安全管理，对仓库的安全非常重要。消防安全重在预防，以预防为主，防消结合。本小节主要介绍了消防组织的设置、消防设备的分类及其使用方法，以及仓库消防措施。了解这些知识有助于仓库消防工作的开展，必要时采取有力措施避免火灾的发生，将仓库火灾扑灭在萌芽状态，确保仓库安全。

一、消防组织的设置

仓库的消防组织应按国家的有关规定，并根据仓库规模、存储货物的数量和性能以及周围环境、气候等因素确定。仓库的消防组织一般可以分为如下三种组织形式。

1. 防火安全领导机构

其任务是执行有关消防法规和上级部门的指示，按分级管理的原则，制定本仓储企业的有关消防安全制度和相应规程，划分责任区，明确各自职责，向职工普及防火安全知识，及时消除火灾隐患。

2. 专职消防队伍

根据仓库规模、存储货物的特性和数量等确定专职消防人员的配备。大型仓储企业应建立专职的消防队伍。专职消防队伍的职责是，在安全领导机构的领导下，负责向职工宣传防火安全知识，检查防火安全情况，严格控制火源，积极消除隐患。经常性地进行消防演习以提高消防技能。专职消防人员不得擅自离开岗位。

3. 职工义务消防组织

这一组织在企业安全领导机构的领导下，由本企业职工组成，它是一支兼职的消防队伍。参与消防的职工应对本企业仓库情况比较熟悉，并具备必要的消防知识，并在组织中有一定的分工。一旦发生火情，这支队伍将发挥很大的作用。

二、消防设备的分类及用途

（一）消防设备的分类

用于仓库消防安全的设备主要分为如下两种类型。

1. 给、蓄、抽水设备

水可以用来扑救建筑物和一般物资的火灾。当仓库无自来水设备，且水源又远离仓库的情况下，仓储企业应修建蓄水池，以备消防之用。有自来水设备的仓库，应根据仓库的大小配置消火栓，其设置间距应保证在任何点上均能有两个消防水管参与灭火。

2. 消防设备和器材

在仓库区域内应布置消防设备和器材。消防设备包括：水塔、水泵、水池、消防供水管道、消火栓、消防车和消防泵等。消防器材包括：各类灭火器、沙箱、水桶、消防斧、钩、铣等。消防器材应根据分散配置与集中安放相结合的原则配备，特别是在各库门处安放。外部消火栓应沿道路设置，要靠近十字路口，两个消防栓之间距离不应超过 100 米，距房屋墙壁不少于 5 米，距道路不超过 2 米。没有消防水道的仓库，一般应配备蓄水池和与建筑高度相应的水泵或喷水车。各种消防器材的使用应根据货物的性质进行选择才能起到应有的效果。有关消防器材的具体使用方法可参考其他专门书籍。

（二）常用消防器材的用途

1. 灭火器的种类及其使用范围

常用灭火器主要有干粉、二氧化碳、四氯化碳、泡沫、1211 灭火器。各自的适用范围如下所述。①干粉灭火器：用于扑救易燃液体、有机溶剂、可燃气体和电气设备的初起火灾。②二氧化碳灭火器：用于扑救贵重仪器、图书档案、电气设备及其他忌水物资的初起火灾。③四氯化碳灭火器：用于扑救电气设备初起火灾。④1211 灭火器：用于扑救可燃气体、可燃液体、带电设备及一般物资的初起火灾。⑤泡沫灭火器：用于扑救油类、木材及一般物资的初起火灾。

2. 消防水桶及沙箱的用途

消防水桶是轻便灭火器具，用来扑救一般初起的火灾。但不能用于扑救电气设备、易燃液体及遇水急剧氧化的物资的火灾。沙箱里存放干燥的沙子，用于扑救电气设备及液体燃料的初起火灾。

（三）禁止用水灭火的情况

以下物资起火时禁止用水灭火。①电气设备：水可以导电，电路如未切断，用水灭火有触电危险；②忌水物资：如钾、钠、镁、铝粉、电石等，能与水发生化学反应，易引起爆炸；③油类、酒精和其他轻于水的易燃液体：此类物资能浮于水面，用水灭火会扩大火灾面积，但面积不广、厚度不超过 3 厘米时，可用雾状水扑灭；④粉末状固体：如用水灭火时，能随水流的冲击，造成粉尘的飞扬，扩大灾害，可用雾状水扑灭；⑤已经高度灼热的物体：如金属铸件和某些矿物体，与水接触会爆炸伤人，不宜用水灭火；⑥其他过水能使质量变化或怕水的物资：如仪器、机电设备、纸张等，非万不得已时，避免用水扑救，应用其他方法施救。

三、消防设备的配备要求

在为仓库配备消防设备时，至少应符合如下几个方面的基本要求。①每个库房配备的灭火器不得少于2个，应悬挂在库外墙上，高度不超过1.5米，远离取暖设备，防止日光直射。对灭火器每隔15天就应检查一次，注意药料的完整和出口的畅通。灭火器的部件每半年要检查一次，每年要换药一次。②每栋独立的库房至少要配备消防水桶4个。挂于明显位置，并且不许挪做他用。③每个仓库附近都要配备一定数量的消防桶。日常应保持存水满量，冬季防止结冰。④储存液体燃料库附近必须配有干燥清洁的河沙，用木箱或桶装好，标明“消防用沙”。⑤仓库必须备有准确可靠的报警装置，一旦发生火灾，能够迅速报警，以便及时组织扑救。

四、库场消防措施

仓库消防安全必须贯彻“预防为主，防消结合”的方针，实行“谁主管谁负责”的原则。为此，仓储企业应在平时注意采取有效措施以防止火灾的发生。平时防患措施得力，即使在万一发生火灾时，也能及时将其扑灭，使损失减少到最低程度。为做到防患未然，抓好防火安全措施是非常必要的。

1. 预防不安全行为

“预防为主”首先要认识到哪些行为属于不安全的行为。一般来说，不安全行为包括：

① 忽视安全警告和安全操作标记进行错误操作；

② 随意拆除设备安全装置或对安全防护装置保养不当，造成安全装置失效；

③ 使用不安全设备或无安全设施的设备、工具等；

④ 用其他工具代替规定工具进行操作；

⑤ 冒险进入危险场所；

⑥ 攀、坐不安全位置；

⑦ 在必须使用个人防护用品的作业场所不穿戴防护服或着装不符合安全要求。

2. 防火安全的基本措施

① 必须进行经常性的防火安全教育，普及防火、灭火知识，提高员工的防火意识。

② 仓库建筑应严格满足《建筑设计防火规范》的要求，不得违章随意改变建筑结构或使用性质，不得在防火安全间距内堆放易燃物品，保护消防安全设施和设备，保证消防通道的畅通。

③ 电气设备安装应符合规范要求，不得在电气设备附近放置易燃物品，工作结束时应及时关闭电源，不许超负荷使用电气，对避雷、防静电装置要定期检查。

④ 库区内严禁烟火，对危险品的储存应设置专门仓库，并与其他库区隔离。

⑤ 对于仓储企业内的火源应有相应的防火安全措施，这些措施须经消防安全部门检查批准。

⑥ 仓储企业应按消防规程要求备有相当种类和数量的消防设备和器材，并放置在明显的、便于使用的位置；定期进行消防设备、器材的维修和保养。

⑦ 发生火灾和火警时，应及时向当地公安消防部门报警。并认真调查事故原因，查处责任者。

复习思考题

1. 库场安全管理的工作内容一般包括哪些？请结合实际，谈谈如何树立库场的安全意识？

2. 库区的安全管理主要涉及哪些环节？

3. 简述5S的基本思想与实施要点。
4. 说明5S的五个阶段的主要工作与目的。
5. 简述5S现场管理的推行步骤。
6. 整顿的“三要素”与“三定”分别指的是什么？
7. 试为你所熟悉一个仓库设计一个推行5S现场管理的实施方案。
8. 仓库保卫工作的主要任务是什么？
9. 仓库警卫人员的岗位职责是什么？
10. 库场消防组织一般可以分为哪些类型？试分析这些库场消防组织之间的相互关系。
11. 简述消防设备的主要类型及其使用方法。
12. 灭火器有哪些类型？其各自的适用范围有何不同？

参考文献

[1] 真虹，张婕姝．物流企业仓储管理与实务［M］．第2版．北京：中国物资出版社，2007.
[2] 郭元萍．仓储管理与实务［M］．北京：中国轻工业出版社，2005.
[3] 王勇．5S管理与仓储管理精细化［J］．中国储运，2009，(02)：58-59.
[4] 陈晓涛．企业5S管理存在问题及其对策［J］．内蒙古科技与经济，2009，(03)：97-98.
[5] 张挺．企业5S管理实施要点分析［J］．科技资讯，2008，(15)：158.
[6] 高晓亮，尹俊敏，甘卫华．仓储与配送管理［M］．北京：清华大学出版社，北京交通大学出版社，2006.

第五章　仓储作业管理

从仓库接收商品入库开始，到按需要把商品全部完好地发送出去的全部过程就是仓储作业过程。在这一过程中既涉及各个组织之间的横向的密切的经济联系，也涉及仓储组织内部经济与技术部门相互之间复杂的经济和技术活动关系。因而，仓储作业管理是仓储经营管理的重要内容。本章是仓储作业管理的相关理论基础知识，阐述了仓储作业的概念、特征及分类，并详细介绍了商品从入库到出库整个作业流程中各个作业环节的管理。

第一节　仓储作业管理概述

仓储作业过程由一系列相互联系、又相互独立的作业活动所构成。概括说来，仓储作业过程主要由入库、保管、出库三个阶段组成。本小节先介绍与仓储作业过程密切相关三大理论基础，即过程管理方法、业务流程管理和供应链管理。然后进一步阐述仓储作业的概念及分类情况。

一、仓储作业管理的理论基础

（一）过程管理方法

1. 过程管理方法的含义

世界上的一切事物都是不断发展变化的。这种发展、变化是通过一系列的活动展开的。为使组织有效运作，必须识别和管理众多相互关联的活动。通过利用资源和管理，将输入转化为输出，ISO 9000：2000 把这一活动视为一个过程。通常，在市场经济条件下，一个组织要建立与实施一个适宜、充分和有效地质量管理体系，必须从识别客户需求出发，精心策划、实时控制和改进所开展的各项活动。系统地识别和管理组织内的各个过程，特别是对这些过程间相互联系、相互作用的管理，称为“过程管理方法”。

2. 过程管理方法的特性

在质量管理体系中应用过程管理方法时，除掌握其基本含义外，还应了解过程管理具有如下几个特性。

① 增值化　从价值观论的观点，一个过程输出的价值应该大于输入的价值，这个过程活动就是增值活动，这是策划一个活动过程的目的所在。过程的增值化主要体现在产品实现过程中，包括直接增值和间接增值两个方面。

② 分合化　过程有大小之分，一个大过程可以分解为若干个小过程；一些相关的小过程又可以组合成一个大过程。根据这一特性，为便于控制管理，过程的分合要适度，粗或者细都应该基于有利于控制管理这一原则而具体实施。

③网络化　一个过程的输出往往是另一个过程的输入，一个过程的输入或输出可以是一种也可以是多种。这样，一个组织在运用的多种过程间相互联系、相互作用，最终形成一个过程网络。

3. 过程管理方法的控制和管理

在组织和运用过程方法时，ISO 9000：2000 推荐采用“PDCA”循环的方法，以达到提升管理效率的目的。这一方法可适用于所有过程（即过程的控制和管理）。所谓 PDCA 循环，就是“策划（Plan）、实施（Do）、检查（Check）、处置（Action）”，最早由美国著名质量管理专家戴明博士提出，因而又称“戴明环”，如图 5-1 所示。

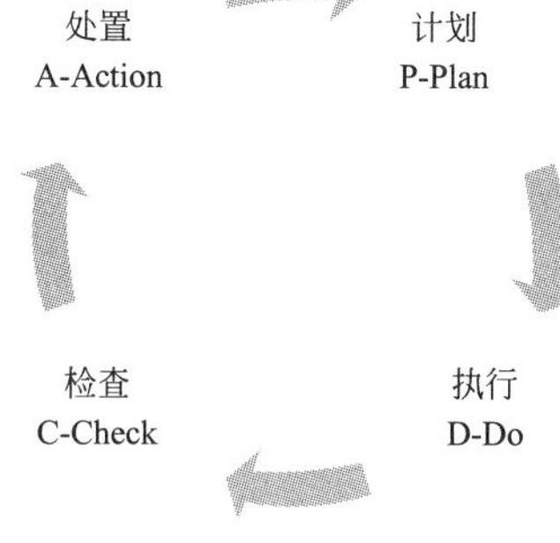

图 5-1　PDCA 循环图

PDCA 模式可简述如下。

P——策划　根据顾客的要求和组织的方针，为提供结果建立必要的目标和过程；

D——实施　即实施过程；

C——检查　根据方针、目标和产品要求，对过程和产品进行监视和测量，并报告结果；

A——处置　采取措施，以持续改进过程业绩。

PDCA 就是按照这样的顺序进行质量管理，并且按顺时针的方向转动，循环不止、螺旋上升地进行下去的科学程序。

综上所述，过程管理方法是建立实施一个管理体系的核心。一个组织要建立实施一个有效的管理体系，必须识别本组织所使用的过程，协调、优化过程间的关系，并按照 PDCA 的方法建立和实施文件化的程序，从而实现管理体系的方针和目标。

（二）业务流程管理理论

1. 业务流程管理概述

传统企业组织形式是在传统管理模式下，主要以劳动分工和职能专业化为基础，组织内的部门划分非常细，各部门的专业化程度较高。这种组织形式与其相伴的业务流程适合于市场相对稳定的环境，而在当今市场需求突变、经营模式发生变化的情况下，显现出不适应性。为了减少时间和资金的浪费，利用计算机和信息技术建立管理信息系统（Management Information System，MIS），试图提高企业的管理效率。但是，MIS 在企业中应用的效果并不尽如人意。原因在于传统的业务流程没有改变，即使采用了先进的计算机信息管理技术，也不会使其发生根本的变化。

要想取得实效，并适应新的竞争环境，就必须改变传统的管理模式，分析企业的业务流程，剔除无效活动，将其进行彻底的重新设计。美国麻省理工学院哈默尔（Micheal Hammer）教授于 1990 年在《哈佛商业评论》上首先提出企业业务流程管理（Business Process Management，BPM）的概念。流程是一组将输入转化为输出的相互关联或者相互作用的活动。业务流程涵盖了企业输入到输出的全过程，在企业、合作伙伴、供应商、客户间建立了纽带。它的直接目的就是获得价值收益，因此业务流程管理是整个企业运行的核心所在。业务流程管理是一种系统化、结构化地方法，用于分析、改善、控制和管理与提高产品和服务目标相联系的流程。强调了跨职能的特点以及突出持续改善企业运营的相关活动，即利用先进的工作流技术（Work Flow），从业务流程的角度对企业进行全方位的管理，并支持业务流程的持续改善，其核心思想是为企业内及企业间的各种业务提供一个统一的建模、执行和监控的环境。

2. 企业业务流程重组（Business Process Reengineering，BPR）

业务流程是企业的灵魂，不断优化业务流程可以使企业比竞争对手更快地适应客户需求，适应市场变化。BRP 的核心思想就是要打破企业按职能设置部门的管理方式，代之以业务流程为中心，重新设计企业管理过程。

BRP 的实践对企业的管理效果产生巨大影响。福特汽车公司北美财会部运用“Reengineering”的例子给我们一个深刻的启示。改革之前，福特汽车公司北美财会部原有 500 多人负责账务与付款事项。原付款流程［如图 5-2（a）所示］是当采购部的采购单、接收部的到货单和供应商的发票，三张单据验明一致后，财会部才予以付款，为此，财会部人员需要花费大量时间核对采购单、到货单和发票上多达 14 个数据项是否相符。重新设计付款流程［如图 5-2（b）所示］后，由计算机将采购部、接收部和财会部联成网络，采购部每发出一张采购单，就将其送入联网的实时数据库中，无须向财会部递送采购单复印件。当货物到达接收部后，由接收人员对照检查货单号和数据库中的采购单号，相符后也送入数据库。最后由计算机自动检查采购记录和接受记录，自动生成付款单据。实施新流程后，财会部人员减少了 75%，实现了无发票化，提高了准确性。

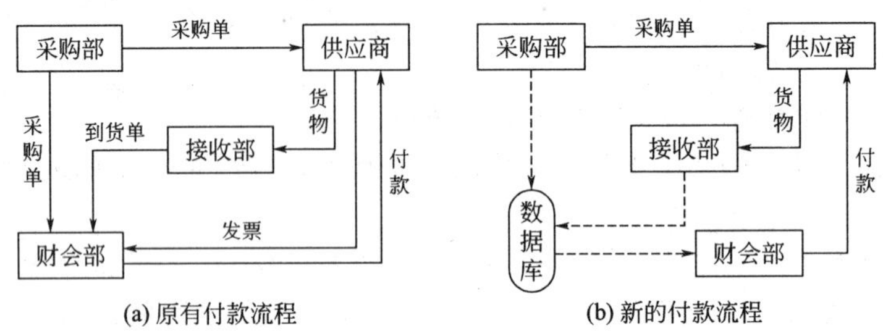

图 5-2 BPR 在实践中的应用

BPR 中有一个关键的概念，也是有别于传统职能分工的地方，就在于对经营流程的定义。所谓经营流程，不是指个别业务部门的工作程序，而是指“输出一个以上的东西，对顾客产生价值的输出行为的集合”，是对企业整体业务流程而言。BPR 对流程的认知，不仅要求在企业组织结构中减少、甚至消除那些不产生附加值的中间环节，以使一个经营流程完整化、一体化，更要求应以经营流程为企业组织的主干，彻底改造企业的组织结构模式。只有这样，辅助以现代信息技术，才能发挥出管理理论的威力。

（三）供应链管理理论

1. 供应链的概念及其结构

进入 20 世纪 90 年代以来，由于科学技术的不断进步和经济的不断发展，全球化信息网络和全球化市场形成及技术变革的加速，围绕产品创新的市场竞争也日趋激烈。技术进步和需求的多样化使得产品的生命周期不断缩短，企业面临着缩短交货期、提高产品质量、降低成本和改善服务的压力。所有这些都要求企业能对不断变化的市场做出快速反应，源源不断地开发出满足用户需求的、定制化的“个性化产品”去占领市场以赢得竞争。此外，单纯考虑企业内部资源的优化不能适应基于时间竞争的需要，企业必须充分利用外部资源，与合作伙伴协同动作，为了共同的市场利益结成联盟，才能真正从整个供应链降低响应时间。更有学者认为，进入 21 世纪后的竞争不是企业和企业之间的竞争，而是供应链与供应链之间的竞争。供应链管理（Supply Chain Management，SCM）思想也就应运而生。

所谓供应链，就是围绕核心企业通过对信息流、物流、资金流的控制，从采购原材料开始，制成中间产品以及最终产品，最后由销售网络把产品送到消费者手中的将供应商、制造商、分销商、零售商、直到最终用户连成一个整体的功能网链结构。它是一个范围更广的企业结构模式，包含了所有加盟的节点企业，从原材料的供应商开始，经过链中不同企业的制造加工、组装、分销等过程直到最终用户。它不仅是一条连接供应商到用户的物流链、信息链、资金链，而且是一条增值链，物料在供应链上因加工、包装、运输、仓储、分销等过程而增加其价值，给相关企业带来收益。供应链管理就是使供应链运作达到最优化，以最少的成本，令供应链从采购开始，到满足最终用户的所有过程，包括工作流、实物流、资金流和信息流等，均以高效率操作，把合适的产品以合适的价格，及时准确地送到消费者手上。综上所述，供应链的网络结构如图 5-3 所示。

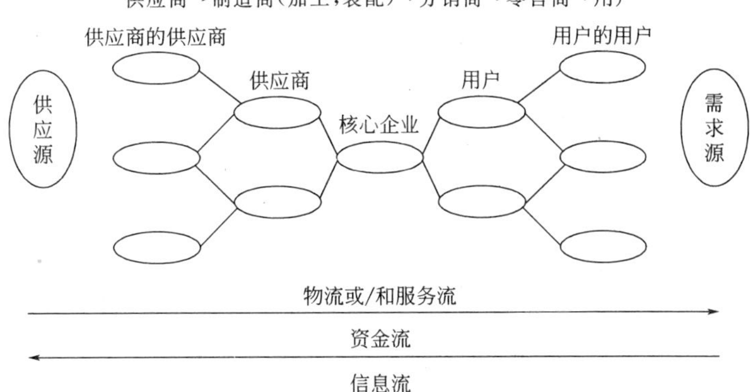

图 5-3 供应链的网络结构模型

2. 供应链的运作方式

供应链的运作方式有两种，一种称为推动式（Push），一种称为牵引式（Pull），如图 5-4 所示。推动式的供应链运作方式以制造商为核心，产品生产出来后从分销商逐级推向用户。分销商和零售商处于被动接受的地位，各个企业之间的集成度较低，通常采取提高安全库存量的方法应付需求波动，因此供应链上的库存量较大，对需求变动的响应能力较差。牵引式供应链的驱动力来源于最终用户，整个供应链的集成度较高，信息交换迅速，可以根据用户的需求实现定制化服务，而且，供应链上的库存量较低。

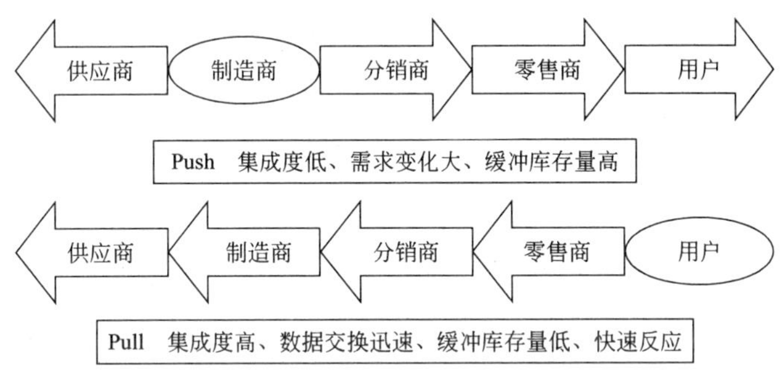

图 5-4 供应链的两种运作方式

作为供应链管理的战略内容之一，就是要选择适合于自己实际情况的运作方式。牵引式的供应链虽然整体绩效变现突出，但对供应链上的企业要求较高，对供应链的技术要求也较高。而推动式供应链方式相对较为容易实施。企业采取什么样的供应链运作方式，与企业系统的基础管理水平有关，切不可盲目模仿，要视实际情况而具体定夺。“拉动为主、推拉结合”式供应链，牛鞭效应较小。牛鞭效应是指需求的波动程度沿着供应链上游方向呈现出不断放大的现象。

3. 供应链管理的基本特征

供应链管理最突出的特点就是多个相互独立、作为利益主体的企业之间联盟，并且，这种联盟不是以资金的相互渗透结成的，而是通过各企业在管理、技术、市场等体系，信息系统等方面具有不同于传统管理方式的特征。

(1) 虚拟企业的组织模式

供应链并不是某种正式的组织，如企业集团或企业系列，而是根据企业的不同特长，以信息网络为技术手段，在全球范围内寻求最佳的合作伙伴，结成商品生产与供应的联结关系。而且，这种关系也不是固定不变的，某一企业一旦失去参与合作的优势，就会自动被淘汰。同时某个商品、项目的市场一旦消失，该供应链也就随之解体，企业会重新寻求新的供应链。所以，供应链的组织是一种动态的联盟。是在一定的时期内，基于一定的共同目标、利益而结成的，不断变动的一种虚拟性组织，也叫虚拟企业。其特点是，具有很高的组织柔性和市场适应性，可以根据市场需求的变化及时调整、重组；同时，又可以充分利用合作企业所具有的知识、技术、资金、市场、管理等资源优势，快速地开发新产品，适应多样化、个性化的市场要求，尤其是对于技术、知识含量高的产品开发更为适宜。

(2) 企业间的流程整合与优化

供应链管理根据价值/成本分析原理，对供应链流程进行整合与优化。其核心理念是：在时间优化方面，采用延迟制造技术，在品种上，将最能反映顾客需求个性的部分推迟进行；数量上，根据订单生产。在空间优化方面，采用敏捷制造的概念，主要考虑产品的开发、生产周期短、制造、运输及库存成本低，供货及时等原则选取、配置供应商。例如，美国一家制衣公司，在生产毛衣时，分析顾客对于毛衣的需求，在规格、尺寸方面没有什么变化，个性需求主要表现为花色，因此，改变传统的纺线、染色、织衣的工艺流程，采取先纺线、织衣，最后在接到顾客订货时再染色的方式，收到明显效果。

(3) 具有适时处理功能的计划、控制系统

供应链的管理方式核心技术在于计划功能，它不同于以往的 MRP/MRPII 系统，必须根据企业的生产能力、供货能力、库存水平、资源状况等基础信息，作出生产计划和生产日程计划，同时它又是一种完全以需求拉动式的生产方式，必须对用户的订货做出实时响应。因此，必须更精确地掌握需求信息和快速地推算交货期。供应链管理计划是采用约束(TOC)理论为基础，综合现代运筹学（OR）技术、人工智能（AI）技术，来解决指定日程计划和交货期决策的问题。

二、仓储作业的概念和分类

（一）仓储作业的概述

仓储活动是指通过仓库对物资进行储存和保管。仓储作业是指以保管为活动中心，从仓库接收商品入库开始，到按需要把商品全部完好地发送出去为止的全部过程。

仓储作业过程主要由入库、保管、出库三个阶段组成。按其作业顺序来看，还可以详细分为：卸车、检验、整理入库、保养保管、拣出与集中、装车、发运七个作业环节。按其作业性质来看，可归纳为：商品检验、保养保管、装卸与搬运、加工、包装和发运六个环节。仓储作业过程由一系列相互联系、又相互独立的作业活动构成。整个仓储作业过程各个部分的因果关系，以储存的商品这一对象为纽带统一起来，并由此形成一种既定的关系。如果把这个过程看做是一个系统，系统的输入是需要储存的商品，输出是经过保存的商品。在仓储作业系统中，商品在各个作业环节上运行，并被一系列作业活动所处理。

（二）仓储作业的特征

仓储活动本身具有特殊性，因而，仓储作业过程与物质生产部门的生产工艺过程相比，有着自己的一些特征。

1. 仓储作业过程的非连续性

仓储技术作业的整个技术作业过程，从物资入库到出库不是连续进行的，而是间接进行的。这是因为各个作业环节往往是不能密切衔接的，各个作业环节有着间歇。例如，整车装运的物资，卸车后往往不能马上验收，而是要有一段待检时间；入库保管的物资有一段保管时间；物资分拣包装完毕，需要有一段待运时间等。这与一般工业企业的流水线作业是显然不同的。

2. 仓储作业量的不均衡性

仓储作业每天发生的作业量是有很大差别的，各月之间的作业量也有很大的不同。这种日、月作业量的不均衡，是由于仓库进货和发货时间上的不均衡和批量大小不同等所造成的。有时，整车装车和卸车数量很大，装卸车任务很重，作业量大；而有时无整车装卸，任务较轻。因此，仓储作业时紧时松，忙闲不均。

3. 仓储作业对象的复杂性

一般生产企业产品生产的劳动对象较为单一，例如生产制造机床的主要劳动对象是各种不同的钢材。而物资仓储的对象，是功能性质和使用价值各不相同的千万种物资。不同的物资要求不同的作业手段、方法和技术，情况比较复杂。

4. 仓储作业范围的广泛性

仓储作业的各个作业环节，大部分是在仓库范围内进行的，但也有一部分作业是在库外进行的，例如物资的装卸、运输等，其作业范围相当广泛。

根据仓储作业的以上特征，对仓储设施的规划、配备与运用，对生产作业人员定编、劳动组织与考核，对作业计划、作业方式的选择等，均产生重要影响，对合理组织仓库作业带来很大的困难和不便。因此，在具体进行仓储设施的规划、配备与运用时，应综合各方面的相关因素慎重考虑。

（三）仓储作业的过程

仓储作业过程实际上包含了实物流和信息流两个方面。

1. 实物流

实物流是指库存物实体空间移动过程。在仓库里它是从库外流向库内，并经合理停留后再流向库外的过程。从仓储作业内容和作业顺序来看，主要包括接运、验收、入库、保管、保养、出库、发运等环节。实物流是仓储作业的最基本的运动过程。仓库各部、各作业阶段与环节的工作，都要保证和促进库存物的合理流动，在保证库存物质量和数量准确的前提下，加速运转，尽一切可能消除库存物的无意义的停滞，缩短作业时间，提高作业效率，减低仓库生产成本，以取得更好的经济效益。如图 5-5 所示。

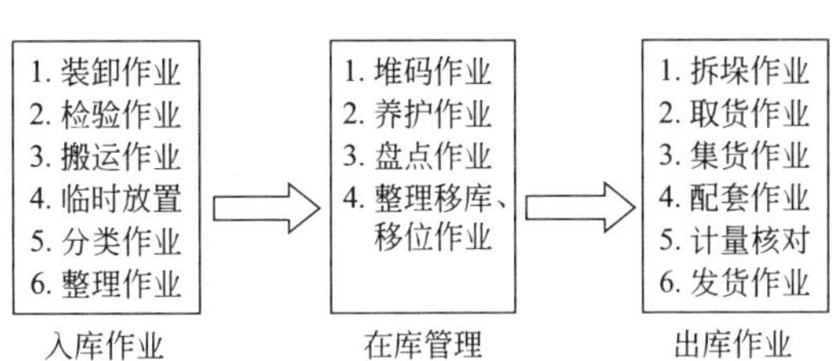

图 5-5 仓储作业实物流过程

2. 信息流

信息流是指仓库库存物信息的流动，是物流组织借助于一定的信息来实现的。这些信息包括与实物流有关的单据、凭证、台账、报表、技术资料等，它们在仓库各作业阶段、环节的填制、核对、传递和保存形成信息流。信息流是实物流的前提，控制着物流的数量、方向、速度和目标。如图 5-6 所示。

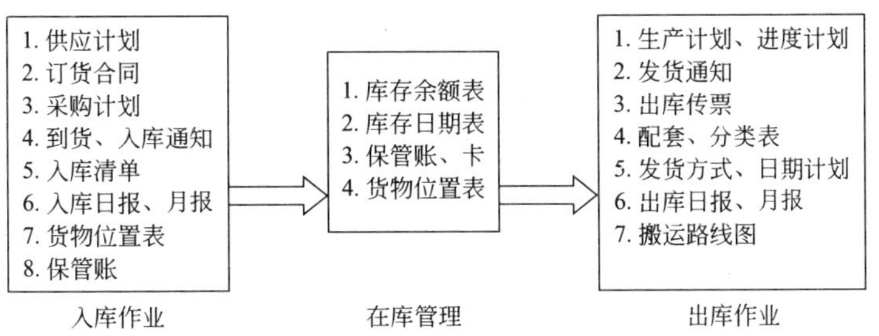

图 5-6 仓储作业信息流过程

（四）仓储作业的分类和关联

美国学者爱德华·弗雷兹（Edeard Frrazelle）博士按仓储活动的功能和作用将仓储作业分为：收货、预包装、入库、储存、拣选、包装和/或定价、分类和/或收集、规格化和装运8个作业。国内一些学者按仓储作业全过程所包含的内容将其划分为：商品验收入库作业、商品保管作业、商品盘点作业、呆废商品处理、退货处理、账务处理、安全维护、商品出库作业、资料保管等。本书在整合分析后，认为仓储作业主要有以下几种类型：入库作业、储存作业、盘点作业、流通加工作业、拣选作业、出库作业、订货与补货作业以及装卸搬运作业。

这些作业活动是以保管为活动中心，从仓库接收商品入库开始，到按需要把商品全部完好地出库为止的全部过程，各个作业环节联系紧密，一环扣一环，其中，装卸搬运作业贯穿始终，需要谨慎对待。各个作业活动的关联可用图5-7体现，其具体内容将在后面的几节中作详细介绍。

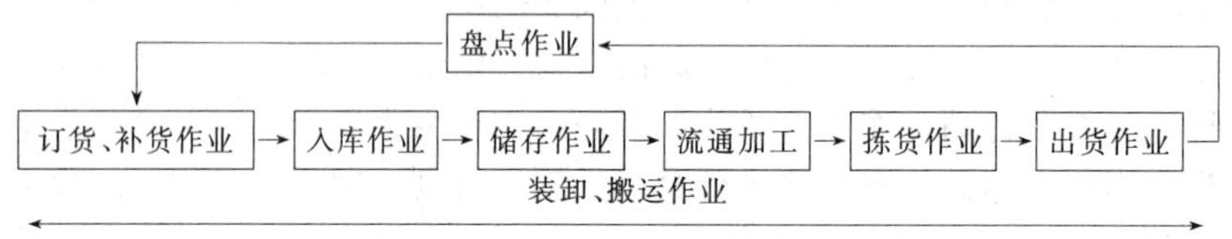

图5-7　仓储作业活动之间的关联

第二节　进货作业管理

进货作业是以商品接运和验收为中心开展的业务活动，一般是指仓库根据商品入库凭证接收商品入库储存而进行卸货、搬运、清点数量、检查质量、办理入库手续等一系列作业环节构成的工作过程。合理组织商品入库工作，与商品在库保管以及出库作业的改善等都有着密切的关系。

一、进货作业管理概述

（一）进货作业及其基本流程

进货作业包括对货品实体上的接收，从货车上将其卸下，并核对该货品的数量及状态（数量检查、质量检查、开箱等），然后将必要信息给予书面化等。其作业基本流程如图5-8所示。

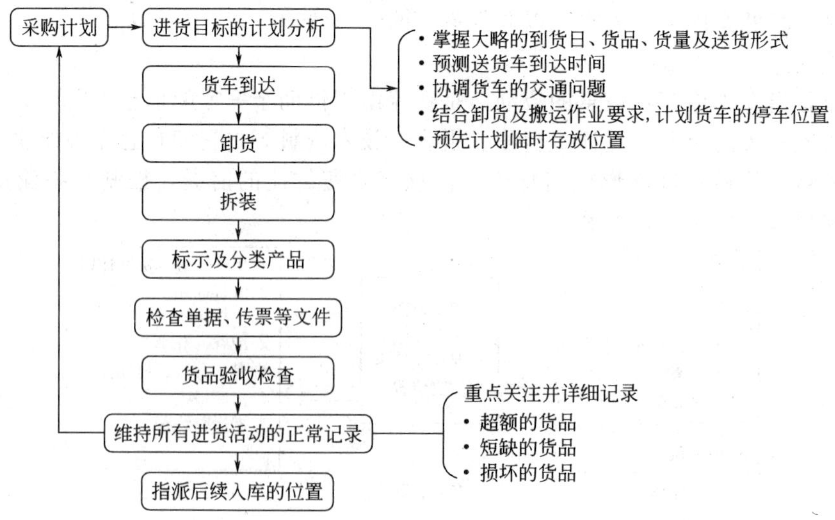

图5-8　进货作业的基本流程

(二) 进货作业管理的工作内容

进货作业管理的工作内容包含很多方面，如卸货搬运，货品数量的清点，货品质量的检验，货品入库前的分类编号等，归纳起来如图 5-9 所示。

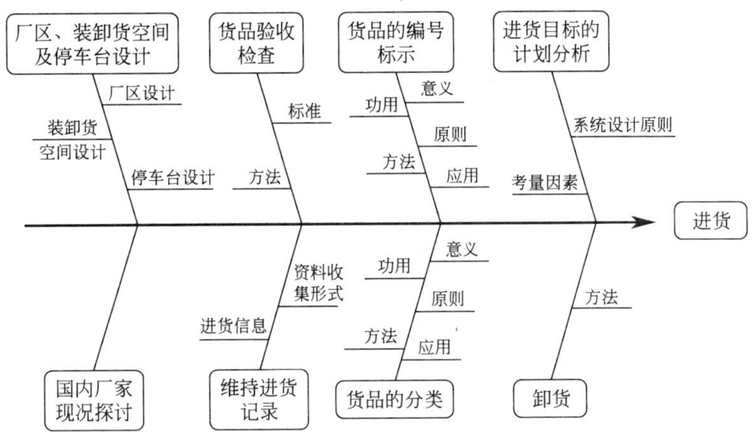

图 5-9　进货作业的工作内容

二、编制进货计划

(一) 系统设计的原则

编制进货计划与设计仓储信息系统时，为了提高卸货作业的安全性与效率，保证库房能迅速正确收货，应遵循如下原则。

① 尽量利用配送车司机协助卸货作业，以减轻库房作业人员的工作负担，避免卸货作业的拖延。

② 为节省必要空间，尽可能将多样活动集中在一工作站。

③ 尽可能平衡停泊码头的配车，例如依据出货需求状况制定配车日程，或将部分耗时的进货作业安排在低峰时间进行。

④ 将卸货平台至储区的活动尽量保持直线流动。

⑤ 依据相关性安排活动，达到距离最小化或省去步行。

⑥ 安排人力在高峰时间使货品能维持正常速率地移动。

⑦ 考虑使用可流通的容器，以省除更换容器的动作。

⑧ 为方便后续存取及能随时应付确认查询的需求，应详细记录进货资料。

⑨ 为小量进货计划配备小车。

⑩ 在进出货期间，尽可能省略不必要的货品搬运及储存。

(二) 编制进货计划时应考虑的相关因素

编制进货计划时，应考虑的因素很多，如以下几个方面。

① 进货对象及供应厂商总数，每日供应商的数量（平均，最多）。

② 商品种类与数量，每日进货的品种数量（平均，最多）。

③ 进货车种与车辆台数，车数/日（平均，最多）。

④ 每一车的卸（进）货时间。

⑤ 商品的形状、特性，如，货品的类型、尺

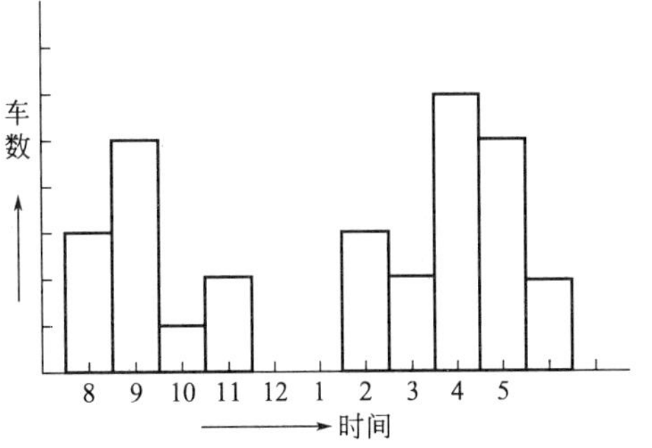

图 5-10　进货时间与进货车数的关系

寸、重量、包装、保存期限、安全性等。

⑥ 进货人员数量（平均，最多）。

⑦ 配合储存作业的处理方式。

⑧ 调查每一时刻的进货车数，见图 5-10，进货时间与进货车数的关系。

而针对第⑦项配合储存作业的处理方式，一般物流中心储存有托盘、箱子、小包三种方式，同样的，卡车进货亦有此三种形式。因而如何联接进货与储存两作业间对此三种型式货品的转换，以下三种状况来说明。

① 状况一　若进货与储存皆以同样型式为单位，则进货输送机直接将货品运至储存区。

托盘→托盘
进货　箱子→箱子　储存
小包→小包

② 状况二　若储存以小包为单位，但进货是以托盘、箱子为单位，或储存以箱子为单位；但进货是以托盘为单位，则必须于进货点即做卸栈或拆装的动作，以自动托盘卸货机拆卸托盘上之载荷物，再拆箱将小包放于输送机上。

托盘→小包
进货　箱子→小包　储存
托盘→箱子

③ 状况三　若储存以托盘为单位，但进货是以小包或箱子为单位；或储存以箱子为单位，但进货以小包为单位，则小包或箱子必先堆叠于托盘上或小包必先装入箱子后再储存。

小包→托盘
进货　箱子→托盘　储存
小包→箱子

此外，要确实做好进货管理，亦要事先制定可依循的进货管理标准，作为员工即时因应的参考。而主要的进货管理标准应包含：

① 订购量计算标准书；

② 有关订购手续的标准；

③ 进货日期管理——进货日期跟催、进货日期变更之手续；

④ 有关订购取消及补偿手续；

⑤ 对进货源的支付货款标准、手续及购入契约书。

三、选择卸货的方式与辅助设施

（一）选择卸货方式

卸货即是将货品由车辆搬至码头的动作。在选择卸货方式时，需要着重关注的是如何克服车辆与月台间的间隙。大体上可以分为两种情况：车辆高度与月台高度等高时的卸货方式以及车辆高度与月台高度不等高时的卸货方式。第一种情况，当车辆后车厢高度与码头月台同高，则可考虑直接将车辆尾端开入停车台装卸货的方式，如图 5-11 所示 ，不但可让车辆与月台更紧密结合，使得装卸作业方便有效率，且对于货品安全也更能发挥保护效果。第二种情况，当车辆高度与月台高度不等高时，则要使用一些辅助设施（如可移动楔块、升降平台等）来克服车辆与月台间的间隙的卸货方式。

（二）选择卸货的辅助设施

以下介绍克服车辆与月台间的间隙的四种设施：可移动楔块（Portable Ramps）、升降平台（Levelers）、车尾附升降台（Lift Gate）、吊勾（Hook）。

1. 可移动楔块（Portable Ramps）

可移动楔块又叫竖板，如图 5-12 所示。其作用是当装卸货品时，可放置于卡车或拖车的车轮旁固定，以避免装卸货期间车轮意外地滚动可能造成的危险。

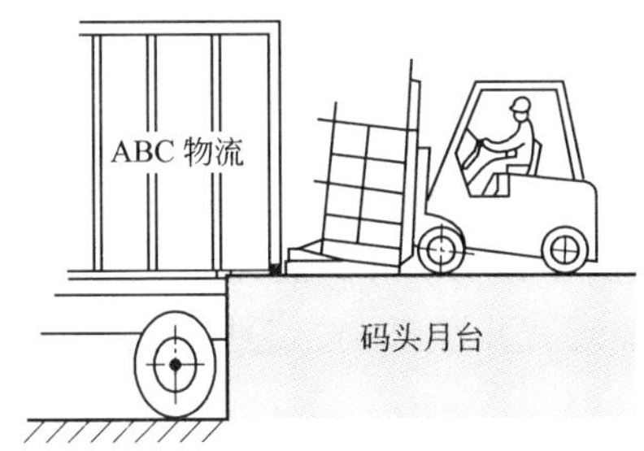

图 5-11 车辆与月台同高的卸货方式

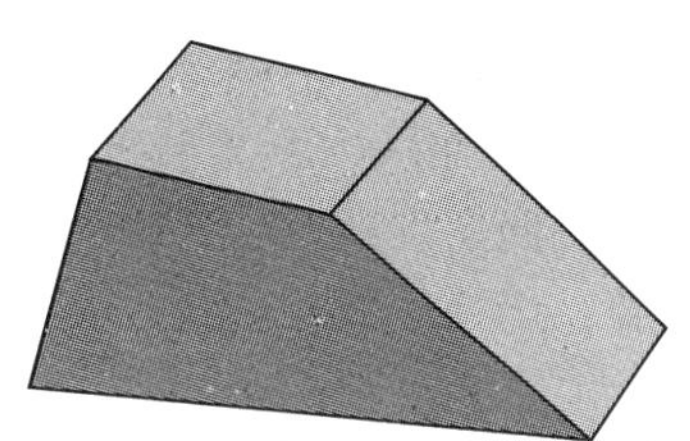

图 5-12 可移动式楔块

2. 升降平台（Levelers）

升降平台是最安全也最有弹性的卸货辅助器。升降平台的类型有卡车升降平台（Truck Levelers)(图 5-13)、码头升降平台（Dock Levelers）(图 5-14)。卡车升降平台：当配送车到达时，可提高或降低车子后轮使得车底板高度与月台一致，方便装卸货；码头升降平台：当配送车到达时，可调整码头平台高度来配合配送车车底板的高度，方便装卸货。

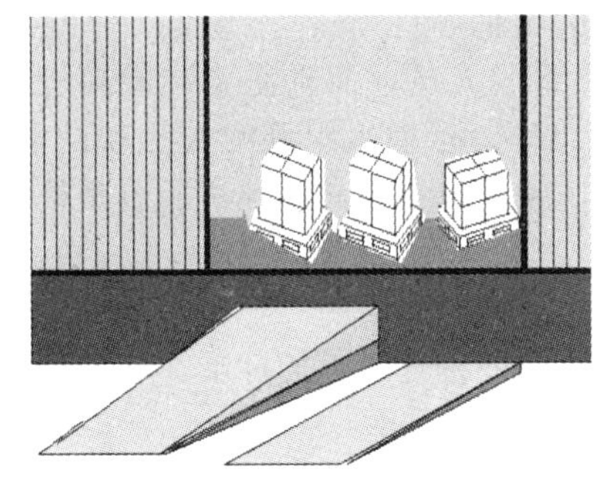

图 5-13 卡车升降平台

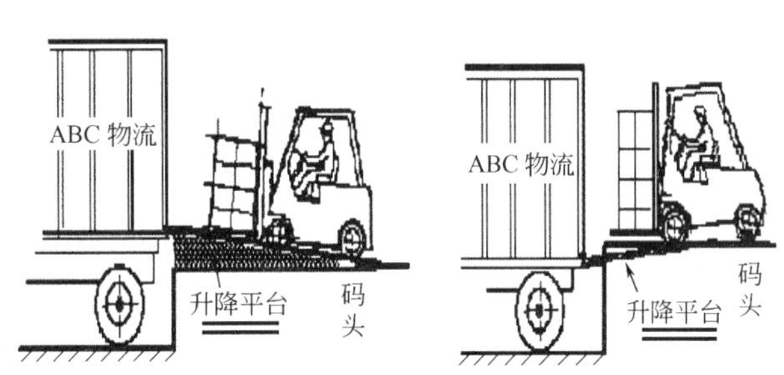

图 5-14 码头升降平台

3. 车尾附升降台（Lift Gate）

车尾附升降台，是装置于配送车尾部的特殊平台。当装卸货时，可运用此平台将货品装上卡车或卸至月台，如图 5-15 所示。特点：车尾附升降台可延伸至月台，亦可倾斜放至地面，其设计有多种样式，适于无月台设施的物流中心或零售点的装卸货使用。

图 5-15 车尾附升降台

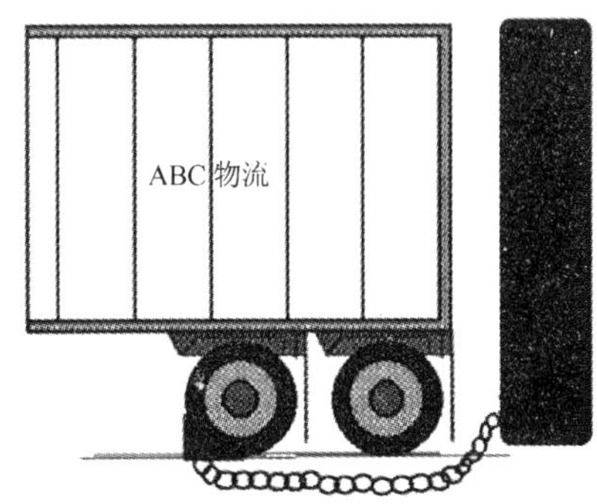

图 5-16 码头吊勾

4. 吊勾（Hook）

当拖车倒退入码头碰到码头缓冲块（Bumper）时，可以用吊勾勾住拖车，以免装卸货时轮子打滑，如图 5-16 吊勾的功用与可移动楔块类似；有时也可用链子等代替吊勾。

四、货品验收

（一）货品验收的基本要求

货品验收工作是一项技术要求高、组织严密的工作，关系到整个仓储作用能否顺利进行，所以，必须要做到准确、及时、严格、经济。

① 准确　对于入库物品的数量、规格、型号、配套情况及质量状态等的验收，要求做到准确无误，如实反映物品当时的实际状态，不能掺入主观偏见或臆断，这在验收进口物品时尤为重要，严格按规程办事，划清国内外责任，需要提出索赔时，验收技术报告理由要充足。

② 及时　到库物品必须在规定期限内及时地完成验收工作，提出验收结果。一批物品必须全部验收完毕，登记账/卡后，才能发放，只有及时验收，才能保障及时供应；同时，货款的托收承付和索赔是有一定期限的，如果验收时发现到货数量不符或材质不符，要进行拒付或向对方提出索赔时，均应在规定的期限内（一般为 90 天）提出，否则银行不予办理拒付货款手续，供方也不予负责。

③ 严格　仓库有关方面要严肃认真地对待商品验收工作。验收工作的好坏直接关系到国家和企业的利益，也关系到以后各项仓储业务的顺利开展。因此，仓库管理人员应高度重视验收工作，直接参与人员更要以高度负责的精神来对待这项业务。

④ 经济　在验收的多数情况下，不但需要检验设备和验收人员，而且需要装卸搬运机械和设备以及相应工种工人的配合。这就要求各工种密切协作，合理组织调配人员和设备，以节省作业费用。此外，验收工作中，尽可能保护原包装，减少或避免破坏性试验也是提高作业经济性的有效手段。

（二）货品验收的标准

货品要能达到公司满意程度才准许进验入库，因而验收即要符合预定的标准。基本上验收货品时，可根据下列几项标准进行检验：

① 采购合约或订购单所规定的条件；

② 以比价或议价时的合格样品为准据；

③ 采购合约中的规格或者图解；

④ 各种产品的国家品质标准。

（三）货品验收的内容

1. 数量验收

这里所讲的数量验收，主要是指两种情况：一种是计件商品的件数；另一种是计重商品的重量。

计件商品要清点全部件数。计算方法通常采取扎点计算，即先将商品排成一列，每列排成若干行，每行堆一定的件数。扎点有多少列，多少行，每行多少件，三者相乘即得总数。如果商品包装大小不一，可分别排列堆放，分别扎点，将各个扎点数加在一起，即为该批商品的总件数。对数量较多，清点费时的商品，如螺丝钉等，一般按打、盒、百只或千只等单位数量进行验收。成套机电设备，可分别查清主件、部件、零件和维修用的小工具等。

商品以重量计算者，就需要过磅或按理论换算的方法求得。前者是仓库中常用的方法，后者适用于规格、长度一致的部分大五金商品。商品的重量，一般有毛重、皮重、净重之分。毛重是指商品包括包装在内的实重。净重是指商品本身重量，即毛重减去皮重之差。我们通常所说的商品重量，是指商品的净重。实际上商品大都有包装，这就涉及如何方便、准确扣除皮重的问题。在仓库中一般采用的方法有两种：平均扣除皮重和除皮核实。

① 平均扣除皮重　就是按一定比例将商品包装拆除下来进行过磅，求得每个包装的平均重量，然后将未拆除的商品进行过磅，待过磅完毕，从总重量（毛重）内扣除全部皮重

(求得的平均皮重乘以商品件数)，即得净重。用此法求净重，其准确程度与拆除过磅的包装是否具有代表性关系甚大，所以一定要合理选择应拆包装或分类选拆过磅，尽可能使净重更趋准确。

② 除皮核实　对按件标明重量(包装上有毛重、皮重、净重)的商品，可先挑选几件以毛重过磅，如磅得毛重与包装上所注明的毛重不超过合理公差，则再拆除几件包装核实皮重，如皮重与包装上所注明的皮重也不超过合理公差，就可以证明包装上标明的三种重量是准确的，对其余包装严密和捆扎完好的，即可以进行超码，不再一一过磅。如发现所标明的重量不准确，则仍按平均扣除皮重的方法进行过磅。不论采取哪种方法，都需要填制磅码单，将合计总数与实际件数核对，防止漏码、漏磅。磅秤使用之前，要做校正，以保证检斤正确。

2. 质量验收

质量验收是检查生产厂和供应部门所提供的商品质量是否完好。通常，它与入库商品抽样验收是紧密结合、同时进行的。质量验收的方法，目前主要有仪器检验和感官检验两种。

仪器检验是利用各种试剂、仪器和机器设备，对商品的规格、成分、技术标准等进行物理、化学和生物的性能分析。目前，各地仓库利用此方法的不多，大部分检验仪器是由业务部门、专门检验机构等专业单位负责。

感官检验法则是用感觉器官(视觉、听觉、触觉、嗅觉和味觉)来检验商品质量，这是现在较常用的主要检验法，其优点是简便易行，不需要检验设备，缺点是带有一定的主观性，容易受检验人员的经验、生理状态和操作的环境条件等所左右，局限性很大，无统一可靠的标准。为弥补感官检验的不足，并提高验收效率，仓储人员应根据商品性能和特点，研究采用不同的验收方法。在验收时还要从仓库保管养护的要求出发，一般应多注意有无生霉、起锈、氧化、老化、脱漆、受潮、水湿、虫蛀、变形、油污、沉淀、破损等外观缺陷异状的情况，创造条件，采用先进的技术手段，进行商品内在质量的必要检验。

① 视觉检验　主要观察商品的外观质量，看外表有无异状。如针织品的变色、油污；竹木制品、毛织品的生虫；金属制品的氧化、生锈；药品水剂的浑浊、沉淀、渗漏、破损等。操作中，还可以根据商品不同特点采用不同方法，以提高工效。

② 听觉检验　通过轻敲某些商品，细听发声，鉴别其质量有无缺陷。如对原箱未开盖的热水瓶，可转动箱体，听其内部有无玻璃碎片撞击之声，从而辨别其有无破损。

③ 触觉检验　一般直接用手探测包装内商品有无受潮、变质等异状。例如，针织、棉制品有无受潮、有无发脆；胶质品、胶囊剂类有无溶化、发黏。

④ 嗅觉、味觉检验　工作人员用鼻、舌鉴别商品有无变质或串味等现象。例如，检验香水有无挥发失香；茶叶、香烟有无异味等。

一些有经验的保管员经过多年的实践和摸索，在感官检验商品方面积累了很多的经验，归纳为一看、二摇、三摸、四嗅。

3. 包装验收

商品在运输过程中一般都有包装，包装的好坏与干湿，与商品的安全储存、运输有着直接的关系。所以，对商品的包装必须严格进行验收。凡业务单位对商品包装有具体规定的(如箱板的厚度，打包铁皮的箍数，纸箱、麻袋、草包的质量要求)，仓库都要按规定进行验收。商品经过长期运输，多环节装卸搬运，外包装出现变异，往往包藏着商品的隐患。所以在商品的交接中，要特别注意外包装是否完好。

外包装异常，一般有以下几种情况：人为的撬起、挖洞、开缝，通常是被盗的痕迹；水渍、黏湿，是雨淋、渗透或商品本身出现潮解、渗漏的表现；污染，是由于装配不当，而引起的商品间相互沾污、染毒或商品本身腐败所致；由于包装结构性能不良或在装卸搬运中乱摔乱扔、摇晃碰撞而造成的包装破损。

为了保证验收工作的顺利进行，提高验收工作质量，在有条件的大型仓库内，可建立一定的验收机构，设立专职验收员，配备必要的检验、测试仪器和工具。同时，还应配备必要的辅助人员和划定一定的验收操作场所，以便与接货工作环节紧凑衔接，缩短收货作业时间，提高效率。中小型仓库可视具体情况而定。

（四）货品验收中的常见问题及处理办法

通过以上一些验收工作，一旦商品不合格，则有可能采取退货、维修或需求转让的动作，以下表格将验收可能出现的情况与处理措施的选择列出，以供在验收时便于了解情况及作出决策的参考，如表 5-1 所示。

表 5-1 货品验收处理程序

问题型态	进货验收的情况					决策的类别			
	货品数量正确吗？	品质检验合格吗？	能够维修吗？	供应商愿意付维修费吗？	物流中心急需这批货吗？	退回这批货品	使用这些货品但寻求新供应商	维修缺点并使用之	从别处寻求紧急供应商
1	○	○	○	○	○			√	
2	○	○	○	○	●			√	
3	○	○	●		○	√			√
4	○	○	●		●	√			
5	○	○	○		○			√	
6	○	○	○		●	√			
7	○	●			○	√			√
8	○	●			●	√			
9	●	○	○		○			√	
10	●	○	○		●	√			
11	●	○	●		○		√		
12	●	○	●		●	√			
13	●	●			○		√		
14	●	●			●	√			

注：○=是；●=否；√=采取此项行动。

五、办理入库交接

入库货物经过点数、查验后可以安排卸货、入库堆码、标志为仓库接收货物。在卸货、搬运、堆垛作业完毕后，与送货人办理交接手续，并建立仓库台账。即入库交接包括交接手续、登账、立卡、建档四方面。

1. 交接手续

交接手续是指仓库对收到的货物向送货人进行确认，表示已接收货物。办理完交接手续，也就意味着划清运输、送货部门和仓库的责任。完整的交接手续包括：接收货物（仓库通过理货、查验货物，将不良货物剔除、退回或者编制残损单证等明确责任，确定收到货物的确切数量、货物表面状态良好）；接收文件（接受送货人送交的货物资料、运输的货运记录、普通记录等，以及随货的在运输单证上注明的相应文件，如图纸、准运证等）；签署单证（仓库与送货人或承运人共同在送货人交来的送货单、交接清单，如表 5-2 所示，各方签署后留存相应单证。提供相应的入库、查询、理货、残损单证、事故报告，由送货人或承运人签署）。

表 5-2 到接货交接单

收货人	发站	发货人	品名	标记	单位	件数	重量	车号	运单号	货位	合同号
备注											

送货人 接收人 经办人

2. 登账

货物入库，仓库应建立详细反映货物仓储的明细账，登记货物入库、出库、结存等详细情况，用以记录库存货物动态和入出库过程。登账的主要内容有：货物名称、规格、数量、件数、累计数或结存数、存货人或提货人、批数、金额，注明货位号或运输工具、接发货经办人。

3. 立卡

货物入库或上架后，将货物名称、规格、数量或出入状态等内容填在料卡上，称为立卡。料卡又叫货卡、货牌，插放在货架支架上或摆放在货垛正面明显位置。

4. 建档

仓库应对所接收仓储的货物建立存货档案，以便货物管理和保持客户联系，也为将来可能发生的争议保留凭据。同时有助于总结和积累仓库保管经验，研究仓储管理规律。

存货档案应一货一档设置，将该货物入库、保管、交付的相应单证、报表、记录、作业安排、资料等的原件或附件、复制件存档。存货档案的内容有：

① 货物的各种技术资料、合格证、装箱单、质量标准、送货单、发货清单等；

② 货物运输单据、普通记录、货运记录、残损记录、装载图等；

③ 入库通知单、验收记录、磅码单、技术检验报告；

④ 保管期间的检查、保养工作、通风除湿、翻仓、事故等直接操作记录，存货期间的温湿度、特殊天气的记录；

⑤ 出库凭证、交接签单、送出货单、检查报告；

⑥ 其他有关该货物仓储保管的特别文件和报告记录。

第三节 储存作业管理

商品经检验合格后就进入了仓库储存阶段，在这一阶段，仓库的主要任务就是对存储的商品进行合理的保存和经济的管理。这就需要对商品储存的位置进行规范化的管理，为商品提供良好的保管环境和条件。因此，有必要对商品储存的策略和形式，储存合理化等方面的内容作详细的探讨。

一、储存与储存作业

1. 储存及储存作业的任务

储存是指保护、管理、储藏货品，储存的价值是能使货品在效用最高的时间发挥作用，而储存的要求则是要在一定的时期内维持货品的使用价值。

储存作业主要任务在于把将来要使用或者要出货的货品作保存，且经常要做库存品的检核控制，不仅要善用空间，亦要注意存货的管理。

2. 储存作业的意义

商品储存业务管理是仓储管理中“储”的重要组成部分，做好这项工作的意义在于以下几点：

① 有利于准确及时地为生产和销售提供商品供给，确保生产和销售的正常进行；

② 有利于保证商品质量，减少损耗，降低产品成本；

③ 有利于合理储备，加速资金周转，提高企业经济效益；

④ 有利于确保商品储存安全，确保企业生产经营成果。

二、储存作业管理的目标与基本流程

1. 储存作业管理的目标

储存作业管理的目标主要包含以下几个方面的内容。

① 空间最大化使用。

② 劳力及设备的有效使用。

③ 储存货物特性的全盘考虑。这应对储存货物的体积、重量、包装单位等品类规格及腐蚀性、温湿度条件、气味影响等物理特性需求彻底了解，达到对货物能按特性适当储放。

④ 做到所有品类都能随时准备存取。因为储存会增加商品的时间价值，因此若能做到一旦有需求时，商品马上变得有用，则此系统才算是有计划的储位系统及良好的厂房布置。

⑤ 货物的有效移动。在储区内进行的大部分活动是货物的搬运，需要多数的人力及设备来进行物品的搬进与搬出，因此人力与机械设备操作应达到经济和安全的程度。

⑥ 货物品质的确保。因为储存的目的是保存货物直到被要求出货的时刻，所以在储存时必须保持在良好的条件下，以确保货物品质。

⑦ 良好的管理。标识清楚的通道、干净的地板、适当且有次序的储存及安全的运行都是良好管理所应关心的问题，这些将使得工作变得有效率及促使工作人员士气的提高。

2. 储存作业管理的原则

针对商品在仓储过程中存在的一些问题，在储存作业管理中应遵循以下几项具体原则：

① 仓库人员应依物料的特性、体积、重量、数量，分库、分类、分区储放；

② 仓库人员应绘制仓库平面图，标明各类商品存放位置，并贴于明显处；

③ 各类商品应堆放整齐，标识清楚；

④ 已验收商品、待验收商品和不合格商品要分区储放，并标识清楚；

⑤ 每月应核对物料账，遇到账实不符，应及时追查原因，经公司负责人核准后方可调整；

⑥ 仓库应设置相应的消防设备和报警装置；

⑦ 仓库内应随时保持清洁、干燥、通风；

⑧ 易燃易爆商品应与其他商品隔离保管，并于明显处标示“严禁烟火”；

⑨ 建立健全岗位责任制，加强火源、电源管理，做好防火、防汛、防盗、防虫、防潮等工作。

另外，储存管理要求做到“三化”、“三保”、“三清”、“两齐”、“三一致”、“五防”。

①“三化”，仓库规范化、存放系列化、养护经常化；

②“三保”，保质、保量、保安全；

③“三清”，材料清、规格清、数量清；

④“两齐”，库区整齐、储位整齐；

⑤“三一致”，账、物、卡一致；

⑥“五防”，防火、防潮、防盗、防虫、防变形。

3. 储存作业管理的基本流程

商品储存业务管理的主要内容包括以下几个方面：验收入库、商品保养、商品发放、商品盘点、呆废品处理、退货处理、账务处理、安全维护和资料保管等具体事宜。一般商品的储存业务流程如图 5-17 所示。

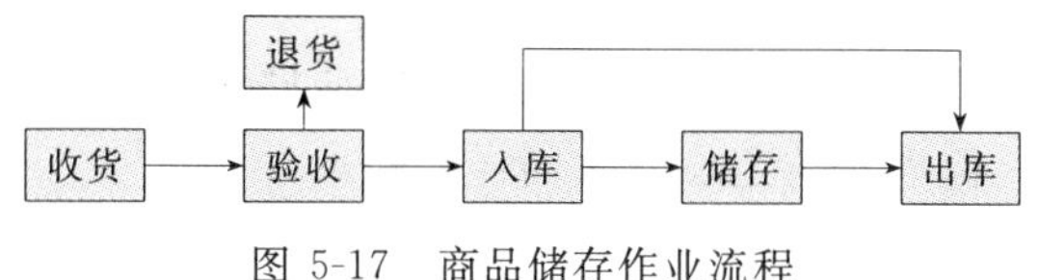

图 5-17　商品储存作业流程

三、选择合理的储存策略和形式

（一）储存策略选择

1. 常用储存策略分类及特点

储存策略主要在确定储位的指派原则，良好的储存策略可以减少出入库移动的距离、缩短作业时间，甚至能够充分利用储存空间。一般常见的储存策略如下。

（1）定位储放（Dedicated Location）

每一储存货品都有固定储位，货品不能互用储位，每一项货品的储位容量不小于其可能的最大在库量。选择定位储放的原因在于：储区安排要考虑物品尺寸及重量（不适随机储放）；储存条件对货品储存非常重要（例如，有些品种必须控制温度）；易燃物品必须限制储放于一定高度以满足保险标准及防火法规（Fire Codes）；由管理或其他政策指出某些品种必须分开储放（例如，食品和化学原料等）；保护重要物品；储区能被记忆，容易提取。

定位储放具有如下优点：每项货品都有固定储放位置，拣货人员容易熟悉货品储位；货品的储位可按周转率大小（畅销程度）安排，以缩短出入库搬运距离；可针对各种货品的特性做储位的安排调整，将不同货品特性间的相互影响降至最小。

定位储放具有如下缺点：储位必须按各项货品的最大在库量设计，因此储区空间平时的使用效率较低。

总的来说，定位储放容易管理，所需的总搬运时间较少，但却需要较多的储存空间。这一策略较适用于两种情况：一是厂房空间大；二是多种少量商品的储放。

（2）随机储放（Random Location）

每一个货品被指派储存的位置都是经由随机的过程所产生的，而且可经常改变。也就是说，任何品种可以被存放在任何可利用的位置。此随机原则一般是由储存人员按习惯来储放，且通常可与靠近出口原则联用，按货品入库的时间顺序储放于靠近出入口的储位。随机储放的优缺点如下。

优点：由于储位可共享，因此只需要按所有库存货品最大在库量设计即可，储区空间的使用效率较高。

缺点：货品的出入库管理及盘点工作的进行难度较高；周转率高的货品可能被储放在离出入口较远的位置，增加了出入库的搬运距离；具有相互影响特性的货品可能相邻储放，造成货品的伤害或发生危险。

一个良好的储位系统中，采用随机储存能使货架空间得到最有效的利用，因此储位数目得以减少。由模拟研究显示出，随机储存系统与定位储放比较，可节省 35%的移动储存时间及增加 30%的储存空间，但较不利于货品的拣取作业。因此随机储放较适用于以下两种情况：厂房空间有限，尽量利用储存空间；种类少或体积较大的货品。

（3）分类储放（Class Location）

所有的储存货品按照一定特性加以分类，每类货品都有固定存放的位置，而同类的不同货品又按一定的准则来指派储位。分类储放通常按：产品相关性；流动性；产品尺寸、重量；产品特性来分类。分类储放的优缺点如下。

优点：便于畅销品的存取，具有定位储放的各项优点；各分类的储存区域可根据货品特性再作设计，有助于货品的储存管理。

缺点：储位必须按各项货品最大在库量设计，因此储区空间平均的使用效率低；分类储放较定位储放具有弹性，但也有与定位储放同样的缺点。

此种储存策略适用于以下情况：产品相关性大，经常被同时订购者；周转率差别大者；产品尺寸相差大者。

（4）分类随机储放（Random Within Class Location）

每一类货品有固定存放位置，但在各类的储区内，每个储位的指派是随机的。

优点：具有分类储放的部分优点，又可节省储位数量，提高储区利用率。

缺点：货品出入库管理及盘点工作的进行困难度较高。

分类随机储放兼具分类储放及随机储放的特色，需要的储存空间量介于两者之间。

（5）共同储放（Utility Location）

在确定知道各货品的进出仓库时刻，不同的货品可共用相同储位的方式称为共同储放。共同储放在管理上虽然较复杂，但所需的储存空间及搬运时间却更经济。

2. 选择储区位的原则

① 按货品特性来储存；

② 按批量大小选择储区规模；

③ 能安全有效率储于高位的物品使用高储区；

④ 笨重、体积大的品项储存于较坚固的层架及接近出货区；

⑤ 轻量货品储存于有限的载荷层架；

⑥ 将相同或相似的货品尽可能接近储放；

⑦ 使用频率小的货品或小、轻及容易处理的品项使用较远储区；

⑧ 周转率低的物品尽量远离进货、出货及仓库较低的区域；

⑨ 周转率高的物品尽量放于接近出货区及较低的区域；

⑩ 服务设施应选在低层楼区。

（二）储存形式的分类

1. 大批储存（Large Lot Bulk Storage）

一般指 3 个托盘以上的存量。大批储存皆以托盘运作，多采地板积存或自动仓库储存的方式。

2. 小批储存（Small Lot Storage）

一般指小于一个托盘的储存，一般以箱为出货拣取单位。在储存区的小批量物品一般被存放于托盘料架、棚架、储物柜等。

3. 中批储存（Medium Lot Storage）

中批储存一般指 1～3 个托盘之量，可以托盘或箱为出货拣取单位。多采用托盘料架或地板堆积的方式。

4. 零星储存（Retail Storage）

零星区，或拣取区都是使用贮物柜或棚架储存小于整包之货品的地方。一般来说，订货拣取在此区域中进行。然而，若产品很少及整批之量并不占大空间，则整批产品也能储存于零星区。

零星拣货区一般包括检查和打包的空间，同时为了安全目的，与大量储区分开。另外，此储区最好置于低楼层及居中的位置，以降低等候拣取时间及降低出货时理货的工作量。

四、合理存放与保管货品

（一）库存货品的变化和损耗

1. 库存货品的变化

库存货品在每一瞬间都发生着变化，这些变化是一个由量变到质变的过程，物质变化的形式主要有物理变化、化学变化和生态变化。所谓物理变化，是指只改变货品本身的外部形态而不生成新的物质，并可以反复进行的变化。货品发生物理变化后会造成数量的损失和质量的下降；所谓化学变化，是指不仅改变货品的外部形态，而且改变物质性质，并生成新的物质的变化；所谓生态变化，是指货品在生物、微生物的作用下所发生的形态上的变化，生态变化不影响货品的数量，但对质量构成了严重威胁。以上三种形式的变化都使得货品质量的下降，下面介绍几种常见的货品在保管过程中发生变化的形式。

① 挥发　挥发是指液态物质在空气中汽化而变成气体散发到空气中的现象。各种液体挥发的难易程度有很大差别，这主要是取决于液体分子之间吸引力的大小，具体表现为液体的密度、黏度、沸点等的不同。此外，蒸发热较小而蒸汽压力较大的液态，容易挥发成气体。易于挥发的液体大都是易燃液体，挥发速度最快的是乙醚，其次是丙酮、苯、汽油、乙醇、丁醇等。一般而言，温度越高，挥发速度越快；反之，挥发速度越慢。

② 溶化　溶化是指某些固体物质，吸收空气中的水分达到一定程度时，融化成液体的现象。固体物质的溶化，是由于其本身具有吸湿性和水溶性。固体的吸湿性，是指吸收水分的性质；固体的水溶性，是指固体吸收水分后，逐渐溶解在所吸收的水分中而成为液体的性能。吸湿性和水溶性是固体物质融化的充分必要条件。一般而言，湿度越大、温度越高，固体的溶化速度就越快；反之，固体的溶化速度就越慢。

③ 熔化　熔化是指某些固体物质受热变软以至变成液体的现象。固体的熔化主要受温度的影响。固体物质从周围空气中吸收并积蓄热量。达到一定程度时，即当达到固体的熔点时，就开始熔化、变软或成为液体。所以，固体融化的速度主要与周围空气的温度和本身的熔点有关。气温越高，固体的熔点越低，就越容易熔化。库存货品中，容易熔化的固体物质润滑脂、石蜡、沥青以及沥青制品等。在高温下，这些固体熔化变质，造成流失，不仅严重影响其数量和质量，还会浸入包装，沾污其他货品。

④ 干燥　干燥是指是由于周围空气温湿度的变化，使固体物质中的水分散失，含水量减少，本身重量减轻的现象。具有吸湿性而无水溶性的货品（如木材、竹材、皮革、纤维材料等），当本身比较干燥，而周围环境的湿度比较大时，就吸收空气中的水分，使本身的含水量增加；当物体本身的含水量较高，而周围环境的湿度较小时，就会向空气中散发水分，使本身达到干燥。物体散失水分时，就表现为干燥。当物体中所含水分与空气湿度达到平衡时，物体中的水分就不再散失。物体的干燥速度和程度，主要取决于物体本身的含水量和空气湿度。物体本身含水量越高、空气湿度越小，干燥的速度就会越快；反之，干燥的速度就越慢。一般情况下，物体的干燥对保管是有利的，但对某些物资而言，过分干燥将会产生不利的影响。

⑤ 变形　某些固体材料受外力的作用或本身产生的内应力，会使其形状发生变化，降低其使用价值，例如木材、竹材及其制品。由于各个部位或表里干燥的不均匀性，会产生内应力，导致木材的弯曲、翘曲、开裂等。金属材料及其制品，当受到外力的作用时，会改变原来的形状，发生弯曲、翘曲、扭转等。

⑥ 氧化　某些物质与空气中的氧接触，所发生的与氧结合的化学变化，叫做氧化。

⑦ 老化　老化是指高分子材料在加工、储藏和使用的过程中，由于各种因素的综合影响而失去原有的优良性能，以致最后丧失使用价值的变化过程。例如，农用塑料薄膜变色、

强度下降甚至脆化等。

⑧ 风化　风化是指含有结晶水的化合物，在一定条件下，失去结晶水，而变成无结晶水的状态。

2. 库存货品的损耗

库存货品的损耗分为有形损耗与无形损耗两种。有形损耗又称物质损耗，一是指由于使用而产生的磨损；二是指由于不使用而产生的损耗。库存货品发生的有形损耗属于后者。无形损耗又称精神损耗，一是指由于劳动生产率提高和材料消耗降低，生产同种产品比原来的消耗减低而引起的产品贬值；二是指由于技术普及和新技术的出现，产生了效果更好的替代产品，使原有产品贬值。库存货品种，尤其是电子产品，更新换代快，若储存时间长，不但会发生有形损耗，还会由于同一性能新产品的出现而使得库存货品贬值，造成无形损耗。一般而言，仓库活动要尽力避免的是货品的有形损耗，造成有形损耗的原因有两种情况：一种情况是由于非正常原因，例如养护不善、装卸搬运不当、管理制度不严等造成的散失、丢失、破损等损耗现象，称为异常损耗；另一种情况是指由于货品本身的物理化学变化和外界自然因素的影响造成的不可避免的损耗现象，称为自然损耗。

货品保管损耗是指在一定的期间内，保管这种货品所允许发生的自然损耗，用货品保管损耗率表示。所谓货品保管损耗率，全称“库存货品自然损耗率”，是指某种货品在一定的保管条件和保管期间内，其自然损耗量与该货品的库存量之比，以百分数或千分数表示。为了判定货品的保管损耗率是否合理，一般对不同情况、不同货品规定相应的损耗标准，即标准损耗率。保管损耗率低于该标准为合理损耗，高于该标准为不合理损耗，这不仅是反映在做好货品保管工作情况下的自然损耗率，也是划分仓库与存货单位数量损失责任的界限，因此它是考核仓库工作质量好坏的标志。允许磅差，是指在货品流通过程中，各个环节对货品的称量所允许发生的重量差别。

货品的自然损耗主要表现在货品的干燥、风化、挥发、黏结、散失、破碎等，其中干燥、风化等现象之前已有介绍，在此不再赘述。

① 散失　是指一般袋装的块粒状物质，在装卸倒垛过程中受到剧烈震动时的飞扬散失，例如水泥、熟石膏、干颜料、硫酸铜、纯碱、石墨粉、矽铁等的飞散消失。

② 黏结　是指一般黏性和糊状的半液体或液体材料，因黏着于容器或包装物而造成损耗。例如桶状软黄油、煤焦油、软沥青、凡士林、水玻璃等，当换装倒桶时均易发生黏结现象。

③ 破碎　是指脆性货品，例如玻璃以及陶瓷制品等，在装卸、运输以及保管过程中，发生不可避免的破碎损伤。

货品的自然损耗虽然在一般条件下难以完全避免，但是，只要保管条件和方法恰当，装卸搬运作业谨慎从事，可减少到最低限度。例如，调节库房温度，可减少干燥损耗；严密封闭包装容器，可以抑制风化等。

（二）影响货品保管质量的因素

1. 内在因素

商品在储存期间发生各种变化，起决定作用的是商品本身的内在因素，如化学成分、结构形态、物理化学性质、机械及工艺性质等。

① 化学成分　不同的化学成分及其不同的含量，影响商品的基本性质和商品抵抗外界自然因素侵蚀的能力。如普通低碳素钢中加入少量的铜和磷，就能有效地提高其抗腐蚀性能。

② 结构形态　构成商品的原材料，其结构分为微观结构与宏观结构。微观结构又分为

晶体结构和非晶体结构。商品的形态主要分为固态、液态和气态。不同结构形态会产生不同形式和不同程度的变化。

③ 理化性质　商品的物理化学性质是由其化学成分和组织结构决定的。物理性质主要是指挥发性、吸湿性、水溶性、导热性等；化学性质主要是指化学稳定性、燃烧性、爆炸性、腐蚀性等。这些都是商品发生变化的决定性因素。

④ 机械及工艺性质　商品的机械性质，是指强度、硬度、韧性、脆性、弹性等。商品的工艺性质，是指其加工强度（毛坯、半毛坯、成品）和加工精度等。不同的加工程度和加工精度的产品，在同等条件下，其变化的程度是不一样的。

⑤ 包装状况　包装虽然不是产品本身的构成成分，但它却是商品流通过程中产品的载体。大部分商品都有包装，其主要功能是保护商品。包装形式、包装材料、包装技法等，对商品变化都会产生一定的影响。

2. 外在因素

影响库存商品变化的外界因素很多，从大的方面分为自然因素和社会因素两大类。这里主要介绍自然因素。

① 温度　适当的温度是商品发生物理变化、化学变化和生物变化的必要条件。温度过高、过低或急剧变化，都会对某些商品产生不良影响，促使其发生各种变化。如对于易燃品、自燃品，温度过高容易引起燃烧；含有水分的物质，在低温下容易结冻失效；精密仪器仪表在温度急剧变化的情况下其准确性会受到影响。

② 湿度　大气湿度对库存商品的变化影响最大。大部分商品怕潮湿，但也有少数商品怕干燥。过分潮湿或干燥，会促使商品发生变化。如金属受潮后锈蚀，水泥受潮后结块硬化；木材、竹材及其制品，在过于干燥的环境中易开裂变形。

③ 日光　日光实际上是太阳辐射的电磁波，按其波长，可分为紫外线、可见光和红外线。紫外线能量最强，对商品的影响最大，可促使高分子材料老化、油脂酸败、着色物质褪色等。可见光与红外线能量较弱，被物质吸收后变为热能，加速商品发生物理化学变化。

④ 大气　大气由干洁空气、水汽、固体杂质所组成。空气中的氧、二氧化碳、二氧化硫等，对商品都会产生不良影响；大气中的水汽会使湿度增大；大气中的固体杂质特别是其中的烟尘危害也很大。

⑤ 生物和微生物　影响商品变化的生物，主要是指仓库害虫、白蚁、老鼠、鸟类等，其中以虫蚀鼠咬危害最大。微生物主要是霉菌、木腐菌、酵母菌、细菌等。霉菌会使很多有机物质发霉，木霉菌使木材、木制品腐朽。

（三）货品保管的一般方式

1. 散堆方式

这种方式是指将无包装的散货在库场上堆成货堆的存放方式。这种方式特别适用于大宗散货，如煤炭、矿石、散粮和散化肥等。这种堆放方式简便，便于采用现代化的大型机械设备，节省包装费用，提高仓库利用率，降低运费。因此，散堆方式是目前货场中货品保管的一种常用方式。

2. 堆垛方式

这种方式是指对包装货品或长、大件货物进行堆码的存放方式。堆码方式应以增加堆高，提高仓库利用率，有利于保护货品质量为原则。具体操作方式有：重叠式、压缝式、通风式、交叠式等。

3. 货架方式

这种方式是指采用通用或者专用的货架进行货物堆码的方式。适合于存放小件货品或不宜堆高的货品。通过货架能够有效的提高仓库利用率，减少货品存取时可能发生的差错。

4. 成组堆码方式

这种方式采用成组工具使货品的堆存单元扩大。常用的成组工具有货板、托盘和网络等。成组堆码一般有 3～4 层，这样就可以显著地提高仓库的容积利用率，实现货品的安全搬运和堆存，提高劳动效率，加快货品流转。

五、储存合理化

（一）储存合理化及其内容

储存合理化是指用最经济的办法实现储存的功能。仓储管理的核心在于合理存储，即保证配送的前提下使库存数量或库存的成本最小。

合理化储存的内容包括：储存量合理、储存结构合理、储存时间合理、储存条件合理。

（二）储存合理化的实施要点

储存合理化的实施要点主要包含以下几个方面：

① 对储存物和设施进行 ABC 管理；

② 追求规模经济、适度集中库存；

③ 加速总的周转，提高单位产出；

④ 采用有效的“先进先出”方式；

⑤ 提高储存密度，减少劳动消耗；

⑥ 采用有效的储存定位系统；

⑦ 采用有效的监测清点方式；

⑧ 采用现代储存保养技术。

第四节　盘点作业管理

所谓盘点，是指为确定仓库内或在企业内其他场所现存物料或商品的实际数量、品质状况、存储状态的清点，是物料管理工作的控制反馈过程。本小节主要讲述盘点作业的含义、常用方法及盘点作业的一般流程。

一、盘点的分类与方法

（一）盘点的概念与分类

因货品不断地进入库，在长期的累积下，库存资料容易与实际存货量产生不符的现象。或者有些产品因存放时间过久或不恰当，致使其品质机能受到影响，难以满足客户的需求。为了有效地控制货品数量，企业定期或不定期地对所储存的货品的实际状况进行具体的清点，称之为盘点。

一般将盘点分为两类：账面盘点和实地盘点。所谓“账面盘点”，又称为“永续盘点”，就是把每天入库及出库货品的数量及单价，记录在电脑或账簿上，而后不断地累计加总，算出货品账面上的库存量及库存金额；而“实地盘点”，又称为“实盘”，就是实际去点数检查仓库内货品的实际库存数，再根据货品单价计算出实际库存金额的方法。

（二）盘点的常用方法

1. 账面盘点法

账面盘点的方法是将每一种货品分别设账，然后将每一种货品的入库与出库情况详细记载，不必实地盘点就能随时从电脑或账簿上查询到货品的存量。通常量少而单价高的货品比较适合采用这种方法。

2. 实地盘点法

实地盘点按照其盘点时间频率的不同又可以分为“期末盘点”和“循环盘点”。期末盘点法是指在期末一起清点所有货品数量的方法，而循环盘点法则是在每天、每周即作少量盘点，到了月末或期末每项货品至少完成一次盘点的方法。

① 期末盘点法　由于期末盘点是将所有品种货品一次盘完，因而必要全体员工一起出动，采取分组的方式进行盘点。一般来说，每组盘点人员至少要三人，以便能互相核对减少错误，同时也能彼此牵制，避免作弊。

② 循环盘点法　循环盘点是将每天或每周当作一个周期来盘点，其目的在于对不同货品施以不同管理，减少过多的损失。比如，用商品 ABC 管理法，价格越高或越重要的货品，盘点次数越多；反之，就尽量减少盘点次数。因为循环盘点一次盘点只进行少量盘点工作，因而只需专门人员负责即可，不需要动用大量人员。

二、盘点作业管理的一般流程

（一）盘点作业

盘点作业是企业清点所储存的货品，并依据清点结果对货品的库存数与实存数之间差异做出详细的分析，以便有效控制和掌握货品数量与质量的作业过程。

商品盘点要对储存商品进行账（商品保管账）、卡（货卡）、货（存储商品）三方面的数量核对工作。通过核对可以及时发现库存商品数量上的溢余、短缺、品种互串等问题，以便分析原因、采取措施、挽回和减少保管损失。同时，还可以检查库存商品有无残缺、呆滞、质量变化等情况。

（二）盘点作业管理的目的与作用

1. 盘点作业的目的

盘点目的主要有三个：

① 查清实际库存数量，并通过盈亏分析使账面数与实际库存量保持一致；

② 掌握损益，以便真实地把握经营绩效，并尽早采取防漏措施；

③ 发现库存中存在的问题，稽核货品管理绩效。

2. 盘点作业的作用

① 确保货品资料的真实性　货品资料应该能够真实反映各项货品的实在数量、种类、规格等，通过盘点，核查货品账实差异及其原因，明确责任，保证货品资料的准确性。

② 确保各项货品的安全与完整　掌握各项货品的保管情况，建立健全各项责任制，切实保证货品的安全与完整。

③ 提高货品的使用效率　通过盘点查明各项货品的储备和利用情况，明确货品的积压或不足状况，提高货品的使用效率。

④ 有利于了解有关货品的各项制度的执行情况　盘点有利于了解验收、保管、发放、调拨、报废等各项工作是否按规定办理，这样有利于监督各项制度的贯彻执行，提高管理质量。

（三）盘点作业管理

1. 盘点作业的主要内容和检查项目

① 检查货品的账面数量与实存数量是否相符；

② 检查货物的收发情况，以及有无按“先进先出”的原则发放货品；

③ 检查货品的堆放及维护情况；

④ 检查各种货品有无超储积压、损坏变质；

⑤ 检查对不合格品及呆废货品的处理情况；

⑥ 检查安全设施及安全情况。

2. 盘点作业的范围

① 存货盘点　是指对原材料、辅助材料、燃料、低值易耗品、包装物、在制品、半成品、产成品的清查核点。

② 财产盘点　是指对生产性财产和非生产性财产的清查核点。

3. 盘点作业的一般流程

按时间顺序，盘点作业流程可分为：盘点基础工作、盘点前准备工作、盘点中作业、盘点后处理。具体内容会在后节作详细介绍。

三、盘点作业管理的基础工作

盘点作业的基础工作包括如下几个方面：盘点方法的选择、账务处理规则的确定、盘点组织、盘点物理环境（即区域布置图）、盘点作业制度建设（即奖惩规定）。

1. 盘点方法的选择

企业在开展盘点工作之前，需要根据企业货品库存管理的特点，选择与之相适应的盘点方法。以下介绍几类常见的盘点方法。

① 以账或物来区别，可分为账面存货盘点和实际存货盘点。账面存货盘点是根据数据资料，计算出商品存货的方法；实际存货盘点是针对尚未使用或尚未销售的库存商品，进行实地的清点统计。

② 以盘点区域来区别，可分为全面盘点和分区盘点。全面盘点是指在规定的时间内，对仓库内所有存货进行盘点；分区盘点是将仓库内商品以类别区分，每次依顺序盘点一定区域。

③ 按盘点时间可分为营业中盘点、营业前（后）盘点和停业盘点。营业中盘点就是“即时盘点”，营业与盘点同时进行；营业前（后）盘点是指开门营业之前或打烊之后进行盘点；停业盘点是指在正常的营业时间内停业一段时间来盘点。这一分类方式一般只适用于商业性企业。

④ 按盘点周期可分为定期和不定期盘点。定期盘点是指每次盘点间隔时间相同，包括年季月度盘点、每日盘点、交接班盘点；不定期盘点是指每次盘点间隔时间不一致，是在调整价格、改变销售方式、人员调动、意外事故、清理仓库等情况下临时进行的盘点。

2. 账务处理

商业企业（如超市与便利商店）由于商品种类繁多，各类商品的实际成本计算有一定的困难，所以一般采用“零售价法”来进行账面盘点。其计算公式为

账面金额＝上期库存零售额＋本期进货零售额－本期销售金额＋本期调整变价金额

生产型企业出于结算成本的需要，且原材料或产品种类相对比较少，因此一般以成本进行计价。

3. 盘点作业组织

盘点工作一般都由仓库管理部门自行负责，公司总部则予以指导和监督。随着企业仓库规模的扩大，盘点工作由专职的盘点小组来进行盘点。盘点小组的人数依仓库面积的大小来确定，例如，一家面积为500平方米的超市，盘点小组至少要有6人，作业时可以分三组同时进行。随着盘点机（掌上型终端机）的使用，盘点工作人员规模和盘点工作所耗费的时间两个方面都可以有较大的节省。在确立了盘点组织之后，还必须规划好当年度的盘点日程，以利事前准备。

4. 盘点物理环境（区域布置）

仓库存货配置图或商场开业前所涉及的商品卖场配置图可以作为盘点之用。另外，盘点配置图还应该包括仓库的设施（冷冻冷藏柜、货架、大陈列区等），凡货物储存或陈列之处

均要标明位置，以便分区负责实施盘点作业。盘点区域布置图的运作办法是：确定存货摆放位置；根据存货位置编制盘点配置图；对每一个区位进行编号；将编号作成贴纸，粘贴于陈列架的右上角。做好了以上工作后，就可以详细地分配责任区域，以便使盘点人员确实了解工作范围，并控制盘点的进度。

5. 盘点作业制度建设（奖惩制度）

仓库盘点的结果一般都是盘损，即实际值小于账面值，但只要盘损在合理范围内应视为正常。货物盘损的多少，可表现出仓库管理人员的管理水平及责任感，因此有必要对表现优异者予以奖励，对表现较差者予以处罚。一般的做法是事先制定一个盘损率［盘损率＝盘损金额÷(期初库存＋本期进货)］，当实际盘损率低于标准盘损率时，对相应人员进行奖励；反之，要向相关负责人问责处罚。

四、盘点作业管理的前期准备

1. 构建盘点团队，明确盘点责任

由于盘点作业必须动用大批人力，通常盘点当日应停止任何休假，并提前安排好出勤计划。经过训练的人员必须熟悉盘点用的表单。

2. 盘点环境准备

盘点环境准备即环境整理，一般应在盘点前做好，主要包括：检查商场各个区位的商品陈列及仓库存货的位置和编号是否与盘点配置图一致；整理货架上的商品；清除不良品，并装箱标示和作账面记录；清除仓库及作业场死角；将各项设备、备品及工具存放整齐。

3. 盘点工具配备

若使用盘点机盘点，须先检查盘点机是否可正常操作；如采用人员填写方式，则须准备相应的工作表单及至少两种颜色的记录笔（至少需要保证抽盘与初盘、复盘使用不同颜色）。盘点用的表格必须事先印制完成。

4. 盘点单据的整理

盘点前应对进货单据、进货退回单据、变价单据、销货单据、报废品单据、赠品单据、移库货品单据以及前期盘点单据等进行整理。

5. 盘点公告

商业企业盘点工作若在营业时间中进行，可通过广播来告知顾客；若采用停业盘点，则需提前以广播及公告方式通知顾客。

6. 盘点知识培训与指导

盘点前对盘点人员要进行必要的指导，如盘点要求、盘点常犯错误及异常情况的处理办法等。盘点、复盘、监盘人员必须经过训练。

五、盘点中的作业管理

1. 盘点工作分派

初盘时，由于品项繁多，差异性大，不熟识货物的人员进行盘点难免会出现差错，一般由相应货位的货物管理人员对各自所管理的货物实施盘点；复盘及抽盘时，由后勤人员及部门主管进行交叉开展盘点工作。

2. 盘点单据发放

为了尽快获得盘点结果（盘损或盘盈），盘点前应将入库单据、入库退回单据、变价单据、出库单据、报废品单据、赠品单据、移库商品单据及前期盘点单据等整理好。

3. 初盘作业

初盘作业的合理次序是：先点仓库、冷冻库、冷藏库，后点卖场（若在营业中盘点，卖场内先盘点购买频率较低且售价较低的商品）；盘点货架或冷冻、冷藏柜时，要按照一定顺序进行盘点；每一台货架或冷冻、冷藏柜都应视为一个独立的盘点单元，使用单独的盘点表，以利按盘点配置图进行统计整理。最好两人一组进行盘点，一人点，一人记；盘点单上的数据应填写清楚，以免混淆；不同特性商品的盘点应注意计量单位的不同；盘点时应顺便观察商品的有效期，过期商品应随即取下，并作记录。若在营业中盘点，应注意不可高声谈论，或阻碍顾客通行；店长要掌握盘点进度；做好收银机处理工作。

4. 复盘作业

复盘可在初点进行一段时间后再进行，复盘人员应手持初盘的盘点表，依序检查，把差异填入差异栏；复盘人员须用红色圆珠笔填表；复盘时应再次核对盘点配置图是否与现场实际情况一致。

5. 抽盘作业

抽盘办法可参照复盘办法。抽盘的商品可选择卖场内死角，或不易清点的商品，或单价高、金额大的商品；对初盘与复盘差异较大的商品要加以实地确认。

六、盘点后处理

1. 编制盘点报告

盘点报告主要包括以下三方面内容：

① 盘点数量和账存数量；

② 确定盘盈、盘亏量；

③ 追查盘盈、盘亏的原因。

2. 盘点结果处理

① 查明差异，分析原因；

② 认真总结，加强管理；

③ 上报批准，调整差异。

3. 呆废物资处理

（1）呆废物资的含义

① 呆料　库存时间过长而又使用极少或有可能根本不用的物料。

② 废料　因某些原因而丧失使用价值，同时也无法改作他用的物料。

③ 残料　在加工过程中所产生的已无法再利用的边角或零头。

（2）呆废物资处理的目的

① 物尽其用　呆废物资闲置在仓库内而不加以利用，时间太长，会使物料生锈、受潮、变质等，使其丧失使用功能。

② 减少资金占用　呆废物资闲置在仓库内而不及时处理和利用，会占用一部分资金。

③ 节省储存费用　呆废物资若能够及时处理，可以省去因保管这些货品而发生的各项管理费用。

（3）呆废物资的处理方式

① 转用　转用于其他产品的生产。

② 修正再用　在规格等方面稍加修正后加以利用。

③ 拆零利用　将有用的零件回收利用。

④ 调换　与加工商或供应商协调，等价调换其他物资。

⑤ 转赠　转送其他单位使用。

⑥ 降价出售　将呆废物资降价出售，回收部分资金。

⑦ 报废　呆废物资无法进行上述处理时，只能进行销毁，以免占用仓库空间。

第五节 流通加工作业

流通加工作业主要是在商品流通过程中对流通商品所做的辅助性加工活动，是当今物流系统构成的要素之一，是生产本身和生产工艺在流通领域的延伸。流通加工扩大了流通领域的职能，可以更好地为用户提供满意的服务。本小节主要介绍流通加工的概念、特点、类型、在物流系统中的作用及实现流通加工合理化的途径。

一、流通加工概述

（一）流通加工的概念

《中华人民共和国国家标准物流术语》中对流通加工的定义是物品在生产地到使用地的过程中，根据需要施加包装、分割、计量、分拣、刷标志、拴标签、组装等简单作业的总称。

流通加工是为了提高物流速度和物品的利用率，在物品进入流通领域后，按客户的要求进行的加工活动，即在物品从生产者向消费者流动的过程中，为了促进销售、维护商品质量和提高物流效率，对物品进行一定程度的加工。流通加工通过改变或完善流通对象的形态来实现“桥梁和纽带”的作用，因此流通加工是流通中的一种特殊形式。随着经济增长，国民收入增多，消费者的需求出现多样化，促使在流通领域开展流通加工。目前，在世界许多国家和地区的物流中心或仓库经营中都大量存在流通加工业务，在日本、美国等物流发达国家则更为普遍。

（二）流通加工的特点

与生产加工相比较，流通加工具有以下特点。

① 从加工对象看，流通加工的对象是进入流通过程的商品，具有商品的属性，以此来区别多环节生产加工中的一环。流通加工的对象是商品，而生产加工的对象不是最终产品，而是原材料、零配件或半成品。

② 从加工程度看，流通加工大多是简单加工，而不是复杂加工，一般来讲，如果必须进行复杂加工才能形成人们所需的商品，那么，这种复杂加工应该专设生产加工过程。生产过程理应完成大部分加工活动，流通加工则是对生产加工的一种辅助及补充。特别需要指出的是，流通加工绝不是对生产加工的取消或代替。

③ 从价值观点看，生产加工的目的在于创造价值及使用价值，而流通加工的目的则在于完善其使用价值，并在不做大改变的情况下提高价值。

④ 从加工责任人看，流通加工的组织者是从事流通工作的人员，能密切结合流通的需要进行加工活动。从加工单位来看，流通加工由商业或物资流通企业完成，而生产加工则由生产企业完成。

⑤ 从加工目的看，商品生产是为交换、消费进行的生产，而流通加工的一个重要目的是为了消费（或再生产）进行的加工，这一点与商品生产有共同之处。但是流通加工有时候也是以自身流通为目的，纯粹是为流通创造条件，这种为流通进行的加工与直接为消费进行的加工在目的上是有所区别的，这也是流通加工不同于一般生产加工的特殊之处。

（三）流通加工的地位

1. 流通加工有效地完善了流通

流通加工在实现时间效用和场所效用这两个重要功能方面，确实不能与运输和保管相比，因而，流通加工不是物流的主要功能要素。另外，流通加工的普遍性也不能与运输、保管相比，流通加工不是对所有物流活动都是必需的，但这绝不是说流通加工不重要。流通加工具有补充、完善、提高与增强的作用，能起到运输、保管等其他功能要素无法起到的作用。所以，流通加工的地位可以描述为：提高物流水平，促进流通向现代化发展。

2. 流通加工是物流的重要利润来源

流通加工是一种低投入、高产出的加工方式，往往以简单加工解决大问题。实践中，有的流通加工通过改变商品包装，使商品档次升级而充分实现其价值；有的流通加工可将产品利用率大幅提高30%甚至更多。这些都是采取一般方法以期提高生产率所难以做到的。实践证明，流通加工提供的利润并不亚于从运输和保管中挖掘的利润，因此流通加工是物流业的重要利润来源。

3. 流通加工在国民经济中也是重要的加工形式

流通加工在整个国民经济的组织和运行方面是一种重要的加工形式，对推动国民经济的发展、完善国民经济的产业结构具有一定的意义。

二、流通加工在物流中的作用

流通加工作为现代物流企业的一项具有广阔发展前景的经营业务，已成为社会生产的重要环节。流通加工在现代物流中的地位尽管不能与运输、仓储等主要功能相提并论，但它具有运输、仓储等要素无法起到的作用。流通加工是物流企业的重要利润源，它在物流中居于非常重要的地位，属于增值服务。如现代物流能增加钢材交易的附加值，流通加工作为钢厂生产的延伸服务，通过对钢材产品进行切割、弯曲、焊接、包装等工序，最大限度地满足用户需求，同时形成钢材营销的利润增长源。

流通加工在物流中的具体作用主要有以下几个方面。

1. 提高原材料利用率

通过流通加工进行集中下料，将生产厂商直接运来的简单规格产品，按用户的要求进行下料。例如：将钢板进行剪板、切裁；将木材加工成各种长度及大小的板、方材等。集中下料可以优材优用、小材大用、合理套裁，明显地提高原材料的利用率，有很好的技术经济效果。

2. 进行初级加工，方便用户

用量小或临时有需要的客户不具备进行高效率初级加工的能力，通过流通加工可以使客户省去进行初级加工的投资、设备、人力，方便了客户。目前发展较快的初级加工有将水泥加工成混凝土，将原木或板、方材加工成门窗，钢板预处理、整形等加工。

3. 提高加工效率及设备利用率

在分散加工的情况下，加工设备由于生产周期和生产节奏的限制，设备利用时松时紧，使得加工过程不均衡，设备加工能力不能得到充分发挥。而流通加工面向全社会，加工数量大，加工范围广，加工任务多。这样可以通过建立集中加工点，采用一些效率高、技术先进、加工量大的专门机具和设备，一方面提高了加工效率和加工质量，另一方面还提高了设备利用率。

4. 方便运输，提高物流系统效率

流通加工对于生产的标准化和计划化，提高销售效率，提高商品价值，促进销售越来越重要。如铝质门窗架、自行车等若在制造厂装配成完整的产品，在运输时将耗费很高的运输费用。一般都是把它们的零部件，如铝质门窗架的杆材、自行车车架和车轮分别集中捆扎或装箱，到达销售地点或使用地点后，再分别组装成成品，这样不仅使运输方便而且经济。而作为加工活动的组装环节是在流通过程中完成的。

总之，流通加工是一项具有广阔前景的物流活动，它不仅使流通总体过程更加合理化，同时为仓储流通企业社会经济效益的提高开辟了一条途径。

三、流通加工的类型

为适应消费的多元化和因激烈的市场竞争而引起的特色化战略的开展，流通加工的意义日益重要。从简单的粘贴标牌，到需要高科技才能完成的加工形式，流通加工的形态越来越多样化。根据不同的加工目的，流通加工具有以下几种不同的类型。

1. 为适应多样化需要的流通加工

生产部门为了实现高效率、大批量的生产，其产品往往不能完全满足用户的要求。这样，为了满足用户对产品多样化的需要，同时又要保证高效率的大生产，可将生产出来的单一化、标准化的产品进行多样化的改制加工。例如：对钢材卷板的舒展、剪切加工；平板玻璃按需要规格的开片加工；木材改制成枕木、板材、方材等加工。

2. 为方便消费、省力的流通加工

根据下游生产的需要将商品加工成生产直接可用的状态。例如：根据需要将钢材定尺、定型，按要求下料；将木材制成可直接投入使用的各种型材；将水泥制成混凝土拌和料，只需稍加搅拌即可使用等。

3. 为保护产品进行的流通加工

在物流过程中，为了保护商品的使用价值，延长商品在生产和使用期间的寿命，防止商品在运输、储存、装卸搬运、包装等过程中遭受损失，可以采取稳固、改装、保鲜、冷冻、涂油等方式。例如：水产品、肉类、蛋类的保鲜、保质的冷冻加工、防腐加工等；丝、麻、棉织品的防虫、防霉加工等。还有，如为防止金属材料的锈蚀而进行的喷漆、涂防锈油等措施，运用手工、机械或化学方法除锈；木材的防腐朽、防干裂加工；煤炭的防高温自燃加工；水泥的防潮、防湿加工等。

4. 为弥补生产领域加工不足的流通加工

由于受到各种因素的限制，许多产品在生产领域的加工只能到一定程度，而不能完全实现终级加工。例如：木材如果在产地完成成材加工或制成木制品的话，就会给运输带来极大的困难，所以，在生产领域只能加工到圆木、板、方材这个程度，进一步的下料、切裁、处理等加工则由流通加工完成。

5. 为促进销售的流通加工

流通加工也可以起到促进销售的作用。例如：将过大包装或散装物分装成适合一次销售的小包装的分装加工；将以保护商品为主的运输包装改换成以促进销售为主的销售包装，以起到吸引消费者、促进销售的作用；将蔬菜、肉类洗净切块以满足消费者要求等。

6. 为提高加工效率的流通加工

许多生产企业的初级加工由于数量有限，所以加工效率不高。而流通加工以集中加工的形式，代替若干家生产企业进行初级加工，促使生产水平有一定的提高。

7. 为提高物流效率、降低物流损失的流通加工

有些商品本身的形态使之难以进行物流操作，而且商品在运输、装卸搬运过程中极易受损，因此需要进行适当的流通加工加以弥补，从而使物流各环节易于操作，提高物流效率，降低物流损失。例如：造纸用的木材磨成木屑的流通加工，可以极大提高运输工具的装载效率；自行车在消费地区的装配加工可以提高运输效率，降低损失；石油气的液化加工，使很难输送的气态物转变为容易输送的液态物，也可以提高物流效率。

8. 为衔接不同运输方式、使物流更加合理的流通加工

在干线运输和支线运输的节点设置流通加工环节，可以有效解决大批量、低成本、长距离的干线运输与多品种、少批量、多批次的末端运输和集货运输之间的衔接问题。在流通加工点与大生产企业间形成大批量、定点运输的渠道，以流通加工中心为核心，组织对多个客

户的配送，也可以在流通加工点将运输包装转换为销售包装，从而有效衔接不同目的的运输方式。例如：散装水泥中转仓库把散装水泥装袋，将大规模散装水泥转化为小规模散装水泥的流通加工，就衔接了水泥厂大批量运输和工地小批量装运的需要。

9. 生产—流通一体化的流通加工

依靠生产企业和流通企业的联合，或者生产企业涉足流通，或者流通企业涉足生产，形成的对生产与流通加工进行合理分工、合理规划、合理组织，统筹进行生产与流通加工的安排，这就是生产—流通一体化的流通加工形式。这种形式可以促成产品结构及产业结构的调整，充分发挥企业集团的经济技术优势，是目前流通加工领域的新形式。

10. 为实施配送进行的流通加工

这种流通加工形式是配送中心为了实现配送活动，满足客户的需要而对物资进行的加工。例如：混凝土搅拌车可以根据客户的要求，把沙子、水泥、石子、水等各种不同材料按比例要求装入可旋转的罐中。在配送路途中，汽车边行驶边搅拌，到达施工现场后，混凝土已经搅拌均匀，可以直接投入使用。

四、流通加工的合理化

流通加工合理化的含义是实现流通加工的最优配置，也就是对是否设置流通加工环节、在什么地方设置、选择什么类型的加工、采用什么样的技术装备等问题做出正确抉择。这样做不仅可以避免各种不合理的流通加工形式，而且可以做到最优。

（一）不合理流通加工形式

1. 不合理的流通加工地点设置

流通加工地点设置即布局状况是决定整个流通加工是否有效的重要因素。一般来说，为衔接单品种、大批量生产与多样化需求的流通加工，加工地点设置在需求地区，才能实现大批量的干线运输与多品种末端配送的物流优势。如果将流通加工地设置在生产地区，一方面，为了满足用户多样化的需求，会出现多品种、小批量的产品由产地向需求地的长距离运输；另一方面，在生产地增加了一个加工环节，同时也会增加近距离运输、保管、装卸等一系列物流活动。

另外，一般来说，为方便货物的流通，加工环节应该设置在产出地，设置在进入社会物流之前。如果将其设置在物流之后，即设置在消费地，则不但不能解决物流问题，又在流通中增加了中转环节，因而也是不合理的。所以，在这种情况下，不如由原生产单位完成这种加工而无需设置专门的流通加工环节。

即使在产地或需求地设置流通加工的选择是正确的，还有流通加工在小地域范围内的正确选址问题。如果处理不善，仍然会出现不合理。例如：交通不便，流通加工与生产企业或用户之间距离较远，加工点周围的社会环境条件不好等。

2. 流通加工方式选择不当

流通加工方式包括流通加工对象、流通加工工艺、流通加工技术、流通加工程度等。流通加工方式的确定实际上是与生产加工的合理分工。分工不合理，把本来应由生产加工完成的作业错误地交给流通加工来完成，或者把本来应由流通加工完成的作业错误地交给生产过程去完成，都会造成不合理。

流通加工不是对生产加工的代替，而是一种补充和完善。所以，一般来说，如果工艺复杂，技术装备要求较高，或加工可以由生产过程延续或轻易解决的，都不宜再设置流通加工。如果流通加工方式选择不当，就可能会出现与生产争利的恶果。

3. 流通加工作用不大，形成多余环节

有的流通加工过于简单或者对生产和消费的作用都不大，甚至有时由于流通加工的盲目性，同样未能解决品种、规格、包装等问题，相反却增加了作业环节，这也是流通加工不合理的重要表现形式。

4. 流通加工成本过高，效益不好

流通加工的一个重要优势就是有较大的投入产出比，因而能有效地起到补充、完善的作用。如果流通加工成本过高，则不能实现以较低投入实现更高使用价值的目的，势必会影响其经济效益。

（二）实现流通加工合理化的途径

要实现流通加工的合理化，主要应从以下几方面加以考虑。

1. 加工和配送结合

就是将流通加工设置在配送点中。一方面按配送的需要进行加工，另一方面加工又是配送作业流程中分货、拣货、配货的重要一环，加工后的产品直接投入到配货作业，这就无需单独设置一个加工的中间环节，而使流通加工与中转流通巧妙地结合在一起。同时，由于配送之前有必要的加工，可以使配送服务水平大大提高，这是当前对流通加工做合理选择的重要形式，且在煤炭、水泥等产品的流通中已经表现出较大的优势。

2. 加工和配套结合

配套是指将使用上有联系的用品集合成套地供应给用户。例如：方便食品的配套。当然，配套的主体来自各个生产企业，如方便食品中的方便面，就是由其生产企业配套生产的。但是，有的配套不能由某个生产企业独立完成，如方便食品中的盘菜、汤料等。这样，在物流企业进行适当的流通加工，可以有效地促成配套，大大提高流通作为供需桥梁与纽带的能力。

3. 加工和合理运输结合

流通加工能有效衔接干线运输和支线运输，促进两种运输形式的合理化。利用流通加工，在支线运输转干线运输或干线运输转支线运输等这些必须停顿的环节，不进行一般的支转干或干转支，而是按干线或支线运输合理的要求进行适当加工，从而大大提高运输及运输转载水平。

4. 加工和合理商流结合

流通加工也能起到促进销售的作用，从而使商流合理化，这也是流通加工合理化的方向之一。加工和配送相结合，通过流通加工，提高了配送水平，促进了销售，使加工与商流合理结合。此外，通过简单地改变包装加工形成适合顾客的购买量，通过组装加工解除用户使用前进行组装、调试的难处，都是有效促进商流的很好例证。

5. 加工和节约结合

节约能源、设备、人力，减少损耗是流通加工合理化重要的考虑因素，也是目前我国设置流通加工并考虑其合理化的较普遍形式。

对于流通加工合理化的最终判断，是看其是否能实现社会的和企业本身的两个效益，而且是否取得了最优效益。流通企业更应该树立社会效益第一的观念，以实现产品生产的最终利益为原则，只有在生产流通过程中不断补充、完善自身才有生存的价值。如果只是追求企业的局部效益，不适当地进行加工，甚至与生产企业争利，这就有违流通加工的初衷或者其本身已不属于流通加工的范畴。

第六节　出库作业管理

商品出库业务，是仓库根据业务部门或存货单位开出的商品出库凭证（提货单、调拨单），按其所列商品编号、名称、规格、型号、数量等项目，组织商品出库的一系列工作的总称。做好出库工作，对于改善经营管理、降低作业费用、提高服务质量有一定的作用。本小节主要讲述出库作业的主要方式及其要求、出库作业流程以及出库过程中涉及的单证流转和账务处理等内容。

一、出库的方式与要求

货品的出库业务，也叫发货业务，是仓库根据业务部门或存货单位开具的出库凭证，经过审核出库凭证、备料、拣货、分货等业务直到把商品点交给要货单位或发运部门的一系列作业过程。货品出库的主要方式有自提、送货、托运、取样、过户、移仓等。出库发放的主要任务是：所发放的商品必须准确、及时、保质保量地发给收货单位，包装必须完整、牢固、标记正确清楚，核对必须仔细。

出库是商品仓储作业过程的最后一个环节，也是仓储部门对外的窗口。其业务水平、工作质量在一定程度上反映仓储企业形象，直接影响到企业的经济效益和社会效益。因此及时准确地做好出库业务工作，是仓储管理的一项重要工作。

（一）货品出库的主要方式

1. 自提

自提是由收货人或其代理持商品调拨通知单直接到库提取，仓库凭单发货的形式，通常被称作提货制。它具有“持单到库，随到随发，自提自运”的特点。为划清交接责任，仓库发货人与提货人在仓库现场，对出库商品当面交接清楚并办理签收手续。

2. 送货

送货即仓库根据货主单位预先送来的商品调拨通知单，通过发货作业，把应发商品交由运输部门送达收货单位的形式，通常被成为送货制。仓库实行送货，要划清责任。仓储部门与运输部门的交接手续，是在仓库现场办理完毕的。运输部门与收货单位的交接手续，是根据货主单位与收货单位签订的协议，一般在收货单位指定的到货地办理。

送货具有“预先支付，按车排货，发货等车”的特点。仓库实行送货具有多方面的好处，仓库可预先安排作业，缩短发货时间；收货单位可避免因人力、车辆等不便而发生的取货困难；在运输上，可合理使用运输工具，减少运费。仓储部门实行送货业务，应该考虑到货主单位不同经营方式和供应地区的远近，做到既可以向本地送货，也可以向外地送货。

3. 托运

托运是由仓库通过运输单位托运，发到收货单位的一种出库方式。它的特点是仓库通过承运单位将货品送达收货单位。在办理托运的过程中，应该注意两点：一是在托运货物期间，保管工作仍然未结束，并应做好复核工作；二是待运货物可按公路、水路、铁路等不同运输方式与线路以及不同的收货地点，进行运单集中并进行复核，然后填制货物运单，并通知运输部门提货。

4. 取样

货主单位出于对商品质量检验、样品陈列等需要，到仓库提取货样（一般都要开箱拆包、分割、发放货样）。仓库也必须根据货主单位开出的取样凭证才予发给样品，并做好账务记载。

5. 过户

过户是一种就地划拨的方式，商品虽未出库，但是所有权已从原存货户转移到新存货户。它的特点是商品不动，变动户头，改变了商品所有权。仓库必须根据原存货单位开出的正式过户凭证，才予办理过户手续。

6. 移仓

移仓即货主单位为了业务方便或改变储存条件，需要将某批库存商品自甲库转移到乙库的发货作业方式。它的特点是商品所有权未变，但是商品存放地点发生变动（由甲库转移到乙库）。需要注意的是，在移仓过程中，仓库必须根据货主单位开出的正式转仓单，才予办理转仓。

（二）出库作业的基本要求

商品出库要求应该做到"三不、三核、五检查"。"三不"，即未接单据不翻账，未经审查不备货，未经复核不出库；"三核"，即在发货时，要核实凭证、核对账卡、核对实物；"五检查"，即对单据和实物都要进行品名检查、规格检查、包装检查、件数检查、重量检查。具体来说，应做到以下几点：

① 出库凭证、手续必须符合要求；

② 商品出库要求严格执行各项规章制度；

③ 发货商品必须与领料凭证上所列的名称、规格、型号、单价、数量相符合；

④任何人都不能强令保管员将库存商品借用、试用；

⑤ 出库与进货检验的方法应保持一致；

⑥ 贯彻先进先出、推陈出新的原则，组织好商品发放工作；

⑦ 提高服务质量、满足用户要求、保证货品安全出库。

二、出库作业流程

出库作业流程如图 5-18 所示，总的来说包括核对凭证、备货加工及出库验收三大内容。

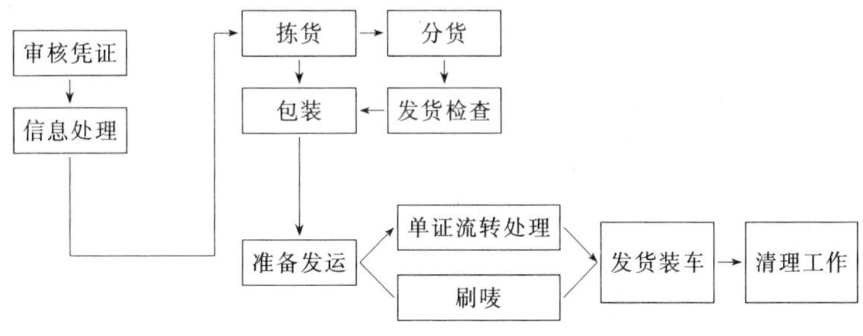

图 5-18 商品出库作业流程

1. 核对凭证

发放商品必须要有正式的出库凭证，这些凭证也是商品出库的依据，必须严禁按照信誉或有无正式手续发货出库。报关员接到出库凭证后仔细核对，这是出库业务的核单工作。首先要审核出库凭证的合理性和真实性；其次核对商品品种、型号、规格、单价、数量、收货单位、到站、银行账号等；最后审核出库凭证的有效期。如果是部门内部自提商品则还需要检查有无财务部门准许发货的签章。

2. 备货加工

出库核对无误后进行出货准备，此时有两种不同的处理方式：一是照单拣选并准备出货验收；二是视情况拣选并准备改变包装或简易加工。

拣选是出库操作员根据出库单指定的库位、批次所进行的作业。其方式主要有两种，即摘果式拣选和播种式拣选（详见第六节）。库内加工是指在仓库内对出库货物进行改包、简易加工。加工的内容一般包括袋装、定量化小包装、配货、分类、混装、栓牌子、贴标签等。更大范围的外延库内加工甚至还包括剪断、打孔、折弯、拉拔、挑扣、组装、改装、配套以及混凝土搅拌等。

3. 出货验收

出库验放的方法和拣选方式有很大关联。播种式拣选时，出库验放的工作就显得十分轻松，在“播种”完毕时，只要所有的品类数量无误，出验的工作就可以说已经结束了。相反，采用摘果式拣选的订单验收时，得加倍仔细检查数量和品类，而且必须有专人负责。

出货验放通常以订单为准，结束出库流程时必须保留一份有验收员签章的订单留底在货物上易于看到的位置，以便装车人员将配送单和此订单保留一并交给司机随货送交客户。

三、出库过程中的单证流转与账务处理

（一）出库过程中的单证流转

出库单证主要包括提货单、送货单、移库单、过户单等，其中，提货单为主要的出库单证，它是向仓库提取商品的正式凭证。不同单位，会采用自提和送货这两种不同的出库方式，而不同的单位在不同出库方式条件下，单证流转与账务处理的程序都有所不同。

1. 自提方式的出库单证流转

自提是提货人持提货单来仓库提货的出库形式，单证的流转一般有两种方式，即先记账后发货的处理方式和先发货后记账的处理方式，以下只介绍第一种处理方式。账务人员在收到提货单后，经审核无误，向提货人开具商品出门证，出门证上应列名每张提货单的编号。出门证中的一联给提货人，账务人员将根据出门证的另一联和提货单在商品明细账出库记录栏内账，并在提货单上签名，批注出仓吨数和结存吨数，交给保管员发货。提货人凭出门证向发货员领取商品，待货付讫，保管员应盖付讫章和签名，并将提货单返回账务人员。提货人凭出门证提货出门，并将出门证交给守护员（门卫）。守护员在每天下班前应将出门证交回账务人员，账务人员凭此与已经回笼的提货单号码和所编代号逐一核对。如果发现提货单或出门证短少，应该立即追查，不得拖延。

2. 送货方式的出库单证流转

在送货方式下，一般是采用先发货后记账的形式。提货单随同送货单经内部流转送达仓库后，一般是直接送给理货员，而不先经过账务人员。理货员接单后，经过理单、编写地址代号，分送给保管员发货，待货发讫后再交给账务人员记账。

（二）出库过程中的账务处理

1. 自提方式出库的账务处理

自提的提货单流转和账务处理程序如图 5-19 所示。

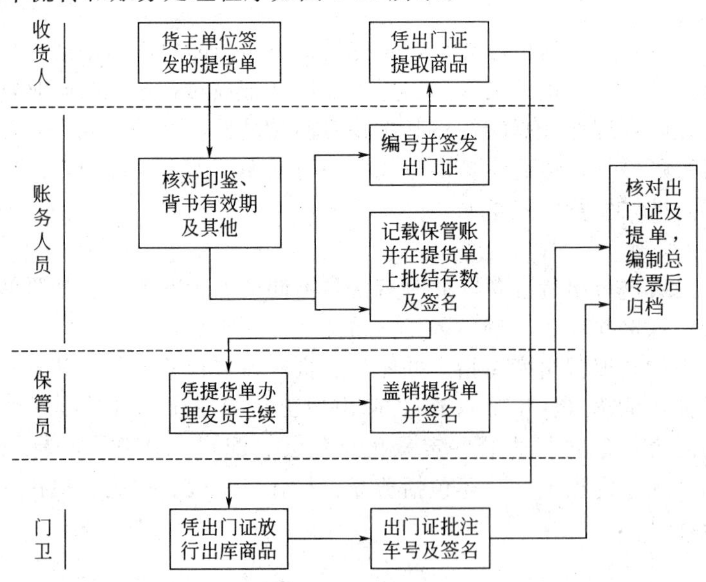

图 5-19 自提的提货单流转和出库账务处理程序

2. 其他方式出库的账务处理

对于其他集中出库方式，其单证的流转与账务的处理过程也基本相同。取样和移库对于货主单位而言并不是商品的销售的调拨，但对仓库来说却也是一笔出库业务。货主单位签发的取样单和移库单也是仓库发货的正式凭证，它们的流转和账务处理程序与提货单基本相同。商品的过户，对仓库来说，商品并不移动，只是所有权在货主单位之间转移。所以，过户单可以代替入库通知单，开始过入单位储存凭证，并另建新账务，即作入库处理。

第七节　拣选、订货与补货作业管理

本节主要概括介绍三个方面的内容，一是拣货作业的概念、功能及方法；二是两种常用的订货作业方法；三是补货作业的常用方式及补货时机。

一、拣选作业管理

（一）拣选作业的概念与功能

1. 概念

不同的仓库，其定位、规模和经营方式各有不同。从进货、储存到装运配送，对于外界的作业包括了向供应商采购和客户订单处理。其中，每个客户的订单都至少包含一项以上的商品，而将这些不同种类的商品由仓库取出并集中到一起的活动，即为拣选作业。

2. 目的及功能

在仓储作业中，拣选作业是其中十分重要的一环，拣选作业的目的在于正确且迅速的集合顾客所订购的商品。

从成本分析的角度看，物流成本约占商品最终售价的30%，其中包括储存、装卸、搬运、运输等成本项目。一般而言，拣选成本约是其他堆叠、装卸、搬运等成本作业综合的9倍，占物流搬运成本的绝大部分，如图5-20所示。因此，若要降低物流搬运成本，由拣货作业上着手改进可达到事半功倍的效果。

从人力需求角度来看，目前大多数的拣选作业劳动力密集，与拣货作业直接相关的人力约占仓库的50%，且拣货作业的时间投入也占仓储中心的30%～40%。由此可见，规划合理的拣货作业方法，可以有效地提高仓储作业的效率。

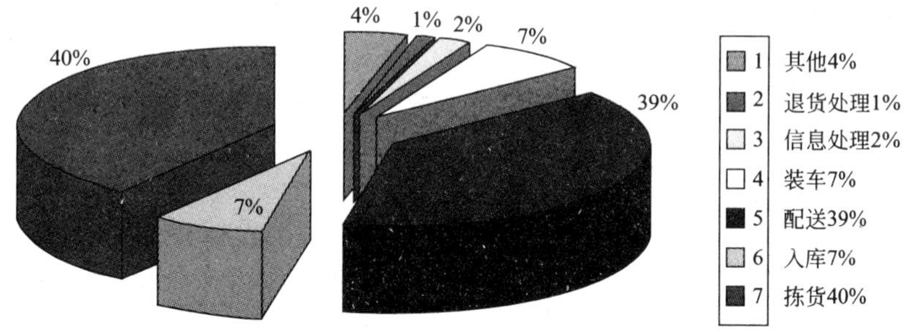

图5-20　物流成本比例分析

（二）拣选作业的一般工作程序

一般而言，每张客户订单中最少有一种以上的商品，如何把这些不同种类、数量的商品由物流仓储中心集中到一起，这就是所谓的拣选作业。拣选作业的一般程序如图5-21所示。

发货日程 → 决定拣选方法 → 输出拣选清单 → 下达拣选指令 → 分派拣选人员 → 拣选 → 货品集中

图5-21　拣选作业程序

（三）拣选作业的常用方法

商品拣选作业一般有两种方法。

1. 摘果法

巡回于存储场所，按订货单位的订单挑选出每一种商品，巡回完毕也就完成了一次配送作业。将配齐的商品放置到发货场所指定的货位，然后在进行下一个订货单位的配货。

2. 播种法

将每批订货单上的相同商品各自累加起来，从存储仓位上取出，集中搬运到理货场所，然后将每一个订货单位所需的数量取出，分放到该订货单位处，直至配货完毕。

二、订货作业管理

由接到客户订货开始至准备着手拣货之间的作业阶段，成为订单处理，包括有关客户、订单的资料确认、存货查询、单据处理以及装运配送等。订单处理可以由人工或电子信息设备来完成。人工处理具有弹性，但只适合少量的订单，一旦订单数量较多时，人工操作就变得缓慢且容易出错。此时，电子化处理能提供较大的速率和较低的成本，适合大量的订单处理。

（一）传统订货作业管理

1. 厂商铺货

供应商直接将商品放在车上，一家家去送货，缺多少补多少。此种方式对于周转率较快的商品或新上市的商品较为适用。

2. 厂商巡货、隔日送达

供应商巡货人员前一天先到各客户那边巡查需要补充的商品，隔天再予以补货的方式。这一方式优点是厂商可利用巡货人员为客户整理货架、贴标或提供经营管理意见和市场信息等，也可以促销新产品或将自己的商品放在最有利的货架上。其缺点是厂商可能会将巡货人员的成本加入商品的进货成本中，而且厂商乱塞货将造成零售商难以管理自己的商品。

3. 电话订货

订货人员将商品名称和数量，以电话口述的方式向厂商订货。由于客户每天需要订货的品种较多，而不同品种的商品可能来自不同的供应商，因此，在利用电话订货时错误率较高，另外，花费的时间较长。

4. 传真订货

客户将缺货的相关资料整理成书面形式，利用传真传给厂商。这种方式可以快速的传送订货信息，但是如果传送资料品质不良常常会增加事后确认的工作环节。

5. 邮寄订货

这是客户将订货表单或订货磁盘等邮寄给供应商的方式。近些年来，邮寄的效率和品质达不到预期的目的。

6. 客户自行取货

客户自行到供应商处看货、补货，以往地缘较近的传统杂货店多采用这种方式订货。客户自行取货虽然节省物流中心的配送作业，但个别取货可能影响物流作业的连贯性和规模性。

7. 业务员跑单接单

业务员到各个客户处推销产品，而后将订单携回或以其他方式通知公司客户订单。

不管采用何种方式，上述订货方式都需要人工输入资料而且经常重复输入，传票重复誊写，而且在输入输出时，常常造成时间的耽误及产生错误。现今客户更趋向于高频率订货，并且要求快速配送等，传统的订货方式已经无法应付这些需求，从而新的订货方式——电子订货便应运而生了。

（二）电子订货作业管理

电子订货，顾名思义就是通过电子传递方式，取代传统人工书写、输入、传送的订货方式，也就是将订货资料转为电子资料的形式，通过通信网络传送，此系统称为电子订货系统（EOS——Electronic Order System），即采用电子资料交换方式取代传统商业下单、接单动作的自动化订货系统。其做法可分为三种。

1. 订货簿或货架标签配合手持终端机（H. T—Handy Terminal）及扫描机

订货人员携带订货簿及 H. T 巡视货架，发现商品缺货则用扫描机扫描订货簿或货架上的商品标签，再输入订货数量，当所有订货资料都输入完毕后，利用数据将订货资料传送给供应商或总公司。

2. POS 销售时点管理系统

客户若有 POS 收款机则可在商品库存档里设定安全存货量，每当销售一笔商品资料时，电脑自动扣除该商品库存，当库存低于安全库存量时，即自动产生订货资料，将此订货资料确认后即可通过网络传给公司或供应商。也有客户将每日的 POS 资料传给总公司，总公司将 POS 销售资料与库存资料对比后，根据采购计划向供应商下单。

3. 订货应用系统

客户信息系统里若有订单处理系统，可将应用系统产生的订货资料，通过转换软件功能转成与供应商约定的共通格式，在约定时间里将资料传送出去。

一般而言，通过电脑直接连线的方式最快也最准确，而通过邮寄、电话或销售员携回的方式较慢。由于订单传递时间是订货前置期的一个因素，可通过存货水平的调整来影响客户服务及存货成本，因而传递速度快、可靠性及正确性高，缩减了存货成本费用，提升了客户服务水平。但是另一方面，通过电脑直接传递往往成本较高，如需要开发信息系统，添置各种设备等。因而，究竟要选择何种订货方式，应权衡好成本和效益之间的关系再作出决定。

三、补货作业管理

补货作业包括从保管区域（Reserve Area）将货品移到另一个为了做订单拣选（Order Picking）的动管拣货区域（Home Area），然后将这一作业过程作书面上的处理。

（一）补货方式

与拣货作业息息相关的就是补货作业。为了确保存量，也为了将货品安置在方便存取的地方，补货作业必须小心地计划。下面介绍几种常见的补货方式。

1. 整箱补货

这种补货方式的保管区为货架储放，动管拣货区为两面开放式的流动棚。拣货时，拣货员在流动棚拣取单件商品放入箱中，而后放在输送机上运送到出货区。当拣选后发现动管区的存货低于水准之下时，要进行补货作业。具体补货方式是作业员到货架保管区取货箱，用手推车送至拣货区，由流动棚的后方（非拣选面）补货。此保管、动管区储放形态的补货方式较适合于体积小且少量多样出货的货品。

2. 整栈补货

（1）由地板堆叠保管区补货至地板堆叠动管区

这种补货方式的保管区是以托盘为单位的地板平置堆叠储放，动管区也是以托盘为单位的地板堆叠储放，不同之处在于保管区的面积较大，储放货品量较多，而动管区的面积较小，储放的货品量较少。拣选时，拣货员在拣选区拣取托盘上的货箱，放在中央输送机出货；或者，可使用堆高机将托盘整个送至出货区。当拣选时发现动管区的存货低于水准之下时，要进行补货作业，其作业方式是：作业员以堆高机由托盘平置堆叠的保管区搬运托盘至同样是托盘平置堆叠的拣货动管区。这种保管、动管区储放形态的补货方式较适合于体积大或出货量较多的货品。

（2）由地板堆叠保管区补货至托盘货架动管区

这种补货方式的保管区为以托盘为单位地板平置堆叠储放，动管区则为托盘货架储放。拣取时，拣货员在拣取区搭乘牵引车（Walkie Tractors）拉着推车移动拣货，拣取后再将推车送至输送机轨道出货。而一旦发觉拣取后动管区的库存太低，则要进行补货。其补货方式为作业员使用堆高机很快地至地板平直堆叠的保管区搬回托盘，送到动管区托盘货架上储放。这种保管、动管区储放形态的补货方式较适合中等或中量（以箱为单位）出货的货品。

3. 从货架上层到货架下层的补货

这种补货方式为保管区与动管区属于同一货架，也就是将一货架上的两手方便拿取之处（中下层）作为动管区，不容易拿取的地方（上层）作为保管区。而进货时便将动管区放不下的多余货箱放置上层保管区。动管拣取区的货品进行拣货，而当动管区的存货水平低于水准之下则可利用堆高机将上层保管区的货品搬至下层动管区补货。这种保管、动管区储放形态的补货方式较适合体积不大，每品种存货量不高，且出货多属中小量（以箱为单位）的货品。

（二）补货时机

补货作业的发生与否需要看动管拣货区的货存量是否符合要求，因而就要解决何时需要检查动管区存量，何时需要将保管区的货补至动管区等问题，以避免拣货中才发现动管区的货量不够，要临时补货并影响到整个出货时间的情形发生。对于补货时机的把握有以下三种方式。

1. 批次补货

在每天或每一批次拣取前，通过电脑计算所需货品的总拣取量，再相对查看动管区的货品量，在拣取前一特定时点补足货品。这是“一次补足”的补货原则，较适合一日内作业量变化不大，紧急插单不多或每批次拣取量需要事前掌握的情况。

2. 定时补货

将每天划分为数个时点，补货人员在时段内检查动管拣货区货架上货品存量，如不足即马上将货架补满。这是“定时补足”的补货原则，较适合分批拣货时间固定，处理紧急插单时间也固定的情况。

3. 随机补货

制定专门的补货人员，随时巡视动管拣货区的货品存量，有不足的随时补货的方式。这是“不定式补货”的补货原则，较适合每批次拣取量不大，紧急插单多，一日内作业量不易事前掌握的情况。

第八节　装卸搬运作业管理

商品在生产到消费的流通过程中，装卸搬运作业是不可缺少的重要环节。装卸搬运作业是物流系统的构成要素之一，是为采购、配送、运输和保管的需要而进行的作业。装卸搬运作业虽不直接创造价值，但其作业效率和作业质量的高低直接影响物流成本。因此，合理的装卸搬运作业是提高物流效率和服务的重要环节。本小节主要从装卸搬运作业的含义、特点出发，讲述装卸搬运作业的常见方式、装卸搬运路线的确定和设备的选择以及装卸搬运作业的合理化等内容。

一、装卸搬运作业概述

（一）装卸搬运的含义及特点

装卸（Loading and Unloading）是指物品在指定地点以人力或机械装入运输设备或从运输设备卸下的活动，搬运（Handing/Carrying）是指在同一场所内将物品进行水平移动为主的物流作业。因而，装卸搬运就是指在同一地域范围进行的、以改变物料的存放（支承）状态和空间位置为主要目的的活动。一般来说，在强调物料存放状态改变时，使用“装卸”一词；在强调物料空间位置的改变时，使用“搬运”一词。

生产企业的装卸搬运活动通常是指生产物料或产品在工厂车间或仓库内部移动以及与生产设施之间的转移。装卸搬运活动是否合理不仅影响运输和仓库系统的运作效率，而且影响企业整个系统的运作效率。

一般而言，装卸搬运活动具有以下特点。

① 具有“伴生”（伴随产生）和“起讫”性的特点。装卸搬运的目的总是与物流的其他环节密不可分的，在加工业中甚至被视为其他环节的重要组成部分，不是为了装卸而装卸，因此与其他作业环节相比，具有“伴生性”的特点；同样，在运输、储存、包装等作业环节，一般都是以装卸搬运为起始点和终结点，故而，它又具有“起讫性”的特点。

② 具有提供“保障”和“服务”性的特点。装卸搬运作业保障了生产中其他环节活动的顺利进行，具有保障的性质；装卸搬运过程不消耗原材料，不占用大量流动资金，不生产有形产品，因此具有提供服务的性质。

③ 具有“闸门”和“咽喉”的作用。装卸搬运作用制约着生产与流通领域其他环节的业务活动，这个环节处理不好，整个物流系统将处于瘫痪状态。从这个角度上讲，可以说装卸搬运作业是衔接性的活动。

④ 装卸搬运是增加物流成本的活动。据资料统计，在中等批量的生产车间里，零件在机床上加工的时间仅占总生产时间的5%，而其余的95%的时间消耗在原材料、工具、零件等的搬运、等待上，并且，装卸搬运的费用占总生产费用的30%～40%。因而说装卸搬运作业是增加物流成本的活动。

（二）装卸搬运作业的意义和作用

在物流的仓储作业流程中，从进货入库开始，储存保管、分拣、流通加工、出库、装载直到配送到客户手中，各个环节的先后或同一环节的不同活动之间，都必须进行装卸搬运作业。如原材料在运输和储存中的装车、卸车、堆码、上架和下架，各工艺流程之间的在制品的传递，产成品的包装、运输、入库、出库以及回收物和废弃物的处理等，都要有装卸搬运作业的配合才能顺利进行。装卸搬运是生产企业物料的不同运动阶段（包括相对静止）之间相互转换的桥梁，把物料运动的各个阶段连接成连续的“流”，使企业中的物流更加顺畅。一旦忽略了装卸搬运，生产和流通领域将发生混乱，甚至造成生产活动的停顿。因此，物流的合理化必须先从装卸搬运系统着手，装卸搬运作业也是物流作业中心效率化的重要因素。

在物流过程中，装卸搬运作业是不断出现和反复进行的，它出现的频率高于其他各项物流活动，每次装卸搬运作业所花费的时间也很长，是决定物流速度的关键。装卸搬运作业所消耗的人力也很多，占用物流成本的比率较高。例如，我国铁路运输的始发和到达的装卸搬运作业大致占运费的20%左右，在航运中则高达40%左右。之前已经说明装卸搬运作业是增加物流成本的活动，因此，合理有效地进行装卸搬运作业，可以降低物流成本，提高效益。

此外，进行装卸搬运操作时往往需要接触货物，因此，过多的装卸搬运作业环节容易使货物在流通中破损、散失、损耗等，从而造成货损、货差。例如袋装水泥发生纸袋破损和水泥散失主要就是在装卸搬运过程中，玻璃、器皿、机械、煤炭等产品在装卸搬运时也容易造成损失。虽然装卸搬运活动本身不产生效用和价值，甚至可能降低货物的价值，但是，高效率合理化的装卸搬运作业，是决定物流技术经济效果的重要环节，管理工作人员必须给予足够的重视。

（三）物流中心装卸搬运的发展过程

从技术发展的角度来看企业物料装卸搬运的发展过程，主要经历了以下阶段。

① 手工物料搬运。

② 机械化物料搬运。

③ 自动化物料搬运，如自动化仓库或自动存取系统（AS/RS）、自动引导小车（AGV）、电眼以及条形码、机器人等的使用。

④ 集成化物料搬运系统，即通过计算机使若干自动化搬运设备协调动作组成一个集成系统，并能与生产系统相协调，取得更好的效益。

⑤ 智能型物料搬运系统，该系统能将计划自动分解成人员、物料需求计划，并对物料搬运进行规划和实施。

以智能、集成、信息为基础的物料搬运系统将是今后的发展趋势。

二、装卸搬运的作业方式

（一）单件作业法

单件作业法，顾名思义是单件、逐件地进行装卸搬运的方法，通常由人力作业完成的。目前，对于一些零散货物，诸如搬家等也常采用这种作业方法；长大笨重货物、形状特殊的货物、不宜集装的危险货物以及行包等仍然采用单件作业法。单件作业依作业环境和工作条件可以采用：人工作业法、机械化作业法、半机械化作业法、半自动化作业法。

（二）集装作业法

集装作业是指先将货物集零为整，再进行装卸搬运作业的方法，包括托盘作业、集装箱作业、框架作业、货捆作业、滑板作业、网袋作业以及挂车作业等。

1. 托盘作业法

托盘作业法是用托盘系列集装工具将货物形成成组货物单元，以便于采用叉车等设备实现装卸作业机械化的装卸作业方法。常见托盘如图 5-22 所示。

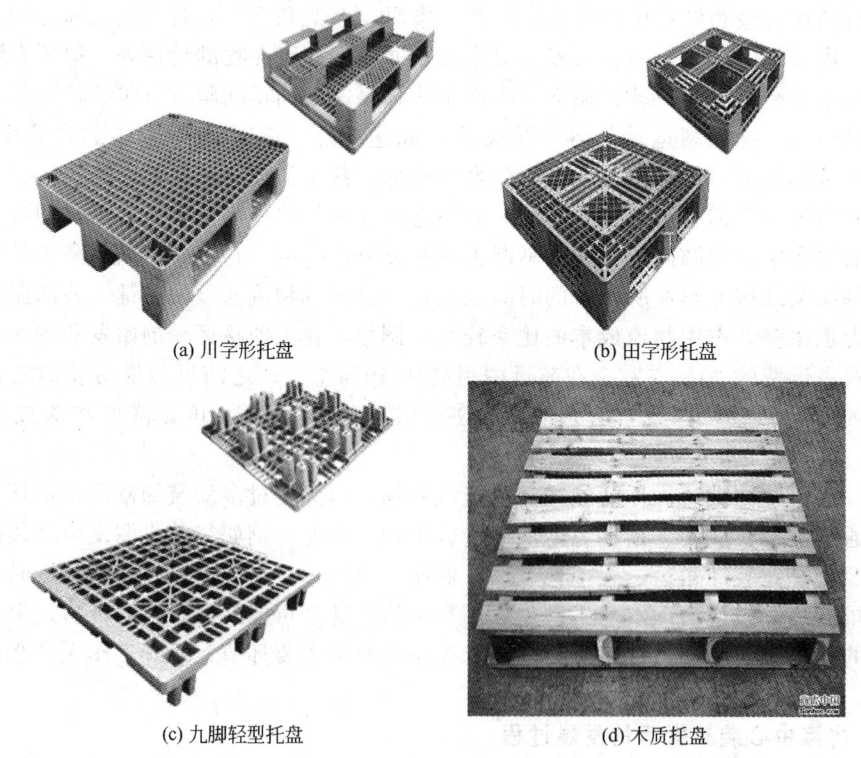

(a) 川字形托盘　(b) 田字形托盘　(c) 九脚轻型托盘　(d) 木质托盘

图 5-22　常见托盘示例

一些不宜采用平托盘的散件货物可采用笼式托盘形成成组货物单元。一些批量不很大的散装货物，如粮食、食糖、啤酒等可采用专用箱式托盘形成成组货物单元，再辅之以相应的装载机械、泵压设备等配套设施，实现托盘作业法。

2. 集装箱作业法

集装箱作业，是指把一定数量的货物汇集于一个便于运输、搬运、装卸、储存的集装箱内来进行货物的装卸搬运作业。

垂直装卸法：在港口可采用集装箱起重机，目前以跨运车应用为最广，但龙门起重机方式最有发展前途［见图 5-23（a)］。

水平装卸法：在港口以挂车和叉车为主要装卸设备［见图 5-23（b)］。

(a) 垂直装卸法

(b) 水平装卸法

图 5-23 两种集装箱作业法

集装箱装卸作业的配套设施包括维修、清洗、动力、照明、监控、计量、信息和管理设施等，在工业发达国家集装箱堆场作业全自动化已付诸实施。

3. 框架作业法

框架作业法中的框架通常采用木头或金属材料制作，要求有一定的刚度、韧性，质量较轻，以保护商品、方便装卸，有利运输作业。适于管件以及各种易碎建材，如玻璃产品等，一般适用于各种不同集装框架实现装卸机械化。

4. 货捆作业法

货捆作业法是用捆装工具将散件货物组成一个货物单元，使其在物流过程中保持不变，从而能与其他机械设备配合，实现装卸作业机械化。木材、建材、金属之类货物最适于采用货捆作业法。货捆作业法的主要装卸机械是带有与各种货捆配套的专用吊具的门式起重机和悬臂式起重机，而叉车、侧叉车、跨车等是配套的搬运机械。

5. 滑板作业法

滑板是用纸板、纤维板、塑料板或金属板制成，与托盘尺寸一致的、带有翼板的平板，用以承放货物的搬运单元。与其匹配的装卸作业机械是带推拉器的叉车。叉货时推拉器的钳口夹住滑板的翼板（又称勾百或卷边)，将货物支上货叉，卸货时先对好位，然后叉车后退、推拉器前推，货物放置就位。滑板作业法虽具有托盘作业法的优点且占用作业场地少，但带推拉器的叉车较重、机动性较差，对货物包装与规格化的要求很高。

6. 网袋作业法

网袋作业法是将粉粒状货物装入多种合成纤维和人造纤维编织成的集装袋、将各种袋装货物装入多种合成纤维或人造纤维编织成的网、将各种块状货物装入用钢丝绳编成的网，这种先集装再进行装卸作业的方法称为网袋作业法。此法主要适宜于粉粒状货物、各种袋装货

图 5-24　网袋作业

物、块状货物、粗杂物品的装卸作业。网袋集装工具体积小、自重轻，回送方便，可重复使用，如图 5-24 所示。

（三）散装作业法

散装作业是指对于煤炭、矿石、粮食、化肥等块粒、粉粒物资，采用重力法（通过筒仓、溜槽、隧洞等设备），倾翻法（铁路的翻车机），机械法（抓、舀等），气力输送（用风机在管道内形成气流，应用动力、压差来输送）等方法进行装卸搬运的方法。

① 重力法　是利用货物的势能来完成装卸作业的方法。它主要适用于铁路运输，汽车也可利用这种装卸作业法。使用的设备有筒仓、溜槽、隧洞等几类。

② 倾翻法　是将运载工具的载货部分倾翻而将货物卸出的方法。主要用于铁路敞车和自卸汽车的卸载，汽车一般是依靠液压机械装置顶起货厢实现卸载的。

③ 机械法　是采用各种机械，使其工作机构直接作用于货物，如通过舀、抓、铲等作业方式达到装卸目的的方法。常用的机械有带式输送机、堆取料机、装船机、链斗装车机、单斗和多斗装载机、挖掘机及各种抓斗等。

④ 气力输送法　是指用风机在输送管道内形成气流，应用动力、压差来完成输送作业的方法。

三、装卸搬运线路与设备的选择

物料装卸搬运方法就是搬运路线、搬运设备和搬运单元的综合。其中，设备决定了路线是固定的还是变动的，例如输送机就是固定路线式设备；叉车是可变路线的设备，只要有通道，就可以从一处移动到另一处。路线结构分为直达型和间接型两种，其中间接型又分为渠道型和中心型。搬运单元用来集纳产品，大的搬运单元可以满足生产能力的需要，通常需要直达型路线，例如叉车叉起一托盘货物；小的搬运单元不能满足生产能力的需要，就要采用渠道型或中心型的间接路线。物料装卸搬运中的设备和搬运容器都取决于物料的特性和流动量等因素。

（一）装卸搬运的路线

物料装卸搬运路线一般分为两种类型。

直达型：各种物料能各自从起点直接移动到终点的搬运方式见图 5-25（a）。

间接型：把几个搬运活动组合在一起，在相同的路线上用同样的设备，把物料从一个区域移动到其他区域，包括渠道型［见图 5-25（b）］和中心型［见图 5-25（c）］两种方式。

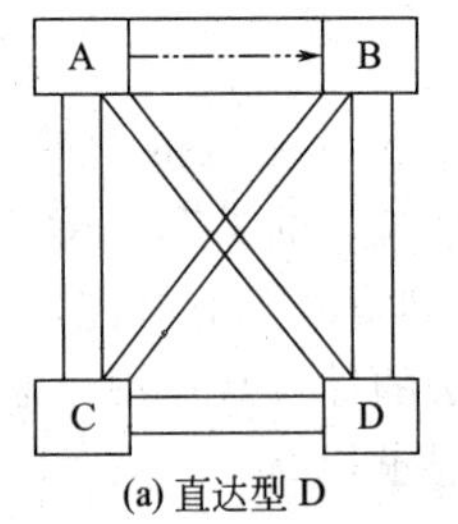

(a) 直达型 D

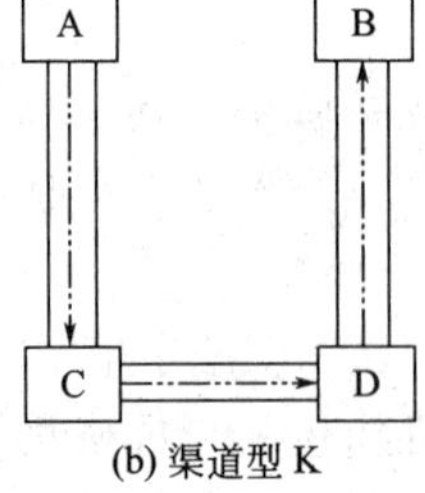

(b) 渠道型 K

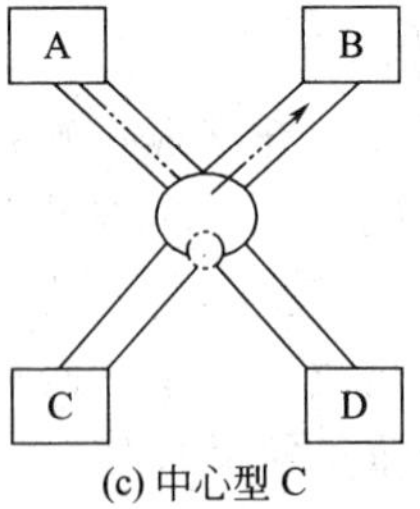

(c) 中心型 C

图 5-25　物料装卸搬运路线

1. 直达型 D

直达型路线上各种物料从起点到终点经过的路线最短。当物流量大、距离短或距离中等时，一般采用这种方式最经济，尤其当物料有一定的特殊性而时间又较紧迫时更为有利。

2. 渠道型 K

渠道型路线是指一些物料在预定路线上移动，与来自不同地点的其他的物料一起运到同一个终点。当物流量为中等或少量而距离为中等或较长时，采用这种方式较为经济，尤其是当布置为不规则的分散布置时更为有利。

3. 中心型 C

中心型路线是指各种物料从起点移动到一个中心分拣处或分发地区，然后再运往终点。当物流量较小而距离中等或较远时，采用这种方式较为经济，尤其是当厂区外形基本上是方整的且管理水平较高时更为有利。

依据物料搬运的规则，要根据各种搬运路线结构的特点、距离与物流量的大小来选择物料装卸搬运的路线。直达型适用于距离短而物流量大的情况，间接型适用于距离长而物流量小的情况。如果物流量大而距离又长，则说明这种搬运不合理，如图 5-26 所示。

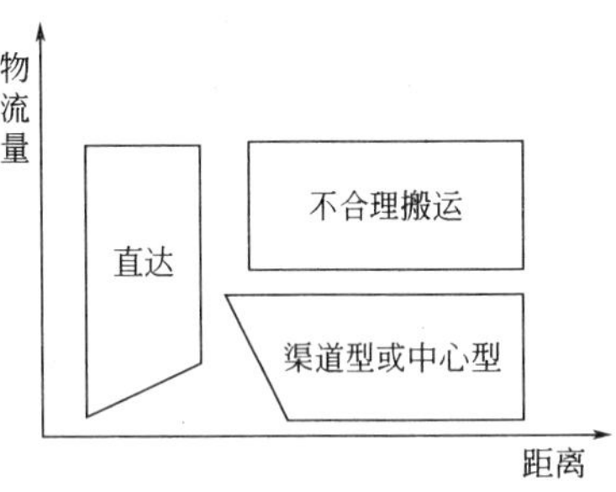

图 5-26　搬运路线的选择

（二）装卸搬运设备的选择准则

1. 根据作业性质和作业场合进行选择

明确作业是单纯的装卸或单纯的搬运，还是装卸搬运兼顾，从而可选择更合适的装卸搬运设备。作业场合不同，需要配置不同的装卸搬运机械。例如，在铁路专用线、仓库等场合，可选择龙门起重机；在库房、车间内，可选择桥式起重机；在集装箱港口码头，可选择岸边集装箱装卸桥、集装箱跨运车。

2. 根据作业形式进行选择

装卸搬运作业运动形式不同，需配备不同的装卸搬运机械。水平运动，可选用卡车、连续输送机、牵引车、小推车等；垂直运动，可选择提升机、起重机等；倾斜运动，可选择连续输送机、提升机等；垂直及水平运动，可选用叉车、起重机、升降机等；多平面式运动，可采用旋转起重机等。

3. 根据作业量进行选择

装卸搬运作业量大小决定机械设备应具有的作业能力，从而决定所需配备的机械设备的类型和数量。作业量大时，应选择作业能力较高的大型专用机械设备；作业量小时，最好采用构造简单、造价低廉而又能保持相当生产能力的中小型通用机械设备。

4. 根据货物种类和性质进行选择

货物的物理性质、化学性质以及外部形状和包装千差万别，有大小、轻重之分，有固体、液体、气体之分，又有成件、组装件之分，因而对装卸搬运设备的要求就不尽相同。选择装卸搬运设备时，应尽可能符合货物特性的要求，以保证作业安全和货物的完好。

5. 根据搬运距离进行选择

长距离搬运一般选用牵引车和挂车等运输设备，较短距离搬运可选用叉车、跨运车、连续运输机等机械设备。为了提高设备的利用率，应当结合设备种类和特点，使行车、货运、装卸、搬运等工作密切配合。

除了考虑上述原则外，对选用的装卸搬运设备本身，在技术上还应符合以下基本要求。

① 设备应符合其本身的基本用途，使用时，可靠耐用，效率高，操作方便，便于装配和拆卸，自重轻，动力消耗小。

② 设备能够适应不同的工作条件，设备生产率应满足现场作业的要求。

③ 对于同类货物应尽量选择同一类型的标准设备，便于维护保养，对于整个货场或仓

库内的装卸搬运设备也应该尽量避免其多样化，以减少这些设备所需的附属设备并简化技术管理工作。

④ 在作业量不大而货物种类繁杂的场合，应发展一机多用，扩大设备的适用范围，以适应多种货物的装卸作业，提高设备的利用率。

（三）装卸搬运设备系统

1. 半自动化系统

物料处理的半自动化系统是指在机械化的基础上，在局部关键的作业面上采用自动化设备，以提高作业效率，一般在分拣、运输环节实现自动化。比较常用的自动化设备有自动引导搬运车、自动分拣设备、机器人、活动货架等。

2. 自动化系统

当库区的物料处理的全部功能都实现自动作业，并且各作业环节相互连成一体，从入库到出库在整体上实现自动控制时，这样的物料处理系统称为自动化系统。自动化的优势来自于应用大量的自动化设备。它的缺点也是十分明显的，主要是投资额大，开发和应用技术比较复杂，维护工作难度高。

现代自动化分拣系统与半自动化系统不同的是，它需要把分拣作业前后的作业连接起来，并实现自动作业，从收到货物，接受处理，到出库装车，整个过程实现自动化。

自动化立体仓库的货架很高，可以高达 20 多米，所以在高架库中，从收货入库到出库装运全部实现自动化。自动化立体仓库的基本构成包括货架、存取设备、输入输出系统、控制系统。

（四）装卸搬运单元化

单元化时将状态和大小不同的物品，集装成一个实体单元，以便于一次性的拣起和移动，也叫集装单元化或单元载荷（Unit Load），它是物料在装卸搬运作业中的一个重要概念。装卸搬运单元是指物料运载时的状态，是装卸搬运物料的单位。基本上有三种可供选择的情况：散装、单件或集纳于容器中。

一般来说，散装搬运是最简单和最便宜的移动物料的方法。当然，物料在散装搬运中必须不被破坏、不受损失或不对周围环境造成威胁。散装搬运通常要求物料数量很大。

单件搬运常用于尺寸大、外形复杂、容易损坏和易于抓取或用夹子支起的物品。相当多的物料搬运设备是为这种情况设计的。使用各种容器要增加装、捆、扎、垛等作业环节，会增加投资；把用过的容器回收到发运地点，也要增加额外的搬运工作，而单件的搬运就比较容易。当“接近散装搬运”的物料流或采用流水线生产时，大量的小件搬运常常采用单件移动的方式。

除以上两种情况外，大部分的装卸搬运作业要使用容器或托盘。单件物品可以合并、聚集或分批地用桶、纸盒、箱子等组成搬运单元。用容器或搬运单元的最大好处就是既可以保护物品，又可以减少装卸费用。用托盘和托架、袋、包裹、箱子或板条箱、堆垛和捆扎的物品，叠装和用带捆扎的物品，盘、篮、网兜等都是搬运单元化的形式。

单元化是将规模思想应用到物料装卸搬运作业中，其效果已在物流环节中得到了很好的印证，它的优越性主要体现在如下几个方面。

① 集包装、装卸、搬运、运输、储存为一个系统，统筹规划，综合考虑，可以简化作业环节，节省费用，实现总体优化。

② 便于实现装卸搬运作业的机械化，减轻工人劳动强度，提高工作效率。

③ 减少货物变换环节，从而减少因变换而造成的货损货差，提高物流质量，节约人力、物力和费用。可以采用联运，减少交接装卸搬运手续，方便清点。

④ 减少了受气候影响的程度，保证正常作业，加速货物流转，提高效率。

四、装卸搬运作业的合理化

（一）装卸搬运作业要考虑的要素

在装卸搬运作业管理方面要考虑很多要素，如果没有对这些影响要素加以分析研究，往往无法达到预期的效果。因此，必须针对这些具体要素加以整理、分析，再决定采用何种设备及方法。装卸搬运作业要考虑的要素具体如下。

1. 搬运对象

搬运对象的种类、尺寸、形态、特性以及搬运量各不相同，在进行装卸搬运作业时要综合考虑这些因素对装卸搬运作业效果产生的影响。例如，货物的种类有固体、气体、液体之分；货物的尺寸有大有小，有规则的，也有不规则的；货物的形态有的是散装，有的是整箱，有的则是集装成托盘等；货物的特性有软有硬，有轻有重，有的被污染，也有的已经破损；搬运量更是不尽相同，有多有少，也有频繁与否之分等。

2. 移动

装卸搬运作业就是实现货物在垂直和水平两个方向的移动，而移动的起、终点，路径，距离，速度以及频率都要考虑周全。例如，根据移动的起、终点决定移动的路径是采用直接型还是间接型；移动的距离对装卸搬运设备的选择有很大的影响，长距离搬运一般选用牵引车和挂车等运输设备，而较短距离的搬运可选用叉车、跨运车以及连续输送的机械设备；移动速度高低和移动频率的连续或间断决定了物流作业的效率。

3. 方法

根据货物的形态（单件、整箱或是集装托盘），使用的设备（手推车、叉车、输送机、牵引车或挂车）和人员（一人、多人或无人）来确定搬运的方法。

4. 建筑物

包括建筑物的高度，通道的设计，地板表面的特性和载荷以及建筑物内的面积大小和环境条件（温度、湿度）等。例如，当建筑物内部作业面积受到限制，作业任务紧、时间短时，可采取分班轮流作业，以保持高效的作业连续性；地板的表面特性与地形条件也会影响装卸搬运设备的运行效率，只有充分考虑作业条件时，才能保证设备作业能力的实现并达到既安全又经济的目的。

（二）装卸搬运作业的合理化

1. 防止或消除无效作业

无效作业是指在装卸搬运作业活动中超出必要的装卸、搬运的作业过程。显然，防止或消除无效作业对装卸搬运作业的经济效益有重要作用。为了有效地防止和消除无效作业，可以从以下几个方面入手。

（1）尽量减少装卸次数

物流活动中，货损主要发生在装卸环节，而在整个物流活动中，装卸作业又是反复进行的。从发生的频率来讲，超过了任何其他活动，过多的装卸次数必然增加货损的可能性。从费用成本上来看，一次的装卸费用相当于几十公里的运输费用，因此，每增加一次装卸，物流费用就会大比例的增加。此外，减少装卸次数是提高物流速度的重要因素。

（2）提高被装卸物料的纯度

物料的纯度是指物料中含有的水分、杂质与物料本身使用无关的物质的多少。在反复装卸时，实际对这些无效物质反复消耗劳动，因而形成无效装卸。物料的纯度越高，则装卸作业的有效程度越高。反之，则无效作业就会增多。

（3）包装要适宜

包装是物流过程中不可缺少的辅助作业手段。包装过大、过重或是不规则，在装卸时实际上是反复在包装上消耗较大劳动，包装的轻薄化、简单化、实用化、标准化会不同程度的减少作用于包装上的无效劳动。

(4) 缩短搬运距离

物料在装卸搬运中，要实现垂直和水平两个方向的移动，选择最短的路线完成这一活动，就可以避免超越这一最短路线以上的无效劳动。

2. 充分利用重力

装卸搬运作业是通过对物料做功来实现其垂直和水平方向上的移动，在这一过程中，要尽可能实现作业的省力化。一方面要尽量消除重力的不利影响，而另一方面也要利用重力的有利影响来减轻劳动强度和减少能量的消耗。

利用货物本身的重量，进行有一定落差的装卸，以减少或根本不消耗动力，这是合理化装卸的重要方式。例如，将设有动力的小型运输带（板）斜放在货车、卡车或站台上进行装卸，使物料在倾斜的输送带（板）上依靠自身重力移动。在搬运作业中，将物料放在台车上，由器具承担物料的重量，人们不用亲自用手去搬，只要克服器具的滚动阻力，使物料水平移动即可。

利用重力式移动货架也是一种利用重力进行省力化的装卸方式。重力式移动货架的每层格均有一定的斜度，利用货箱或托盘可自己沿着倾斜的货架层滑到输送机械上。为了使物料滑动的阻力越小越好，通常货架表面处理的十分光滑，或者在货架层上装有滚轮，也有在承重商品的货箱或托盘上装有滚轮，这样将滑动摩擦转化为滚动摩擦，物料移动时所受到的阻力会更小。

3. 提高装卸搬运活性

搬运处于静止状态的物料时，需要考虑搬运作业所必需的人工作业。物料搬运的难易程度称为活性，用活性系数 α 来衡量。所需的人工越多，活性就越低；反之，所需的人工越少，活性越高，但相应的投资费用也就越高。为了对活性有所区分，对于不同放置状态下的货物做了不同的活性规定，这就是装卸搬运活性系数，分为 0～4 共 5 个等级，具体划分如表 5-3 所示。

表 5-3 活性的区分和活性系数

物品状态	作业说明	作业种类				活性系数
		集中	搬起	升起	运走	
散放在地面	集中、搬起、升起、运走	√	√	√	√	0
集装箱中	搬起、升起、运走（已集中）	×	√	√	√	1
托盘上	升起、运走（已搬起）	×	×	√	√	2
车中	运走（不用升起）	×	×	×	√	3
运输着的输送机上	不需要（保持运动）	×	×	×	×	4
运动着的物体	不需要（保持运动）	×	×	×	×	4

① 0 级　货物处于散乱堆放在地面的状态。进行下一步装卸必须进行包装或打捆，或者只能一件件操作处置，因而不能立即实现装卸或者说装卸速度很慢。

② 1 级　货物包装好或捆扎好后放置在地面的状态。再下一步装卸时可直接对整体货物进行操作。但操作时需要支起、穿绳、挂索或支垫入叉，要进行装卸搬运前的预操作，不能取得很快的装卸搬运速度。

③ 2 级　货物形成集装箱或托盘集装状态，或对已组合成捆的、堆好或捆扎好的货物，进行预垫或预挂，装卸机具能立刻起吊或入叉的状态。

④ 3 级　货物被放于搬运车、台车上，或用起重机吊钩住，动力车辆能随时将车、货拖走的状态。

⑤ 4 级　货物预置在动力车辆或传送带上，即刻进入运动状态，而不需要作任何预先准备，直接作业的状态。

通过以上分析，考虑提高某些作业活性系数，如活性系数为 0 的散放货物，可以通过放入容器中（活性系数变为 1），或码放在托盘上（活性系数为 2），来提升搬运活性，提高工作效率。还可以计算平均活性系数，平均活性系数＝活性系数总和/作业工序数，从而采用不同的改进方法。

① 平均活性系数低于 0.5　有效利用集装器具、手推车；

② 平均活性系数 0.5～1.3　有效利用动力搬运车、叉车、卡车；

③ 平均活性系数 1.3～2.3　有效利用输送机、自动导引车；

④ 平均活性系数 2.3 以上　从设备、方法方面进一步减少搬运工序数。

总之，活性系数越高，所需人工越少，但设备的投入越多。在进行装卸搬运时，要综合考虑实施效益以及实施的可能性。

4. 实现装卸搬运的机械化

机械化是指在装卸搬运作业中，合理适当地使用一些装卸搬运机械来替代人工作业，实现装卸搬运作业的省力化和效率化的作业方式。通过机械化改善物流作业环境，将人力从繁重的体力劳动中解放出来。当然，机械化的程度除了技术因素外，还与物流费用的承担能力等经济因素有关。机械化的实施原则是将人和机械合理地组合在一起，发挥各自特长，实现经济效益最优。

5. 合理安排装卸搬运作业过程

合理安排装卸搬运作业过程是指对整个装卸搬运作业的连续性进行合理的安排，以减少运输距离和装卸次数的活动。装卸搬运作业现场的平面布置是直接关系到装卸、搬运距离的关键因素，装卸搬运机械要与货场长度、货位面积等相互协调。要有足够的场地集结货场，并满足装卸搬运机械化的要求，场内的道路布置要为装卸搬运创造良好的条件，有利于加速货位的周转，使装卸搬运的距离达到最短。

提高装卸搬运作业的连续性应该做到：作业现场装卸搬运机械合理衔接；不同的装卸搬运作业在相互联结使用时，力求使它们的装卸搬运速度相等或接近；充分发挥装卸搬运调度人员的作用等。

复习思考题

1. 仓储作业过程包含哪几个方面？仓储作业过程的特征有哪些？
2. 常见的卸货辅助设施有哪几种？
3. 货品验收的要求和内容各是什么？
4. 办理货品的入库交接包含哪几个方面的内容？
5. 分析比较几种常用储存策略的优缺点？
6. 简要概述库存货品可能发生的变化和损耗及影响货品保管质量的因素。
7. 盘点的作用有哪些？分析比较期末盘点法和循环盘点法的不同之处。
8. 与生产加工相比，流通加工有哪些特点？实现流通加工合理化的途径有哪些？
9. 货品出库的主要方式有哪几种？货品出库的作业流程包含哪几方面的内容？

10. 货品出库在自提方式和送货方式下的单证流转有哪些不同？
11. 传统订货作业和电子订货作业各有哪几种作业方式？
12. 装卸搬运作业的含义和特点是什么？它有哪些作业方式？
13. 装卸搬运路线有哪几种类型？在选择装卸搬运设备时应遵循哪些原则？
14. 货品在进行装卸搬运作业时应考虑那些要素？如何实现装卸搬运作业的合理化？
15. 你认为在仓储作业管理中还应该包含哪些方面的内容？

参考文献

[1] 田源．仓储管理［M］．北京：机械工业出版社，2005.
[2] 李雪松等．现代物流仓储与配送［M］．北京：中国水利水电出版社，2007.
[3] 马士华，林勇．供应链管理［M］．北京：机械工业出版社，2005.
[4] 丁立言，张铎．仓储规划与技术［M］．北京：清华大学出版社，2003.
[5] 张蕾．论质量管理的过程方法［J］．安徽电子信息职业技术学院学报，2006（3）：62，65.
[6] 吴迪．供应链管理：系统集成与知识联盟［J］．吉林大学社会科学学报，2000（4）：30-33.
[7] 张远昌．仓储管理与库存控制［M］．北京：中国纺织出版社，2004.
[8] 刘立户．高效的物料与仓储管理［M］．北京：北京大学出版社，2004.
[9] 刘军，左声龙．现代仓储作业管理［M］．北京：中国物资出版社，2006.
[10] 秦同瞬，杨承新．物流机械技术［M］．北京：人民交通出版社，2004.
[11] 郭元萍．仓储管理与实务［M］．北京：中国轻工业出版社，2005.
[12] 高晓亮，尹俊敏，甘卫华．仓储与配送管理［M］．北京：清华大学出版社，北京交通大学出版社，2006.
[13] 徐杰，田源．采购与仓储管理［M］．北京：清华大学出版社，北京交通大学出版社，2004.

第六章　仓储货品与储位管理

货品与储位管理是仓储管理的重要环节。本章介绍了货品与储位的概念、特征及分类，阐述了货品与储位的具体管理方法与编码方法。

第一节　仓储货品与储位概述

货品与储位具有明显的依存关系，对于仓储货品来说具有其别于一般货品的特点；储位作为货品的载体也同样具有自身的特点和性质。了解仓储货品与储位的基本概念后有助于更好的进行货品与储位管理。

一、仓储货品及其特征

所谓货品是指经济活动中涉及实体流动的物质资料。物质资料要成为物流中的货品，须满足两个基本条件：第一，货品是经济活动中的物质资料，而不是自然现象中的物质资料；第二，货品是有实体流动的物质资料，而不是静止的物质资料。仓储货品尽管仓储时间有长有短，但总归或者是送交生产领域或者送交销售领域，货品具有相对的流动性。可以形象的理解为仓库不过是货品流动生命旅程中的一处休憩和调理的场所。

仓储货品是货品物流过程中的一种状态，其具备的特点如下。

① 仓储货品在仓储过程中不发生价值转移。仓储货品是货品物流过程的中转站，即仓储货品有明确的来源和去处，并且仓储货品不会在仓储过程中展现其使用价值，仓储的重要功能是保持货品的使用价值。

② 仓储货品需要细心的保管。仓储货品通常种类繁多，数量巨大，并且储存条件各有差别，同时有些货品储存时间很长，因此需要对仓储货品进行特别的保管照料，并且制定出针对货品管理的一系列方案和规则。

③ 仓储货品具有单元化集成储放的特点。因为仓储货品数量巨大，为合理利用仓储空间和加快货品存取速度，仓储货品通常单元化储放，最大限度的方便运输和堆垛。

二、储位的概念与分类

（一）储位的概念

所谓储位，简单的理解就是货品在仓库内的储放位置。假定仓储非常小只能容纳几件货品，自然无所谓安排具体的储放位置，随着仓库的容量越大，货品的种类越多，对储位的安排就愈发重要。储位的出现是对仓储货品进行科学管理的重要条件。现代大型仓库内储位的层次很多，就如同大型的图书馆。储位的安排与细化方便了对货品的系统管理。

（二）储位的分类与特点

根据仓储活动的业务流程，可以将储位划分为暂存区储位、保管区储位和分拣区储位。

1. 暂存区储位

暂存区分为入库暂存区和出库暂存区，位置上一般分处仓库的两端。货品入库后要先将货品存于暂存区，然后根据下一步的业务要求对入库的货品作相关的处理。货品出库亦类似，经过拣选的货品集中于出库暂存区，然后根据具体的配送安排指定货品装车。暂存区储位的特点如下。

① 暂存区储位相对简单，一般不设货品种类对储位的固定安排。在暂存区货品堆垛的高度不宜很高。

② 目视管理。暂存区是个业务繁忙，人流、设备混杂的地方，不管是入库还是出库，都需要借助看板、颜色、标牌来指导工作人员进行操作。

2. 保管区储位

保管区通常是仓库的核心储区，货品经过入库安排后，就被安排到保管区储放。保管区储位要求管理严格，每个储位都要有明确的标识和储放特性。根据储放货品性质的不同，保管区储位也有很多类别，比如根据保管要求不同，可以分为普通储位和特殊储位；根据储放设备的不同分为，托盘式储位、料架式储位、容器式储位等。保管区储位的主要特点如下。

① 储放条件严格。因为货品在保管区数量庞大，时间较长，不可能时时检查货品的存放状态，为确保货品的质量，通常对保管储区储位要严格要求。

② 储位的一贯性。保管区的储位一旦被确定，不可随意变更。因为保管区域的扩大可以新增部分储位，但原来储位的标识不能变更，以免造成记录信息的混乱。

3. 分拣区储位

分拣区是仓库用来拣货的区域。此区域货品流动速率很快，人员设备密集。分拣区储位分拣选前储位和拣选后储位，拣选前储位通常排成流水线，供工人或设备操作；拣选后储位是指拣选出的货品的储放位置。拣选出的货品通常按照货品的类别集中储放，然后送到出库暂存区。分拣区储位的最大特点是具有流动性。

三、仓储货品与储位的相互关系

货品与储位是相互依存的关系，货品存放于储位上，储位存放着货品。对于依存性较强事物的管理，通常要做一体化考虑，比如对于储位的分类安排首先要参照货品的分类特性；对于储放设备的选择首先要参照货品的保管条件等。

货品要依存于储位实现其在仓库内的属性维持以及位置变动。储位对于货品的影响主要表现如下。

① 储位影响货品的质量。一般说来，货品的存放时间越长，质量就越差。而企业一旦出现库存积压，货品长时间无法周转，价值很容易打折扣，因此储位的保管特性和条件很大程度上决定了货品的质量状况。

② 储位影响货品的存取效率。进行储位规划一方面要优化仓储空间的利用效率，另一方面要加快货品的存取效率。储位能影响货品存取的方便程度以及对机械设备的利用效率。

第二节　仓储货品管理

货品作为仓储的主体始终贯穿于仓储管理的方方面面，狭义地讲，仓储管理其实就是对货品从订购、进库、在库以及出库整个过程的管理。货品管理部分主要涉及的是对货品的分类与存放、货品的维护与保养以及货品的安全事宜。

一、仓储货品管理概述

（一）仓储货品管理的概念

广义的仓储货品管理是指为了实现货品在价值链上的转移，在入库验收、保管、加工、出库等一系列仓储环节上对货品数量与质量的管理控制活动。仓储货品管理从字面上就可理解为货品在仓储范围内的管理，货品的状态和属性在仓储业务过程中分为常规性储放和变化性储放。变化性储放是指货品在入库和出库时的属性是不同的，即货品在仓库内经过了加工或包装处理；对于常规性储放，仓库对其行使的是保管功能，对货品的管理重心在于为货品安排适宜的储放地点，并且维持货品的各项属性不变，保证货品的价值不发生流失。

狭义的仓储货品管理主要是指对仓库内货品的保管管理，包括货品分类、货品安置、货品清查、货品维护、货品安全等内容。

（二）仓储货品管理的意义与任务

搞好货品管理是保证企业生产正常进行和取得良好经济效益的重要条件，无论是生产导向型仓库还是销售导向型仓库，亦或是第三方物流仓库，货品始终是企业进行任何业务活动的原动力，没有货品，巧妇无米，一切枉然，因此对货品的管理是企业的重中之重，仓储货品管理的意义如下。

① 货品管理是保证企业生产经营活动正常进行的物质前提。现代化大生产增加了货品管理的复杂性。现代化生产的规模大，产品品种多，技术复杂，生产的社会化程度高。因此，生产中所需要的货品数量大，品种、规格、型号繁多，供应来源广，给货品管理工作带来了许多新的问题。在企业所需的少至几十种、多至上万种货品中，一旦发生供应不正常或不及时，企业的生产活动就有可能发生中断，使设备和人员不能得到充分利用，生产能力不能得到充分发挥，使产量减少，收入下降，造成严重的经济损失。

② 有助于降低生产成本，提高企业效益。我国的工业企业中，材料费用在成本中所占比重很大，一般在一半以上，有的竟达80%左右。随着劳动生产率的提高，比重尚有提高的趋势。加强货品管理，降低单位产品的货品消耗，降低原材料的进厂价格和采购、存储费用，对于降低产品成本、提高企业效益具有很大的影响。

③ 有助于规范仓储管理活动，加快作业效率。仓储管理的第一对象是货品，仓储业务活动围绕货品进行，货品不存在，一切活动都无意义。加强货品管理可以有效规范仓储活动，加强作业秩序，减少意外情况的发生。

④ 保持货品的使用价值，防止价值缺失。保管的最重要职能是维持货品的使用价值，倘若货品在存储过程中发生变质损坏，导致货品的使用价值丧失，不但影响后续活动的展开，并且无形中浪费了仓储成本。加强货品管理可以最大程度上避免此类情况的发生。经常性的检查可以避免出现恶性后果。

在社会再生产过程中，货品的分配和供应反映了企业与企业在货品交换中错综复杂的经济关系。特别是随着现代科学技术的迅速发展，企业的生产规模不断扩大，社会分工和协作关系日益精细，企业所需货品不但数量大，品种规格多，而且千变万化，使生产资料的分配和流通过程更趋复杂化。仓储货品管理的基本任务包括如下几点。

① 制定仓储货品计划，掌握货品的供求情况。企业通过深入的调查研究，一方面要根据生产计划掌握生产中需要什么货品，需要多少，什么时候需要；另一方面要掌握货品供应的可能条件以及供应来源和供应渠道等。只有充分掌握货品供求情况及其变化规律，才能提高货品管理的主动性和计划性。

② 根据制定的货品供应计划，搞好货品的订货、采购、运输、仓库保管、发放等一系列供应组织工作。

③ 贯彻对库存货品的监管与护养工作。有条件的企业最好成立货品质量维护小组，专门负责货品存放条件的维护和监督，以及定期对货品存放状态的检查等工作。尤其对于对外界条件比较敏感的货品，更要细心对待，贯彻货品护养标准和方法。

④ 定期进行货品使用与效益评价。仓库长时间不进行清仓，会导致积压库存增多、库区有效面积减少，企业效益降低等。因此，货品管理还有一个任务是定期对货品进行评估，包括货品的数量，周转频率，保管成本与效益的统计与分析。对于积压库存要及时处理，过

时或成为企业负担的货品要进行清理或替代。

二、仓储货品的分类管理

（一）仓储货品分类管理的目的与原则

货品分类是指为了一定目的或需要，根据货品的属性或特征，选择适当的分类标志将货品划分不同类别并形成系统的过程。货品分类的意义表现在如下几个方面。

① 货品分类是进行货品管理的基础。譬如，将学生按学院、系、班级分类是学校管理的基础。对货品的管理同理。

② 清楚分层归类，可以提高管理效率。表现在能减少作业的行走移动距离，并使存取人员更容易记忆货品位置；方便货品的分配与调拨；便于记账及统计分析；便于物流中心货品的联合与委托采购。

③ 可作为货品编码的依据。编码是货品进行计算机管理的基础，对货品进行编码往往依赖于货品的分类。

④ 是储位管理的基础。货品与储位如同一枚硬币的两面，不可分割。储位管理的任务之一是对储位进行分类，而储位的分类多数情况下与货品分类相一致。

如果货品的种数比较繁多，对货品的分类就显得很关键，在分类时应该遵循的基本原则如下。

① 应按照统一标准，自大分类至小分类依同一原理区分，合乎逻辑。

② 必须根据企业本身的需要，来选择适用的分类形式。

③ 必须有系统地展开，逐次细分，方能层次分明。

④ 应明确而相互排斥，当一产品已归于某类，绝不可能再分至他类。

⑤ 必须具有完全性、普通性，分类系统应能包罗万象适用于广大的地区类别，使所有货品均能清楚归类。

⑥ 应有不变性，即货品一经确定其类别后，便不可任意变更，以免造成混乱。

⑦ 应有伸缩性，以便随时可增列新货品或新产品。

⑧ 必须确切实用，绝不可流于空想。

（二）仓储货品的分类方法

货品的种类繁多才需要分类，而仓库的类型不同导致货品种类数量差异巨大，比如专门的原材料储存仓库，可能仅仅储放几种原材料；大型的物流配送仓库，货品的种类可能有几千种。因此对货品的分类复杂而没有统一的标准，仓库的类型不同，分类的依据也千差万别。表 6-1 列出了制造业仓储货品的一些分类方法。

对于物流中心，货品的种类常常达到几千到上万，分类往往呈现多样化，管理人员通常根据仓储自身业务的特点结合仓库布局、客户要求等设置分类体系。常用的分类方法如下。

① 根据货品的储放特性来划分。物流中心通常储放货品数量众多，储位有限，为了最大程度的发挥储放效率，通常按货品的储放特性来分类，储放特性或储放规格相似的货品归为一类。比如根据对温度和湿度的要求可以分为常温保管货品、低温保管货品、干燥保管货品等。

② 根据货品的处理层次划分。有的货品到货后要立即进行配送，有些货品却要在库内保管很长时间，还有些货品需要进行流通加工，货品在库内的处理层次不同，保管时间不同，对其管理亦不同，如果物流中心货品在这些方面分化明显，可以就此方法进行分类管理。

③ 根据货品的来源或去处划分。物流企业往往承接着上游的供应商或生产商以及下游

表 6-1 制造业货品分类

依据	小类	说明
用途	原料	产品的主要材料
	零配件	产品的重要组成部分
	半成品	加工组装过，但未成形的产品
	制成品	加工完毕可以出厂的产品
按会计成本	直接材料	原材料、零部件等。会计上列入直接材料成本
	间接材料	辅助性材料，不构成产品部件。会计上列入制造费用
	消耗性材料	如文具用品、医疗卫生用品、体育康乐器材等消耗性用品，依会计科目分类而处理
形态	素材	仍需加工的材料
	成型材料	加工完毕的，例如零部件
性质	一般货品	无需特殊维护的货品
	危险货品	需特别防护，安全处置的货品
	易变质货品	需防腐、防潮、防虫害、防热的货品
	贵重货品	需特别看护
采购方式	统一采购	实施集中采购
	非统一采购	分散给各部门单独采购
采购来源	国内采购	供货商来自国内
	国外采购	供货商来自国外
重要性	A 重要货品	ABC 分类法，是广泛应用的库存控制方法
	B 一般货品	
	C 次要货品	

的客户或分销商，对于供货商或客户数量较少，订货频率较高，货品类目较杂的情况可以考虑根据货品来源或去处进行分类，以满足客户需求，加强客户服务质量。

④ 根据货品的通用属性划分。这是零售类仓库最常用的一种分类方法。根据货品的通用属性可以分为服装、生活用品、家电用品、体育建材、娱乐文化、食品、保健等类别。按通用属性分类，思路清晰，易于管理，方便订购和销售。

（三）仓储货品 ABC 分类管理法

货品的 ABC 分类法起源于 Pareto 定律。Pareto 是 19 世纪意大利的一位经济学家，他发现当时意大利 80%的财富集中在 20%的人手里。后来他将这一理论扩展并出版了一本书专门论述这一定律，Pareto 定律也称 80/20 法则。1951 年，管理学家戴克（H. F. Dickie）将这一理论应用于库存管理，命名为 ABC 分类法。

所谓 ABC 分类就是将各种货品按其价值高低依次排列，以每个品种的库存资金占总库存资金的累计百分比为基础，将排好顺序的货品分为 ABC 三类，对每类货品采用不同的控制方法。将品种数量少、价值高、占用资金多的货品，划为 A 类，采取重点严格控制；将品种数量较少，价值中等的货品划为 B 类，采取一般控制；将品种数量繁多，而价值又低的货品划为 C 类，采取较为简便的方法加以控制。在一般情况下，三种类型的货品，其品种、数量和价值的关系大致如表 6-2 所示。

表 6-2 ABC 分类的数量关系

货品分类	货品的数量比率	货品的价值比率	控制策略
A	5%～15%	60%～70%	重点对待
B	30%～40%	20%～30%	一般对待
C	50%～60%	5%～10%	简单对待

ABC 分类法是库存控制中广泛应用的方法，此处作简略说明，将在下一章库存管理中给出详细介绍。

三、库存货品的维护与保养

（一）库存货品的维护与保养概述

1. 货品护养的概念

货品护养是指货品在储存过程中对其进行的维护和保养。货品只能在一定的时间内，一定的条件下，保持其质量的稳定性。货品经过一定的时间，会发生质量变化，这种情况在运输和储存中都会出现。而且货品不同，其质量变化的快慢程度也不同。易发生变质的货品，对它的流动时间限制就越大，就越需要对其进行维护和保养。

要做好货品护养工作，首先必须研究货品储存期间导致其质量变化的两个因素。第一个因素是货品本身的自然属性，即货品的结构、成分和性质等；第二个因素是货品的储存环境，包括空气的温度、湿度及氧气、阳光、微生物等。

2. 货品护养的目的

货品护养的目的在于维护货品的质量，保护货品的使用价值。因此，货品护养的内容主要有两方面：一方面是研究货品在储存过程中受内外因素的影响，质量发生变化的规律；另一方面是研究安全储存货品的科学护养方法，以保证货品的质量，避免和减少货品损失。

随着我国物流业的蓬勃发展，仓库储存货品的数量不断增加，品种向多样化发展，而且随着科学技术的发展和科技水平的提高，又会使新工艺、新材料不断涌现，这就对货品护养工作提出了新的要求。因此，要搞好货品护养工作，就要不断地学习，了解各种新产品、新材料的性质，并采取新的护养技术与方法，推动货品护养科学化的进程，保证货品安全储存。

3. 货品护养的任务

（1）建立健全必要的规章制度

为做好货品的护养工作，应建立健全相应的规章制度。如岗位责任制，以便明确责任，更好地按照制度的要求，完成护养工作。

（2）加强货品的入库验收

货品入库验收时，一定要将货品的品种、规格和数量与货单核对是否相符；同时检查商品的包装是否完好，有无破损；检验货品温度与含水量是否符合入库要求；检验货品是否发生虫蛀、霉变、锈蚀、老化等质量变化。

（3）适当安排储存场所

应按照货品的不同特性，适当安排储存场所。易霉变及易生锈货品应储存在较干燥的库房；易挥发及易燃易爆货品，应储存在低温干燥的地下或半地下库房；贵重货品要储存在楼上防潮条件优越的库房内，同时配备空调与去湿机等设备。

（4）加强仓库温湿度的控制

要想控制好温湿度，必须掌握气温变化规律，做好库内温湿度的测定工作，以便更好地对仓库的温湿度进行控制和调节。

(5) 搞好环境卫生

为使货品安全储存，必须保持环境卫生。库房的各个角落均应清扫干净，做好货品入库前的清仓消毒工作，将库房的清洁卫生工作持久化、制度化，杜绝一切虫鼠生存的空间，做好有效的防治工作。

(6) 做好在库货品的检验工作

对在库货品，应根据其本身特性及质量变化规律，结合气候条件和储存环境实行定期或不定期检查，及时掌握货品质量变化的动态，发现问题及时解决。

(二) 货品发生质量变化的影响因素

货品储存期间会发生质量变化，其质量变化的影响因素是多方面的。例如，霉变、虫蛀、锈蚀、老化是工业品货品储存期间最易发生质量变化的几大影响因素。

1. 霉变

货品霉变主要是由霉菌引起的。由于霉菌在货品中进行新陈代谢作用，把货品中的营养物质变成各种代谢物，从而降低货品的物理力学性能，产生霉臭气味，甚至出现长毛现象，严重者丧失其使用价值。发生霉变的三个条件如下。

① 货品含水量与湿度　水对霉菌孢子的萌发，营养物质的吸收，新陈代谢与酶的生化作用等都有一定作用，而水分的主要来源是货品本身所含的水分。

② 库房的温湿度　大多数霉变微生物属于中温中湿型，最适生长温度为25～37℃，在相对湿度75%以上可以正常发育，库房的温度主要影响酶的活性。在25～28℃时，霉菌体内酶的活性最强，代谢便随之加速，生长繁殖也旺盛。

③ 适量的氧气　在无氧或空气流通的地方，均不易发生霉变。

2. 虫蛀

货品在储存过程中常常受到各种害虫的侵袭，害虫不仅能蛀食、污染动植物性货品，有时还会危害塑料、化纤等高分子货品，使货品完全失去使用价值。所以，虫蛀也是货品储存过程中的主要生物危害之一。

仓虫大多数来源于农作物，其食性广泛，生殖力强。对环境条件有很大的适应性和抵抗能力。用药物防治害虫时，如果浓度低或剂量不足，剩余的个别仓虫通过长期世代遗传，可能形成对某种药物的抗药性。因此，仓虫能在仓库这种特定的环境下生活与繁殖。仓虫主要为鞘翅目与鳞翅目昆虫，仓库的环境因素，特别是温度、湿度与食物对害虫的生长有极大的影响。

3. 锈蚀

又称腐蚀，是指金属与其所接触的物质发生化学或电化学作用引起的破坏现象，其本质是氧化还原反应。

金属制品在储存中易被潮湿大气锈蚀。锈蚀过程就是在金属制品表面形成的水膜下发生的电化学反应过程。所以，相对湿度的大小直接影响着金属锈蚀的快慢。当空气中相对湿度较小时，制品只会发生化学锈蚀。当相对湿度逐渐增大直到在金属表面形成的水膜足以满足电化学锈蚀的需要时，锈蚀的速度则明显加快，这时的相对湿度值称为临界湿度。一般金属锈蚀的临界湿度在70%左右。金属制品表面粗糙，结构复杂，表面吸附有盐类、尘埃和有害气体时都能降低锈蚀的临界湿度。

4. 老化

高分子材料在生产、加工、储存、使用过程中，由于内外因素的综合影响，使其失去原有的优良性能，以致最后丧失使用价值，这种变化称为老化。可能会加速货品老化的因素如下。

① 日光 光的波长越短，能量越大。高分子吸收光的能量后获得能量，处于激发态，能产生光物理作用或光化学反应，导致材料老化。

② 热 温度升高，会促使分子的热运动加速，从而促进高分子材料发生氧化裂解反应。

③ 氧及臭氧 高分子材料对大气中的氧是很敏感的，特别是在光的引发与热的作用下极易发生光老化与热老化。臭氧分解生成的原子态氧，活性大，破坏性大，在光的活化下光臭氧老化更为强烈。含有双键的高分子与臭氧结合生成臭氧化合物，这种现象称为“臭氧龟裂”。

④ 相对湿度 夏天的骤雨洒在晒热的高分子材料上，会引起热冲击作用，使表面突然冷却，产生一定的应力。雨水、凝露形成的水膜能使水溶性物质（增塑剂、亲水基团等）被溶出，从而加速老化。

（三）库存货品的维护与保养方法

1. 温湿度控制

影响仓储货品质量变化的环境因素有很多，其中最重要的是仓库的温湿度。货品对温度和湿度都有一定的适应范围，如果超过此范围就会产生不良影响，甚至会发生质的变化。因此，货品护养的首要问题就是采用科学的方法控制与调节温湿度，使之适合于货品的储存，以保证货品完好无损。

（1）温度

温度是指物体（包括空气）冷热的程度。温度的变化，可以提高或降低货品的含水量，引起某些易溶、易挥发的液体货品以及有生理机能的货品发生质量变化。为此，必须对仓库提出适合于货品长期安全储存的温度界限，即“安全温度”。对一般货品来说，只要求最高温度界限；一些怕冻货品和鲜活货品，则要求最低温度界限。

（2）湿度

湿度是指空气中水蒸气含量的程度。空气湿度的表示方法有绝对湿度、饱和湿度、相对湿度等。相对湿度对仓储货品的质量有较大的影响，因此掌握空气的相对湿度对货品保管护养至关重要。

（3）温湿度控制的方法

温湿度是货品质量变化的重要因素。控制与调节温湿度，必须熟悉货品的性能，了解商品质量的变化规律及货品储存的最适宜温湿度；掌握本地区的气候变化规律及气象、气候知识；采取相应措施控制温湿度的变化，对不适宜货品储存的温湿度要及时调节，保持适宜商品安全储存的环境。最常用的方法有密封、通风、吸湿等。

2. 金属制品的护养处理

金属制品在储存期间发生锈蚀，不仅影响外观质量，造成货品陈旧，而且使其机械强度下降，从而降低其使用价值，严重者甚至报废。如各种刀具因锈蚀使其表面形成斑点、凹陷，难以平整并保持锋利；精密仪器锈蚀，可能影响其使用的精确度。金属制品的护养方法如下。

（1）选择适宜的保管场所

保管金属制品的场所，不论是库内库外，均应清洁干燥，不得与酸、碱、粉末类物质相互混放。

（2）保持库房干燥

相对湿度在60%以下，就可以防止金属制品表面凝结水分至生成电解液层而使金属制品遭受化学腐蚀。但相对湿度60%以下较难达到，一般库房应控制相对湿度在65%～70%左右。

(3) 塑料封存

就是利用塑料对水蒸气及空气中腐蚀性物质进行隔离，防止金属制品在环境因素作用下发生锈蚀。

(4) 涂油防锈

涂油防锈是金属制品防锈的常用方法。它是在金属表面涂刷一层油脂薄膜，使货品在一定程度上与大气隔离开来，达到防锈的目的。这种方法省时、省力、节约、方便且防锈性能较好。

(5) 气相防锈

气相防锈是利用挥发性缓蚀剂，在金属制品周围挥发缓蚀气体，来阻隔腐蚀介质的腐蚀作用，以达到防锈目的。

3. 虫害与霉变的防治

(1) 虫害的防治方法

① 杜绝仓库害虫的来源　对付虫害一定要以防为主，做好仓库的环境清洁工作。

② 物理防治　就是利用物理因素（光、电、热、冷冻、原子能、超声波、远红外线、微波及高频振荡等）破坏害虫的生理机能与机体结构，使其不能生存或抑制其繁殖。

③ 化学防治　就是利用化学药剂直接或间接毒杀害虫的方法。

(2) 霉变的防治方法

① 常规防霉　常规防霉可以采用低温防霉法与干燥防霉法。低温防霉法就是根据货品的不同性能，控制和调节仓库温度，使货品温度降至霉菌生长繁殖的最低温度界限以下抑制其生长；干燥防霉法就是降低仓库环境中的湿度和货品本身的含水量，使霉菌得不到生长繁殖所需要的水分，达到防霉变的目的。

② 药剂防霉　是将对霉变微生物具有杀灭或抑制作用的化学药品喷洒到货品上，如苯甲酸及其钠盐可对食品防腐，托布津可对果菜防腐保鲜，水杨酰苯胺及五氯酚钠等可对各类日用工业品及纺织品、服装鞋帽等防腐。防霉药剂能够直接干扰霉菌的生长繁殖。理想的防霉药剂，应当是灭菌效果好毒害小。

③ 气相防霉　就是利用气相防霉剂散发出的气体，抑制或毒杀货品上的霉菌。这是一种较先进的防霉方法。用法是把挥发物放在货品的包装内或密封垛内。对已经发生霉变但可以救治的货品应立即采取措施，根据货品性质可选用晾晒、加热消毒、烘烤、熏蒸等办法，以减少损失。

四、仓储货品的保管与安全

(一) 易潮货品的保管

湿度过大会使这些货品生霉腐烂、潮解、溶化、结块失效。因此，应做好易潮货品的保管工作。

1. 通风降潮

① 当库内湿度大、库外空气比较干燥时，就可以利用通风降低库内湿度。通风降潮时不但要比较仓库内外湿度，而且要比较温度，经过计算后再决定是否适宜通风。

把当时的库外空气排入室内后，相对湿度的计算公式如下

$$\text{相对湿度}=\frac{\text{库外相对湿度}\times\text{库外饱和湿度}}{\text{库内饱和湿度}}=\frac{\text{库外绝对湿度}}{\text{库内相对湿度}}$$

若相对湿度<库内相对湿度，则可通风，否则就不能通风降潮。因此，当库外温度、相对湿度都低于库内时可以通风；库外温度稍高于库内，但不超过3℃，绝对湿度和相对湿度都低于库内时可以通风；库外温度高于库内温度在3℃以上时，虽绝对湿度和相对湿度都比库内

低，一般不进行通风；库外温度低于库内，但绝对湿度和相对湿度都大于库内时不能通风。

② 当库内温度大，又不能采用通风方式降低湿度时，可采用吸湿剂降低库内的湿度。

2. 密封防潮

做好仓库的维护管理，保持良好的密闭性，雨季应事先清理排水沟，确保通畅，风雨天应及时检查有无漏水及地面反潮现象。同时，进行良好的防潮包装，密封的货品及包装必须干燥，没有任何霉变迹象。密封所使用的材料，必须符合防潮、隔潮等要求。一旦货品受潮，应及时采取措施降潮或晾晒。

3. 通电驱潮

利用某些电器通电后产生的热量驱除潮气。一般有绕组线圈的电器货品内部受潮后可采取通电驱潮的方法。但要注意货品的电气性能，否则容易发生事故。

（二）易燃易爆等危险货品的保管

1. 易燃液体的保管

易燃液体在常温下以液体形态存在，极易挥发和燃烧。根据闪点（可燃性液体或固体表面产生的蒸气在试验火焰作用下被闪燃时的最低温度）的高低，可将其分为低闪点液体（闪点＜18℃，如汽油）、中闪点液体（闪点为18～23℃，如丙酮）和高闪点液体（闪点为23～61℃，如二甲苯）。易燃液体有高度易燃性、挥发性、爆炸性、流动性及漂浮性、受热膨胀性等特点。应从以下几方面进行保管。

① 易燃液体在常温下不断挥发出可燃蒸气，其蒸气一般均有毒性，有时还有麻醉性，所以在入库时必须严格检查包装是否漏损，在储存期内也应定期检查，发现问题及时解决。同时，库房必须通风，作业人员应穿戴相应的防护用品，以免发生中毒事件。

② 易燃液体受热后蒸发的气体，压力增大使容器膨胀，严重时可使容器破裂发生爆炸事故，所以容器不可装得过满，同时库房内和库区周围应严禁烟火，加强通风。

2. 易爆货品的保管

易爆货品受到外界一定影响如高热、振动、摩擦、撞击或与酸碱等物质接触时，发生剧烈反应，产生大量气体和热量，由于气体的急剧膨胀，产生巨大压力而爆炸，据其性质，可分为点火即起爆器材（点火绳、导爆索、雷管等）、炸药及爆炸性药品（TNT、硝化甘油炸药、黑火药等）和其他爆炸性物品（炮弹、枪弹、礼花炮、爆竹等）。对于易爆货品应从以下几方面进行保管。

① 装卸和搬运爆炸品时，要轻拿轻放，严禁碰撞、拖拉与滚动。作业人员严禁穿有铁钉的鞋，工作服严防产生静电。

② 储存易爆货品的仓库必须远离居民区，还应与周围建筑、交通干道、输电线路保持一定安全距离，库房一定要远离火源，必须保持通风干燥，同时还应安装避雷设备，保持适宜的温湿度。一般情况库温以15～30℃为宜，易吸湿爆炸品库房的相对湿度不得超过65%。仓库地面应铺垫20cm左右的木板。

③ 盛放或携带零星易爆货品时，不能用金属容器，避免因摩擦而发生爆炸事故。

④ 仓库内的电气设备应符合安全要求。

3. 其他危险品的保管

除了要对上述特种货品进行保管外，还应对压缩气体和液化气体；易燃固体、自燃物品和易燃物品；氧化剂和有机过氧化物；毒害品；放射性物品；腐蚀品等危险品进行保管。具体要求如下。

① 储存危险品的库房不得有地下室或其他地下建筑，应具有一定的耐火等级、层数、占地面积、安全疏散和防火间距；必须安装通风设备，并注意设备的防护措施；库区及库房

内的输配电线、灯具、火灾事故照明和疏散指示标志，都应符合安全要求。

② 压缩气体和液化气体必须专库专用；盛装液化气体的容器属压力容器的，必须有压力表、安全阀、紧急切断装置，并定期检查，不得超装。

③ 易燃固体、自燃物品和遇湿易燃物品，应注意库房温湿度的控制，装卸搬运时，应轻拿轻放，严禁与氧化剂、氧化性酸类混放。

④ 有毒物品应储存在阴凉、通风、干燥的场所，不能露天存放，不能接近酸类物质。库内温度应在32℃以下，相对湿度在80%以下。操作时严禁与皮肤接触，要注意防护。

⑤ 氧化剂和有机过氧化物，应储存在阴凉、通风、干燥的库房内，要轻拿轻放，严禁摩擦、拖拉。

⑥ 腐蚀品应根据其性质的不同进行分类存放，存放酸、碱的库房地面要用沙土、灰夯实；盛装酸类的容器不得与盛装其他物品的容器混用。

（三）仓储货品的安全管理

仓库的安全管理应始终贯穿于整个仓储管理的全过程，并尽全力抓好。从货品入库验收、堆垛，到货品保管、护养，直至货品出库点交，都离不开安全工作。

现代仓库安全管理工作归纳起来可以分为三大类：

① 仓库的警卫和保卫工作，主要负责仓库的治安、保卫、警卫工作；

② 仓库的消防工作，主要承担仓库的防火、灭火工作；

③ 仓库的安全作业，主要是仓库保管员在进出仓及储存、保管货品作业过程中的安全技术操作工作。

下面是仓库消防和安全作业的具体说明。

1. 仓库消防管理

（1）引起火灾的火源

火源实际上是具有一定温度的热能源，在一定的温度条件下，它可以引起可燃物质的燃烧，造成火灾。在仓储过程中，能引起火灾的火源很多，一般来说，可以分为直接火源和间接火源两大类。

① 直接火源　包括明火、电火花、雷电等。

② 间接火源　包括加热引燃起火、货品自燃起火等。

（2）仓储过程中的常见火险隐患

仓储常见火灾隐患如表6-3所示。

（3）消防管理措施

① 设立专门的防火负责人，全面负责仓库的消防安全管理工作。组织学习贯彻消防法规，完成上级部署的消防工作；组织制定安全管理和值班巡逻制度，落实逐级防火责任制和岗位责任制；组织对职工进行消防宣传、业务培训和考核；制定灭火应急方案，组织扑救火灾，定期总结消防安全工作，实施奖惩。

② 储存管理。货品入库前应当派专人负责检查，确定无火种等隐患后，方可入库；易自燃或遇水分解的货品，应在温度较低、通风良好和空气干燥的场所储存；不同种类的易燃、易爆货品的包装容器应当牢固密封。

③ 装卸管理。进入库区的所有机动车辆必须安装防火罩；进入易燃、易爆货品库房的电瓶车、铲车必须是防爆型的或必须装有防止火花溅出的安全装置；装卸不同种类易燃、易爆货品时，操作人员不得穿戴易产生静电的工作服；对易产生静电的装卸设备采取消除静电的措施；库房内固定的吊装设备需要维修时，应当采取防火安全措施，经防火负责人批准后，方可进行。

表 6-3 仓储常见火灾隐患

引起火险隐患的大类	具体火灾隐患原因
电器设备方面	电焊、气焊违章作业，没有消防措施
	电力超负荷
	违章使用电炉、电烙铁、电热器等
	使用不符合规格的保险丝和电线
	电线陈旧，绝缘破裂
储存方面	不执行分区分类，易燃易爆等危险品存入
	储存场所温湿度超过物品规定极限
	库区内的灯距不符合要求
	易燃液体挥发渗漏
	可自燃物品堆码过实，通风散热散潮不好
机械方面	无防护罩的汽车、叉车、吊车进入库区或库房
	使用易产生火花的工具
	用汽油擦洗零部件
	叉车内部皮线破露、油管老化漏油
火种方面	外来火种和易燃品因检查不严带入库区
	在库区吸烟
	库区擅自使用明火
	易燃物未及时清理

④ 电气设备管理。仓库的电气装置必须符合国家现行的有关电气设计和施工安装验收标准规范的规定。

⑤ 火源管理。库房内严禁使用明火；库房外动用明火作业时，必须办理动火证，经仓库或单位防火负责人批准，并采取严格的安全措施；仓库应当设置醒目的防火标志；进入易燃、易爆货品库区的人员必须登记；库区以及周围 50 米内，严禁燃放烟花爆竹。

2. 仓库安全操作管理

保证操作安全，预防意外事故发生，就要认真贯彻执行各项安全操作规程，实现仓储安全操作的一些注意事项如下。

① 根据作业具体情况，在接受一项作业任务时，装卸搬运人员首先要了解货品性能、数量、包装、储存位置等情况，据以合理组织人力和机械设备。

② 交待注意事项。装卸、搬运负责人应向进行业务操作的人员讲明货品特性和操作中应注意的事项以及发生事故时的处理方法。

③ 检查设备、工具和防护用具。作业前须检查用于作业的各种工具或设备是否运作良好，并且定期对作业设备进行检查和维护。

④ 严禁违章作业。在操作过程中，要随时注意维护货品，爱护货品、包装。操作时，要轻拿轻放，不用手钩，不能倒置搬运、堆码。

⑤ 注意人身健康。一般新员工上岗前，要进行一次全面体检；在正常情况下，每年普遍检查一次，预防和及时治疗职业病，加强劳动保护。

第三节　储 位 管 理

储位管理简单的理解就是对储位的管理，包括对储位生成、储位行使功能、储位维护等过程的管理。储位管理是仓储管理的重要内容之一。

一、储位管理概述

（一）储位管理的定义

传统的物流系统中仓储活动扮演着非常重要的角色，是产品流通过程中时滞性最长的节点，而且保管是仓库最重要的功能，但是随着现代经济的腾飞以及信息技术的普及，物流作为曾经被忽视的黑暗大陆得到了大家广泛关注与重视，物流技术与设备日渐高明，市场对物流的效率与功能提出了新的要求。仓储活动在保管货品，调节生产与需求的基本功能上并未消息，只不过分拣，流通加工，甚至包装等活动成为各大仓储中心更重要的功能。

储位管理就是利用储位来使货品处于“被保管状态”，并且能够明确显示所储存的位置，同时当商品的位置发生变化时能够准确及时记录，使管理者能够随时掌握货品的数量、位置、以及去向。

货品在入库、分拣、出库时的数量管理和控制可以称之为动管，主要用于区别传统仓储中的保管。仓库的类型不同，侧重于保管和动管的比重就不同，以传统的原料仓库，成品仓库，物流配送中心等为例，它们对保管和动管的侧重如图 6-1 所示。

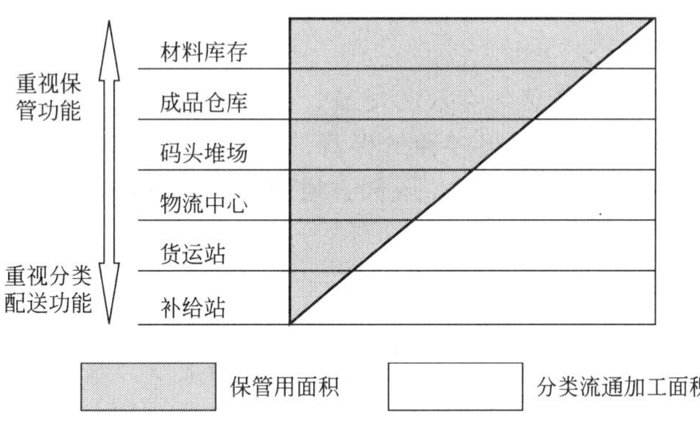

图 6-1　各类仓库在保管和动管面积上的差异示意

对于物流配送中心来说，更加侧重动管，而且仓库中心用于分拣、流通加工等作业面积居大。我们知道物流中心的作业就是一连串的存与取的动作组合，进货需存放进进货暂存区，暂存区取出再存放至保管区，保管区补货取出再存放至拣货区，拣货仓拣货取出再存放至出货暂存区，出货暂存区取出再存放至配送车上。从这里可以看出储位管理贯穿于货品在仓库内的整个作业流程，因此储位管理的意义在于辅助这些作业活动的顺利进行，为其他作业的进行提供判断依据。

（二）储位管理的基本原则

既然储位管理的重要意义是辅助仓储内各项业务活动的顺利运行，对其的管理必须有章可依、有法可依，但是仓库的类型和功能变化多样，对储位的管理往往要量体裁衣，在细致处往往不同。这里简要列举 3 个适用于储位管理的最基本的原则。

1. 货品必须存储于明确标识的储位内

仓库必须明确定义储区储位，并且各处已被定义的储位必须有明确清晰的标识，货品入库后按照业务流程必须存放于固定的储区储位，不能随地摆放。尤其应当注意走道、楼梯、角落等通道或边界处不能摆放货品，有时候这种方式尽管能取得出货时的短暂方便，但往往会造成阻塞，或者货品搬运的混乱。

2. 货品储存的储位必须有效定位

货品必须存储于有明确标识的储位上还远远不足，我们还需要明确货品存于哪个储位，怎样的存储策略和指派法则。因此货品储位必须有效定位，即必须把货品有效正确地放置在已经规划好的恰当储位上。冷藏区的货品不能跑到保温区，危险化学品不能和蔬菜水果堆在一起。首先对货品的储区定位要准确，其次在操作上小心正确，这样方能认为货品正完好无损地待在为其整理好的货架上。

3. 异动及时登记

货品入库安顿后并非从此安然不动了，尤其现代物流要求货品转移迅速，有时甚至不进入保管区，直接进行分拣，加工包装，随后送往配送储区。在短暂的过程中，货品的位置进行了数次变动，货位货架的使用信息也变动频繁，这些都需要管理员作及时的登记和更新。不论是什么原因造成了货品位置的变动都需要立刻记录，以使库存与储位数据库、账目与实际情况保持一致，否则一错百错，难以管理，因此这项工作既关键又繁复，工作人员往往因为疏懒和延滞造成仓储管理整体上的不协调，出错后的连带效应会产生非常不良的后果。

（三）储位管理的对象

储位管理的对象可以概括为两类，其一是保管货品，其二是非保管货品。储位管理的对象不仅仅只包括保管货品，对于其他资材的管理不可忽略，需要注意的是无论是保管性质还是非保管性质的货品在储位的管理上都需要妥善处理。

1. 保管货品

保管货品是指在储存或保管区域存放的货品，由于它对作业、储放、搬运、拣货等方面有特殊要求，使得其在保管时会有很多种的保管形态出现，例如栈板、箱、散货或其他方式，这些虽然在保管单位上有很大差异，但都必须用储位管理的方式加以科学管理。

2. 非保管货品

非保管货品主要可以分为三种材料。

① 包装材料。也即用于包装的材料。现代商业讲求眼球效应，厂商在产品包装与营销上倾注了大量成本，物流仓储活动中流通加工的分量逐渐加重，贴标签、二次包装、组合包装等业务必不可少。相应的对于包装加工材料的需求量加大，量大易乱，因此应该对包装加工材料进行科学的分类管理，否则必然会影响流通加工的作业效率，甚至造成某项加工包装活动的停滞。

② 辅助材料。储位辅助材料是指托盘、箱、容器等搬运器具。目前由于流通器具的标准化，使得仓库对这些辅助材料的需求越来越大，依赖也越来越重。为了不影响商品的搬运，就必须对这些辅助材料进行管理，制订专门的管理标准与规则。

③ 废弃材料。绿色物流的概念要求企业进行物流活动时除了注意业务本身外还要注重绿色循环效应。仓储业务活动也会产生很多的废弃材料，通常对废弃材料的处理是加以回收利用，或者直接扔弃。对于可以回收利用的材料需要制定相应的管理和处置方案，尽量做到将一切物质管理得井井有条。

（四）储位管理的构成要素

储位管理时需要考虑一些因素，概括说来，这些要素包括货品、储位空间、员工、设备和资金等。

1. 货品

货品是储位管理的中心对象，货品的各种属性会对储位的管理产生直接的影响。这些货品主要属性如下。

① 供应商 商品的供货渠道，是自己生产的还是购入的，有没有行业特点。

② 商品特性 商品的体积、重量、单位、包装、周转率、季节性的分布及自然属性，对于保管的条件要求等。

③ 存货数量特点 如生产量、进货量、库存量、安全库存量等。

④ 进货要求 采购前置时间，采购作业特殊要求。

⑤ 种类 种类类别、规格大小等。

了解货品各项属性和特点后，应根据科学的存放原则来设计货品储位的安排及存放方式等。此时应该考虑：存储单位（单个、箱、托盘）、储位策略（定位存储、随机存储、分类存储、分类随机存储，或是其他的分级、分区存储）、储位分配原则、商品特性、补货的方便性、单位在库时间、订购频率等。

货品摆放入库后，要做好货品的在库管理，定期进行盘点清查，同时货品在库内的作业安排或者位置迁移，都需要管理系统有全面、及时的掌握和控制。

2. 储位空间

仓库从功能上可划分为仓储型仓库和流通型仓库。仓储型仓库注重保管机能，储位管理的重点放在储藏货品的保管质量和仓库空间的最大利用上，因此储位空间的规划与分配都是以保管为核心进行的；流通型仓库注重货品的流通性，仓库空间的分配更具多样性，处理的货品种类更加繁多，货品在库位的停留时间更短，位置变动频繁，这些都决定了流通型仓库储位空间布置的复杂性和关键性。因此在划分库区大小、空间布置、梁柱的排列与高度、过道、作业空间回旋余地等的布置上应该更加科学合理，储位空间是储位管理的基础与核心要素，空间规划的不合理，对于储位的管理定会捉襟见肘。

3. 员工

仓储员工主要包括仓库管理人员、装卸搬运工、各种作业（入库、盘点、分拣等）人员、信息系统管理员等。大型或者立体自动化仓库具备现代化的设备和信息技术，对员工的技能和素质要求较高，员工除了要了解本职的业务规范外，还需要对仓储的流程和储区的位置和功能有所熟悉。

4. 设备和资金

储位管理涉及的设备主要是搬运、输送设备以及存放设备，现代社会各种仓储设备虽然趋向于标准化，但是设备的种类、规格和功能差异巨大，在选择设备时一定要综合考虑仓库的特点和作业要求以及成本。选择搬运输送设备时，要考虑货品特点、单位、规格、栈板等因素，同时不要忽略设备成本和员工使用的方便性；选择存放设备主要根据货品的特性以及储位的布置，存放货品的容器，料架等必须进行统一编码以方便管理。

资金也是储位管理的一个因素，因为以上的一切都要以资金为前提，一套规划与购买方案出来后，实施资金是否超出了预算，预期的投资收益率是否能令人满意是进行储位管理规划的重要凭据。

（五）储位管理的方法与步骤

储位管理基本方法就是对储位管理原则的灵活运用，具体方法步骤大概如下。

① 首先了解储位管理的原则，接着应用这些原则来判别自己货品储放需求。

② 对储放空间进行规划配置，空间规划配置的同时选择储放设备及搬运设备。

③ 对这些保管区域与设备进行储位编码。

④ 储位编码完成后，选择用什么指派方式把货品分配到所编好码的储位上，可根据实际情况选择人工分配、计算机辅助分配或者计算机全自动分配的方法进行指派。

⑤ 商品分配到储位上后，要对储位进行维护。做好储位维护的工作，除了使用传统的人工表格登记外，也可应用更有效率、更科学的方法（例如控管技术）来执行。而要让这维护工作能持续不断的进行就得借助一些核查与改善的方法来监督与鼓励。

储位管理的方法步骤如图 6-2 所示。

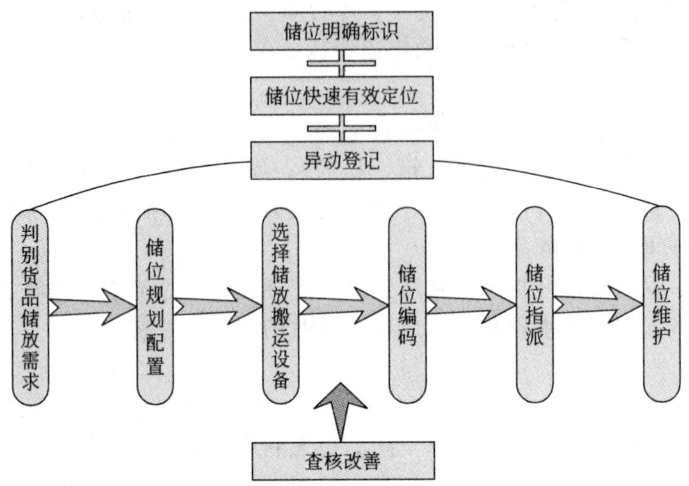

图 6-2 储位管理的步骤

二、储位的规划与指派

（一）储位规划的概述

现代物流越来越注重货品的流通管理，随着需求向着小批量、多品种和时效性方向发展，使得储存作业中货品流动频率、货品品种和数量迅速增加。做好储位的规划，合理设置储位布局和选择储存策略是关乎仓库运营效率的重要一环。据统计，仓库中的卸货、取货、分拣和装车环节的作业一般占整个配送中心总作业时间的大约 40%，而其余约 60%的作业时间却是作业人员的行走耗时，考虑到劳动力成本在仓库的成本比例比较高以及许多行走耗时是因为储位规划不合理的缘故，那么如何使“存”和“取”的动作快速而有效，做到“好存好取”，对储位进行有效的管理非常必要。

因此可以这样定义储位规划：储位规划是指对仓库储位进行科学合理的设计与安排，以便最快速的完成货品的存放和拣取，从而实现仓库作业时间和空间使用的双重优化。以单一货品为例，货品存取的时间效率是由货品在库区的位置以及设备或者员工的作业效率决定的，优化仓库的储位规划方案，可以同时节约入库时的搬运时间和出库时提货和运送时间，同时又能有效节省投资，提高仓库的整体运营效率。我们进行储位规划期望达到的标准如下。

① 通过对储位的科学布置，提高仓库的空间利用率，并且充分考虑储位的扩展，以免进行不必要的改造和再建。

② 有效提高仓库内各项作业效率，作业更加自动化和标准化，员工需求量降低。

③ 有效提高作业安全度以及货品的搬运、存取安全性。

④ 货品存取有序，特别是货品的拣取能够快速准确。

另外，储位的规划不仅仅局限在储位管理的开始阶段，事实上无论起初的储位规划如何完美，经营环境的不断变化最终会导致目前的规划不再适用。在日常运作中，由于经营性事项导致现有货物摆放格局改变的情况时有发生，随着时间的增长，储位布置优化调整工作被逐渐淡忘，从而导致一段时间过后管理者发现储位不够用的现象。因此对于储位的规划和调整还应体现在仓库运营的整个过程，时常进行微调，就能避免小问题长时间的堆积，一旦变成痼疾，再想整治往往不易。

（二）储位规划的基本思路

宏观地了解储位规划后，就要考虑怎样进行储位规划，要考量哪些因素，如何去实现合理的储位布置与指派。之前讲了规划储位期望达到的目标，但是我们不知道怎么衡量这些目标，因此需要具体的指标来衡量储位规划的成效如何，一般我们要衡量的指标有如下几个。

① 质量标志　保证被储货品的质量，是完成仓储保管功能的根本要求。只有这样，商品的使用价值才能通过物流之后得以最终实现。在储存中增加了多少时间价值或是得到了多少利润，都是以保证质量为前提的。因此在储位规划时，无论如何都不能以损坏货品质量为代价去提高储位利用效率。

② 比率标志　包括储位平均使用比率、储位对储区的空间使用效率、储位平均存取效率等，通过这些指标有助于改善储位布置的合理性，并且有助于提高平均作业效率。

③ 时间标志　在保证功能实现前提下，寻求一个合理的储存时间，这是和数量有关的问题。储存量越大而消耗速率越慢，则储存的时间必然长，相反则必然短。在具体衡量时往往用周转速度指标来反映时间标志，如周转天数、周转次数等。

④ 费用标志　成本和目标具有相对矛盾性，因为我们想用最低的成本实现最高的目标。作储位规划要考虑预算和仓库的实际情况，尽量在成本和目标两者间作出最佳平衡。

要完成储位规划，尽量优化以上的各项指标，还要进行如下一些实际事务的考虑。

① 储位的分类　通常物流中心都会对货品进行分类管理，分类管理带来分类存放，储位的布置必须切合货品的规格、属性，因此对储位也须进行适当的分类。

② 储放设备与储位的协调　储放设备与储位是一体的关系，通常先选择储放设备，然后规划储位。

③ 选择储放策略　储存策略包括定位储存、随机储存、分类随机、共用储存等。

④ 储位指派　除了根据一些储位指派的原则外，还要根据企业本身的规定或特点灵活选择指派方法和方式。

（三）储位规划的操作流程

第一步是确定规划目标，所有的规划活动都是为更好的储位管理服务的，而储位规划的重要目标是提高仓库的作业效率。比如为改善货品的存取效率，设立的目标如下。

① 缩短行走距离　这个距离不是指单次操作的行走距离，而是指一定时期内总的行走距离。

② 平衡搬运工的工作量　缩短每次搬运活动的作业时间跨度，很明显最短的时间跨度是总的搬运时间需求除以员工数量后的时间，但是实际操作中不可能如此完美，但是通过科学的安排可以大幅缩短作业的时间跨距。

③ 缩短货品的存取操作时间　可以根据货品的存取频率来安排货品在货架上的纵向位置，存取频率高的货品尽量安排在靠近地面的位置，以便省却员工或者叉车上下货架的时间。

第二步是收集数据，主要包括货品的特性和储位的相关资料，具体说来可能需要收集的基础信息如下。

① 储位特性　比如储位高度、储位宽度、储位深度、储位承载能力。

② 搬运设备的类别与特点　比如托盘、通廊式储位等。

③ 货品存取的方式　比如，整托盘拣货、整箱拣货、拆箱零拣等。

④ 货品的属性　比如种类、重量、体积、存放要求、包装方式、平均库存量等。

⑤ 供应商对货品的保管要求，货品需求的季节性变化等。

这些有关储位和货品的信息是进行后续储位规划的重要依据，因此数据的收集要尽量全面准确，特别是对储位分配有重要影响的信息，比如货品的存放条件，一定不能搞错。

第三步是对货品进行分类，对货品进行分类的方法上一节已有介绍，这里不多说了，对于物流配送中心来说，因为供应商、客户、货品种类往往很多，对货品分类通常综合几种不同的方法。总之，对货品进行分类，按类别进行储位分配需要综合各种因素来决定。

（四）储位指派的原则与方式

当完成对储位的规划、分类、编码后，接下来就需要用一定的方式将预备区的货品指定存放到最合适的那个储位上，这一过程就称作是储位的指派。储位指派的一些基本原则如下。

① 产品相关性原则。商品相关性大者在订购时经常被同时订购，所以应尽可能指派在相邻位置。这样既能减短提取路程，减少工作人员疲劳，又能简化清点工作。

② 按货品的特性和设备能力指派合适的储位单元。例如对于小件、贵重的货品按单独储位单元来指派，而对于大宗、廉价的货品按区域储位单元来指派。

③ 存取频率高的货物对应的存放储位与收货区、发货区或仓库出入口的距离宜短，即考虑横向距离。

④ 存取频率越低的货物存放的纵向相对位置越高；相反地，存取频率越高的货物存放的纵向相对位置越低但最接近于最佳纵向存取位置，即不须弯腰或上架的存取高度。

⑤ 重量大的货物存放的储位纵向相对位置低；相反地，重量小而体积大的货物存放的纵向相对位置高一些。

⑥ 需要专门存储环境的货物，要放在指定的库区，冷冻品要存于冷库、易燃易爆品存于防火防爆库。

⑦ 必须考虑货物的相容性。相容性低的货物决不能储放在一起，以免损害品质，如烟、香皂和茶叶绝对不能放在一起。

⑧ 滞销或积压货品、小、轻、容易处理的货品尽量存于较远储区。

储位指派方式按照计算机化程度可分为三种：人工指派；计算机辅助指派；计算机全自动指派。至于何者为最佳方式，这并非绝对的，也并非全由计算机来指派储位就是最好的储位指派方式。

① 人工方式。人工指派是非常原始的指派方式，在计算机迅速普及化的今天，很少有仓库会完全采用人工指派的方式，但是人工指派具有高度弹性的优点，因此在特定情况或者突发情况下，凭借管理者的知识和经验来进行指派或更有效。

② 计算机辅助指派。利用一些图形监控软件，经收集在库储位信息后，实时的转换显示库区各储位使用情况，以供储位指派决策者实时查询依据，来作为储位指派指示参考，因由人工下达储位指派指示，故仍需调仓作业。

③ 计算机全自动指派。利用一些图形监控及储位管理软件，经收集在库储位信息及其他入库指示后，经计算机运算来下达储位指派指示，其由计算机自动下达储位指派指示，任何时段都可保持储位的理想使用，故不需调仓作业。应用计算机进行储位指派尽管可以节省人力，提高效率和准确率，但是也有成本高昂，维护困难的缺点。同时对系统的稳定性和安全性要求较高。

三、储区空间规划与布置

（一）储区空间要素的分类

仓储空间就像是进行储位管理的一块画板，要想在画板上画出美妙的油画，需要我们首先对画板的空间有充分合理的运用，大体说来储区空间分为物理空间、潜在利用空间、正式作业空间、作业剩余空间以及无用空间。物理空间是指货品实际占有的空间；潜在利用空间是指未来可以开发利用的空间，据统计每家仓库平均有10%～30%的潜在使用空间；正式作业空间是进行拣货、流通加工等作业需要的空间，而作业辅助空间是防止作业拥塞或者保证作业通畅设定的空间；无用空间就是没有利用并且没有潜在利用价值的死空间。

对于储区，从功能上来说分为保管区、作业区、缓冲区三块。要进行储区的规划与布置，首先要确定仓库的功能属性，了解仓库各种功能对空间的要求，并且确定仓库到底要具备哪些空间要素，各种不同类型的区域在空间上的依存关系如何影响总的空间利用效率等。

（二）储区空间规划的目标与原则

储区空间规划是储位细化的基础，而且空间布局一旦确立，不易变动，仓库落成后首先要规划空间结构，而储区空间是其中的重要组成部分，储区空间规划的基本目标如下。

① 单一的物流方向。货品一般在库内要经历入库、验收、堆垛、分拣、出库等作业，储区对于这些作业区域的安排要符合流水作业的单一方向，避免迂回线路。

② 空间最大化利用。空间要平面布局，立体设计，在保证作业效率与作业安全的前提下，尽量扩大空间的立体使用。

③ 压缩装卸环节的次数。减少在库货品的装卸搬运次数和环节，货品的卸车、验收、堆码作业最好一次完成。

④ 充分方便、合理使用机械化设备。机械化是现代仓储的一个特点，机械设备种类较多，有些体积庞大，需要较充分的作业区间，储区空间的布置要方便机械设备的运作。

进行储区空间规划布置需要参考的基本原则如下。

① 货品的出入库最好是单向和直线运动，应尽量避免逆向操作和大幅度的变动方向。

② 尽量减少通道占用的空间。有些仓库通道所占面积几乎是储区的三分之一，这样虽然一定程度上方便了存取效率，但同时大大的浪费了宝贵的空间资源。

③ 尽量利用仓库的高度，向空中拓展是提升仓库容积率的有效办法。

④ 符合安全保卫和消防工作要求，有利于安全生产和文明生产。

（三）储区空间规划应考虑的因素

要做好储区的空间构架要考虑的因素之一是柱、梁以及通道的设计。这三者对于储区的空间利用效率有直接的影响，因为柱子间隔会影响料架之摆放、搬运车辆之移动、输送分类设备之安设；梁下高度会限制料架纵向高度及影响货品堆叠高度；通道影响保管使用面积及搬移的方便性。此三者均能对空间使用率有很大影响，因此进行空间规划时应重点对待。

1. 柱子

柱子的设计一般是以建筑物的楼层数、楼层高度、地板载重、地震抵抗等条件来设计。但是除了上述之基本建筑设计条件外，还须考虑一般建筑物内的保管效率及作业效率。影响柱子间隔的因素主要有如下两点。

① 进入仓库内停靠的卡车台数及种类　不同类型的载货卡车会有不同的体积长度，相对的在停靠时所需的空间及柱距均有不同规格。

② 存放设备的种类及尺寸　储区空间的设计以存放设备的最佳效率最为优先，其空间设计尽可能提供充裕空间供储放设备的安置，因此配合储放设备的规划，来决定柱子的间隔。

2. 梁子

理论上梁高是越高越好，但实际上受货品所能堆积的高度，以及堆垛机的扬高等因素影响，梁高通常会适可而止。一般说来，货品的特性对堆高的要求，搬运设备的能力，以及料架的承重性能都会影响堆垛的高度，从而影响梁高的设计。

3. 通道

通道的位置和宽度是影响库内作业效率的关键，通道的位置直接影响作业距离，而宽度则直接影响人员或者设备的搬运效率。通道的宽度应该以能保证最繁忙时刻作业通畅性为准，不宜过宽，以免造成空间浪费，更不能过窄。影响通道位置和宽度的因素很多，比如通道类型、搬运设备的规格、货品尺寸、与出入口或装卸点的距离等。

除了考虑柱、梁、通道外，做空间规划还应考虑搬运存放设备的选用。搬运设备是储区除人员外最主要的活动体，最大程度的发挥搬运设备的效率是空间规划的要点，同时存放设备的类型和规格直接影响储区的布置方式。影响存放设备选定的因素包括货品特性、出入库量、搬运设备等，其中货品特性是决定存放设备的最主要因素；搬运设备对储区空间规划的影响主要体现在设备本身的存放和设备作业的空间需要两方面，可以说各种不同的搬运器械工作的方式有很大不同，作业时对时间和空间的要求也不尽相同，因此需要调和各种设备的特点和空间的分配以便发挥最大的作业和空间使用效率。

（四）储区空间布置的方法

储区空间规划的方法有许多种，有定量的、定性的、关联性的、图形建构等方法，不管哪种方法的目的都是为实现空间的布置提供最优参考，这里简略介绍一下怎样用关联性分析来进行布局设计。

关联性分析主要包括定性关联图和定量从至图两种方法。

1. 定性关联图

所谓定性关联分析是指对仓库内各种作业活动的相互关系（包括时间上和空间上的相互联系）进行定性的分析与归类，进而确定各个部分之间的关联程度。定性关联图可以清晰的表达这种关系。例如，某储区有九个活动区域，一般性的关联图如图 6-3 所示。

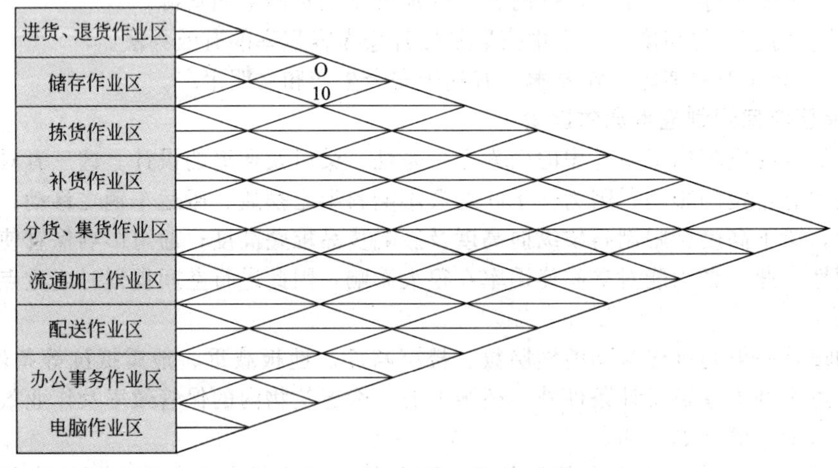

图 6-3 作业活动关联图

定性关联图左边的各个活动区域由实体模块组中的功能模块活动区域以及支持实体活动的需求区域如办公事务区域、电脑作业区域等组成。根据关联图可以看出进行作业活动区域的整合可以有效提高设施的利用率，如退货作业区域和进货作业区域可以合并。在定性关联图中，任何两个区域之间都有将两个区域联系在一起的一对三角形，其中上三角记录两个区域关联程度等级的评估值，下三角记录关联程度等级的理由编号。关系程度等级设计如表

6-4 所示，关联程度等级理由见表 6-5。

表 6-4　关联程度等级设计表

相关程度等级	相关程度说明	相关程度等级	相关程度说明
A	绝对重要	O	普通重要
E	特别重要	U	不重要
I	重要	X	不可接近

表 6-5　关联程度等级理由表

编号	两区域需要接近的理由	编号	两区域需要接近的理由
1	人员接近程度	7	进行相似活动
2	共用相同的人员	8	货品搬运次数的考虑
3	文件往返程度和配合事务流程顺序	9	作业安全的考虑
4	使用共同记录	10	提升工作效率的考虑
5	公用设备	11	改善工作环境的考虑
6	共用相同的空间区隔		

在图 6-3 中，由于进货、退货作业区域与拣货作业区域的关联程度等级为普通重要，其理由是为了提升工作效率，则在与两区域相联系的上三角中标记“O”，下三角标记“10”。

2. 定量从至图

定量从至图的原理是对各作业区域之间货品流动规模进行定量分析，进而对各种作业的相互位置、距离作出设计，如图 6-4 所示。定量从至图的主要目的是避免流量大的作业需要过长的搬运距离，并且减少人力、物力的浪费，并且为各区域的空间规模提供依据。

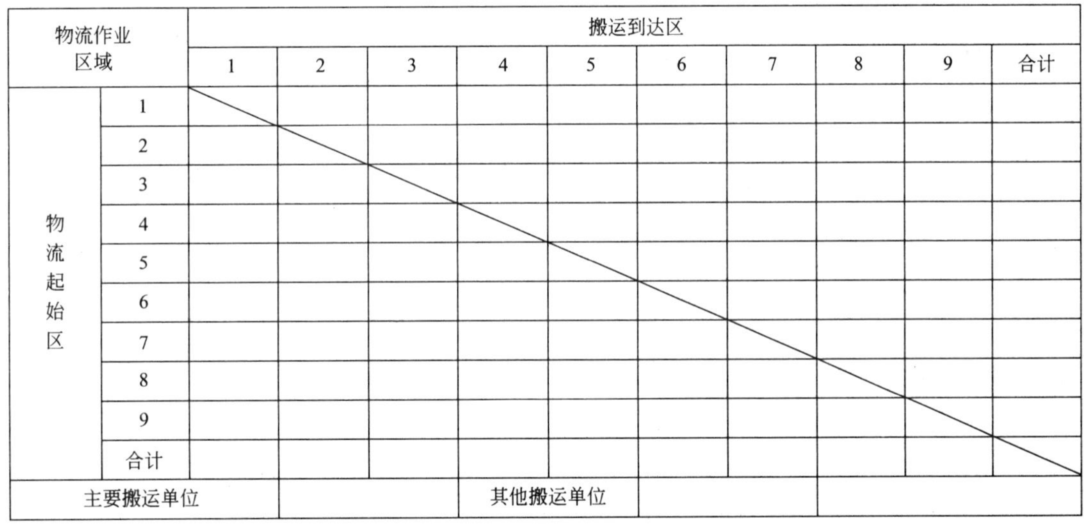

图 6-4　定量从至图

定量从至图的制作过程如下。

① 依据主要作业流程，将所有作业区域分别以搬运起始区与搬运到达区按同一顺序列表。

② 统一各个区域的搬运单位，以便能够正确表现各个流量之间的关系。

③ 根据作业流程将货品搬运流量测量值依次填入定量从至图中。

④ 以从至区域间的搬运流量为后续区域布置的参考，流量大的两个作业流程将具有较高优先顺序被放置于相临近的位置。

定性关联图和定量从至图主要适用于设施中的作业或活动区域划分，还适用于作业活动时间缺乏明确的从属关系等情况。

四、储区分类管理

对于一般的物流中心，作业过程通常为进货、入库、拣货、出货、配送。根据这一业务流程以及性质的不同可以将储区分为预备储区、保管储区、动管储区以及移动储区。作业与储区对照如图 6-5 所示。

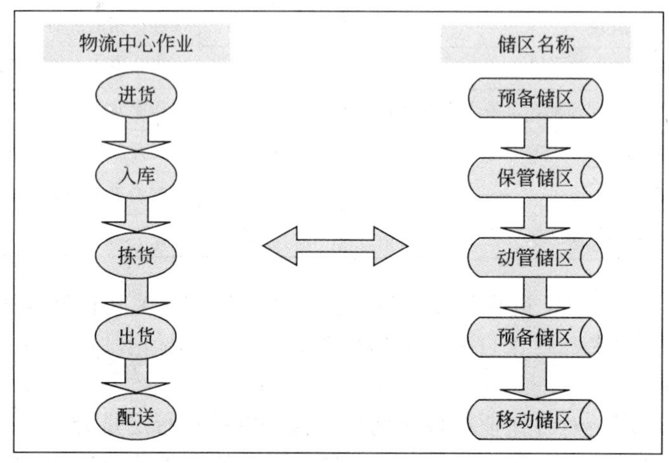

图 6-5 作业与储区对照

（一）预备储区管理

预备储区相当于货品出入库的缓冲区。其实我们只需联想一下计算机的缓存就能获悉设立缓存区的功能性和必要性。货品在预备储区停留的时间一般不会很长，很快就会被分类分别地搬运到相应的保管区域或者搬上货车加以配送，但是这并不代表货品在预备储区不需管理，事实上，如果抱着这样的心态而缺乏对预备储区的规范管理，势必会经常造成手忙脚乱、临阵找不到货品，或者货品堆积凌乱无从下手的结局。因此预备储区的管理不应被简单对待。

预备储区的基本管理过程如下。

首先，要对预备储区进行区域细分，分类的方法要根据物流中心的特点量身而为，比如按供应商来进行分类，为主要的几家供应商设立单独接货区域，一方面能够实现集中装卸，加快作业速度，一方面强化了货品的位置，不易发生凌乱。这种分类方法比较适合供应商数量不多，且货品种类较少的情况。无论根据哪种方式分类，需要注意所分成的区隔不宜太多，特别是预备储区面积不大时。另外在为货品选择暂存区域时，除了考虑一般的因素外，还应重点参照货品的下一步操作或作业。

其次，要对暂存区域的各分域进行明确标识。就像所有的保管储位都要有明确的标识一样，一般而言，物流中心的暂存区都不会摆放任何储放设备，大都以开放式的平面区域为暂存区。这个区域的编码可采用区段式，先依照历史资料，分析每批进出货的量，求取一个概估量，再按照这个量把暂存区分隔成数个区段，每个区段以有颜色的线标示区分，并在每个区段前方靠近走道处标上 20 厘米见方大的储区编号。由于货品在暂存区上均属于短时间存放，因此这个储区无法标上其品名货号。所以除了在每区段货品上粘贴上这些货品的品名、货号、数量等资料外，得在暂存区前方最醒目处准备一块足够大的提示牌，依照暂存区的储区分隔布置方式划分成相等比例区域，并比照标上储区编号。一旦有货品放入暂存区时便要在看板储位对应位置写上品名、货号、数量，而在货品取出时擦除。

最后，组织货品存放于指定的预备储区储位上或从储位上取下货品送交下一步处理。考虑到货品在预备储区短时间内就要移动，因此货品存放的位置不宜太高，存放方式应该方便快速存取。另外应该注意预备区作业的安全性，预备储区可能是所有储区里最为忙碌的区域，各种设备和人力聚集，很容易出现货品或者人员的安全问题，所以应该加强对预备储区的安全监督和管理。

（二）保管储区管理

保管储区担负着仓库最原始的保管功能，也是储区管理的重点所在。保管储区最重要的功能是将货品存放于设定的储位上，保证货品的存放质量，并且对货品的异动能做出快速准确的处理，下面就保管储区的盘点管理、存储管理、设备管理和安全管理作简略的说明。

① 盘点管理　保管储区的盘点一般是系统性的、规模性的、周期性的，因此进行盘点业务需要一丝不苟，重点货品的清查需要两遍以上，核对无误后方能进行数据提交和更新。另外进行盘点时，最好能停止货品出入保管区的活动，以免造成核查数据的错误；对于因特殊情况不得不进出货品时，应该在进行盘点时，切断进出货的作业资料，将其独立分开作业，等到盘点完工后再进行汇总。

② 存储管理　其核心任务是为货品确定最佳的储存地点，这里的最佳是指综合货品保管条件与作业效率的最佳。实现最佳存储首先要确定货品的存储策略，我们知道存储策略有定位、随机、分类等。不论哪种都不是绝对适用的，在实际操作中要根据具体情况选择恰当的方式，也可以几种策略混合使用，无论如何管理者在进行储位规划时不应拘泥于陈规，而应具体情况具体分析。

③ 设备管理　这里的设备主要指储放设备。现代仓储中常见的料架有十几种之多，因此对于料架的选择与排列以及维护与更换是储放设备管理的重点。以折损性而言，料架可分为损耗性料架和非损耗性料架，对损耗性料架要定期进行检查评估，一旦出现质量问题应及时进行撤换。

④ 安全管理　保管区域内货品数量巨大，一旦出现安全隐患，后果将不堪设想，因此对于库区防火、防水、防震、防霉等基本安全防护一定要到位。此外对于有特殊保管要求的货品一定要持续监管，比如对温度、湿度有严格要求的货品在存放期间需要严格监察，一旦遇到停电停水等特殊情况，需要立刻调动备用资源来保证货品的安全保管。

（三）动管储区管理

动管相对于保管，意在一个“动”字，表明动管储区货品的移动性，通常认为用于进行拣选作业和流通加工作业的区域为动管区域，在此区域内货品在储位上流动频率很高，管理上有很大难度，近年关于拣选方式与技术的探索有较大成效，计算机辅助拣选在相当大程度上提高了拣选的速度和准度，另外自动立体化仓库的全自动分拣系统更是告别了传统的拣货区人力堆积的状况。

很多仓储企业在仓库中并没有设立专门的动管储区，原因是设立动管储区会降低储位的利用效率，同时会增加储位的管理难度，实际上保管区和动管区分开管理并非不可行。随着仓储管理信息系统和货品识别技术的成熟，电脑完全可以胜任对储位和货品去向的复杂管理，而动管储区的优势是明显的，由于动管储区每一品项只有唯一储位，货品更容易定位，拣选速度更快；另外如果货品是由保管储区到动管储区再进行拣选，看起来是进行了二次拣选，但是由保管区补货至拣选区是以栈板为单位，作业简单，并且次数不会很频繁，因此并未增加多少负担，相反地在缩短行走距离与寻找货品时间的优点上就是提升储位管理的最佳佐证。

在动管储区管理中最重要的是拣选单的生成与完成补货。由于所有工作人员和设备的拣选操作都是严格按照拣选单的指示进行的，因此拣选单的内容必须与仓库的储位系统保持高度一致，尽量避免出现一位多物、一号多物、物不在位等情况的发生。当系统查询动管储区货品数量发生短缺时要及时进行补货作业，补货方式根据货品和储位特性以及货品周转率等进行合适的选择；为避免临阵磨枪，动管储区的货品通常按照日常的拣选频率和数量制定最低限的货品保有量，一旦货品数量低于最低安全数量，要及时补齐。

（四）移动储区管理

移动储区是指从货品出库到货品顺利送交到客户手中这段路程的存储区，之所以将这作为一个延伸储区进行管理，是考虑到货品储位跟踪管理的连贯性和配送业务与仓储内部业务的衔接性。我们知道在配送过程中通常并不能像我们预期的那样依序一一把货品送交到客户手中，由于现在交通拥堵，很多客户又有收货的时间限制，结果往往中间某一客户的货品无法预期送交，只能继续留在车上，而如果原先规划好的储放位置不当，这批仍滞留于车中的货品会严重影响后续的作业，因此需要事先制定周全的配送计划并且做好储位布置。

在对移动储位进行布置时应该遵循一定的原则，基本的要点如下。

① 先达后进原则。做好配送计划和设计完行驶路线后，就要根据提前规划的顺序装车，最先到达目的地的货品放在最外端。

② 依配送计划进行送货优先顺序选择时应对时间与数量做严密的考虑。

③ 当优先顺序决定后，在驾驶记录表上应载明路线优先顺序与到达时间，并且驾驶员应与总部保持实时联络。

④ 货品装载的单位（如栈板），应尽量使用标准尺寸，以提升装载车的容积率。

⑤ 装载车内的储存空间应预留一定空间，以方便配送货品顺序移转调配以及人员取货站立使用。

⑥ 货品装载单上，应附上写有客户名称、卸货顺序等信息的标识卡，并正确存放在事先规划好之移动储位编号上。如果没有事先对储位进行规划编号，则每家店之货品必须以帆布或隔板加以明确区隔出来。

第四节　货品与储位的编码管理

信息系统应用越来越广、重要性越来越高，人们的视点往往放在财务、采购、库存等业务的应用上，却忽视了编码管理这个基础工作的重要性，从而给企业后期管理和数据应用埋下隐患，也使系统应用效果大大降低。因此，轻慢地对待编码工作是不可取的。

一、编码概述

（一）编码的概念

编码是在信息分类的基础上将编码对象赋予一个有一定规律的、便于计算机各个相关系统以及人员识别和处理的符号。它是人们统一认识和交换信息的一种技术手段。编码是给事物或概念赋予代码的过程，编码的直接产物是代码。

编码是一个管理系统赖以运行的基础。系统需要通过各种编码来建立各类业务数据之间的关联；同时编码的使用也简化了数据的输入，大大提高了数据录入和处理速度，可以降低业务和信息管理的复杂程度。现在有许多编码方法，有纯阿拉伯数字，也有数字加字母；还有数字加一些特殊符号等。但组成代码符号的种类不能太多，一般在两种以内。从人机工程学来讲，使用计算机键盘右边区域的数字混杂特殊符号较好，这样便于快捷得进行输入。

（二）编码的方法与步骤

代码的使用在现代社会已经无处不在，当我们需要对某些物质进行编码时就要考虑编码的方法。编码首先要选择编码方式，目前的编码方式大致有三种：一是不带任何含义的纯流水码；二是带有很多特征描述的含义码；三是大中小分类＋流水码。其中第三种方式应用的范围最广，也最常见。理论上说，代码只是物质的一种标识，只要符合唯一性即可，因此流水码是最简单、最原始的代码，其缺点是毫无含义或者属性的指示。第二种带有特征描述的含义编码可以望“码”知“意”，但又会导致编码位数过长，规则复杂，而且柔性和扩展性较差。第三种编码则可以看成是前两种的综合，既采用了一定的分类起到人性化助记的作用，又利用流水码来标识同一类别下不同规格和不同属性的物质，控制了编码的总位数。编码时要根据编码对象的特点和编码的功能性来选择合适的编码方式。

编码过程中最关键的部分是编码对象信息的采集与分类，信息是编码的基石，分类是编码设计后续工作的重要依据，信息分类的方法通常分为线分类法和面分类法。

线分类法即层次分类法。如货品的大类、中类、小类和学校的院、系、专业等。分类对象可按其属性或特征，构成有层次的逐层展开的分类体系。线分类法的优点是层次性好，逻辑性强，易于理解，符合习惯；缺点是弹性差必须留有余地。面分类法是由属性和特征划分为面，每个面再划分为类。不同面的类目不许交叉，面的位置严格固定，面的选择因需而定。面之间的类再组合则形成复合类目。例如服装分类将面料、款式、穿着对象作为面；面料又分棉料、毛料、化纤料等类；款式又分西服、休闲装、运动装等类；着装对象又分老年、儿童、成人等类。其优点是柔性强，缺点是不能充分利用多维空间。因此实际中经常采用线面结合的方法。

编码看似是项简单轻松的工作，实际操作起来往往特别辛苦，需要编码人员一丝不苟，认真对待，编码的一般流程如图 6-6 所示。

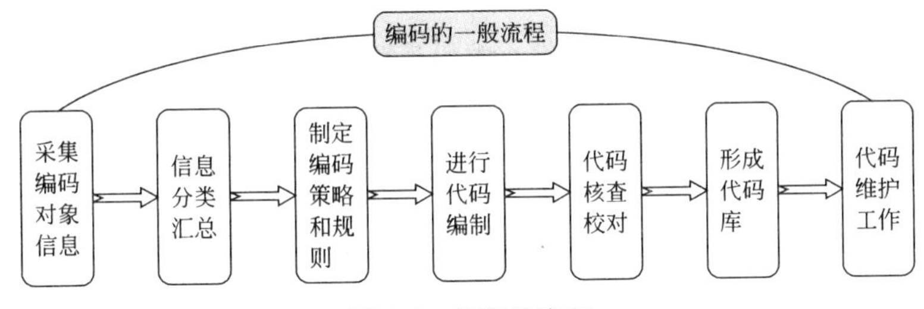

图 6-6 编码的流程

（三）编码的应用

编码的应用范围很广，当物品的数量较多，并且需要进行统一管理时通常给物品赋予一个唯一的代码，以区别于其他物品和提高管理效率。这种例子在我们的生活中非常多，比如居民身份证、汽车牌照、邮政编码等。这类编码的共同特征是编码对象数量众多，编码的方式是采用数字或者数字和字母组合的方式。

当代信息社会，编码可以说是无处不在，编码的功能已经不局限于对于物品的基本信息管理，更重要的是编码可以方便计算机处理。计算机逻辑处理无非是对象和对象关系，对于对象属性和逻辑关系等定性化的内容，计算机往往无法识别。而利用编码技术就可以将定性化的语言用代码表示，以方便计算机处理。

我们通常接触的代码基本都是以数字或者数字字母组合的形式出现的。这种方式具有非常明显的优点：一是符号简单易记，形式上简捷，内容上数字和字母又是大家最熟悉的符号；二是方便进行计算机输入和输出。近代条形码的出现是长久以来在编码方面的重大突破。条形码起源于20世纪20年代，直到70年代才出现正规的条形码打印和输出设备。此后不久，随着LED（发光二极管）、微处理器和激光二极管的不断发展，迎来了新的标识符号（象征学）和其应用的大爆炸，人们称之为“条码工业”。条形码具有可靠性强，效率高，易于操作等特点。随手拿起一件商品，我们都会发现条形码的存在。

二、货品编码管理

（一）货品编码的概念

货品编码是一种有序的代表符号表示分类体系中不同类目货品的过程。这一定义包括三层含义。

① 突出其过程性，表明货品编码是一组用特定代码表示特定货品的过程。编码不是一个简单的事件，而是一个持续的过程，从意识上不应该简单对待。对货品编码的管理也应着眼于过程管理的方法，规范系统的管理才能保证编码质量与代码维护。

② 这种代码是按照一定规律而编制出来的。首先代码必须是有序的代表符号，而不是无序任意所为；其次它代表的是分类体系中不同类目的货品，它表示的方式基于货品的分类体系；最后编码须遵守一定的规则。“不合规矩，不成方圆”，编码也是一样。

③ 在进行货品编码的仓库中，每种货品都有一个代码与之相对应。与公民身份证号码一样，一组代码表示一种货品。这里的货品是指企业内部的所有货品，包括材料、半成品、成品等。不允许出现一个代码表示两种货品，或一种货品两个代码。另外代码一旦指定不可随便变更，一旦给了某种货品一个代码，且开始使用，那就不能随便变更和删除。

（二）货品编码的目的与原则

编码的目的最初是方便记录和管理，后来随着编码用途的扩大，编码的目的以及编码能带来的好处越来越丰富，通常来说，进行货品编码的基本目的有以下几方面。

① 货品编码能增强管理体制的严密性。编码可以有效避免混乱，提高仓储质量，并且使查核方便。

② 货品编码能使报表管理保持一致性。编码是对报表进行计算机管理的必要条件。

③ 货品编码能确保传递信息的准确性。

④ 简化货品描述，货品信息准确传递。

⑤ 货品编码能更好适应电子化的要求。

⑥ 货品编码能防止机密的外泄。例如隐义编码可以实现货品质量、成分、配方的保密，企业内部保有编码对照表。

⑦ 可以节省人力、减少开支、降低成本。

货品编码的诸多益处能在整体上提高仓储管理的效率。一般来说，货品编码应遵循的原则主要包括：分类统计、简短易懂、易记、易于核查、弹性、方便计算机管理等。

1. 分类统计原则

所谓分类统计，就是将货品按照一定的标准、原则划分和归并，作有系统的组合。在分类统计的原则下很容易对货品进行编码和统计，并且可以凭此建立货品管制的基础，提高效率，易于比较和分析。分类的方法有很多，企业应当根据企业的性质并配合当时的环境来决定采用何种分类方法。

2. 简短易懂、易记原则

为了能节省有效工作时间，使货品编号能易于阅读、抄录、核查和记忆，货品编号应该遵循简短易懂的原则，力求用最简明的文字、符号或数字来进行编码。另外，货品的编码在不同的国家和行业有不同的要求，在货品编码时应尽量使标示统一。

3. 易于核查原则

易于核查是进行货品编码的最基本原则。货品编码要力求方便易用，能迅速根据编号在最短的时间内寻找到所需的货品。对于仓储业，尤其是制造业的仓储来说，存储的货品种类成千上万，按照以往目视的方法来寻找东西是很不现实的。

4. 弹性原则

货品的品种可能会出现不断增加的情况，因此，在编码时应注意为编号保留一定的空间，具备一定的弹性，以备将来之需。同时余地也不可留的太大，应该对将来一段时间可能的种数规模进行合理的预测和评估。

5. 方便计算机管理原则

计算机管理涉及代码的输入输出、代码的存储、代码的查询与变更处理等。代码的设计要尽量方便这些活动的处理，以提高信息化管理的效果。

(三) 货品编码的一般步骤

货品编码是项重要的基础工作，企业应该成立专门的编码团队负责整个编码工作。如果按照大中小类的编码方法，可按照以下步骤进行。

① 成立编码小组。根据编码工作需要，可以从企业各部门（如开发部、技术部、质量部、物料部等）各抽出 1 人组成编码小组；并指定编码小组组长，其职责是负责整个编码工作。

② 搜集现有货品的所有种类及规格型号。

③ 将搜集的货品种类进行整理分类，确定出大概率可能出现的新类别，需留一定的空位以便未来使用。

④ 确定大类、中类的位数及代号。

⑤ 确定小类的位数及编码方法。

⑥ 制定出科学合理的编码原则。

⑦ 对现有货品进行全部编码，并编制出编码对照明细表。

⑧ 制定货品编码管理办法。

(四) 货品编码的常用方法

货品编码的方法有多种，根据代码是否带有含义可以分为隐义法和显义法两种。

1. 隐义法

隐义法的货品编码中任何一栏上都是事先设定的无含义指向的符号，运用时需要对照表查知所代表的意义。隐义法具有结构简单，隐秘性好等优点；但存在人为编码难度，以至降低管理效率的缺点。

隐义法编号的方法是通过建立货品属性的代码表，按代码表对货品进行编号。隐义法通常有流水序号法、部位结构法和分类组合法三种。

① 流水序号法　根据货品的开发、入库、投入使用的时间等像流水般按次序顺序排列下去的编号方法（如表 6-6 所示）。流水序号法具有简单快捷、不易重复的特点。

表 6-6　流水序号排列

品种	流水编号	品种	流水编号
铜	001	铝	003
铁	002	铅	004

② 部位结构法　由装配业演化而来的，依据货品组成的分解结构分别予以标示。部位结构法具有简单明确的优点，但有时会出现同一规格拥有不同编号的情况发生（如图 6-7 所示）。

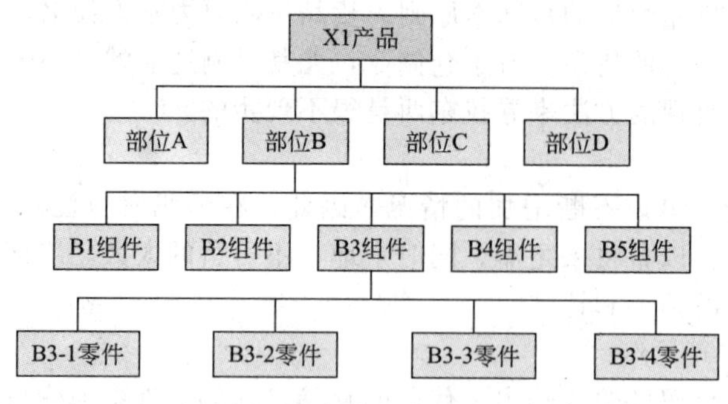

图 6-7　部位结构编码法

③ 分类组合法　使用阿拉伯数字或者混合英文字母对货品进行分类标识的方法。分类组合法在隐义编码中应用最为广泛。

分类编号法的种类：杜威氏图书馆编号法、英文和数字分类法、自由化的分类法、品类的分类编号法。各方法的特点如表 6-7 所示。

分类法示例

	类别	形状	供应商	尺寸
编号	07	5	006	110

其编号意义如下：

货品	类别	形状	供应商	大小	意义
编号	07				饮料
		5			圆筒
			006		统一
				110	4′×9′×15′

分类编码法具有应用广泛、逻辑性非常严密、系统架构比较完善等特点，有利于仓储管理人员自行编码。

表 6-7　分类编号的基本类型

基本类型	方法特点
杜威氏图书馆编号法	用一组数字表示，每个(组)数字代表一个范围或意义。由美国图书馆学家杜威发明，用于图书编码
英文和数字分类法	把数字和字母结合起来使用，更加直观和易于管理。由于英文字母 O 和 l 与阿拉伯数字 0 与 1 容易混淆，所以，仅使用 24 个字母
自由化的分类法	不限制每个位数代表一个规格、范围或分类，而用 2 个以上的位数，组成一段的定义范围，则应用更广泛和自由化
品类的分类编号法	品类是货品种类或分类，它可以独立在编号之外，也可以融合在料号之中

2. 显义法

所谓显义是指栏位符号能代表或携带其规格属性信息。显义法具有见字知意，便捷易用、无保密性等特点。显义法的编码原则有：

① 品种以类似的字母标示；

② 主规格直接简化选取；

③ 副规格直接取用；

④ 附属规格以流水号编入；

⑤ 必要时加设变序号。

例如：对某型号电容的编号如图 6-8 所示。

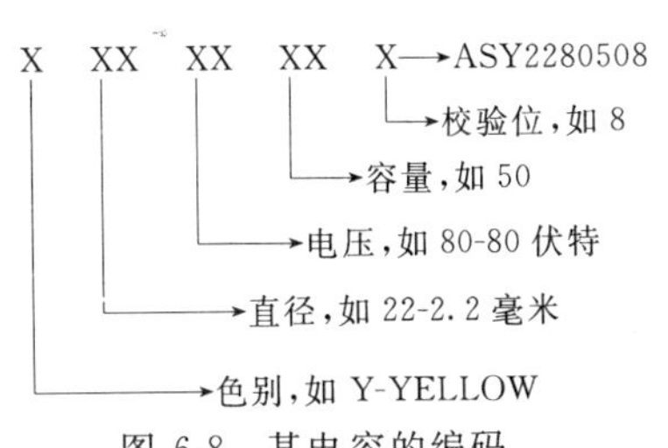

图 6-8 某电容的编码

三、储位编码管理

(一) 储位编码的概念与要求

储位编码是指在分区、分类和划好储位的基础上，将仓库的库房、货场以及料架等存放货品的场所，划分为若干储位，然后按储存地点和位置排列，采用统一标记，编列储位的顺序号码，并做出明显标志，以方便仓库作业的顺利进行。

在品种数量很多、进出库频繁的仓库里，保管员必须正确掌握每批货品的存放位置。储位编码要符合"标志明显易找、编排寻规有序"的要求。

1. 标志设置

储位编号的标志设置，要因地制宜，采取适当方法，选择适当位置。例如：多层建筑库房的走道、段位的标志一般都刷在水泥或木板地坪上，但存放粉末类、软性笨重类货品的库房，其标志也有印刷在天花板上的。

2. 标志制作

目前仓库储位编码的标志制作很不规范、统一，可谓五花八门。有用甲乙丙丁的，有用ABCD的，也有用东南西北的，这样容易造成单据串库、货品错放等问题。若统一用阿拉伯数字制作储位标志，则可以避免以上弊端。

另外，制作库房、通道和支道的标志，可以在阿拉伯数字之外辅以圆圈、漆线等标志。

3. 编号顺序

仓库方位的库房、货棚、货场以及库房内的通道、段位的编号都要按固定的排号规则进行，顺序是从上到下，从左到右，从里到外。

4. 段位间隔

段位间隔的宽窄，取决于储存货品批量的大小。遵从大时宽，小时窄的原则。

(二) 储位编码的管理功能

对储位进行编码于储位管理可提供如下作用。

① 确定储位资料的正确性。

② 提供计算机相对记录位置以供识别。

③ 提供进出货、拣货、补货等人员存取货品的位置依据，以方便货品进出上架及查询，节省重复找寻货品的时间且能提高工作效率。

④ 提高调仓、移仓的工作效率。

⑤ 方便计算机处理分析。

⑥ 因记录正确，可迅速依序储存或拣货，一目了然，减少弊端。

⑦ 方便盘点。

⑧ 可让仓储及采购管理人员了解掌握储存空间，以控制货品存量。

⑨ 可避免货品乱放堆置致使过期而报废，并可有效掌握存货而降低库存量。

(三) 储位编码的常用方法

一般储位编码的方法有下列四种。

1. 区段方式

把保管区域分割为几个区段，再对每个区段编码，如图 6-9 所示。

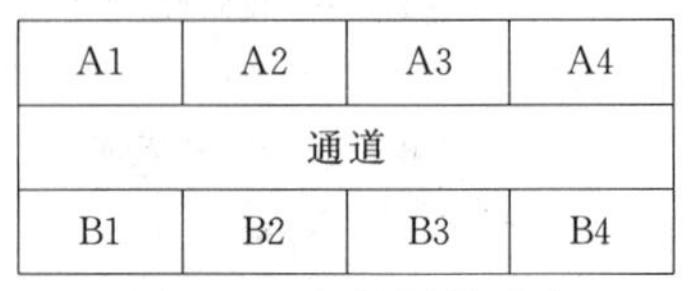

图 6-9 区段划分示意

此种编码方式是以区段为单位，每个号码所标注代表的储位区域将会很大，因此适用于容易单位化的货品，以及大量或保管周期短的货品。在 ABC 分类中的 A、B 类货品也很适合此种编码方式。货品以物流量大小来决定其所占的区段大小；以进出货频率次数来决定其配置顺序。

2. 品项群别方式

把一些相关性货品经过集合以后，区分成几个品项群，再对每个品项群进行编码。

此种编码方式适用于比较容易商品群别保管及品牌差距大的货品。例如服饰、五金方面的货品。

3. 地址式

利用保管区域中的现成参考单位，例如建筑物第几栋、区段、排，行、层、格等，依照其相关顺序来进行编码，就像地址的几区、几巷、几号一样，如图 6-10 所示。

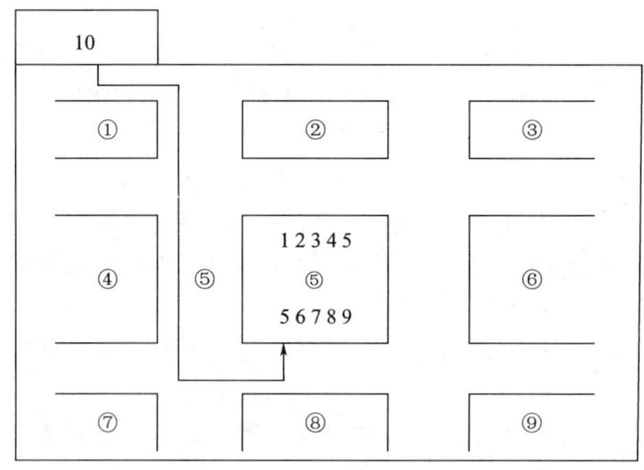

图 6-10 地址式储位编码

这种编码方式由于其所标注代表的区域通常以一个储位为限，且其有相对顺序性可依寻，使用起来容易明了又方便，所以为目前物流中心使用最多之编码方式。但由于其储位体积所限，适合一些量少或单价高的货品储存使用，例如 ABC 分类中类的 A 类货品。

4. 坐标式

利用空间概念来编排储位之方式，如图 6-11 所示。此种编排方式由于其对每个储位定位切割细小，在管理上比较复杂，对于流通率很小，需要长时间存放的货品也就是一些生命周期较长的货品比较适用。

一般而言，由于储存货品特性不同，对于所适合采用的储位编码方式也不同，而如何选择编码方式就得依保管货品的储存量、流动率，保管空间布置及所使用的保管设备而做选择。不同的编码方法，对于管理的容易与否也有影响，这些都必须先行考虑上列因素及信息管理设备，才能适宜的选用。

四、编码在仓储货品与储位管理中的应用

在了解储位编码及货物编号的方法后，不仅要灵活运用这些编码编号原则，还必须配合整理整顿来进行储位分类的标示，在每个储位上以大字明确的写上品名、货号、储位、条码，以便容易知道货品放在那里，而保管空间灯光是否明亮，也是很重要的。若是储位编号

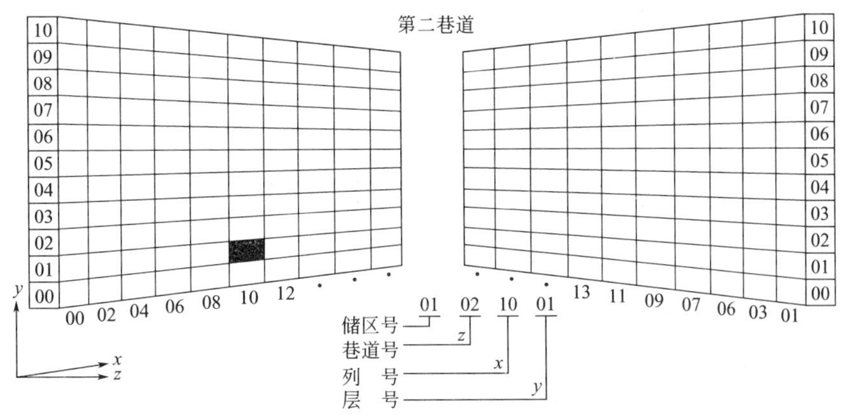

图 6-11 坐标式储位编码

或品名货号写得太小，或是所写的货名、货号相似，只有前后或中间稍有不同的话，就很容易看错，这样就会影响货物上架及拣（补）货下架的准确率。对于这种品名货号非常接近的情形，可统一采用在每个储位（储架）的上方或下方横板上以大字写上这个储位（储架）的编号、品名、货号，对于类似品名货号在其不同处以红色标注，来达到醒目注意的目的。以加重区分的方式来强调差异点，这样不仅可避免在货物指派时放错位置，同时也能提高取货时的效率并防止错误的发生。若是储位（储架）上下处没有横杆来标注这些品名货号，也可以采用 10cm 见方的厚纸板用大字把品名、货号、储码等写于上方再将其贴于储位（储架）的角落，也是很容易区分的，只要该标注不妨碍货物的存取，都是现场很容易采用且很有效的标注方式。

对于这些编号编码的应用，在货物储存方面，必须经由这些标示的指引才可把货品放入其正确的储位。而最重要的就是要协助引导取货作业，正确无误取到该取的货品及数量。其应用情形可由下列情况来了解。

① 不要在相同的储位编码中放置数种不同商品。很多配送中心由于空间受限，或是为了简化货品位置变动而要填写调拨单的手续，常在一个储位编码中放置了很多种的货品，这些货品仅靠一些简单的品名货号标示来区分排列，初期虽然可由这些品名货号的标示顺序来依序的拣取货品，可是经过货品的汰旧换新作业，一旦货品顺序变动后，就很不容易寻找拣取所需要的货品了，这也就失去了储位编码的意义。

② 在相同的储位编码中，必须放置数种相类似货品时，这个储位空间则以隔板或其他简易分隔材料，依其种类进行分隔，并在每一分隔区标明货号。

③ 预备储区（进出货暂存区）的储位编码。这个区域的编码可采用区段式，先依照历史资料，分析每批进出货的量，求取一个概估量，再按照这个量，把暂存区分隔成数个区段，每个区段以有颜色的线标示区分，并在每个区段前方靠近走道处标上 20 厘米见方的储区编号。这样由看板上便可明了目前暂存区的存放情况，来作为相关作业的参考依据。

④ 在动管储区的编码标示。动管储区的编码及品名、货号的标示，必须考虑补货的指引方便，尤其是流动货架在其后方的粘贴标示，甚至条码也附上，以供补货时可用条码读取机扫描做确认登录。

复习思考题

1. 什么是货品？储位按业务流程可分为哪几类？
2. 简述进行货品分类的意义。

3. 货品管理的目标是什么？

4. ABC 分类法的来源？简单介绍一下 80/20 法则在生活中的应用。

5. 简述货品护养的任务。

6. 货品质量变化的形式有哪几种？并作简要说明。

7. 货品发生质量变化的影响因素包括哪些？发生霉变的三个条件是什么？

8. 火源分哪两种？如何有效的防范火灾？

9. 什么是储位管理？简述储位管理的基本原则及构成要素。

10. 你是怎样理解储位规划的？如何做好储位规划？

11. 储位有哪三种指派方法？各自的特点是什么？

12. 什么是编码？编码的主要功能是什么？

13. 对于货品编码，需遵从的原则有哪些？

14. 隐义法与显义法定义？二者的区别是什么？

15. 常用的隐义法有哪些？分别适用于哪些情况的货品编码？

16. 储位编码的原则？储位编码的主要方式有哪几种？

17. 编码是信息化管理的基础，但很多抽象的事物很难量化编码，那么未来编码领域如何更好的解决这个问题？

参考文献

[1] 李方峻．货品管理事务［M］．北京：清华大学出版社，2008.

[2] 张宏革．仓储与配送管理［M］．北京：中国劳动社会保障出版社，2006.

[3] 田源．仓储管理［M］．北京：机械工业出版社，2005.

[4] 余珍文．对物流中心货物编码的探讨［J］．武汉：武汉理工大学学报，2001（3）：246-249.

[5] 陈凌，张建明．储位管理在物流中心的应用［J］．中国市场，2008（36）：26-27.

[6] 黎剑峰，李晓光．物料编码编制方法的探讨［J］．铁路采购与物流，2008（9）：13-14.

第七章　库存预测与控制方法

库存控制是仓储管理的重要内容之一，本章主要介绍库存及库存管理的基本概念、库存预测方法以及以经济订购批量为主的几种库存控制方法。

第一节　库存与库存管理

现代库存管理具有更广泛的意义，通常我们说库存管理主要指对存货数量的控制活动。存货是个抽象名词，任何暂时不处于交易或使用状态的货品都可以说是存货，对于库存的基本概念，库存的基本分类，库存的基本功能等的了解显然是进行库存管理的必要条件。

一、库存概述

（一）库存的概念

在所有的商业组织中，我们都会看到存货的存在，存货是指商业组织中所有存储的，以备将来使用的物料和货品。近些年来，存货和库存往往通用，不加分辨。因此库存可以理解为是企业或单位存储的一系列货品。如果将库存的概念放大，库存的内容还应该包括许多无形的东西，比如银行的储备资金，信息仓库等。本书主要探讨的是实物仓储，因此库存指的都是有形的、商业流通中的各类存储货品。

库存的含义从不同的角度看会有不同的意义。从财务或会计的角度上看，库存是以货品形式存在的资产，库存是钱。库存具有价值，特别是当买进或卖出时，它们的价值总是表示在资产负债平衡表上资产的一方。然而哪位能够具体讲得出库存如何赚回一笔利润（任何资产都应赚回利润），或者，至少同样重要的，它赚回了多少利润？实际上毫无例外地从财务观点看库存的人都深信库存越少越好。

把库存看作生产用料的人也有类似的近视病。一般说来他们相信库存多些更好。它可以抵挡变幻莫测的客户，蹩脚的供应商，还可作为供需链接的缓冲软垫。库存多一点为好，以防万一。这种看法往往忽略了投资的回报以及库存成本问题。

（二）库存的功能

库存占用资金，且成本高昂，近些年很多企业希图在缩减库存上有所建树，但是不管怎样大部分企业都必须保有一定的库存，以应对供需缓冲和取得折扣等。库存的一般功能有以下几个方面。

1. 库存可以使企业降低采购成本

众所周知，企业在采购过程中，采购的价格因采购数量的多少而有所不同。大批量的采购可以获得更多的价格折扣，使企业降低采购成本，实现规模经济效益。同时，大批量的采购，有时还可以避免由于市场价格上涨带来的资金支出增加。

2. 库存可以调节和缓解供需矛盾

任何产品的生产都不可能与消费达到完全高度的吻合。有些产品的生产时间相对集中，而消费则是相对均衡的，一些季节性产品、批量产品在生产出来以后，需要储存，形成存货，再持续地向消费者提供，从而缓解供给和消费需求之间存在的差别。从另一方面来说，集中生产的产品如果及时推向市场销售，必然造成市场短时间内产品供大于求，造成产品价格下跌，产品无法消费而被废弃的现象，也需要库存来进行调节，均衡地向市场供应，稳定市场。因此，库存可以起到维护正常的生产秩序和消费秩序的作用，可以缓解、调节和消除供求之间的这种不协调。

3. 库存可以缩短或消除消费者的等待时间

任何生产过程都需要一定的时间，即产品在到达最终消费者之前，都有必要的生产与流通过程。而每一位消费者选择的只是最终可以及时使用的成品，不会愿意花时间去等待产品生产，如果企业保持有一定量的库存，就可以缩短或者消除消费者的等待时间，满足消费者需求，提高产品的竞争力。

4. 库存具有防止和化解不确定因素的作用

库存具有一定的安全功能，就是用来防止和化解由于不确定因素的发生对企业正常运营的影响。这些不确定因素可能是由于临时用量的增加，也可能是市场的供货紧缺等形成的。一般来说，不确定因素主要有两种类型：一种是需求的变化；另一种是前置时间的变化。在生产中，如果实际需求量超过了计划的需求量，或者前置时间超过了计划的前置时间，这时如果企业没有一定量的安全库存，就会发生缺货，并影响企业的正常经营。

5. 经济性作用

库存是企业的一项资产，它也同其他资产一样，也要追求资产运用的最优化。库存过多会造成积压，增加企业不必要的储存成本；库存不足又会造成脱销，影响企业的正常生产经营和造成消费者不满。因此，企业库存应当尽量保持一个最优值，即企业的库存既不应该投资过多，又不能投资过少，应当根据市场需求和变化特点找到最合理优化的平衡点，取得最大化的经济效益。

（三）库存的分类

按照不同的标准和方法，可以将库存划分为以下类型。

1. 按功能区分

① 波动库存　又称为“后备存货”或“安全存货”，这是由于销售与生产的数量与时机不能被准确地预测而持有的库存。

② 预期库存　预期库存就是为未来的需要也是为限制生产速率的变化而储备工时与机时而预先建立起来的库存。

③ 批量库存　由于企业无法按照物品的销售速率去制造或采购物品，因此，要以大于眼前所需的数量去采购货品而造成的库存。

④ 运输库存　因物料必须从一处移动到另一处而存在的库存。

⑤ 屏障（或投机性）库存　通过在价低时大量购进这些价格易于波动的物品而实现可观的节约，这种库存就叫屏障库存。

2. 按其在生产过程中的地位来分类

① 原料　用来制造成品中组件的钢铁、面粉、木料、布料或其他物料。

② 组件　准备投入产品总装的零件或子装配件。

③ 在制品　工厂中正被加工或等待于作业之间的物料与组件。

④ 成品　备货生产工厂里库存中所持有的已完工物品或订货生产工厂里准备按某一订单发货给客户的完工货物。

3. 按库存的流动性划分

① 流动库存　在重复销售或使用的材料、零件、制品等库存。

② 睡眠库存　需要长期保存的库存。

③ 滞销库存　陈旧腐化、劣化的库存。滞销库存又可以分为：陈腐化制品的材料及其

零件库存；设计变更前的旧材料及零件库存；不可能修整的不良库存；品质劣化的库存；今后不可能再使用的库存货品及零件。

4. 按5S整顿和整理的原理划分的库存

按5S整顿和整理的原理划分的库存如下所示：

<table>
<tr><td rowspan="3">必要的库存</td><td>运转库存</td><td rowspan="4">流动库存</td></tr>
<tr><td>安全库存</td></tr>
<tr><td>预估政策库存</td></tr>
<tr><td rowspan="5">不必要的库存</td><td>过剩库存</td></tr>
<tr><td>挪用库存</td><td rowspan="2">睡眠库存</td></tr>
<tr><td>长期保管库存</td></tr>
<tr><td>陈腐化库存</td><td rowspan="2">滞销库存</td></tr>
<tr><td>劣化商品库存</td></tr>
</table>

二、库存观念的历史演变

在沙漠里，谁拥有的水最多，谁就能获得最大的生存机会。在现代商业经济之前的社会，市场环境如同沙漠，拥有最大存货的组织往往是最富有，最有权势的。20世纪以来，经济飞速发展，物资充沛，货品流通速度加快，这一切导致人们不得不重新定位库存的含义。库存是财富还是成本，应不应该有库存，多少库存是合适的，对这些问题的争论和探讨带来了库存观念的几度变化，这种变化大概分为五个阶段。

第一阶段：库存等于财富。20世纪以前，商品经济落后，物资短缺，货品流通速度缓慢，加之信息闭塞，市场供给时有时无，战乱频繁，需求具有高度的不确定性。此时，库存基本等同于财富。譬如，遇到自然灾害或者战乱，储存粮食最多的往往成为一方太爷，粮食价格可以任意抬高，从而谋取暴利。

第二阶段：库存等于负担。19世纪末和20世纪初，工业国家已经不同程度地做到了确保物料的充足供应，这时供应的不确定性大为降低，人们开始厌恶库存成本的高昂。于是，20世纪20年代，出现企业为了降低成本，片面追求降低库存水平的狂热现象。这种做法的结果是许多公司在降低库存水平的同时出现了货品短缺，生产停滞的现象。

第三阶段：科学库存管理。20世纪20年代晚期，科学库存管理成为库存管理的主要手段，也就是依靠数学模型来寻找最佳的库存水平。最具代表性的是经济订购批量模型（EOQ）的产生与应用。EOQ由Harris于1915年发明，由Wilson于30年代初引入市场，后来围绕着这一理论，人们进行了广泛的探讨和扩展。直到今天对经济订购的研究仍然没有停止。EOQ理论的应用给企业寻找最佳订货方案提供了重要参考，但是企业外部环境越来越复杂，需要考量进去的参量越来越多，订购批量的计算越发复杂，而且准度不佳，人们对数学模型能否真正科学控制库存产生了怀疑。

第四阶段：库存运作化管理。之前对库存的管理一直局限在库存本身上，以降低库存水平为本。物料需求计划以及准时制生产的诞生没有延续以往对库存的错误认识，而是把库存当作是企业运作过程的一部分来管理。企业持有大量库存实际上是为掩盖企业运作中的各种错误，真正建设性的方法是，明确问题的所在，根据实际需求计划来制定库存，摒弃根据历史预测需求的局限性方法。

第五阶段：多元化时代。实际上，没有一种库存控制方法能适用一切企业，企业自身更多的是对行业特征、发展阶段、运作模式等因素的综合分析下选择合适的库存管理策略。随着供应链的发展，出现了许多适应于供应链环境下的新型库存管理方法，例如供应商管理库存。不管怎样，任何一种理论的应用都是思索和实践的结果，都有待于在实践中检验和发展。相信在不久的未来我们对库存的认识会有新的变化，也会有更多适用有效的管理库存的方法。

三、库存管理的概念与目标

（一）库存管理的概念

库存管理也称库存控制，是指对生产、经营全过程的各种货品、产成品及其他资源进行预测、计划、执行、控制和监督，使其储备保持在经济合理水平上的管理过程。库存管理是对在库货物品种及其存量的管理与控制，它只考虑其合理性、经济性与最优性，而不是从技术上去考虑存货的保管与储藏以及如何运输。

对于企业经营者来说，库存管理的主要任务是解决何时补充订货，订货多少，以及库存系统的安全库存量、平均库存量、周转率、缺货次数等问题。现代企业认为，零库存是库存管理的终极目标。简单说来，库存不论是多还是少，都各有利弊，库存管理的目的是保持库存优势的同时，尽量压缩库存量，加快库存周转，从而取得效益对成本的最大利差。因此，在库存管理过程中，应把握好衡量的尺度，处理好服务成本、短缺成本、订货成本、库存持有成本等各成本之间的关系，以求达到企业的库存管理目标。

（二）不同部门库存目标的冲突性

企业的库存问题辐射性强，和采购、生产、营销、仓库、财务等部门存在多方位的联系。采购而来的原材料变成存货，生产部门要从仓库中取材料，营销部门要把成品库存尽快销售出去，仓库则考虑空间的容纳能力，财务部门则痛恨库存的存在，这些对库存多方位的利用必然会引发部门间的矛盾，有些时候这种矛盾会引发激烈的冲突。因此，调和各部门间关系是上级主管在作库存决策时必须考虑的一个问题。表 7-1 描述了各部门对库存问题的典型反应，可以说明库存管理目标在各职能部门间的不同（见表 7-2）。

表 7-1 各职能部门对库存的典型反应

企业职能部门	对库存态度的典型反应
市场营销	如果总是缺货，客户的订单满足不了，如果造成客户流失，损失是巨大的
生产	如果按大批量生产，就可能降低单位成本和有效的经营
采购	如果批量采购，会有不小的采购折扣
财务	资金不足了，没钱支持那么多存货了，应该降低库存
仓库	这里没货位了，什么也放不下了

表 7-2 各部门对库存所抱态度

职能部门	职　能	库存目标	库存量的倾向
营销	销售产品	响应顾客需求	高
生产	制造产品	有效批量	高
采购	采购原材料	单位成本低	高
财务	提供流动资金	资金利用率高	低
工程	设计产品	避免陈旧	低

由此可以清楚看到，各部门是怎样从己方角度看待库存问题的，目标的不一致造成在库存决策上的任何瑕疵都会引起某一部门的强烈不满。

可以说，让所有职能部门都满意是不可能完成的任务，管理者在进行库存管理时要以企业的综合效益为本，从效益和效率的双重角度平衡库存的持有量。

（三）库存管理的目标与方法

1. 库存管理的基本目标

为了保证企业正常的生产经营活动，库存是必要的，但因为库存又占用了大量资金，成为企业生产经营成本的一部分，因此，库存管理关键的问题就是要求既能保证经营活动的顺利进行，又能使资金占用达到最小。

库存管理的目标就是要防止超储和缺货，在企业资源约束下，以最合理的成本保证客户服务的质量。具体而言，库存管理目标就是要实现：库存成本最低的目标、库存保证程度最高的目标、限定资金的目标、快捷的目标等。通过库存管理，以满足客户服务需求为前提，对企业的库存水平进行控制管理，尽可能降低库存水平，提高物流系统的效率，以强化企业的竞争力。

2. 库存管理的方法

库存管理涉及的决策很多，很多方法也是基于决策的内容和方法建立的，有三种决策是管理者无法回避的。

① 在库存中应该包括哪些货品？对于现有货品的库存要控制在合理水平上；避免加入不必要的货品；坚决清理无价值或不使用的货品，这三条是应对这一决策的基本原则。

② 在何时向供应商发出订单？这个问题可以有三种思路，一是阶段性补货，阶段末根据销售情况向供应商发出补货订单；二是当存货下降到一定水平后，开始启动订货；三是根据对一段时间内需求的预测，进行大量的订货。

③ 应该订购多少？订购批量过大会造成库存积压，资金占有率过大的问题；订购批量太少，订购和运输成本又高，因此需要在这两者间作出折中。

针对库存管理要决策的问题，多年来人们发现了许多可以有效管理库存的方法，大体说来包括传统库存管理方法和现代库存管理方法两大类。

传统库存管理所要求的是既保证供应而又使储备量最小，做到不缺货。传统库存管理的方法，一般包括 ABC 分类法、经济订货批量法、订货点法、定期订货法等数学模型方法。

随着企业生产目标、组织结构、生产方式的变化，传统库存管理方法受到挑战，出现了新的现代库存管理方法。这类方法主要是通过适量的库存来达到合理的供应，实现总成本最低的目标。其库存管理的方法较传统库存管理方法有了一定的突破，在于放弃了“保证供应”，允许缺货，利用总成本最低来进行决策控制，主要包括物料需求计划、制造资源计划、企业资源计划和准时制生产等方法。

第二节　库存需求预测

库存需求预测是进行库存计划与控制的基础，做好需求的预测工作能够为下一步制订库存计划，采购计划等提供重要依据，同时预测活动是实现事前控制的必要条件，本节将主要介绍库存需求基本分类、需求预测过程以及常用的库存需求预测方法。

一、库存需求分类

需求预测是进行库存控制的前提条件，而进行需求预测前，要了解基本的需求特性，通常可以按以下两种方式对需求进行分类。

1. 按需求的特性的划分

按需求的特性可划分为独立需求库存与相关需求库存。独立需求是指用户对某种库存货品的需求与其他种类的库存无直接联系，表现出这种库存需求的独立性。从库存管理的角度来说，独立需求库存是指那些随机的、企业自身不能控制而是由市场所决定的需求。独立需求库存无论在数量上还是在时间上都有很大的不确定性，但可以通过预测方法粗略地估算。

相关需求是指与其他需求存在相关性的需求。根据这种相关性，企业可以精确地计算出它的需求量和需求时间，是一种确定型需求。如顾客对某一商品的需求（如汽车），对于生产该产品的企业来说，就是独立需求，因为这种需求与其他种类货品需求无关，而且是随机的、企业不能控制；而对于构成该产品的零部件及原材料（如轮胎、车窗等）的需求，则是相关需求，因为一旦这种产品需求确定了，生产该产品所需的零部件及原材料的数量即可随之确定，因此是可以精确计算的。相关需求可以分为垂直相关和水平相关，例如汽车的需求带动轮胎等零部件的需求是垂直相关；出售 DVD 附送影碟属于水平相关。

2. 按货品需求的重复程度的划分

按货品需求的重复程度划分为单周期需求和多周期需求。单周期需求也称一次性订货，这种需求的特征是偶发性或货品生命周期短，因而很少重复订货。通常有两种单周期情况：一是偶尔发生的对某种货品的需求，如某些大型活动的纪念章或节日贺卡等；另一种是易腐物品或时效性很强物品的需求，如鲜鱼、鲜肉、杂志、报纸等。对于单周期需求物品的库存控制称为单周期库存问题，又称报童问题。

多周期需求是在长时间内需求反复发生，库存需要不断补充。对多周期需求物品的库存控制称为多周期库存问题。与单周期库存相比，多周期库存问题更为普遍。

二、库存需求预测作业流程

企业要展开科学有效的库存需求预测，需要设计合理的库存预测作业流程。而该流程应以系统论的观点进行规划。在库存需求预测流程的作业环节中，对预测方法与技术的选择还在其次，而信息的输入、输出和反馈以及对预测流程的管理和支持才是库存预测流程运作的核心。

在图 7-1 中，展示了一个科学有效的库存需求预测系统的构成及作业流程。库存需求预测系统包括信息输入、信息处理和信息输出子系统。

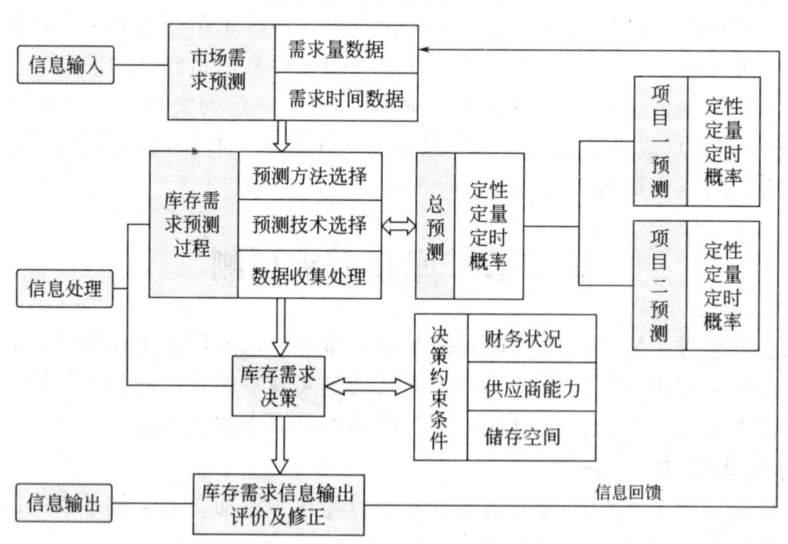

图 7-1 库存需求预测作业流程

对市场需求的预测（市场需要什么和何时需要）是库存需求预测过程的起点。信息输入子系统对基本信息的输入使预测者明确市场状况，在此基础上库存管理中心对库存现状、库存管理历史记录等进行科学处理。

信息处理子系统则包括库存需求的预测和决策。前者通过预测方法和技术的选择以及数据的采集对库存需求的订货性质、订货时间、前置时间和不确定性因素进行预测，并且应将总预测分解为若干个相互独立的项目单元分类预测（项目单元可以细分为次级单元），此时便解决了库存需求预测中的需求性问题（是多少）。后者则要结合企业财务状况、供应商能力和享有的储存条件，对库存预测信息进一步加工，以解决库存需求预测中的可能性问题（应该是多少）。

最后，在信息输出子系统，不仅要得到库存需求的预测结果，更为重要的则是库存需求预测的调整和评价。工作人员将库存需求预测信息与实际情况、历史信息进行反复对比，以发现误差和对输出信息进行校正，并将比照结果和误差原因反馈到库存需求预测的起点以便为以后的预测提供经验教训。所以库存需求预测的调整和反馈，是需求预测工作的终点也是起点。

应该说，库存需求预测过程是个动态的、不断循环与优化的过程。科学而富有效率的需求预测是进行库存控制的重要基础。

三、需求定性预测技术

定性预测技术，又称经验判断预测技术，是指借助于专家的主观判断和对相关情况较为熟悉的人员进行调查的方法来进行库存需求预测的一种方法。这种方法建立在过去的经验和对现实市场的感觉之上，在缺乏具体的数据和信息支撑下可以采用这种方法，也可以与定量预测方法结合使用。但是这种方法费时又费钱，一般在战略层面上的预测采用此种方法。常用的定性预测方法有德尔菲法、消费者调查法、部门主管讨论法、销售人员意见汇集法等。

（一）德尔菲法

德尔菲法是1964年由美国斗德公司首创和使用的，是一种专家调查法。它以预先选定的专家作为征询意见的对象，预测小组以匿名的方式给各位专家发放调查问卷、咨询征求专家的意见，然后将收集到的专家意见汇总整理，在参考反馈意见的基础上，预测小组重新设计出新的调查问卷，再对每个专家进行调查，专家可以根据多次反馈的信息做出判断。如此多次反复，专家的意见逐步趋于一致，即得出预测结果。德尔菲法预测的步骤如图7-2所示。

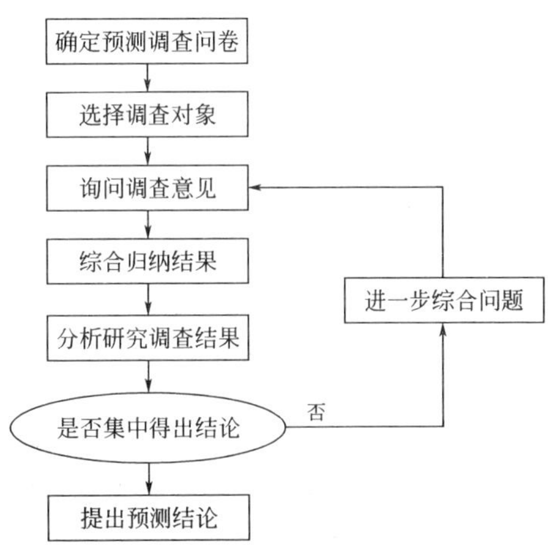

图7-2　德尔菲法预测步骤

德尔菲法的特点如下。

① 匿名性　由于专家是背对背提出各自的意见，因而可以避免专家之间的相互影响。

② 反馈性　预测结果一般是在多次调查、不断反馈、反复综合整理、归纳和修正基础上形成，给专家提供了充分反馈意见的机会。

③ 统计性　对各位专家的估计或预测数值进行统计，进而处理得到预测结果。

德尔菲法应用的原则如下。

① 问题要集中　如预测某产品需求，不能一次给出好几种产品的情况要求专家预测。

② 不能将调查小组的意见强加于专家。

③ 避免组合事件　如果一个事件包括两个方面：一方面专家同意，另一方面专家不同意，则视为组合事件。

④ 考虑可能的偏差　在预测中，应考虑各个专家所具有的经验及对问题的熟悉程度和判断能力对调查结果所带来的偏差，可采用对不同水平专家给予不同的权数的方法，对他们的回答结果进行加权处理，这样可使预测结果更趋准确。

德尔菲法通常用于采集数据成本太高或不便于进行技术分析时采用，适用于长期趋势和对新产品的预测。主要优点是预测速度较快，预测成本较低；不存在群体压力或出现某些主导性个体对预测结果产生影响；同时在预测过程中，不断反复调查，使专家意见逐渐趋于一致，这对于专家而言也是一个学习过程。其缺点是专家的选择没有明确的标准，预测责任分散，对于分地区的顾客群或产品的预测不可靠。库存需求为短期需求时，较少采用该种方法，除非采集数据成本太高或缺乏时。

（二）消费者调查法

消费者调查法是通过信函、电话或访问的方式对现实的或潜在的顾客购买意图进行调查，得到需求的预测结果。这种方法的优点如下。

① 预测直接来源于顾客购买意图，较好地反映了市场需求情况。

② 可以获得丰富的信息，如顾客对产品优缺点的看法，这有利于企业改善产品，有利于开发新产品和有针对性地开展促销活动。

这种方法的缺点如下。

① 在调查中顾客有时不配合调查，影响调查结果的准确性。

② 顾客购买意图容易随着一些新的情况（如办展销会）出现而发生变化。

③ 调查需耗费较多的人力和时间。

消费者调查法是企业经常使用的一种辅助预测方法，此种方法的目的不是为了得到具体的需求预测数据，而是从宏观上探查市场对产品的喜好情况，也就是得到一个宏观的关于产品销售预期的期望。对新产品的需求预测通常都会采用此种方法。

（三）部门主管讨论法

部门主管讨论法是一些高层管理人员，如营销、生产运作、财务等部门主管人员，聚集在一起进行集体研讨，对产品需求做出分析与预测。这种方法的优点如下。

① 预测简单、经济易行。

② 不需要准备和统计历史资料。

③ 汇集了各主管的丰富经验与聪明才智。

④ 如果市场情况发生变化，可以立即进行修正。

此方法不足之处如下。

① 个别人（权威）的观点可能左右其他人的意见。

② 预测的责任分散，易导致管理者发表的意见过于草率。

这种方法应用的前提是参与预测的部门主管具有较高的知识水平、较丰富的经验以及对市场的洞察能力和分析能力。这种方法常用于制订长期规划以及开发新产品预测。

（四）销售人员意见汇集法

销售人员集中法是根据每个销售人员对需求预测的情况进行综合得出预测结果。预测时，先让每个销售人员对自己负责的销售区域的产品销售额和总的市场需求做出估计，然后把各销售区域人员的估计销售额汇总，就可得出企业产品的销售额和市场需求的预测结果。

这种方法的主要优点是企业的市场销售人员直接接触经销商和客户，一般知道消费者的购买计划，在进行产品销售预测时，用此方法往往能得出比较符合实际的预测结果。

这种方法的主要缺点是容易受个人偏见的影响。例如，有些销售人员对市场形势比较乐观，他们估计的预测值可能偏高；反之，就可能偏低。另外销售人员为了制订低的、易于实现的销售计划，可能瞒报需求。因此要对结果进行校正，校正方法可以通过计算推定平均值来得到较可信的结果。计算公式为

$$\text{库存需求推定平均值}=\frac{\text{最乐观估计值}+4\times\text{最可能估计值}+\text{最悲观估计值}}{6}$$

为了更好地应用销售人员预测的方法，在应用这种方法时可以给销售人员提供一些帮助或鼓励。

四、需求定量预测技术

定量预测技术就是根据历史数据和因素变量关系利用数学模型来计算未来需求的方法。常用的库存定量预测技术有两类：时间序列预测法和因果关系预测法。

（一）时间序列预测法

时间序列就是按一定的时间间隔（周、月或季度），将某一变量的历史数据按时间先后顺序排列起来的数列。如每周的销售量在一年时间内按时间的先后所构成的序列。库存需求是一个时间序列。时间序列预测就是基于事件随时间发生的历史数据来预测未来，以时间为独立变量，利用过去需求随时间变化的关系来估计未来的需求。它假定过去的数据和未来是相关的。该技术常用于季节性变动、周期模式、趋势值的识别。常用的时间序列预测方法有移动平均法、指数平滑法、组合预测法等。

1. 移动平均法

移动平均法是在对时间序列数据进行分段的基础上，按数据点的顺序逐步推移计算其平均数，并据此做出预测。当产品需求既不快速增长也不快速下降，且不存在季节变动影响时，移动平均通过“吐故纳新”可以有效地消除预测中的随机变动。计算移动平均数的公式如下

$$\overline{A}_t=\sum_{i=t-N+i}^{t}\frac{A_i}{N}$$

式中 $\overline{A}_t$——第 t 期的时序数列的移动平均数；

A_i——第 i 期的实际需求量；

N——移动平均的项数。

第 t 期的预测值 $F_{t+1}=\overline{A}_t$，即以第 t 期的移动平均数作为第 $t+1$ 期的预测值。例如，某加工企业前六个月的产品需求量分别为 100、120、130、110、128、140，假定移动平均项数为 3，则第七个月的需求预测量 $F_7=\overline{A}_7=(110+128+140)/3=126$。

在实际应用移动平均法时，移动平均项数 N 的选择十分关键，它取决于预测目标和实际数据的变化规律。

当时间序列没有明显的趋势变动时，使用一次移动平均就能够准确地反映实际情况，直接用第 t 周期的一次移动平均值就可预测第 $t+1$ 周期之值。但当时间序列出现线性变动趋势时，用一次移动平均数来预测就会出现滞后偏差。因此，需要进行修正，修正的方法是在一次移动平均的基础上再做二次移动平均。

在一次移动平均中，是将被平均的各期数值的作用等同看待的，若考虑近期的数值往往影响大、远离预测期的数值作用会小些，可采用加权移功平均法预测，即给不同时期以不同的权值进行预测，但具体权值的选定往往难以确定。

2. 指数平滑法

指数平滑法通过对加权移动平均的权数加以改进，能提供良好的短期预测精度。根据平

滑次数不同，指数平滑法分为一次指数平滑法、二次指数平滑法和三次指数平滑法等，它们的基本思想都是：预测值是以前观测值的加权和，且给不同的数据以不同的权值，一般新数据给予较大的权值，旧数据给较小的权值。该模型的一次指数平滑公式为

$$F_t=F_{t-1}+\alpha(A_{t-1}-F_{t-1})$$

式中 F_t——第 t 期的预测值；

F_{t-1}——第 $t-1$ 期的预测值；

α——平滑系数；

A_{t-1}——第 $t-1$ 期实际的库存量。

例如：$t-1$ 期的库存需求预测为 100 单位，而实际的库存量为 120 单位，假定平滑系数为 0.1，则第 t 期库存需求预测为

$$F_t=100+0.1\times(120-100)=102\ (\text{单位})$$

公式中平滑系数介于 0 与 1 之间。当其取得较大时，适用于变化较大或趋势性较强的时间序列；当其取得较小时，适宜于变化较小或接近平稳的时间序列。实际运用该模型进行预测时，可以确定多个 a 值进行计算，然后分别计算其平均绝对误差或均方差，然后以计算结果最小的 a 值作为最佳 a 值。

时间序列的变动出现直线趋势时，用一次指数平滑法来预测仍存在着明显的滞后偏差，需要进行二次指数平滑，利用滞后偏差的规律找出曲线的发展方向和发展趋势，然后建立直线趋势预测模型，故称为二次指数平滑法。同样，根据需要也可以采取三次指数平滑进行预测。

3. 组合预测法

为了有效地利用各种模型的优点，1969 年，贝茨和兰杰首次提出了组合预测的理论和方法，将不同的预测方法进行组合，以求产生较好的预测效果。组合定理指出，即使一个很差的预测方法，如果它含有系统的独立信息，当它与一个较好的预测方法进行组合后，同样可以提高预测性能。组合预测是对同一预测对象采用多种预测方法，并对预测结果分别赋予一定的权重 W，计算综合预测值的预测方法。预测公式如下

$$Y=\sum W_i\times Y_i$$

式中 Y——处理后的最终预测值；

Y_i——第 i 种预测方法获得的预测值；

W_i——第 i 种预测方法赋予的权重系数，其中 $\sum W_i=1$。

组合预测模型综合利用了多种可行预测模型的结果，并可通过权重系数的不同选择方式，充分利用其中预测结果好的模型优点权重。权重选择的方式有算术平均、调和平均以及运用模糊数学的方法确定等。

（二）因果关系预测法

1. 一元线性回归法

一元线性回归方法也叫最小二乘法，是用来处理两个变量之间具有线性关系的一种方法。这种方法的应用步骤如下。

① 根据 X、Y 现有的实际数据和统计资料，把 X、Y 作为已知数，寻找合适的 a、b 回归系数。

② 根据回归系数来确定回归方程。

③ 利用已求出的回归方程得出一条趋势变动直线，并使此直线上的各点到实际资料的对应点距离最小。从而使这条直线最能代表实际数据的变动，作为预测的依据。

设 X、Y 两变量满足趋势变动直线方程：$Y=a+bX$，其中 X 为自变量，Y 为因变量或

预测量；a、b 为回归系数。从原始数据级（x_i，y_i）（$i=1,2,\cdots,n$）估计参数 a、b，就可以确定方程，在几何上这等价于寻求拟合散点的曲线。而这种拟合过程通常是遵照使拟合误差的平方和为最小的“最小二乘法”来进行。

如对于自变量 X、因变量 Y 的 n 组原始数据（x_i，y_i）（$i=1,2,\cdots,n$），其回归预测方程式为 $\tilde{y}=a+bx$；设用回归方程计算出的因变量 y 的预测值 $\tilde{y}_i$ 与实际值 y_i 的误差为 e_i，则 $e_i=|y_i-\tilde{y}_i|$（$i=1,2,\cdots,n$）。

根据最小二乘法原理，需求出满足使总方差 $\sum_{i=1}^{n} e_i^2$ 为最小的 a、b 值。令

$$Q(a,b)=\sum_{i=1}^{n} e_i^2=\sum_{i=1}^{n}(y_i-\tilde{y}_i)^2$$

将 $\tilde{y}_i=a+bx_i$ 代入上式后，根据微分学中求最值的方法，分别求二元函数 $Q(a,b)$ 对 a、b 的偏导数并令其为零，从而解出要求的 a、b 值。

在这一过程中，实际上我们假设了：①变量 x，y 之间为线性关系；②回归余项线性独立；③回归余项服从正态分布。预测模型与实际情况多大程度吻合，至少还要进行相关性检验。相关系数 r 的求解公式如下

$$r=\frac{n\sum xy-\sum x\sum y}{\sqrt{[n\sum x^2-(\sum x)^2][n\sum y^2-(\sum y)^2]}}$$

r 的变化范围在 -1 至 $+1$ 之间，r 值为负说明 x 和 y 负相关，为正则说明 x 和 y 正相关，同时 r 的绝对值越大说明变量之间的相关程度越高。此外，也可以用 r^2 说明一个回归直线在多大程度上与已知的数据相吻合。

一元线性回归适用于自变量与因变量两个变量之间存在着线性关系，且需求为短期、中期的预测。在回归预测中要注意外推的范围，因为因变量与自变量之间存在相关关系是有一定范围的。为了准确预测需求，在应用回归预测时需要准确收集两个变量的历史数据。

2. 多元线性回归法

在库存管理系统中，对库存需求进行预测时，不仅存在着库存需求与一个因素或变量相关的情况，而且还存在多个因素变量同时影响库存需求的情况，这种状况更为常见。如果对前一种情况可以用一元回归分析法进行有关的预测，那么后一种情况就可以用多元回归分析方法进行有关的预测。多元线性回归分析方法是一元线性回归理论与技术在多变量线性关系系统中的重要延伸，也是预测中常使用的方法。

多元线性回归分析预测法是对因变量 Y 和 n 组自变量（$X_1,X_2,\cdots,X_n$）的统计数据，在明确因变量 Y 与各个变量间存在线性关系的基础上，解出适宜的回归方程，并据此做出关于因变量 Y 的发展变化趋势的预测。

类似于一元线性回归分析，可以用线性方程来近似描述 Y 与 $X_1,X_2,\cdots,X_i\cdots,X_n$ 之间的线性关系。即

$$Y=b_0+b_1X_1+b_2X_2+\cdots+b_iX_i+\cdots+b_nX_n,i=1,2,\cdots,n$$

式中，b_0 为常数，b_i 为 Y 对 X_i 的偏回归系数。

建立一个多元回归模型需要复杂的统计方法，但现在在计算机上可以使用软件根据统计数据建立合适的多元回归方程，这样就方便多了。

五、神经网络方法在库存需求预测中的应用

人工神经网络理论（Artificial Neural Networks）是在 20 世纪 40 年代提出的，是在研究和应用上不断发展的一个前沿科学领域。神经网络应用于库存需求预测在最近这些年才被发掘，如班萨尔等人（1998）使用基于神经网络的 DM 和 KDD 技术解决一个大医药分销公

司的库存需求预测与控制问题，王东旭等人（2001）用BP神经网络模型预测ERP的安全库存。

不同于一般预测方法，人工神经网络模型可以利用一些经验性的知识，建立能够“学习”的模型。人工神经网络的工作原理是大致模拟人脑的工作原理，即首先要以一定的学习准则进行学习，然后才能进行推断、评价等工作。

由于影响库存需求的因素很多，准确地建立其相关统计数学模型有很大难度。与统计方法相比，神经网络方法有如下优点。

① 可以比较容易地实现并行计算，按神经元把计算量分散到各个计算机上，能极大地提高计算速度和解决复杂的现实模型。

② 样本的数据量越大，神经网络模型就越能逼近现实模型，预测效果就越好，这就使其更适合处理大规模数据问题。

③ 神经网络模型是一个“黑匣子”，经过训练后逼近现实模型，没有模型复杂度的限制，即使不知道其内在数学模型也可以使用。

人工神经网络可以分成四种类型：前向型、反馈型、随机型和自组织竞争型。在预测中多利用前向神经网络模型进行，接下来简单介绍两种神经网络模型：BP神经网络预测模型（多层前向神经网络的误差反向传播算法）以及过程神经元网络预测模型。

（一）BP神经网络预测模型

BP（Back—Propagation）模型是由鲁梅尔汉等人在20世纪80年代中期提出，具有较强的学习能力，被广泛应用预测、模式识别等方面。

BP模型的网络拓扑结构由输入层、隐含层（可多层）和输出层构成，各层神经元之间的连接由权重反映。学习过程由正向计算和反向传播组成，学习样本先进入正向计算过程，从输入层经隐含层逐层处理到输出层输出学习结果；如果输出达不到要求则转入反向传播过程，将输出信号和教师信号的误差（有教师学习）沿网络的连接通路返回，从输出层到输入层逐层修改各层神经元的连接权重。通过正向计算向反向传播反复训练学习样本直到误差信号最小或学习结果达到满意为止，故又可称之为反向传播模型，如图7-3所示。

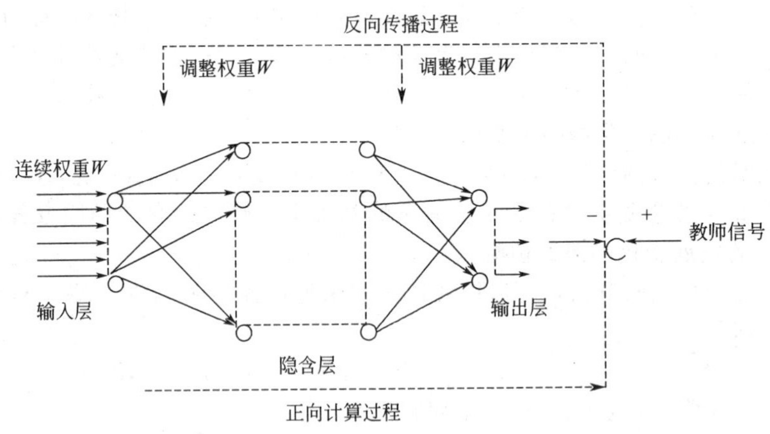

图7-3 BP模型工作原理

一般的，设BP网络的样本集为 $\{(\boldsymbol{X}, \boldsymbol{Y})\}$，$\boldsymbol{X}$ 为输入向量，$\boldsymbol{Y}$ 为 $\boldsymbol{X}$ 对应的理想输出向量。输入为影响预测的几个主要因素，输出为预测目标。加入权值 W 和阈值 θ 的BP神经网络的数学表达式为

$$\boldsymbol{Y}=\boldsymbol{f}(\sum W_j \boldsymbol{X}_j+\theta_j)$$

误差函数（传递误差）E 的减小采用最速下降法。当 E 是平方和的形式时，E 中的赫西安矩阵近似为

$$H=\boldsymbol{J}^{\mathrm{T}}\boldsymbol{J} \text{ 同时梯度为 } \nabla E=\boldsymbol{J}^{\mathrm{T}}\boldsymbol{e}$$

式中 $\boldsymbol{e}$——误差向量；

$\boldsymbol{J}$——误差对权值微分的雅各比安矩阵（比使用赫西安矩阵简单）。

权值调整率为

$$\nabla W=(\boldsymbol{J}^{\mathrm{T}}\boldsymbol{J}+\mu\boldsymbol{J})^{-1}\boldsymbol{f}^{\mathrm{T}}\boldsymbol{e}$$

式中，μ 为标量，当 μ 很大时，接近于梯度法，当 μ 很小时，变成了高斯-牛顿法，在这种预测方法中 μ 是自适应调整的，依赖于 μ 的幅值。

BP 模型实际上完成的是输入样本空间与输出期望值空间的映射：$\boldsymbol{X}^n\rightarrow\boldsymbol{Y}^m$，输入样本为 n 维，输出期望值为 m 维，维数对应着神经元的个数，输入输出空间的各维反映了预测问题的向量特征。所以有些人用它来预测安全库存，确定最大库存量。在这方面，国内有的学者曾应用神经网络技术来预测大规模的零售公司，尤其是研究按地理分散分布的零售公司如何满足消费者不确定的商品库存需求。另外有人使用 BP 神经网络技术预测 ERP 的安全供货库存，均取得了较好的效果。

在 BP 模型实际应用的过程中，同样面临着预测人员主观因素的问题。BP 网络隐合层节点数量的确定目前尚无理论指导，只能凭经验根据建模数据的具体情况来选取；BP 算法需要足够丰富的历史数据，期望具有给定的连续函数，由期望输出与网络输出偏差的大小决定隐含层-输出层权值的大小，由此计算出隐含层的偏差。再进一步计算输入层-隐含层权值增量的大小，而实际建模时，历史数据可能是不完整的，函数更是未知的；BP 算法收敛慢，神经网络模型各参数复杂，得到一个最佳模型十分困难。

（二）过程神经元网络预测

在上述人工神经网络模型中，输入是与时间无关的常量，即输入是几何点式的瞬时输入。而过程神经元网络模型是人工神经网络在时间域上的扩展，更与实际情况相符，更具一般性。

过程神经元由加权、聚合和激励三部分组成。与传统神经元不同之处在于过程神经元的输入和权值都是可以依赖于时间的函数，即具有时变性。其聚合运算既有对空间的多输入的聚合，也有对时间过程的积累。因此它是传统神经元在时域上的扩展，传统神经元可以看成是过程神经元的特例。单个过程神经元的结构如图 7-4 所示。

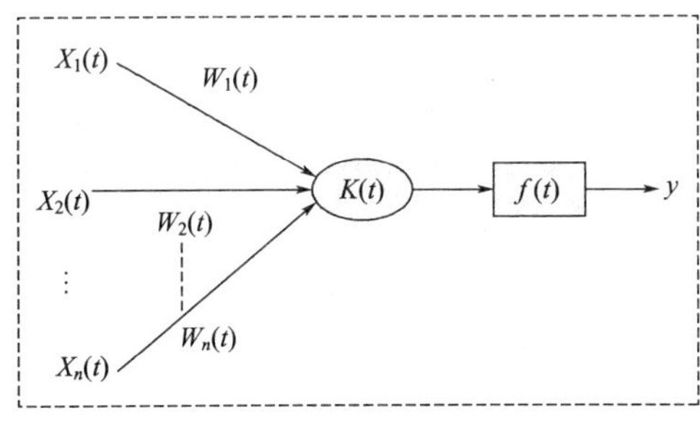

图 7-4 过程神经元

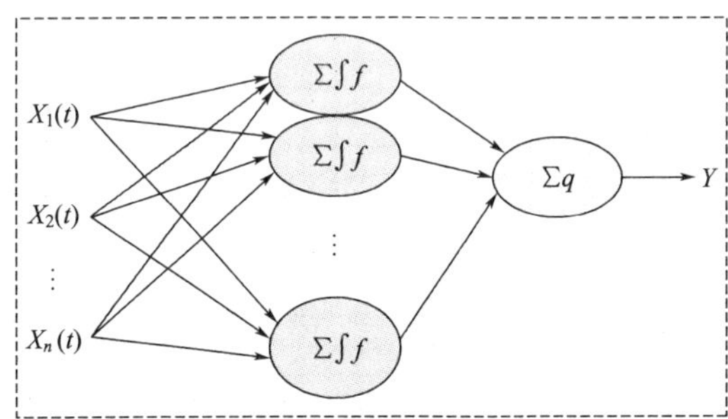

图 7-5 含一个隐含层的基展开过程神经元网络

图中 $x_1(t),x_2(t),\cdots,x_n(t)$ 为过程神经元输入函数向量，$w_1(t),w_2(t),\cdots,w_n(t)$ 为相应的权函数；$K(t)$ 为过程神经元的时间聚合基函数；$f(t)$ 为激励函数，可取线性函数、西格莫伊德函数、高斯型函数等。

输入输出关系如下

$$Y=\int_0^T\sum_{i=1}^{n}W_i(t)X_i(t)\mathrm{d}t$$

过程神经元网络是由若干个过程神经元按一定的拓扑结构组成的网络。其拓扑结构如图7-5所示。

其中，中间层（隐含层）各单元分别由图7-4中所示的神经元组成，并设有多个单元。输出层为一非时变神经元。过程神经元网络的学习可借鉴传统梯度下降法，或BP算法，这里就不作过多的介绍了。

第三节　库存控制的一般方法

有关库存控制的方法，可以追溯到商品经济的初期，那时人们就已经懂得了对货品进行分类，并加以区别对待，这是ABC分类的最原始体现，随着现代科学的发展，利用数学建模的方式控制库存得到了很大的发展，定量与定期定货法是具有代表性的库存控制方法。

一、ABC分类法

（一）ABC分类法的原理

ABC分类法是库存管理中常用的分类方法，也是经济工作中的一种基本工作和认识方法。ABC分类法，在一定程度上可压缩企业库存总量，节约资金占用，优化库存结构，节省管理精力，因此在企业管理中广为应用。

一般来说，企业的存货品种较多，有些企业的存货甚至达到数万种，其需求量和单价各不相同，年占用金额也各不相同。有些存货在整个库存存货中的品种数量所占比重较大，但其价值在全部存货中所占比重较小，而有些存货则相反。在进行存货管理时，若都采用平均的控制力度，既不科学也不经济，对那些年占用金额大的库存品，由于其占压企业的资金较大，对企业经营的影响也较大，因此需要进行特别的重视和管理；而对占压企业资金不大的存货，可作一般控制，ABC分类法就是在此基础上产生的。

ABC分类方法是将所有的库存货物根据其在一定时限内的价值重要性和保管的特殊性的不同，按大小顺序排列，根据各个品种的累计金额和累计数量统计，计算出相对于总金额和总数量的比率，并按序在图中标出对应的点，连成曲线图（见图7-6）。累计货品种类百分比为5%～15%，而价值占总价值量的70%左右的确定为A类货物；货物种类累计百分比为20%～30%，而价值占总价值的20%～30%的物品为B类；其余为C类。C类情况正好与A类相反，其累计货物种类百分比为70%左右，而价值仅占总价值的5%～15%。需要注意的是这种比例关系并不是固定的，实际中企业往往根据自身特点制定灵活的划分标准。

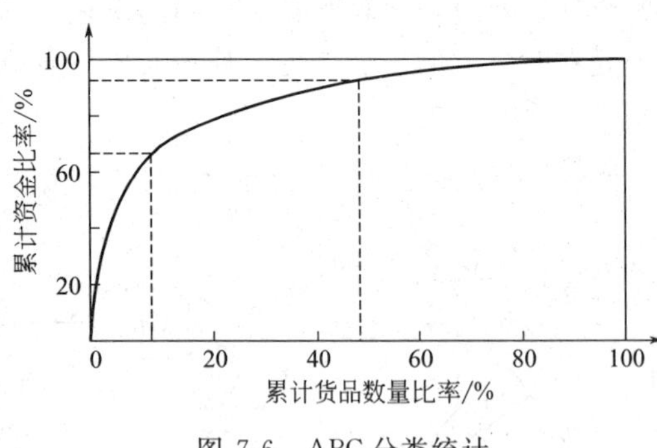

图7-6　ABC分类统计

简而言之，ABC管理法就是将库存货品根据消耗的品种和金额按一定的标准进行分类，对不同类别的货品采用不同的管理方法。

（二）ABC分类的实施方法与步骤

1. 收集数据

根据分析要求、分析内容，收集分析对象的有关数据。例如：要对库存商品占用资金的情况进行分析，则可以收集各类库存商品的进库单位、数量、在库平均时间等，以便了解哪几类商品占用的资金较多，以便分类重点管理。

2. 处理数据

将收集来的数据资料进行汇总、整理，计算出所需的数据。一般以平均库存量乘以单价，求出各类商品的平均资金占用额。

3. 绘制 ABC 分类管理表

ABC 分类管理表由 9 栏构成（如表 7-3 所示）。

表 7-3　ABC 分类管理

货品名称	品目数累计	品目数累计百分数%	货品单价	平均库存量	平均资金占用额	平均资金占有额累计	平均资金占有额累计百分数/%	分类结果
①	②	③	④	⑤	⑥=④×⑤	⑦	⑧	⑨
⋮	⋮	⋮	⋮	⋮	⋮	⋮	⋮	⋮

制表的步骤如下。

① 将计算出的平均资金占用额的数据，从大到小进行排序。

② 将平均资金占用额按从高到低的顺序填入表中的第 6 栏。

③ 以第 5 栏为准，依次在第 1 栏填入相对应的物品名称，在第 4 栏填入物品单价，第 5 栏填入平均库存量，第 2 栏填入商品累计编号（即品目数累计）。

④ 计算品目累计百分数，并填入第 3 栏。

⑤ 计算平均资金占用额累计，填入第 7 栏。

⑥ 计算平均资金占用额累计百分数，填入第 8 栏。

4. 分类

根据 ABC 分类管理表第 3 栏中品目累计百分数和第 8 栏平均资金占用额累计百分数，进行 A、B、C 三类货品的分类。

5. 绘制 ABC 分类管理图

以品目累计百分数为横坐标，以平均资金占用额累计百分数为纵坐标，按 ABC 分类管理表第 3 栏和第 8 栏提供的数据，在直角坐标图上取对应点，连接各点的曲线即为 ABC 分类曲线。按 ABC 分类管理表上确定的 ABC 三个类别，在图上标明。ABC 分类管理图也可用直方图表示。

（三）ABC 三类存货的控制原则

ABC 分类明确了重点，可以对不同类别的存货按不同要求进行管理和控制，具体方法如下。

1. A 类库存品

这类库存品品种虽然较少，但其占用的金额较大，是日常控制的重点，需要最严格的管理。必须对这类库存品保持完整的库存记录，建立完善的库存盘存制度，掌握该类存货的收、发、结存情况，严格按各种科学的方法计算确定每个品种的经济订货量、保险储备量，严格控制库存水平，防止缺货。

2. B 类库存品

这类库存品属于一般的品种，对它的管理介于 A 类和 C 类之间。原则上也要求计算经济批量和保险储备量，但不必像 A 类存货那样严格，通常的做法是将若干物品合并一起订购。

3. C类库存品

这类库存品的种类数虽多，但占用的金额较少，管理办法较简单，不必专门计算存货量，视企业情况规定存货量的上下限，也可适当增加每次订货量，实行简易控制。也可以适当加大安全库存量以保证企业需求，通常一次订购6个月或1年的需要量，采用双堆法进行库存管理。

ABC分析法只是用于找出库存管理的重点，本身并不属于一种库存管理模式，因为它并不能解决存货管理的基本决策问题，但它可以与EOQ模式结合使用。在应用时需要对ABC分析法作出一点修正，即在确定存货究竟是属于A，B，C三类中的哪一类时，不能仅仅根据价值指标，而是通过复合指标的综合评判，辨别降低存货成本的关键存货类别，并将其确定为重点管理对象。

二、定量订货法

定量订货法指当库存量下降到预定的最低库存数量（订货点）时，按规定批量进行订货补充的一种库存控制方法。

定量订货法的基本原理是：预先确定一个订货点，在仓库管理中连续不断地监控库存水平，当库存水平降低至订货点时，发出订货通知，执行订货任务。采购的物品到达时，库存品的数量得到补充，如图7-7所示。

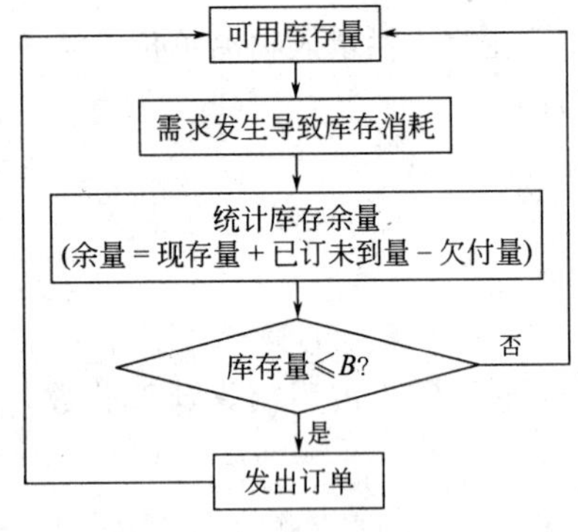

图7-7 定量订货法原理

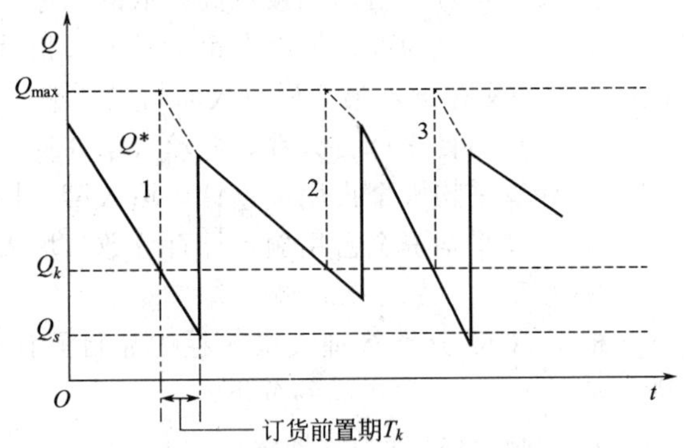

图7-8 定量订货库存运作过程

定量订货法货品库存运作过程如图7-8所示，Q_{max}代表最大库存存量；Q_k代表订货点库存量；Q_s代表安全库存量；Q^*代表经济订购批量。图中通过三次订货过程库存量的变化说明定量订货的基本运作过程。初始库存量下降到Q_k时，发出第一次订货请求，在T_k（订货前置期是指从发出订单至货品到达的间隔）期间，库存量下降到Q_s的边界点，此时库存得到补充，并完成第一次订货；如是过程经历第二次、第三次订货，并延续下去。从图中可以看出每一期库存的消耗速度是不均等的，有时因为需求突然加大，会动用安全库存，如果需求持续增大，经常动用安全库存会导致库存水平的持续走低，此时需要重新调整订货点库存量或者缩短订货前置期。

实施定量定货法需要确定以下两个控制参数：一个是订货批量；另一个是订货点（指企业发出订货单时的库存量），即订货点库存量。

① 订货批量　经济批量是使库存总成本达到最低的订货数量，它是通过分析每次订货成本和平均储存成本等因素而得到的。

② 订货点　通过经济批量的制定，明确了每次订货的最经济合理的水平，但什么时候开始订货，也是影响库存控制效果的一个因素。因为订货过早，会增加存货的储存量，造成积压；订货过晚，又会使存货储备减少，甚至影响生产经营。因此，影响订货点的因素除了

经济批量外，还有以下几个：订货前置期、平均每日正常消耗量以及安全库存。

（一）订货点的确定

在定量订货法中，订货点以库存水平作为参照点，当库存水平降到某个库存水平时就发出订货信息。因此，将发出订货时的库存水平称为订货点。

库存控制的目标，一是降低库存成本，二是提高服务的客户水平。这两个目标之间存在着权衡关系。在库存控制理论中，订货点是一个决策变量，是控制库存水平的关键因素。在实际物流管理中又称为“额定库存量”。订货点不能取得太高，如果太高，库存量过大，占用资金就大，导致库存费用升高，成本增加；同样订货点也不能取得过低，如果过低，则可能导致缺货损失，一方面是增加快货成本，另一方面是服务率下降。影响确定合理的订货点主要有哪些因素呢？

一般情况下，影响选择订货点的因素有如下三个。

① 需求速率　也就是货品需求的速率，用单位时间内的平均需求量 R_P 来描述。显然，需求速率越高，订货点也越高。

② 订货前置期　订货前置期是指从发出订单到所订物资运送入库所需要的时间长度，以 T_k 表示，T_k 值的大小取决于路途的远近和运输工具速度的快慢。

③ 订货前置期需求量　订货前置期需求量是按照已有的需求速率在订货提前期内发生的需求量，用 Q_L 表示。关系式为

$$Q_L = R_P T_k$$

因此，合理的订货点库存量为订货前置期需求量与安全库存量之和：

$$Q_K = Q_L + Q_S = R_P T_k + Q_S$$

（二）订货批量的确定

所谓订货批量就是每一次订货的数量。订货批量的高低，不仅直接影响库存量的高低，而且直接影响货物供应的满足程度。因此，订货批量要合理。

订货批量大小的主要影响因素有如下两个。

① 需求速度　需求速率越高，订货批量就越大。

② 经营费用　费用的高低，对订货批量有影响，经营费用低，订货量可能就大，反之，订货量就小。在定量订货中，对每一个具体的品种而言，每次订货批量都是相同的，所以对每个品种都要制定一个订货批量，通常是以经济批量 EOQ 为标准制定订货批量。

关于订货批量的具体计算方法，将在第四节中给予详细介绍。

（三）定量订货的特点

① 定量订货法的每次订购量是相同的，即 Q^* 是固定的。这样操作较简单并可降低订购成本。

② 定量订货法的平均库存量较低，因此定量订货法有利于贵重物品的库存，并且可以对企业潜在的缺货做出更快的反应。

③ 由于要随时掌握库存量和控制存货，每次补充库存或货品出库都要进行记录，维持定量订货模型需要的投入很多。同时，订货时间又不能预先确定，不灵活且要占用一定的人力和物力。

三、定期订货法

定期订货法是预先确定一个订货周期和一个最高库存水准，然后以规定的订货周期为周期，周期性地检查库存，发出订货，订货批量的大小每次都不一定相同。由于定期订货法是按固定的订货周期定期检查库存，以每次实际盘存的库存量与预定的最高库存量之差作为每次的订货量。因此，只有到达订货时间才检查库存，没有达到订货时间不检查库存。在检查

库存时就是确定最高库存量与实际库存量的差，以此作为再次订货的数量。具体工作流程如图 7-9 所示。

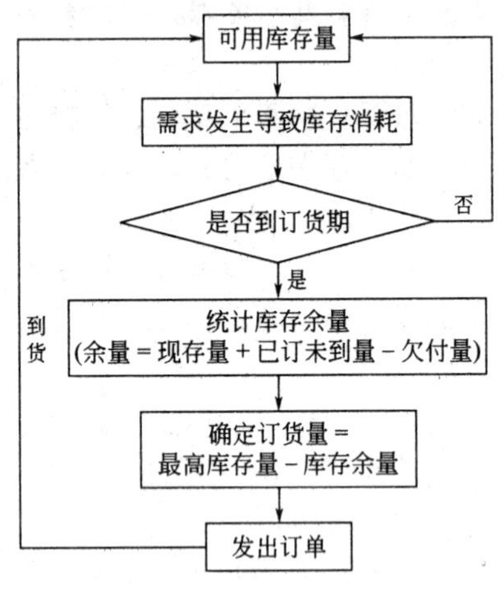

图 7-9 定期订货原理

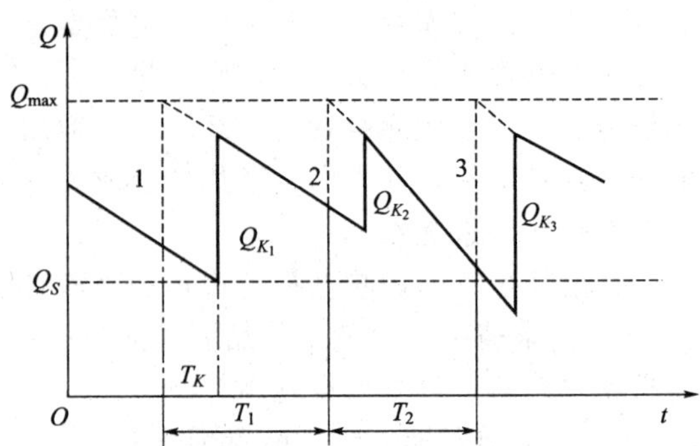

图 7-10 定期订货的库存运行过程

定期订货库存的运作过程，如图 7-10 所示。在定期订货模型中，最高库存量是固定的，每次订货的批量 Q_{K1}、Q_{K2}、Q_{K3}是不同的。图中简单记录了三次订货的库存变化过程，经过一段时间的消耗后，系统提示订货期已到，开始订货，订货批量为最高库存量与当前库存量之差，经过前置期后，库存得到补足。在前置期内库存继续消耗，库存水平下降到安全库存线处，此时因为存货得到补充，并未动用安全库存；第二次和第三次订货分别是存货下降较慢以及下降较快动用安全库存的情况。与定量订货过程不同，定期订货的订货间隔是相同的，也就是 $T_1=T_2=T$。

（一）确定性定期订货模型

因为定期订货法订货周期是固定的，在需求和前置期已知的情况下可以通过计算得到最佳的订货周期和最高库存标准。总之，要以经济合理为原则。综合库存保管成本和订购成本两方面因素可以得到经济订购周期。

经济订购周期 T^* 的计算公式为

$$T^*=\sqrt{\frac{2C_2}{C_1R}}$$

式中 C_1——每单位货品年库存成本；

C_2——每次订购成本；

R——年需求量。

知道订购周期后，可以通过计算在订货周期和订货前置期内的货品需求量来得到最高库存标准 Q_{max}，即 $Q_{max}=R(T+T_K)+Q_S$。

【例 1】某仓库每年需要购进某商品 10 000 件，每次订购成本为 18 元，每单位商品的年储存成本为 4 元。如果此种货品的安全库存为 100 件，订货前置期为 9 天。求经济订购周期和最高库存量分别是多少？

解
$$T^*=\sqrt{\frac{2C_2}{C_1R}}=\sqrt{\frac{2\times18}{4\times10\ 000}}=0.03(\text{年})\approx11\ (\text{天})$$

$$Q_{max}=R(T+T_K)+Q_S=10\ 000\times(0.03+9/365)+100\approx648\ (\text{件})。$$

（二）多品种联合订货

在实际工作中，企业为了减少工作量，往往把多种商品的检查周期统一起来。如果这些商品是从一个供应商处订货，还可采取联合订货的方式。这样，既节约了订购费用，又可以使企业的运输规模提高，从而节约运输成本。

在确定型库存模型下，如果不允许缺货。则相关参数计算如下

$$经济订购周期\ T^* = \sqrt{\frac{2(C+nc)}{F\sum_{i=1}^{n}R_iP_i}}$$

$$每项货品的最高库存额\ Q_{\max}i = R_i(T+T_K)$$

式中 R_i——货品 i 的年需求量；

P_i——货品 i 的单价；

C——联合订货的每次订货成本；

c——单项货品每次订货成本；

F——年储存成本比率。

【例 2】 企业从某供应商处订购五种商品，每种商品的单价和年需求量如下图所示，假如订购成本为每份订单 2 元，对于每一品种为 0.4 元，年储存成本率为 40%，如果订货前置期为 7 天，求经济订货周期和每种商品的最高库存量。

品种	年需求量/件	单价/元	品种	年需求量/件	单价/元
A	200	1.00	D	100	4.00
B	400	0.50	E	70	5.00
C	150	2.00	合计	920	

解 依题意，$\sum_{i=1}^{n}R_iP_i = 1450$（元）

$$订购周期\ T^* = \sqrt{\frac{2(C+nc)}{F\sum_{i=1}^{n}R_iP_i}} = \sqrt{\frac{2(2+5\times 0.4)}{40\%\times 1450}} = 0.11(年) \approx 43（天）$$

$$每种货品的最高库存量\ Q_{\max}i = R_i(T+T_K) = R_i\times\frac{43+7}{365}\approx 0.14R_i$$

将各项数据代入上式，即可得到各货品的最高库存额如下所示：

品种	最高库存额($Q_{\max}$)	品种	最高库存额($Q_{\max}$)
A	28	D	14
B	56	E	10
C	21		

（三）定期订货的特点

① 定期订货法的订购量是变化的，每次订购量是不同的。不同时期的订购量不尽相同。订购量的大小主要取决于各个时期货品的需求量。由于每次订购量的不同，其运作成本相对较高。

② 定期订货法平均库存量较大以防止在盘点期发生缺货现象。

③ 定期订货法一般只在盘点期进行库存盘点，工作量相对减少。同时可以做到有计划，提高效率。

④ 由于定期订货法的安全库存量比定量订货法高，因此需要较大的安全库存作保证。

（四）定期订货法与定量订货法的区别

定量订货法与定期订货法不同，它们的主要区别如下。

1. 提出订购请求的控制点不同

定量订货法是当库存量下降到预定的订货点时，提出订购请求；而定期订货法则是按预先规定的订货间隔周期，到了订货的时间提出订购请求。

2. 请求订购的商品批量不同

定量订货法每次订购商品的批量相同，一般按照事先确定的经济批量订货；而定期订货法每次订购的商品批量不一定相同，可根据库存的实际情况计算后确定。

3. 库存商品管理控制的程度不同

定量订货法要求仓库作业人员对库存商品进行严格的控制，精心的管理，经常检校库存、认真盘点、详细记录；而定期订货法只对库存商品进行一般管理，简单的记录，只在达到订货时间时才检查库存，确定库存品的剩余量，不需要经常检查和盘点。

4. 适用的货品范围不同

定量订货法适用于品种数量少、平均占用资金大、需重点管理的 A 类货品；而定期订货法则适用于品种数量大、平均占用资金少、只需一般管理的 B 类和 C 类货品。

四、安全库存法

（一）安全库存

安全库存是企业库存的一部分，是指用于防止和减少因订货期间需求变化或到货期延误所引起的缺货损失而设置的库存。面对变化的顾客需求和不确定的物流运输环境等非确定性因素，安全库存对作业失误和发生随机事件起着预防和缓冲的作用，是一项以备不时之需的存货。在正常情况下一般不动用安全库存，一旦动用，必须在下批订货到达时进行补充。当然，这样做会增大企业存货的储存成本，但却可以使缺货损失降到最小。理想和实际的库存模型如图 7-11 所示。

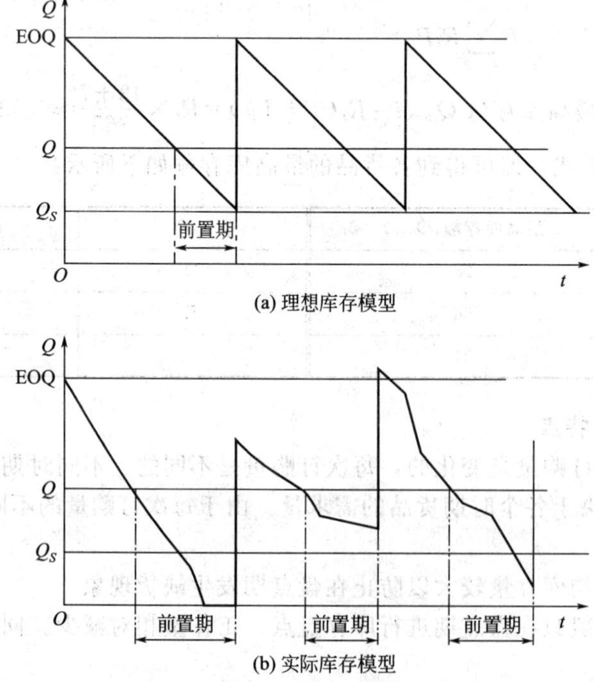

图 7-11　理想库存模型与实际库存模型

理想状态下，平均需求量图形始终是无变换的重复出现。而在实际库存系统中，整个时期的需求量图形是不连续和不规则的。而且由于物流运输环境的变化，前置期也呈现出不断变化。

在实际的库存模型中，显示了库存系统的三个周期。在第一周期，前置期内的需求量很大，以致引起缺货。在第二个周期内，前置期内的需求量小于期望的需求量，并在降至安全库存之前收到补充供货；在第三个周期中前置期内的需求量大于期望需求量，但动用安全储备后，需求得到满足，并未引起缺货，从而使生产经营活动得以顺利继续。

由上可见，保有安全库存对于不同类型的企业都是非常重要的。零售商保有安全库存是为了在用户需求不规律或者不可预测的情况下，保证供应和销售的进行；制造商保有安全库存是零售或中转仓库的需求超过平均预期值时有能力补充它们的库存；零部件和半成品保有安全库存是为了在工作负荷不平衡的情况下用来使各个制造部门间的生产正常化和平滑化。

因此，保有安全库存的意义在于，避免因不确定因素而出现缺货导致对内对外出现供应不足。对外供应不足会产生延期付货成本、当前利润损失（潜在销售损失）和未来利润损失（信誉受损）。对内供应不足可能造成生产损失（人力和机器的闲置）以及延误工期（支付违约金）。

（二）安全库存量的确定

安全库存量的大小，主要由顾客服务水平（即订货满足水平）来决定。所谓顾客服务水平，就是指对顾客需求的满足程度，用公式表示如下

顾客服务水平＝年不缺货次数/年订货次数＝1－年缺货次数/年订货次数

顾客服务水平越高，说明缺货发生的情况越少，从而缺货损失就越小，但因增加了安全库存量，导致库存的持有成本上升；而顾客服务水平越低，说明缺货发生的次数越多，缺货损失较大，但安全库存量较小，从而库存持有成本较少。

因此，确定一个合理的安全库存量，必须综合考虑顾客服务水平、缺货成本和库存持有成本三者之间的关系。

由于安全库存主要是为了避免需求和前置期的不确定而造成的缺货损失，因此根据需求和前置期变动的不同组合可以有以下几种安全库存量的确定方法。

1. 需求变化、前置期固定的安全库存

假设需求的变化符合正态分布，由于前置期是固定的，因此可以以历史上前置期内的需求情况为依据，来确定需求的期望均值和标准差，并计算出合理的安全库存量。

此种情况下安全库存量的计算公式表示为

$$Q_S = Z\sigma_D\sqrt{T}$$

式中　Z——一定顾客服务水平下需求变化的安全系数；

σ_D——前置期内需求的标准方差；

T——前置期的长度。

公式中一定顾客服务水平下需求变化的安全系数，可以通过查正态分布表得出。表 7-4 列出了一些常用的顾客服务水平所对应的需求变化的安全系数。

表 7-4　常用的顾客服务水平对应的需求变化安全系数

顾客服务水平/%	安全系数	顾客服务水平/%	安全系数	顾客服务水平/%	安全系数
1.00	3.9	0.97	1.88	0.92	1.41
0.999 0	3.1	0.96	1.75	0.91	1.34
0.998 0	2.88	0.95	1.645	0.90	1.28
0.99	2.33	0.94	1.545	0.80	0.84
0.98	2.05	0.93	1.48		

【例 3】 某家电卖场的海尔冰箱的平均日需求量为 10 台，并且冰箱的需求情况服从标准方差是 2 台/天的正态分布，如果订货的前置期固定为 6 天，则达到 95%顾客服务满意率的安全库存量是多少?

解 由题知，$\sigma_D=2$ 台/天，$T=6$ 天，$F(Z)=95\%$，则 $Z=1.65$，因此安全库存为

$$Q_S=Z\sigma_D\sqrt{T}=1.65\times2\times\sqrt{6}=8.08\approx8 \text{（台）}$$

2. 前置期变化、需求固定的安全库存

假定前置期的变化符合正态分布，则此时安全库存量的计算公式为

$$Q_S=ZD\sigma_T$$

式中 Z——一定顾客服务水平下需求变化的安全系数；

σ_T——前置期的标准差；

D——前置期内的日需求量。

【例 4】 某饭店的啤酒平均日需求量为固定常数 10 加仑，订货前置期随机变化，并服从均值为 6 天、标准方差为 1.5 天的正态分布。满足 95%顾客服务满意的安全库存量是多少?

解 由题知，$\sigma_T=1.5$ 天，$D=10$ 加仑/天，$F(Z)=95\%$，则 $Z=1.65$，因此安全库存为

$$Q_S=ZD\sigma_T=1.65\times10\times1.5=24.75 \text{（加仑）}$$

3. 需求和前置期都变化的安全库存

需求和前置期都是随机变化的，假定它们之间是相互独立的，则此时安全库存量的计算公式为

$$Q_S=Z\sqrt{\sigma_D^2\overline{T}+\overline{D}^2\sigma_T^2}$$

式中 Z——一定顾客服务水平下需求变化的安全系数；

σ_T——前置期的标准差；

σ_D——前置期内顾客需求的标准差；

$\overline{D}$——前置期内的平均日需求量；

$\overline{T}$——前置期长度的平均数。

【例 5】 某品牌电动自行车的需求和前置期都是随机的，且都符合正态分布。电动车日需求量满足均值为 10 辆、标准方差为 2 辆的正态分布，订货前置期满足均值为 6 天、标准方差为 1.5 天的正态分布。求顾客满意度为 95%的安全库存量。

解 由题知，$\sigma_T=1.5$ 天，$\sigma_D=2$ 辆，$D=10$ 辆/天，$T=6$ 天，$F(Z)=95\%$，则 $Z=1.65$，则安全库存为

$$Q_S=Z\sqrt{\sigma_D^2\overline{T}+\overline{D}^2\sigma_T^2}=1.65\times\sqrt{2^2\times6+10^2\times1.5^2}=26.04\approx26 \text{（辆）}$$

（三）最优安全库存

以上介绍的安全库存的计算，只是从数量上的求解，并未考虑成本收益率的优化问题。而最优安全库存是指使企业库存综合成本最小的安全库存量。安全库存相对于其他库存的重要区别是安全库存通常处于安置不动的状态，只有常规库存不足的情况下，才会启用安全库存。

前面已经论述了安全库存的重要性，无论是企业还是商家都不想在需求发生时发现仓库空空，无货可出。归根到底，这种担心都是因为如果发生缺货，可能存在巨大的缺货成本。缺货成本包括显性成本和隐性成本，显性成本主要指由缺货导致生产延误或销售损失的成本；隐性成本包括的较多，以顾客的流失和商誉的损失为主。对于某些对订货立刻满足要求较高的货品，商家通常情愿持有较高的安全库存，以防止一旦出现缺货造成的巨大隐性损

失，也就是隐性成本的潜在负面效应。

事实上，安全库存量的增加会产生两个效果。一方面会使企业安全库存的年储存成本上升，另一方面则因为缺货情况的减少而使企业的年缺货损失费用减少，同时服务水平得到提高。显而易见，安全库存量的大小使得存货储存成本和缺货损失之间存在着此消彼长的关系。

因此，最优安全库存的设定其实也就是在储存成本和缺货损失两者之间做出权衡。权衡的目标是两者的总成本最小，也就是安全库存的储存成本和缺货成本之和最小。值得注意的是这里的储存成本不仅仅包括安全库存的保管成本，还包括订购成本，库存的资金占有成本等。储存成本通常是可以量化的，而缺货成本中的隐性成分往往不易量化。通常企业可以根据历史经验和专家意见对各隐性因子的影响力做出估计并赋予相应的权值，然后得出一次缺货的缺货成本。最后统计各种安全库存水平下的储存成本和缺货总成本，从而计算出使总成本最小的安全库存量，即最优安全库存。

最后指出，最优安全库存的确定仍然具有较大的主观性，其实凡是涉及顾客服务质量的满足方面，都存在一定的主观误差。

第四节 经济订购批量（EOQ）

订货法是最基本的控制库存的方法，基本经济订购批量是从理想的角度计算出的最优订购批量，尽管 EOQ 很难直接拿来利用，但 EOQ 为各种延伸的具体情况下的订购批量的制定提供了基本支撑。

一、基本的 EOQ 模型

EOQ 模型是库存控制领域最重要的工具之一，自从哈里斯 1915 年首次根据对银行货币储备研究得出一个库存费用模型后，几十年来经济订购批量得到了企业广泛的认同与应用。可以说经济订购批量 EOQ 是现代库存控制理论的重要基石。

所谓经济订购批量，是指通过库存成本分析求得在库存总成本最小时的每次订购批量。企业的合理存货量标准是既能满足生产经营活动的正常进行，又使存货耗费的总成本最低，这个合理的存货量通常以经济订购批量为标准。

此模型的建立基于以下假设：

① 需求是已知的，固定不变的；

② 一次订货量无最大最小限制；

③ 采购、运输均无价格折扣；

④ 订货前置期已知，且为常量；

⑤ 订货费与订货批量无关；

⑥ 维持库存费是库存量的线性函数；

⑦ 不允许缺货；

⑧ 全部订货一次交付。

这些假设条件中最为重要的一条是需求已知，并且固定不变。这些假设条件看上去并不完全符合实际情况，但是我们要认识以下两点：一是一切模型都是实际情况的简化，设立这些模型的目的是向我们展示一些有用的结果，而不是为了准确地模仿实际情况，EOQ 在实际中得到如此广泛的应用从侧面就反映了其有用性；二是这是一个基本的模型，可以变换条件对其进行修正和扩展，实际上对 EOQ 模型的后续发展大多数都是基于特定实际或条件下的修正和扩展活动。

在以上假设条件下，库存量的变化如图 7-12 所示。

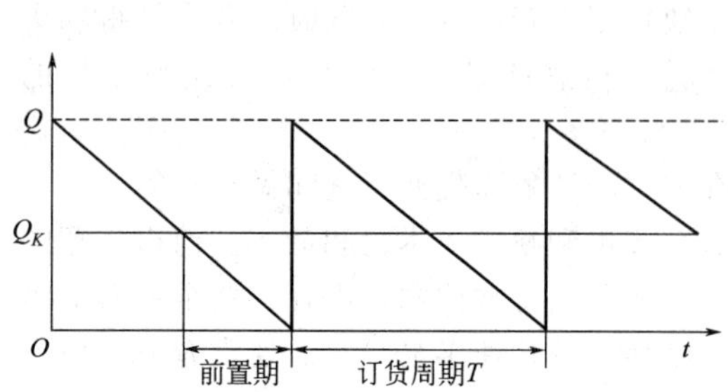

图 7-12 理想条件下的库存变化模型

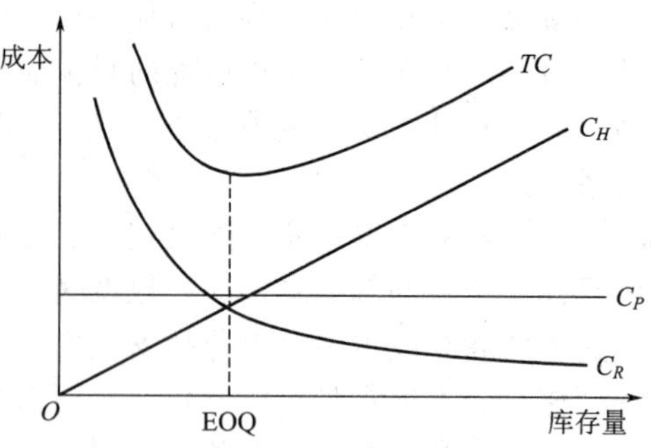

图 7-13 库存成本曲线

从图中可以看出，系统的最大库存量为 Q，最少库存量为 0。库存随固定需求率减少而减少。当库存量降到订货点 Q_K 时，就按固定订货量发出订货。经过一个固定的订货前置期，刚好在库存变为 0 时，新的一批订货到达，库存量立即达到最大。

库存总成本包括年库存维持成本、订购成本和购买成本，如图 7-13 所示。下面通过成本分析推导经济订购批量的公式。

年库存维持成本 C_H 随订货批量 Q 的增加而增加，是 Q 的线性函数。因此，全年的平均库存为 $Q/2$，库存维持成本为平均库存量（$Q/2$）与单位库存维持费用（H）之积。

年订购成本 C_R 与订购批量的变化呈反比，订购批量越大，则订购次数越少，从而订购成本越少。若设一次订购成本为 C，年需求量为 R，则年订购成本为 C 与 R/Q 之积。

年购买成本 C_P 为货品单位价格（P）与年需求量（R）之积。于是，年库存总成本为

$$TC=C_H+C_R+C_P=H\times(Q/2)+C\times(R/Q)+P\times R$$

为了求出经济订货批量，由库存总成本公式对 Q 求导，得

$$\frac{\mathrm{d}(TC)}{\mathrm{d}Q}=\frac{H}{2}-\frac{CR}{Q^2}$$

解这个方程，得到：

$$\mathrm{EOQ}=Q^*=\sqrt{\frac{2RC}{H}}$$

经济订货批量实际上是订货成本与库存维持成本相等的库存水平。不考虑物品本身价格，在经济订货批量下的总库存成本为

$$TC=H\frac{Q^*}{2}+R\frac{C}{Q^*}+PR$$

假设前置期为 T_K，则订货点库存量 Q_K 为

$$Q_K=\frac{R}{365}\times T_K$$

年订货次数为

$$N=R/Q^*$$

【例 6】某机床厂某种齿轮的年需求量为 20 000 件。每次订货费用为 150 元，单位库存维持费用为 1.5 元，齿轮单价为每件 100 元，已知订购期为两周，求经济订货批量，库存总成本，订货点库存量以及年订货次数分别是多少？

解 根据已知，可求经济订货批量为

$$EOQ=\sqrt{\frac{2RC}{H}}=\sqrt{\frac{2\times150\times20\ 000}{1.5}}=2\ 000（件）$$

库存总成本为

$$\begin{aligned}TC&=\frac{HQ}{2}+C\times\frac{R}{Q}+PR\\&=1.5\times(2\ 000\div2)+150\times(20\ 000\div2\ 000)+100\times20\ 000\\&=2\ 003\ 000（元）\end{aligned}$$

订货点库存量为

$$Q_K=\frac{R}{365}\times T_K=(20\ 000\div365)\times14\approx767（件）$$

年订货次数

$$N=R/Q^*=20\ 000\div2\ 000=10（次）$$

二、有价格折扣的经济订购批量

基本经济订购批量模型中，我们假设不存在价格折扣，那么如果去掉这个假设，即如果存在订购批量折扣，又怎样确定经济订购批量呢？

在实际中，批量订购折扣是广泛存在的，一次性购买的越多，折扣就越多。倘若最大折扣的批量大于我们计算出的经济订购批量，此时，订购批量的加大一方面节约了购买成本，另一方面，增加了库存维持和资金占有成本。对于购买者来说，就需要对这两者的大小进行权衡，从而寻找到令总库存成本最小的订购批量。

假设库存维持成本不随物品的价格的变化而变化，总成本线如图 7-14 所示。这时只有一个单一的经济订货批量，对所有成本曲线都相同。此种情况下，先计算出经济订购批量及此时的库存总成本，然后分别计算各折扣点的库存总成本，选择总成本最小时的订货量为最佳订购批量。

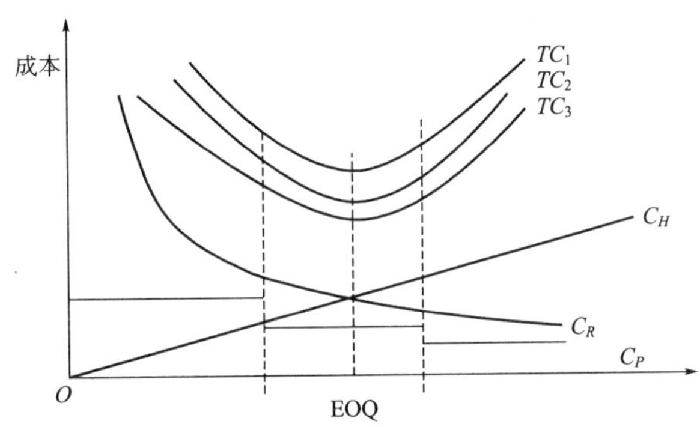

图 7-14　价格折扣下库存维持成本不变成本曲线

若考虑库存维持成本也随物品价格的变化而变化，此时总成本曲线如图 7-15 所示。

总成本线是一条不连续的折线。在不同价格下都有一个最低成本的批量，确定最佳订货批量时需要按照下列方法处理。

① 从最低的单位价格开始计算经济订货批量（EOQ），如果计算出来的 EOQ 在所给出的价格范围，则即为最佳经济订货批量，否则进行第②步计算。

② 计算次低单位价格的经济订货批量（EOQ），如果计算出来的 EOQ 在所给的优惠价格范围内，则比较可行 EOQ 下总成本与最低价格下最小订货数量的总成本，选择最低成本的订货量为最佳订货批量。如果计算出来的 EOQ 不在所给的优惠价格范围内，则需要进行步骤③计算。

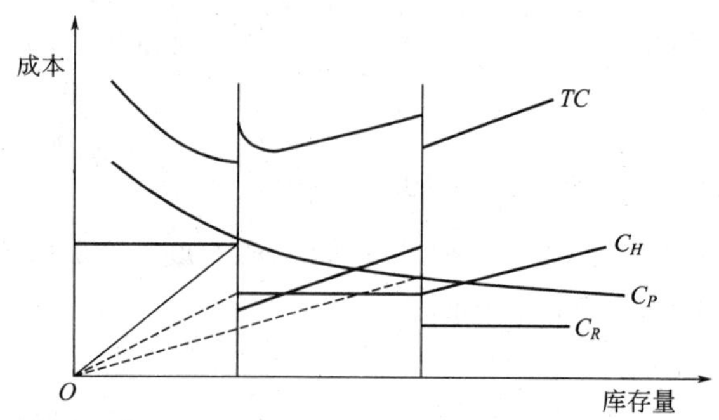

图 7-15　价格折扣下库存维持成本变化的成本曲线

③ 计算第三个优惠范围的单位价格的经济订货批量（EOQ），如果计算出来的 EOQ 在所给的优惠价格范围内，则比较可行 EOQ 下总成本与各较低价格范围的最小订货数量的总成本，选择最低成本的订货量为最佳订货批量。如果计算出来的 EOQ 不在所给的优惠价格范围内，则需要重复步骤③计算。

在价格折扣的经济订货批量模型中，一般以物品价格的百分比，即库存维持费用率（h）来表示维持库存费用与物品占用的资金比率。经济订货批量模型表示为

$$\mathrm{EOQ}=Q^*=\sqrt{\frac{2RC}{Ph}}$$

式中，P 表示物品单价；h 表示物品的年库存维持费用率。

此时，库存总成本 $TC=Ph\frac{Q^*}{2}+R\frac{C}{Q^*}+PR$。

【例 7】 如某零售商采购某种饮料，其价格如下表所示，若已知产品单价为 2.5 元，单位订货成本为 100 元，单位产品的库存维持费用为单价的 10%，年需求量 10 000 箱。

订货价格表

订货数量/箱	每箱价格/元
1～899	30
900～1 199	25
1 200 以上	20

则确定最优订货批量步骤为：

1. 利用经济订货批量公式求出最低价格的经济订货批量 EOQ

$$\mathrm{EOQ}(20)=\sqrt{\frac{2RC}{Ph}}=\sqrt{\frac{2\times100\times10\ 000}{20\times0.1}}=1\ 000\text{（箱）}$$

因 1 000<1 200，所以此时 EOQ 不在优惠区间内。

2. 计算次低价格的 EOQ

$$\mathrm{EOQ}(25)=\sqrt{\frac{2RC}{Ph}}=\sqrt{\frac{2\times100\times10\ 000}{25\times0.1}}=894\text{（箱）}$$

与上同理需进行下一步计算。

3. 计算下一个优惠价格下的经济订购批量

$$\mathrm{EOQ}(30)=\sqrt{\frac{2RC}{Ph}}=\sqrt{\frac{2\times100\times10\ 000}{30\times0.1}}=816\text{（箱）}$$

因此单箱 30 元时的经济订购批量是可行的，接下来就总库存成本与各折扣点的数值进

行比较

$$TC=Ph\frac{Q}{2}+R\frac{C}{Q}+PR$$

分别把 $P=20$，$Q=1\ 200$；$P=25$，$Q=900$；$P=30$，$Q=816$ 代入上式，得

$TC(20)=202033$（元）

$TC(25)=252236$（元）

$TC(30)=302449$（元）

因 $TC(20)$ 最小，因此选择 1200 箱为最佳经济订购批量。

三、允许缺货（延期交货）的经济订购批量

在基本经济订购批量模型中，我们假设所有需求必须得到立刻满足，不允许出现缺货。但在实际应用中，缺货是经常存在的，甚至是某些行业的主要库存战略。比如汽车经销商不会把所有的汽车都安置在展厅中，消费者选好车种、型号后，商家再从厂家订货，通过延期交货的方式把产品交到消费者手中。延期交货适用于产品的单位成本比较高、产品种类比较多、从供应商处直接送货的周期较短、竞争并不激烈（或具垄断性质）并且客户愿意等待的情况。

允许缺货情况下，一个单一库存周期的模型如图 7-16 所示。因为缺货的存在，一方面使库存量保持在一个比较低的水平，另一方面会带来缺货成本，我们依然可以通过对库存总成本的分析，得出此种情况下的最佳订货批量。

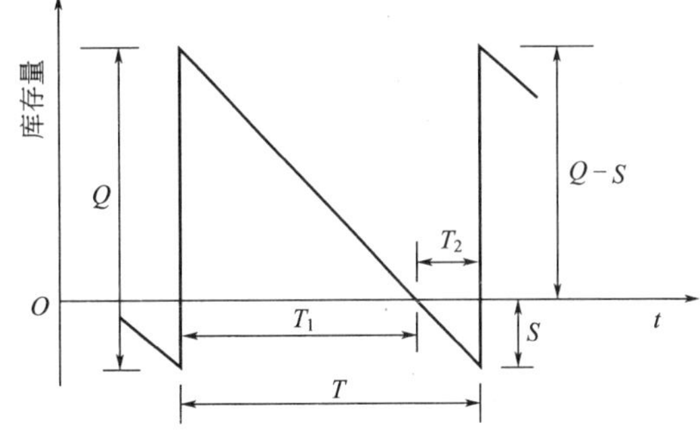

图 7-16 允许缺货的库存模型

允许缺货的库存总成本除了包括库存维持成本、订货成本、购买成本外，还有缺货成本，如图 7-17 所示，以一个周期 T 为例说明这几块成本的构成。

① 购买成本 货品单价乘以订购批量，即 PQ。

② 订购成本 一次订购成本为 C。

③ 库存维持成本 此成本发生在 T_1 内，等于$\frac{(Q-S)C_HT_1}{2}$。其中 S 为最大缺货量；C'_H为单位时间单位物品的库存维持成本；$\frac{(Q-S)}{2}$为平均库存量。

④ 缺货成本 T_2 内，缺货成本等于$\frac{C_ST_2S}{2}$。其中平均缺货量为$\frac{S}{2}$；C_S为单位时间单位物品的缺货成本。

于是周期 T 内的总库存成本为

$$\text{单周期 } TC=PQ+C+\frac{(Q-S)C'_HT_1}{2}+\frac{C_ST_2S}{2}$$

设平均单位时间的需求量为 D，我们可以得到 $T_1=(Q-S)/D$；$T_2=S/D$；$Q=DT$。代入总库存成本公式，并除以 T，从而得到

$$TC=PD+\frac{CD}{Q}+\frac{(Q-S)^2C'_H}{2Q}+\frac{C_SS^2}{2Q}$$

然后分别对 Q 和 S 求偏导数，并令其为零得到一个方程组，解得

$$\text{最佳订购批量 EOQ}=\sqrt{\frac{2CD(C'_H+C_S)}{C'_HC_S}}$$

$$最佳延期交货数量\ S^* = \sqrt{\frac{2CDC'_H}{C_S(C_S+C'_H)}}$$

四、EOQ 在其他方面的调整

以上详细的介绍了几种 EOQ 模型的特点与推导过程，其实针对 EOQ 的延伸模型非常多，可以说经济订购批量具有高度的适应性，针对不同的实际情况，可以开发出相应的解决库存决策的 EOQ 变种。比如在批量生产、多品种购买、有限的资金预算、单位化特征、非瞬时供应等方面都可以进行相应的模型修正。

1. 批量生产

批量生产是指从制造角度来看最经济的生产批量。当最经济的批量生产量大于 EOQ 时，就要对 EOQ 进行调整，使库存资源计划服务于生产的合理要求。

2. 多品种订购

多品种订购，又叫组合订购，我们通常研究的是单一品种的订购问题，但实际情况中，为取得批量运输的节约，或者组合订购的折扣等，商家通常会采用多品种同时订购的情况。此时就需要考虑折扣、时间等因素对最佳订购批量的影响。

3. 有限的资金预算

库存占有巨大的现金流，有时候企业会出现资金短缺问题，此时因为预算不足结果无法按照经济订购批量来进行订货。此时因为订货批量的减少，很可能会引起销售缺货或者生产受阻，因此在实际应用中应以满足需求为基本原则。

4. 单位化特征

单位化特征是指许多产品是按照一定标准进行储备和运输的，比如货柜、托盘之类的。既然这些标准化单位被用来专门适应运输工具和搬运工具的，那么，当 EOQ 批量不是一种复式单位时，就有可能产生明显的不经济效果。比如，假定一个托盘能够装载 200 个单位的某种特定产品。如果使用 EOQ 批量为 300 个单位，这就意味着要用 1.5 个托盘。显然这两者间是冲突的。

5. 非瞬时供应

非瞬时供应，也叫分次陆续到货。基本 EOQ 模型假定订货是一次到达的，但在现实情况中，往往存在着订货陆续到达的情形。比如在制造企业中，如果一零部件的生产速度大于消耗速度时，就可以进行分批供应。

非瞬时供应的巨大优点是减少了保管费用，拉长了订货周期。其极端情况是订货不经过仓库直接发到客户手中，此时也就实现了零库存。

对于这些情况的具体讨论，这里就不作过多说明了，有兴趣的读者可以自己建模进行分析或者参考相关书籍一窥究竟。

复习思考题

1. 为什么企业要保有一定量的库存，库存的主要功能有哪些？
2. 按照流动性，库存分为哪几种？请作简要介绍。
3. 试讨论如何解决不同部门库存目标不一致的现象？
4. 如何理解库存观念的历史演变？
5. 德尔菲法有什么优缺点？
6. ABC 分类法的具体实施步骤是怎样的？
7. 简述定量订货法与定期订货法的原理？
8. 定量订货法与定期订货法的主要区别有哪些？

9. 什么是安全库存？安全库存的设置是否必要？

10. 李老板经营一家电脑备件生意，近期生意日益兴隆，过去十个月的需求如下：请分别用指数平滑与线性回归法预测接下来三个月的需求量？

月份	0	1	2	3	4	5	6	7	8	9
需求	3	4	8	10	15	18	20	22	27	28

11. 什么叫经济订购批量？其基本模型的前提假设是什么？

12. 请自己动手推导基本经济订购批量的公式。

13. 企业每年得采购单价为 200 元的商品 5 000 件，每次订购成本是 200 元，每件商品的储存保管成本为 50 元。求该零件的经济订购批量、最低年总储存成本、每年订货次数及平均订货间隔周期。

14. 仓库内某种饮料平均日需求量为 10 000 瓶，并且饮料的需求情况服从标准差为 300 瓶/天的正态分布，如果提前期是固定数 9 天，该仓库确定的客户服务水平不低于 95%，试确定该饮料的安全库存量和再订货点。

15. 工厂每年采购甲零件 20 000 个，每次订购成本是 240 元，供应商为了促销，采取以下折扣策略（见下表）。若单位零件的仓储保管成本为单价的 40%，求该厂的最佳订货批量。

折扣区间	0	1	2
折扣点/个	0	1 000	2 000
折扣价格/元	20	18	15

16. 试建立非瞬时供应情况下的经济订购批量模型，并作公式推导。

17. 某企业年需某材料 1 200 单位，每次订货成本为 300 元。单位材料年保管费率为 20%，供应商给出的数量折扣条件是：订货量小于 650 单位时，每单位为 10 元；订货且大于或等于 650 单位时，每单位为 9 元。问该企业最佳采购批量为多少？此时库存物资的年度总费用是多少？

18. 针对某种产品的需求为每个月 100 个单位。该种产品的单位成本为 50 元，订购成本为 50 元，库存持有成本为每单位成本的 25%，延期交货的缺货成本为每年单位成本的 40%，请你为该产品确定一个最佳的订货策略。

19. 某品牌笔记本的需求和前置期都是随机的，且都符合正态分布。笔记本日需求量满足均值为 100 台、标准方差为 15 台的正态分布，订货前置期满足均值为 7 天、标准方差为 2 天的正态分布。求顾客满意度为 97%的安全库存量。

参考文献

[1] 王文信．仓储管理［M］．厦门：厦门大学出版社，2006.
[2] 申作兰，王波．仓储与库存管理［M］．北京：电子工业出版社，2008.
[3] 何景伟．仓储管理与库存控制［M］．北京：知识产权出版社，2006.
[4] 孙明贵．库存物流管理［M］．北京：中国社会科学出版社，2005.
[5] 唐纳德·沃尔特斯．库存控制与管理［M］．李席文，李斌译．北京：机械工业出版社，2004.
[6] 王晶．EOQ 库存控制探析［J］．现代商贸工业，2009 (1)：68-69.
[7] 赵小林．库存管理中 EOQ 的确定方法［J］．邵阳高专学报，1997 (3)：231-235.

第八章　现代库存控制技术

本章主要介绍了20世纪60年代后，市场经济逐渐走向成熟，企业为应对日益激烈的竞争格局而逐渐发展采用的几种管理库存的新方法，本章主要介绍的是物料需求计划、准时制生产以及供应链下的库存控制新方法。

第一节　物料需求计划（MRP）

MRP其实是个过时的名词，因为它的版本逐渐升级到了ERP，现在很多大企业都实施了ERP工程，有些小企业也安装了部分ERP功能模块，但ERP体现的是大系统，而MRP是ERP的祖先，注重的方向是从计划的角度，精确控制库存的来源与去处，从而做到废除冗余库存。另外，本节也将简单介绍MRP的演化成长过程。

一、MRP的产生背景与基本特点

（一）MRP的产生

20世纪60年代以前，用于解决独立需求问题的订货点技术得到了很好的应用。在此期间美国IBM公司的管理专家约瑟夫·奥利佛首先提出了相关需求的概念，并在此基础上总结出了一种新理论：物料需求计划（Materlal Requirment Planning，MRP）理论，也称做基本MRP。

MRP的基本特点是通过计算产量来推导出对物料的需求。在企业中，物质资料的生产是将原材料转化为产品的过程。如果确定了产品生产的数量和出产时间，就可以按产品的结构确定构成产品的所有零件和部件的数量，并可按各种零件和部件的生产周期反推它们的出产时间和投入时间，相应地确定各种制造资源的需要数量和需要时间，使之围绕物料的转化过程来组织资源、调节库存，从而在保证生产的前提下，有效的降低了库存。

MRP起步于20世纪60年代，在获得人们肯定和企业实践的基础上，自身也在不断完善。我们今天熟悉的ERP系统最初就是起源于MRP，期间又经历了闭环MRP、制造资源计划等阶段。值得注意的是，MRP更多的是从计划的角度去控制库存、调节生产，而后来的ERP则是一套集成了企业大部分活动的综合性管理信息系统。

（二）MRP的基本特点

MRP与传统的库存理论有着明显的不同。其最主要的特点是引入了时间分段和反映产品结构的物料清单（BOM—Bill of Materials），从而较好地解决了库存管理和生产控制的难题，即按时按需得到所用到的原材料、零件和组件。

由于现代工业产品的结构非常复杂，一个产品往往由若干种零件和部件组成，用手工方法不能在短期内确定出各种零件及相应的制造资源的需要量和需要时间，从而易造成大量的原材料库存。MRP通过时间分段和物料清单从时间上和数量上都较精确的实现了库存计划与安排，而不是依赖历史数据进行模糊的预测。举例来说，一位厨师在计划制作一周的食物时所需要的原料时，如果采用MRP方法，就需要根据每天的菜单来确定需要的原料，然后下订单以保证原料按时送到；而传统方法则是根据过去几周原料的使用量为依据来订货。

二、MRP的运行机理

（一）MRP的主要目标和原理

MRP系统的主要目标在于控制库存水平，确定产品的生产优先顺序，满足交货期的要求，使生产系统的负荷达到均衡，即采购恰当数量的零部件，选择恰当的时间订货，保证计划生产和向客户提供所需的各种材料、部件和产品，以及计划交货的时间和生产负荷等。

具体说来，MRP要解决的问题如下：

① 要生产什么？生产多少？（可以根据主生产计划得知）

② 要用到什么？（根据物料清单展开可知）

③ 已经有了什么？有多少？（根据物品库存信息、即将到货信息或产出信息获知）

④ 还缺什么？（根据计算结果可知）

⑤ 何时安排？（根据决策结果可知）

由上可知实现MRP的基本元素包括：主生产计划（MPS）、物料清单（BOM）、库存信息。因此MRP的基本原理是：由主生产计划、物料清单、产品库存信息逐个求出主产品所有零部件的生产时间和生产数量。其中若零部件是企业内部生产，需根据各自生产时间长短提前安排投产时间，形成零部件投产计划，若零部件需外购，则根据各自的订货提前期确定提前发出订货的时间、订货数量，形成采购计划。据此实现所有零部件的出产计划，保证产品的交货期，降低原材料的库存，减少资金占有量。MRP的逻辑关系如图8-1所示。

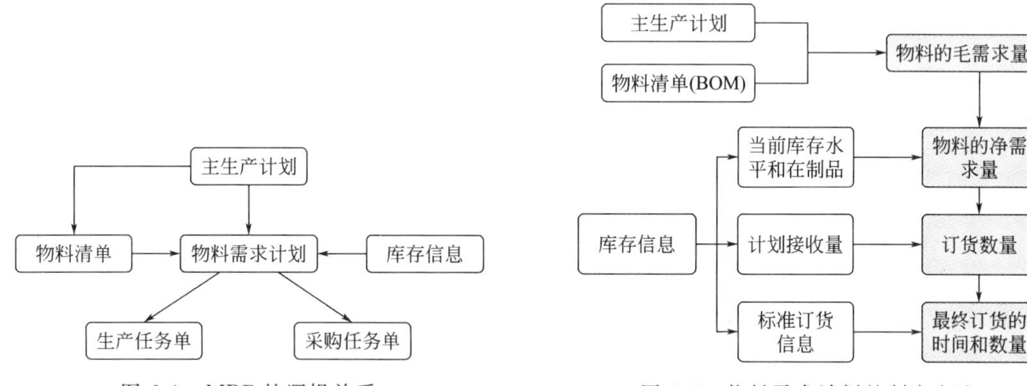

图8-1 MRP的逻辑关系

图8-2 物料需求计划的制定方法

（二）物料需求计划的制定

由上面的逻辑关系图可以看出，MRP的基本内容是编制零件的生产计划和采购计划。但是，要正确编制零件计划，必须掌握客户需求，然后落实产品生产的数量和生产的时间，再确定相应的所需材料的数量并采购。因此，MRP的内容概括起来主要包括客户需求管理、产品生产计划、原材料计划以及库存信息。通过客户需求管理（包括客户订单管理及销售预测）得出客户需要什么以及需要多少；通过产品生产计划确定最终将要生产的产品的生产时间和数量，从而为决定需要多少人力和设备以及需要多少原材料和资金作依据；通过原材料计划制定生产产品需要准备的原材料的具体情况。而在确定购买原材料之前，需要检查现有库存信息，并通过比较得出实际的购买量。物料需求计划的制定如图8-2所示。

物料需求计划具体可分为输入和输出两部分。

1. MRP的输入

MRP系统的输入由主生产计划、物料清单和库存文件三个部分组成。

（1）主生产计划

主生产计划（Main Production Schedule，MPS）是MRP的主要输入，是关于最终产品生产数量的计划，即最终产品的出产时间和出产数量。在主生产计划中，产品出产进度一般以周为计划单位，根据客户合同和市场预测，把经营计划或生产大纲中的产品系列具体化，使之成为展开物料需求计划的主要依据，起到了从综合计划向具体计划过渡的承上启下作用。

(2) 物料清单

物料清单（Bill of Materials，BOM）是生产某种最终产品所需要的零部件、辅助材料的目录。产品结构信息说明生产一件最终产品所需要的材料和零部件数量、使用这些零部件的时间以及各零部件间的数量关系等内容。一般用树形结构表示，将组成最终产品的组件、部件、零件，按组装成品顺序合理地分解为若干个等级层次，每一层次表示制造最终产品过程中的一个阶段。通常，最高层为0层，代表最终产品项，1层代表组成最终产品项的零部件，2层为组成1层零部件的零部件，以此类推，最底层为原材料（以桌子为例，如图8-3所示）。各种产品的结构复杂程度不同，产品结构的层数也不同。

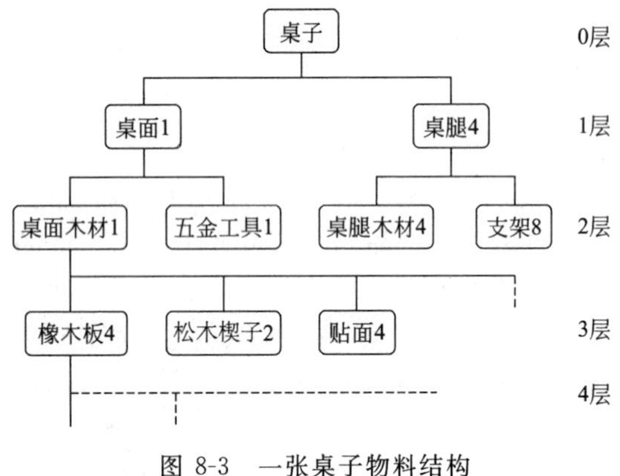

图 8-3 一张桌子物料结构

MRP系统要正确计算出物料需求的时间和数量，首先要让系统知道企业所制造的产品结构，该产品结构列出了构成成品的所有部件、组件、零件等的组成、装配关系和数量要求以及所有要使用到的物料。为了便于计算机识别，还必须把产品结构图转换成规范的数据格式。用规范的数据格式来描述产品结构的文件就是物料清单，用来说明组件或部件中各种物料需求的数量和相互之间的组成结构关系。

(3) 库存文件

库存文件又称库存状态表，是保存企业所有产品、零部件、在制品、原材料等存在状态的数据库，主要包括总需求量、当前库存量、计划入库量、订购批量、安全库存量、净需求量等信息。其中：

库存量＝本期期初库存量＋本期到货量－本期需要量

净需求量＝总需求量－计划入库量－现有库存量

2. MRP的输出

MRP系统的输出成果是生产任务单和采购任务单。包括具体的订货数量与时间、是否需要改变所需产品的数量和时间、采购的数量及时间、MRP系统自身的状态等。企业以最终的MRP输出成果为依据进行生产控制、订货控制以及库存控制。

三、MRP的优缺点

(一) MRP的优点

MRP实施的优越性是明显的，由于进行了精确的计划和计算，一般不会产生超量库存，因此尽可能地降低了库存水平。MRP的优势主要体现在以下几个方面。

① 丰富的信息　MRP其实是一个信息系统，系统运行过程中要收集、分析、输出大量的信息和报告。这些信息提高了计划的准确度与运行的标准化，但同时也加大了处理的难度。因为各种报告太多，有人甚至开玩笑说MRP代表更多的纸张。

② 库存与需求计划的直接联系　这是MRP区别于传统库存控制方法的最大特点，需要注意的是虽然MRP使库存与需求直接对应，但不代表可以省却安全库存。实际中企业通常

都会保有一定的安全库存。

③ 易于暴露问题，促进管理优化　MRP 的步步为营也为暴露隐藏的问题提供了契机。传统库存管理因为存在多余的库存作保障，企业往往会忽视一些问题的存在。MRP 正视这些问题，并不断促进生产与管理的优化。

（二）MRP 的不足

MRP 的实施如同其他一切技术，都存在着一些局限性。比如主生产计划是 MRP 的基础，倘若没有主生产计划，或者主生产计划无法明确，且经常变动，那么 MRP 的实施将变得非常困难，此外，MRP 还有以下几种局限。

① 高度计算机化、系统复杂、使用中难以调整　尽管 MRP 的目标之一是将库存保持在最低水平又能保证及时供应所需的物品，但它没有考虑到生产企业现有的生产能力和采购的有关条件的约束，计算出来的物料需求的日期有可能因设备和工时的不足而没有能力生产，或者因原料的不足而无法生产。

② 缺乏根据计划实施情况的反馈信息对计划进行调整的功能　因为缺乏信息反馈与调整，MRP 整体上就好比瀑布水流，一泻而下，无法做到收放自如。

③ 生产顺序的死板　按照物料单的描述，产品都是按照从下而上的顺序生产的，也就是高层次的物料先于低层次的物料生产出来。实际操作中，这样的安排会使工作非常低效，尤其在加工车间这样复杂的环境内。

四、从 MRP 到 ERP 的发展过程

MRP 不是完美的，而且其自身要求不断优化的特点也注定了其理论不断向前发展的特点，自 MRP 产生以后先后经历了闭环 MRP、MRPⅡ、ERP 的发展历程。新世纪以来，ERP 的创始人甚至提出了 ERPⅡ系统。可以预知，不久的将来 ERP 理论会得到更深入的发展。

（一）闭环 MRP

所谓闭环 MRP，就是指在原有 MRP 系统里加入产能计划和物料需求计划的反馈机制，从而能根据生产中的瓶颈对之前的生产计划和能力计划做出调整的系统。

在之前讨论 MRP 的形成、制订过程中，主要依据的是产品结构和库存的相关信息。但实际生产中的条件是变化的，如企业的制造工艺、生产设备及生产规模都是发展变化的；甚至要受社会环境的影响，如能源的供应、社会福利待遇等的影响。基本 MRP 制订的采购计划可能受供货能力或运输能力的限制而无法保障物料的及时供应。另外，如果制定的生产计划未考虑生产线的能力因而在执行时经常偏离计划，计划的严肃性将受到挑战。因此，利用 MRP 原理制订的生产计划与采购计划往往容易造成不可行，因为信息是单向的，与管理思想不一致，管理信息必须是闭环的信息流，由输入到输出端循环影响于输入端，从而形成信息回路。

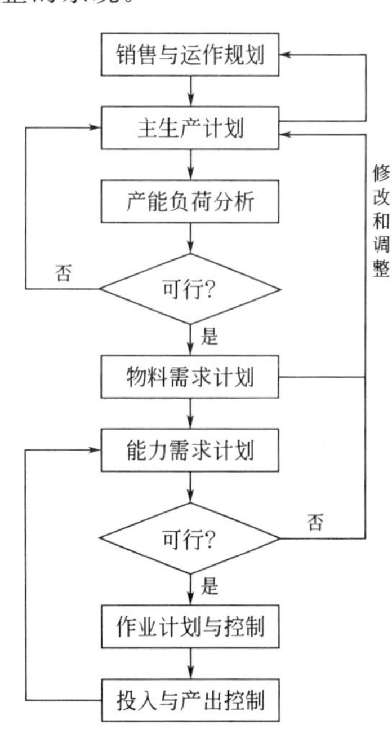

图 8-4　闭环 MRP 的系统反馈流程

闭环 MRP 理论认为主生产计划和物料需求计划应该是可行的，即考虑能力的约束，或者对能力提出需求计划，在满足能力需求的前提下，才能保证物料需求计划的执行和实现。在这种思想要求下，企业必须对投入与产出进行控制，也就是对企业的能力进行校检和执行控制。闭环 MRP 流程如图 8-4 所示。

现对整个闭环 MRP 的过程进行概述。企业根据发展的需

要与市场需求来制订企业生产规划：根据生产规划制订主生产计划，同时进行生产能力与负荷的分析。该过程主要是针对关键资源的能力与负荷的分析过程。只有通过对该过程的分析，才能达到主生产计划基本可靠的要求。再根据主生产计划、企业的物料库存信息、产品结构清单等信息来制订物料需求计划；由物料需求计划、产品生产工艺路线和车间各加工工序能力数据生成对能力的需求计划，通过对各加工工序的能力平衡，调整物料需求计划。如果这个阶段无法平衡，还有可能修改主生产计划；采购与车间作业按照平衡能力后的物料需求计划执行，并进行能力的控制，即输入输出控制，并根据作业执行结果反馈到计划层。

因此，闭环 MRP 能较好地解决计划与控制问题，是对基本 MRP 系统的调整与提高，但它仍未彻底地解决计划与控制问题。

（二）制造资源计划（MRPⅡ）

制造资源计划最早在 20 世纪 70 年代末由美国的生产专家率先提出的，因为其简称也是 MRP，所以通常称其为 MRPⅡ。MRPⅡ对于制造企业资源的有效规划具有一整套方法。它是一个围绕企业的基本经营目标，以生产计划为主线，对企业制造的各种资源进行统一计划和控制的有效系统，也是使企业的物流、信息流和资金流整合畅通的动态反馈系统。

MRPⅡ的思想集中体现了制造企业生产经营过程中的客观规律和需求，其功能全面覆盖了市场预测、订单接收、生产计划、物料需求、能力需求、库存控制、车间管理直到产品销售的整个生产经营过程以及相关的所有财务活动。从而为制造业提供了有效的计划和控制工具。

MRPⅡ与 MRP 本质的不同就是 MRPⅡ集成了销售管理、成本管理和财务管理的内容，不但解决了物流和信息流的统一，还集成了资金流，从而能对财务分析和财务决策提供支持。

MRPⅡ管理模式的特点主要如下。

① MRPⅡ把企业中的各个子系统有机地结合起来，形成一个面向整个企业的一体化系统。其中，生产和财务两个子系统关系尤为密切。

② MRPⅡ的所有数据来源于企业的中央数据库，各子系统在统一的数据环境下工作。

③ MRPⅡ具有模拟功能，能根据不同的决策方针模拟出各种未来将会发生的结果，因此，它也是企业上层管理机构的决策工具。

MRPⅡ从 20 世纪 80 年代初开始在企业得到广泛的应用，其应用与发展给制造业带来了巨大的经济效益。据 1985 年的不完全统计数字，美国有 160 多家计算机软硬件公司，开发与提供了 300 余种 MRPⅡ商业软件，已拥有数万家用户。到目前为止，MRPⅡ因其通用性和强大的生命力，获得了广泛的市场需求。在我国，很多企业都采用了 MRPⅡ系统。

（三）ERP 的产生

ERP（Enterprise Resource Planning）的概念由美国 Gartner Group 于 20 世纪 90 年代初提出。实施以客户为中心的经营战略是 20 世纪 90 年代企业在经营战略上的重大的转变。ERP 的管理思想主要体现为对整个供应链上的资源进行管理，同时也体现精益生产、同步工程和敏捷制造的思想。其核心管理思想就是以客户为中心，实现对整个供应链的有效管理。

实施以客户为中心的经营战略就要对客户需求迅速做出响应，并在最短的时间内向客户提供高质量和低成本的产品。ERP 要求企业能够根据客户需求迅速重组业务流程，消除业务流程中非增值的无效活动，变顺序作业为并行作业，在所有业务环节操作中追求高效率和动态响应，迅速完成整个业务流程。而基于时间的作业方式的真正实现又必须扩大企业的控制范围，而面向整个供应链，把从供应商到客户的全部环节都集成起来。

简要地说企业的所有资源包括 3 大流：物流、资金流和信息流。ERP 就是对这三种资源进行全面集成管理的管理信息系统。概括地说，ERP 是建立在信息技术基础上，利用现代企业的先进管理思想，全面地集成了企业的所有资源信息，并为企业提供决策、计划、控制与经营业绩评估的全方位和系统化的管理平台。

ERP 系统是一种管理思想，而不仅仅是信息系统。它利用企业的所有资源，包括内部资源与外部市场资源，为企业制造产品或提供服务创造最优的解决方案，最终达到企业的经营目标。出于这种管理思想必须依附于电脑软件系统的运行，所以人们常把 ERP 系统当成一套应用软件，这是一种误解。要想理解与应用 ERP 系统，必须了解 ERP 的实际管理思想和理念。

以上简要介绍了现代库存控制技术 MRP 以及 MRP 的后续发展，从中我们可以看出随着经济体间联系的加深以及供应链的发展，纯粹的库存管理技术已经不复存在，对于库存的控制更主要的是要与企业的其他部分相集成、相呼应，有时需要从供应链的角度分析问题。图 8-5 是从 MRP 到 ERP 的简要发展过程，从中可以清晰的看出这种扩展趋势。

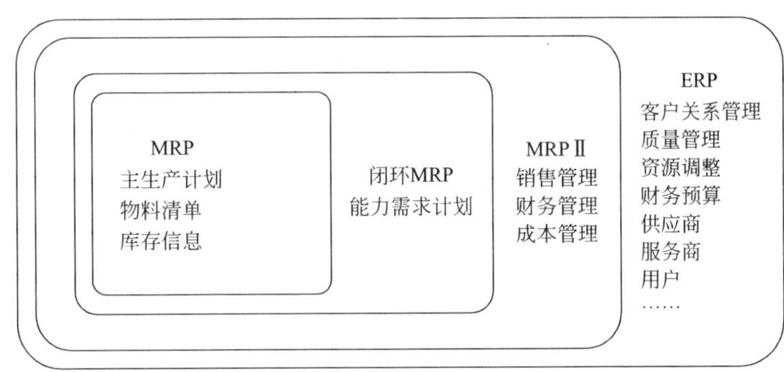

图 8-5 MRP 到 ERP 的发展过程

第二节 JIT（准时制生产）

JUST IN TIME，有点理想主义的意味，按照管理学中的控制论，准时制代表的是完美的控制，当然实际应用中是很难做到十全十美的，丰田汽车是准时制的发明者，也是实践者，同时也是实践得最出色的企业。后来很多企业也试图采用准时制生产模式，但失败者为多，说明此模式也具有一定的实施约束。

一、JIT 思想的产生与发展

（一）JIT 的产生

JIT 的产生可追溯到 20 世纪 60 年代，日本丰田汽车公司为削减存货成本，提高生产线的效率率先提出并实践了准时制生产模式。JIT 反映的是生产制造业追求优秀的一种理念，是通过工厂的“拉动系统”进行管理，它涉及产品设计、过程设计、设备选择、物料管理、质量保证等一系列的活动。

JIT 的核心理念就是在正确的时间，将正确的物料送到正确的地点从事正确的生产活动。基本要求是不早不晚，不多不少，可以说是达到一切活动都恰到好处的理想状态。其基本目标是有计划地消除所有的浪费，持续不断地提高生产率。从原材料到产成品的所有过程消除一切浪费，强调零库存，以零缺陷为目标改善产品质量；通过减少准备时间、队列长度，缩短前置期，改进操作过程，并且以最小成本来实现这些目标。

丰田公司经过多年对JIT的实践和研究，取得了卓越的成果。其成功迅速吸引了全世界的目光，从20世纪70年代末开始，美欧等地的一些企业纷纷效仿和研究，掀起了一番准时制生产的浪潮。到90年代初，已有接近半数的欧洲制造企业部分地采用了准时制生产模式。

（二）JIT模式在库存管理中的作用

实施JIT模式在库存管理中的主要作用表现如下。

① JIT把商流、物流、资金流、信息流合理集成在一起，成为一个高度统一的有机系统。

② JIT体现了以市场为中心、以销定产，而不是先把产品生产出来再设法向外推销的营销观念。

③ 生产活动组织严密，没有多余的库存，也没有多余的人员。

④ 实现库存成本大幅度下降。

JIT思想的运用给企业带来了许多收益，它不仅局限于对存货管理效率的提高以及与之相关的保管人员的减少等，还包括由于流动资金占用降低而减少的借款利息支出，企业用这笔资金进行其他投资所获得的回报，降低其机会成本等。最终结果使生产成本大幅度下降，提高劳动生产率和产品质量，更好更快满足顾客的需求。

JIT的原理虽然简单，但由于对库存控制的要求很高，实施时具有一定的难度。实施JIT的重要辅佐技术是全面质量管理（TQM），没有全面质量管理作保障，JIT是难以实现的，从这个角度上看，丰田公司是幸运的。质量管理专家戴明在美国不受欢迎，出走日本后反而在日本大放异彩，并且将全面质量管理引入日本企业界，从而为JIT的实施奠定了基础。

（三）JIT与零库存

零库存的概念其实早在20世纪20年代就存在了，当时在生产界有一股拒绝任何库存的浪潮，后来发现零库存只是黄粱一梦不可实现，从此库存控制转入到科学计算库存的阶段。JIT的出现重新让零库存的概念深入人心，甚至很多人将JIT等同于零库存。

我们知道JIT以实现零库存为目标，但这里的零库存必须要相对的理解，而不能绝对的理解，认为JIT可以实现彻底的零库存。事实上，绝对的零库存是不可实现的。JIT实现的是最低程度的库存，而不是没有库存。

另一个现象是零库存的观念经过这么多年的发展已经不局限于生产领域了。比如戴尔公司的直销模式在某种程度上彻底省却了库存环节。零库存的实现除了准时制生产主要还有以下几种方式。

1. 协作分包方式

主要是制造企业的一种产业结构形式，这种结构形式可以以若干企业的柔性生产准时供应，使主企业的供应库存为零。同时主企业的集中销售库存使若干分包劳务及销售企业的销售库存为零。

2. 轮动方式，也称同步方式

轮动方式是对系统进行周密设计的前提下，使整个环节速率完全协调，从而根本取消甚至是工位之间暂时停滞的一种零库存、零储备形式。这种方式是在传送带式生产基础上，进行更大规模延伸形成的一种使生产与材料供应同步进行，通过传送系统供应从而实现零库存的形式。

3. 水龙头方式

这是日本索尼公司首先采用的。这种方式经过一定时间的演进，已发展成即时供应制度，用户可以随时提出购入要求，采取需要多少就购入多少的方式，供货者以自己的库存和有效供应系统承担即时供应的责任，从而使用户实现零库存。

二、JIT 观念的特点与适用性

（一）JIT 观念的特点

JIT 并不仅仅是一种实现库存最小化的方法，它实际上是看待运作的一种观念。JIT 观念认为生产运作环节存在着诸如交货周期漫长、产能有限、设备故障、物料缺陷等一系列问题，而传统的应对这些问题的方法是持有库存。问题越多，库存储备就越多。JIT 观念认为持有大量库存并不能有效解决这些问题，只是暂时掩盖了问题而已。解决问题的最佳方法就是对症下药，精确控制运作的各个环节。JIT 在观念上的新特点主要表现在以下方面。

① 存货　正如之前我们讲到的，企业持有库存的最大目的是为了在短时间内调节供给和需求之间的差别。而对于 JIT 来说，库存完全是掩盖问题的挡箭牌。因此，企业首先要明确供给和需求产生差别的原因，并尽力去解决这些问题。

② 质量　在传统的观念里，企业对产品的质量并不追求完美无缺，而是提出可以接受的质量标准。比如：100 个产品里次品数量在 2 个以内即视为合格。而从 JIT 的角度上看，所有的残次品都会产生成本，并且将会阻碍运作的顺畅实施，尤其是后者是 JIT 运作所不能忍受的。因此对于质量的控制，JIT 一般要实行全面质量管理。

③ 供应商　供应商的供应是企业生产活动的前提，对于 JIT 模式来说，供应商不是敌人，也不是一般的朋友，而是能够负责到底，具有高度责任感和纪律性的亲切伙伴。双方通力合作，不允许出现摩擦。

④ 生产批量　生产批量一般可以通过数学模型得到一个最优的量，实际中，为削减成本，企业通常都有意加大生产批量。而实施 JIT，一定要缩小生产批量，使得生产贴近需求。

⑤ 可靠性　由于 JIT 方式有意地实现各种资源的无缝链接，生产中一旦出现故障，很难立刻做出调整，因此，正如对原材料质量的苛刻要求，JIT 对机器设备的可靠性也有着非常苛刻的要求。

⑥ 员工　上下级的地位差异在企业中是一直存在的，可以说，普通员工难以获得企业的重视和栽培。JIT 思想却把员工放在了非常重要的位置，它认为管理者与员工的地位差异是毫无意义的，对待员工应该一致看待，一致尊重。

（二）JIT 的适用性

到目前为止，JIT 还只是在一些特定类型的企业里比较适用，也就是说，JIT 不具备可以推广应用的特性。一般说来，适合实施 JIT 的理想企业环境具备如下特点：

① 具备一个稳定的运作环境；

② 生产的是差别不大的标准化产品；

③ 可以实现固定生产速度下的连续生产；

④ 具有性能可靠的生产设备；

⑤ 可以实现较低的开工成本和订货成本；

⑥ 可以信赖的供应商，而且供应商的位置应尽量靠近生产线；

⑦ 具备一批训练有素、优秀可靠的员工队伍。

由以上可以看出，成功实施 JIT 的条件还是非常苛刻的，所以对于一般的企业来说，不能觉得 JIT 很时髦，就赶潮流贸然地实施 JIT。

三、JIT 的运作方式与关键实施要素

（一）拉动式运作系统

企业生产的运作方式可以分为推动式（Push）生产方式和拉动式（Pull）生产方式。所谓推动式生产方式是指前端工序推动后续工序进行的生产方式，其特点是每个环节都有一个

任务时间表，前一个环节完成任务后把产品交给下一环节，以此类推直到产品加工完工。此种方式的典型特点是各家自扫门前雪，生产过程中会产生时间延误以及额外的库存。因此，为了实现各工序间的无缝链接以及压缩库存，丰田公司采用了拉动式生产方式。

拉动式的典型特点是由后续生产环节发出物料要求，前面的环节根据后面环节的要求制定生产和供给计划（如图 8-6 所示）。当一个运作环节完成了手头的工作，就会向上一个环节发出信息，要求提供新的物料。

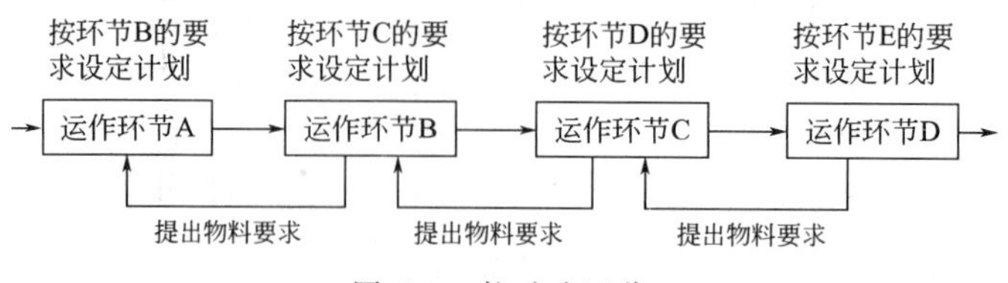

图 8-6 拉动式运作

实际中，后面的环节从发出要求到得到物料到达会有一定的前置期，因此实际中，一般前面环节会根据进度提前发布要求，发布供货要求的方式一般通过看板进行。

（二）实施 JIT 的关键四因素

1. 与供应商的关系

供应商与厂家的合作关系，在这个追求双赢的时代已无须赘言，不过对于实施 JIT 的企业来说，仅仅合作还不足以解决问题，必须上升到战略合作的层次才可能推进 JIT 的正常运行。实施 JIT 的企业对于供应商有高度的依赖性，供应商必须具备高度的可靠性，能够消除供应阶段的一切不确定因素。虽然企业对供应商的要求提高了，但双方达成的还是一个稳定互惠的协议。供应商有时可以参与产品的设计和标准的制定，因此供应商的性质具有明显的专业化、定制化倾向。

2. 质量管理

JIT 生产方式是一种反传统的质量成本观念，通过将质量贯穿于每一道工序来实现提高质量和降低成本的一致性。这一目标的实现要依靠操作人员的质量意识和质量保证措施的实施来完成。注重建立质量保证体系，从根本上保证产品质量，坚持预防性设备维护制度，一旦设备出现故障，就全线停工，全力排出故障。

3. 人员素质

充分发挥人的能力是 JIT 生产方式和全面质量思想理念的一个重要方面。按照 JIT 生产方式的要求，员工的职责是在下道工序需要时，能准确及时地提供合乎质量要求的产品，如果员工不能担负这个责任，就必须进行学习，提高技能，否则就会生产出次品，造成浪费。因此，要使每个岗位的员工生产出合格产品，必须对他们进行必要的培训。

4. 看板系统

看板系统是 JIT 生产现场控制技术的核心，是 JIT 生产方式用于实际生产的一种有效方法，它是根据生产过程的先后顺序，采用拉动的办法来控制生产进度和库存水平。具体做法是：看板系统通过最终产品的需求，一级一级地向前一道工序发出各级零部件在制品的需求信号，以保证这些零部件在下一道工序需求之时按时到达，当某道工序因故停产时，后续其他工序也随之停产。这一系统是通过对最终产品的需求来拉动整个生产线的生产活动的，只有最终产品的最后一道工序从生产调度部门接受生产进度指令，所有其他工序和供货商均从其后续工序接受生产指令。

使用看板作业时，应遵守以下规则：严格按照看板所示的信息提取材料和搬运；按照看板所示信息进行生产作业活动；有质量问题的零件不转移到后道工序；在没有看板的情况下，既不进行生产也不进行搬运作业。

四、对 JIT 的评价

（一）JIT 的优缺点

JIT 能够流行这么多年，并且使丰田公司一跃成为世界上最出色的汽车制造商之一，自然有其独特之处。JIT 给企业带来的变化主要如下。

① 原材料和在制品库存的减少　据统计，在有的企业里，实施 JIT 可以把原材料和在制品库存减少 90%，企业的采购成本也会降低 15%左右。降低库存可以说是 JIT 的对外标签。

② 生产力的提高　库存的降低在 JIT 看来并不会影响生产的进行。员工素质的提升、设备的自动化、一切浪费现象的消除以及持续不断的拉式生产模式使生产加速、质量提升，从而带动了生产力的综合提高。

③ 计划与安排环节的简化　JIT 可以说是个人工系统，免除了繁复的工作计划与安排，并且免除了许多文案工作。

④ 产品质量的提高　无须质疑的一点，因为 JIT 实施的是全面质量管理。

⑤ 与供应商关系的加强　对于 JIT 来说，供应商和企业几乎是一体的，双方的合作关系通常是紧密的、长期的。

然而，实施 JIT 是要付出相当代价，根据实施者的总结来看，JIT 的主要局限如下。

① 存在较高的实施风险　实施 JIT 的高风险在于两个方面：一是实施成本的高昂，生产线的改制，设备的引进，供应商的培养都需要巨大的资金投入；二是实施周期较长，企业往往要经过多年的调整才能步入正轨，一旦无法成功，将是对企业的致命打击。

② 对供应商依赖性较高　供应商毕竟不是企业的一部分，对供应商的依赖过高，一旦出现问题，控制将变得非常困难。

③ 生产一成不变，比较死板　即便是需求出现较大幅度变化或者出现季节性特点时，生产仍然不变，应对客户需求变化的能力不足。

④ 员工压力较大　虽然在 JIT 的理念下，员工是得到充分尊重的，并且被赋予了重任。与此同时，员工感到的压力也随着增加，他们不得不每时每刻集中精力，以防出现差错。

（二）JIT 与 MRP 的比较

JIT 与 MRP 都是起步于 20 世纪 60 年代，而且都是适用于制造业的库存控制技术。MRP 经过二十多年的发展逐渐演变为集生产、销售、财务、人力资源、客户为一体的大型计算机管理集成系统 ERP；而 JIT 同样带动了人们对零库存的不断探索。这两种方式存在着一些共同点，比如它们都以降低库存为目标，都认为库存问题不仅仅在于库存本身，而是一项运作问题。但它们的区别显然更加明显，表 8-1 列举了一些这两者间的区别，可以帮助我们更加直观了解 JIT 与 MRP 的差异。

表 8-1　JIT 与 MRP 的区别

不同的方面	准时制生产(JIT)	物料需求计划(MRP)
对计算机的依赖	以看板为导向的人工系统	高度依赖于计算机
运作方式	拉动式生产方式	推动式生产方式
控制策略	强调对运作的控制	更注重计划
控制重点	现场作业	需求计划的制定
信息依赖性	可以在数据较少情况下工作	依赖于大量的数据分析
生产速度	速度快，且生产速度恒定	生产速度具备一定灵活性
易理解性	容易被理解	不易理解
生产批量	尽量压缩生产批量	科学计算批量，提高生产批量

显然对于不同方法的选择，必须视具体情况以及管理的需要而定。从总体看，生产小批量、多品种产品的企业更适合于采用物料需求计划，而那些以大批量的方式生产相似产品的企业则更适合准时制生产，而那些介乎两者之间的企业，可以采用这两种方式的组合。有些研究者认为，MRP 更多的是一套计划系统，而 JIT 则是一套控制系统，这两种方式完全可以组合起来，一个管外，负责企业外部的流转控制，一个管内，负责物料在内部的流转控制。

第三节 供应链环境下的库存控制方法

其实只要有商品经济，就存在供应链，不同的是以前大家不去感觉它，好比人站在地球上，并不感觉地球的存在。现代经济一体化的趋势和表现越来越明显，企业的视角也不得不从小我升级到大我。因此对于库存的管理与控制应撇开单个企业，从整个供应链上去架构与评价库存。典型的库存方法有供应商管理库存、联合库存、协同式库存管理策略等。

一、供应链环境下库存控制的特点与问题

（一）供应链环境下库存控制的新特点

自 20 世纪 90 年代以来，全球化的竞争格局让企业家的眼光超脱于企业本身，转而从供应链的角度看待商业过程。于是管理学家预言 21 世纪的竞争将是供应链之间的较量。那么供应链思想对于库存控制会带来什么变化呢？供应链环境下的库存控制不是简单的需求预测和补给，而是通过库存控制获得用户服务与利润的优化。

供应链环境下的库存控制模式的最高境界是实现供应链的无缝链接，消除供应链企业之间的库存重叠现象。供应链管理模式赋予库存控制以下四个方面的新特点。

① 供应链管理能够暴露出企业库存控制过程中的潜在问题和危机，加强库存控制程度。

② 供应链管理可以有效地降低社会库存量，减少库存控制成本。供应链的形成，要求对组成供应链的各个环节作出优化，建立良好的协作关系，这种关系有利于促进产品快速流通，降低社会库存量，避免库存浪费和资金占用。

③ 供应链管理有利于企业从“库存实物控制”向“库存信息控制”的转变，实现信息化库存控制的目标。

④ 供应链管理确保了企业库存控制的柔性和快速反应能力。供应链管理环境下，企业库存得到了优化，整个供应链中多余、呆滞的库存降到了最低点，面对市场需求的变化，企业可以迅速作出反应，调整产品或是改变策略，有效地规避了企业的经营风险。

（二）供应链库存管理目前存在的问题

虽然从宏观理论上说，供应链管理环境下的库存控制较之传统管理下的库存控制有诸多优势，但整个供应链毕竟是由多个单一企业所构成，在实际操作中，由于每个企业对供应链管理的理解存在差异，对自身企业获利程度存在担忧，甚至有些企业的独立目标与供应链的总体目标相悖等种种原因，导致在实际运用供应链管理环境下的库存控制理论和方法时，也难免会暴露出许多现实问题。目前在实践中，主要存在几个方面的问题。

1. “链”上各企业仍然缺乏供应链管理的整体观念

虽然我们知道供应链的整体绩效取决于各个供应链上节点的绩效，但是从客观上说，各个部门又都是各自独立的单元，都有各自独立的使命和经营目标。有些目标和供应链的整体目标是不相干的，更有可能是冲突的。各自为政的行为必然导致供应链整体名存实亡，效率

低下。

2. 不准确的交货状态数据

当顾客下订单时，他们想确定什么时候能交货。在等待交货的过程中，特别是当交货被延迟以后，也可能会对订单交货状态进行修改。许多企业并没有及时而准确地把推迟的订单交货的修改数据提供给用户，其结果是用户的不满和良好愿望的损失。交货状态数据不及时、不准确的主要原因是信息传递系统的问题。这种数据传递的不及时、不准确，会导致客户满意度的下降，也会造成供应链中某些环节的企业为减少因这种状况的投诉过多，而不得不增加库存量。

3. 低效率的信息传递系统

在供应链中，各个供应链节点企业之间的需求预测、库存状态、生产计划都是供应链管理的重要数据，这些数据分布在不同的供应链组织之间，要做到有效地快速响应用户需求。目前许多企业的信息系统并没有很好地集成起来，当供应商需要了解用户的需求信息时，常常得到的是延迟的信息和不准确的信息。由于延迟引起误差和影响库存量的精确度，短期生产计划的实施也会遇到困难。

4. 合作与协调问题

在供应链管理下的库存控制中，组织障碍是库存增加的一个重要因素。供应链是一个整体，需要协调各方活动，才能取得最佳的运作效果。如果企业间缺乏合作和协调就会导致交货期的延迟和服务水平的下降，甚至有时会爆发直接冲突。

5. 绩效评价问题

尽管近些年对于供应链绩效评价的研究有一些积极成果，但仍然是杯水车薪，企业在实践中应用起来仍然捉襟见肘。一方面是评价的指标难以确定，指标的取舍，重要程度等不好判断；另一方面是评价指标的协调问题，供应链涉及很多企业与部门，每个企业与部门的目标都不尽相同，缺乏一致性。

二、供应商管理库存（VMI）

（一）VMI 的概念

供应商管理库存（Vendor Managed Inventory，VMI），是指由供应商来为客户管理库存，并由它们制定库存策略和补货计划。它是根据客户的销售信息和库存水平，为客户进行补货的一种库存管理策略。

一直以来，供应商、制造商、批发商和零售商都各自管理着自己的库存，自行制定库存策略和补货计划。在 VMI 运作中，这种传统的运作关系发生了转变，变成由供应商发出订单，然后由供应商发货。

现在 VMI 模式越来越受到人们的重视，根据有关机构的调查，在美国的某些行业（比如医疗物品管理）中，VMI 的影响程度已经超过了 JIT 管理方法。一些著名的零售业公司，比如 Wal-Mart，Kmart，Dillard，以及 JCPenney 等是使用 VMI 方法管理库存的先行者。可以说，VMI 很可能是将来库存管理的一个潮流。

（二）VIM 实施的原则与作业流程

成功的实施 VMI 并不是件容易的事情，很多企业想当然的在没做好充分准备的前提下实施 VMI，结果往往以失败为多，实施 VMI 的基本原则如下。

1. 合作性原则

实施该模式，相互信任和信息透明是第一步。把库存这么重要的部分交给别人来全权管理自然有放心不下的理由，若遇到一些变故，可能会互相扯皮，互相埋怨，从而断送了良好的合作关系。

2. 互惠原则

VMI 不是关于成本如何分配或者由谁来支付的问题，而是通过该策略的实施减少整个供应链上的成本，使双方都能获益。

3. 目标一致性原则

根据目标管理的基本要求，部门目标要统一于组织目标，我们可以将供应链上的节点企业看成是大组织的不同部门，尽管部门间存在利益争端，但都服务于组织的整体效益的提高。供应商与零售商间必须按照达成的框架协议来彼此分配责任与义务。

4. 持续改进原则

VMI 的实施是以信息技术为支撑的，在信息与通信技术成熟之前，供应商管理库存是不可想象的。信息技术是高速发展的，这在本质上要求 VMI 具有持续改进的特点。另外，供应商的选择，供货、补货模式的调整都需要在 VMI 的实施过程中进行持续改进。

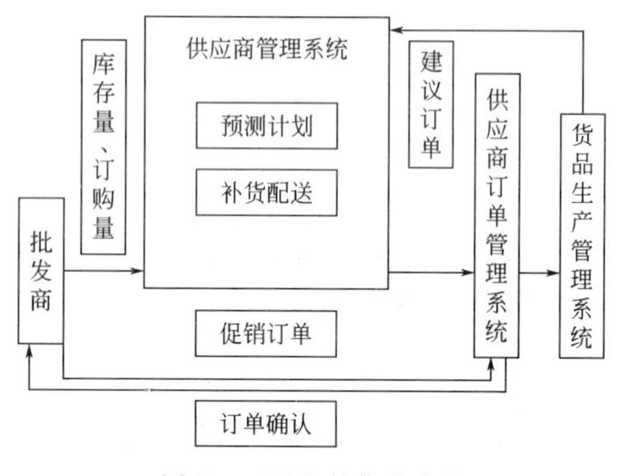

图 8-7 VMI 的作业流程

VMI 的基本流程如图 8-7 所示。

VMI 具体过程包括如下步骤。

① 批发商每日或每周送出正确的货品活动资料给供应商。

② 供应商接受用户传送来的产品活动资料并对此资料和产品的历史资料作预测。

③ 供应商使用统计方法，针对每种货品做出预测。

④ 供应商根据市场情报、销售情形适当对上述产生的预测做调整。

⑤ 供应商按照调整后的预测再修订补货系统预先设定的条件、配送条件、客户要求的服务等级、安全库存量等，产生出最具效益的订单量。

⑥ 供应商根据现有的库存量、已订购量产生出最佳的补货计划。

⑦ 供应商根据自动或无装载系统计算出最佳运输配送方案。

⑧ 供应商根据以上得到的最佳订购量，在供应商端内部产生用户所需的订单。

⑨ 供应商产生订单确认资料并传送给用户，对用户进行补货。

(三) VMI 的实施方法

实施 VMI，首先要改变订单处理的方式，建立基于标准的托付订单处理模式。这就要求供应商和分销商或零售商一起确定供应商的订单业务处理过程、所需要的信息和库存控制参数；然后，建立一种订单的处理标准模式，如 EDI 标准报文；最后把下订单、交货和票证处理各个业务功能都集成到供应商一方。

VMI 可以分如下几个步骤实施。

① 建立顾客情报信息系统　要有效的管理销售库存，供应商必须能获得顾客的有关信息。通过建立顾客的信息库，供应商能够掌握需求变化的有关情况，把由分销商或零售商进行的需求预测与分析功能集成到供应商的系统中来。

② 建立销售网络管理系统　供应商必须能及时跟踪产品的销售情况，并据此制定产品的订购计划。为此，必须：a. 保证自己产品码的可读性和唯一性；b. 解决产品分类、编码的标准化问题；c. 解决商品存储运输过程中的识别问题。

③ 建立供应商与分销商的合作框架协议　供应商同零售商通过协商共同确定处理订单的业务流程以及控制库存的有关参数（如订货点，最低库存水平等）、库存信息的传递方

式等。

④ 组织机构的变革 这一点也很重要，因为 VMI 策略改了供应商的组织模式。过去一般由会计经理处理与用户有关事情，引入 VMI 策略后，在订货部门产生了一个新的职能用以负责用户库存的控制，库存补给和服务水平。

（四）实施 VMI 的优缺点

供应商管理库存的思想打破了传统的各自为政的库存控制模式，体现了供应链的集成化管理思想。作为供应链上游的供应商，可以利用 EDI 和电子商务技术，从他们的零售商那里实时获得销售端点的数据，并调整零售商的库存文档，及时补充存货，并按市场需求安排生产和财务计划。供应商与零售商的紧密合作一方面有利于供应商改善服务水平，降低运输成本，提高需求预测的准确性；另一方面也降低了零售商的库存维持成本。可以说，VMI 是降低成本的有效方法。

但是 VMI 不可避免地会存在许多不足之处。主要有以下三个方面。

① 供应商需要 IT 系统和基础设施来有效管理用户库存。

② 供应商全体员工必须理解和接受 VMI 管理思想。

③ 如果 VMI 伙伴数量较多，需要处理的信息量很大，供应商面临较大的应变压力。

三、联合库存控制（JMI）

（一）联合库存的概念

实践中，VMI 管理模式给供应商带来了巨大压力。在 VMI 基础上又发展起来了一种新的库存管理策略，即联合库存管理模式。

联合库存控制（Joint Managed Inventory，JMI）是一种上游企业和下游企业权利责任平衡和风险共担的库存管理模式。JMI 强调供应链中各个节点同时参与，共同制定库存计划，每个库存管理者不仅从相互之间的协作性、协调性考虑，而且考虑外部环境因素的影响，任何相邻节点之间需求的确定都是供需双方协调的结果，保证供应链相邻的两个节点之间的库存控制者对需求的预测水平保持一致，从而消除了需求变异放大现象（牛鞭效应）。

因为任何相邻节点需求的确定都是供需双方协调的结果，库存控制不再是各自为政的独立运营过程，而是供需连接的纽带和协调中心（如图 8-8 所示）。

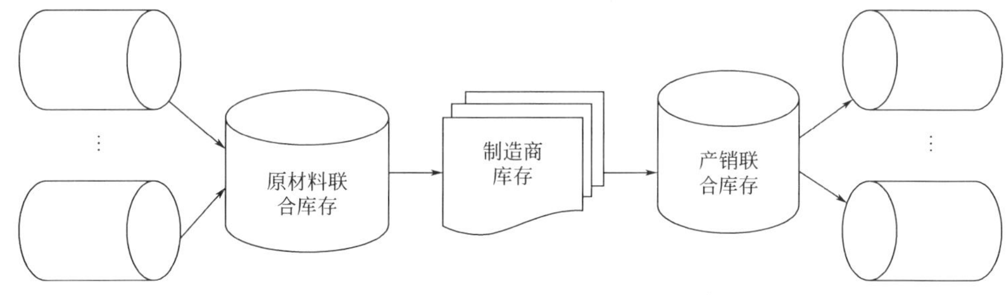

图 8-8 联合库存控制模式

在联合库存管理模式中，风险分担思想、减少库存浪费的思想、供应商战略联盟思想和避免需求放大的思想得以最充分地展示。

（二）JMI 的实施策略

① 建立共同合作目标 要建立联合库存控制模式，首先供需双方必须本着互惠互利的原则，建立共同的合作目标。在充分考虑市场目标的共同之处和冲突点基础上，通过协商形成共同的远景目标。

② 建立联合库存的协调控制方法 联合库存控制中心担负着协调供需双方利益的角色，

起着协调控制器的作用。因此，需要明确规定库存优化的方法，如如何在多个供应商之间调节与分配库存、库存的最大量和最低库存水平、安全库存量的确定和需求预测等。

③ 建立一种信息沟通的渠道 为了提高整个供应链需求信息的一致性和稳定性，减少由于多重预测导致的需求信息扭曲，应增加供应链各方对需求信息获得的及时性和透明性。为保证需求信息在供应链中的畅通和准确性，要将条码技术、扫描技术、POS 系统和 EDI 集成起来，并且要充分利用 Internet 的优势，在供需双方之间建立一个畅通的信息沟通桥梁和联系纽带。

④ 建立利益分配机制和激励、监督机制 要有效运行联合库存控制模式，必须对参与协调库存控制的各个企业有效地进行监督和激励，防止机会主义行为，增加协作性和协调性，并建立一种公平的利益分配制度。

（三）实施 JMI 的优势

联合库存控制系统把供应链系统管理集成为上游和下游两个协调管理中心，从而部分消除了由于供应链环节之间的不确定性和需求信息扭曲现象导致的供应链库存波动。通过协调管理中心，供需双方共享需求信息，因而起到了提高供应链运作稳定性的作用。联合库存控制模式与传统的库存管理方式相比，有如下的优点：

① 为实现供应链的同步化提供了条件和保证；

② 减少了供应链中的需求扭曲现象，降低了诸多不确定因素的影响，提高了供应链的稳定性；

③ 库存作为供需双方的信息交流和协调的纽带，可以暴露供应链管理中的缺陷，为改进供应链管理水平提供了依据；

④ 为实现零库存控制、JMI 采购以及精细供应链管理创造了条件；

⑤ 进一步体现了供应链管理的资源共享和风险分担的原则。

（四）VMI 和 JMI 的比较

以上简要介绍了两种供应链库存管理模式，比较这两种库存控制策略，我们可以得出以下结果。

① 这两种策略都有其不足之处，VMI 和联合库存是以系统的、集成的管理思想进行库存管理，使供应链系统能够获得同步化的优化运行。但 VMI 是单行的过程，决策过程中缺乏协商；财务计划在销售和生产预测之前完成，风险较大；供应链没有实现真正的集成，使得库存水平较高，订单落实速度慢；促销和库存补给项目没有协调起来；当发现供应出现问题时，留给供应商进行解决的时间非常有限；联合库存则过度地以客户为中心，使得供应链的建立和维护费用都很高。

② 一般来说，VMI 主要适用于零售商或批发商，或制造实力雄厚并且比零售市场信息量大，有较高的直接存储交货水平的制造商；联合库存管理尤其适用于零售业以及连锁超市，此外，对于实力雄厚的位于供应链核心企业位置的大型公司，采用联合库存管理，可以使企业在降低库存量和库存成本的条件下，同样可对需求做出快速反应。

③ 在供应链管理中，无论是 VMI 还是联合库存控制系统，库存调整策略都应该从静态转为在详细掌握数据基础之上的动态管理，供应链企业各处库存应是由大量不同时段的数据运算所得，其结果会随着时间的推移而变化，即“动态”管理。这需要有强大的计算机数据库作支持，单靠手工的方法是不可能实现精确和长期的数据管理。

四、协同式的供应链库存管理策略（CPFR）

（一）CPFR 定义与主要特点

20 世纪 90 年代末又出现了一种新的供应链管理技术——协同规划、预测和补给（Col-

laborative Planning，Forecasting&Replenishment，CPFR）。CPFR 是一种协同式的供应链库存控制技术，其最大优势是能及时准确地预测由各项促销措施或异常变化带来的销售高峰和波动，从而使销售商和供应商都能做好充分的准备，赢得主动。CPFR 采取了双赢的原则，始终从全局的观点出发，制定统一的管理目标以及实施方案，以库存控制为核心，兼顾供应链上其他方面的管理。

CPFR 应用一系列处理和技术模型，提供覆盖整个供应链的合作过程，通过共同管理业务过程和共享信息，来改善零售商和供应商的伙伴关系，提高预测的准确度，最终达到提高供应链效率、降低库存和提高客户满意度的目的。CPFR 更有利于实现伙伴间更广泛深入的合作，主要体现在如下几方面。

① 面向客户需求的合作框架　在 CPFR 结构中，合作伙伴构成的框架及其运行规则，主要基于客户的需求和整个价值链的增值能力。由于供应链节点企业的运营过程、竞争能力和信息来源等都存在差异，无法完全达成一致，在 CPFR 中就设计了若干运营方案供合作企业选择。

② 基于销售预测报告的生产计划　销售商和制造商对市场有着不同的认识。销售商直接和最终消费者见面，他们可根据 POS 数据来推测消费者的需求。制造商和若干销售商联系，并了解他们的商业计划。根据这些不同，销售商和制造商可交换他们的信息和数据，来改善他们的市场预测能力，使最终的预测报告更为准确、可信。

③ 供应过程中约束的消除　供应过程的约束主要源于企业的生产柔性不够。通常，销售商的订单所规定的交货日期比制造商生产这些产品的时间要短。在这种情况下，制造商不得不保持一定的产品库存，但是如果能延长订单周期，使之与制造商的生产周期相一致，那么生产商就可真正做到按订单生产及零库存控制。制造商就可以减少甚至去掉库存，大大提高企业的经济效益。另一个有望解决的限制是贯穿于产品制造、运输及分销等过程的企业间资源的优化调度问题。

（二）CPFR 的实施步骤

根据 CPFR 运作模型（如图 8-9 所示），我们可以将实施 CPFR 的运作过程分为九个步骤来实现。

① 制定框架协议　框架协议的内容主要包括各方的期望值以及为保证成功所需的行动和资源、合作的目的、保密协议、资源使用的授权等，并明确规定各方的职责、绩效评价的方法，阐明各方为获得最大的收益而愿意加强合作以及为实现信息交换和风险共担而承担的义务等。

② 协同制定商务方案　销售商和制造商根据各自企业的公司发展计划交换信息，以便共同制定商务发展计划。合作方首先要建立战略伙伴关系，确定好部门责任、目标以及策略。项目管理方面则包括每份订单的最少产品数、交货提前期等。此方案是以后预测的基石，便于供应链各部门、组织之间的交流与合作。

③ 销售预测　销售商或制造商根据实时销售数据、预计的失误等信息来制定销售预测报告，然后将此报告同另一方进行协商，双方也各提出

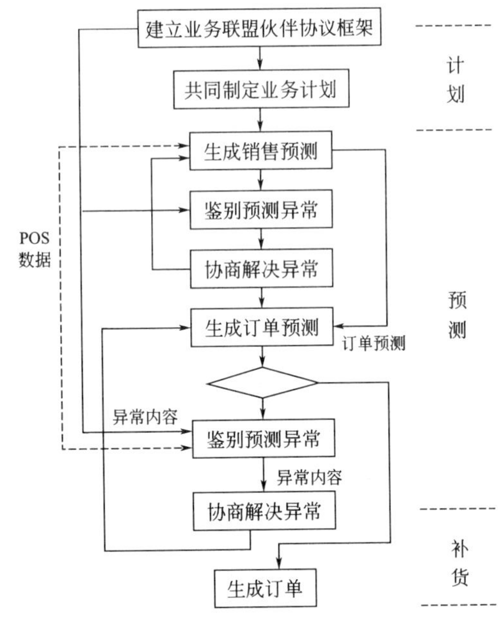

图 8-9　CPFR 的运作模型

一份报告进行协商。

④ 鉴别预测异常　根据框架协议中规定的异常标准，对预测报告中的每一项目进行审核，最后得到异常项目表。

⑤ 协商解决异常　通过查询共享信息、电子邮件、电话交谈记录、会议记录等来解决异常项目，并对预测报告作相应变更。这种解决办法不但使预测报告更加准确，减少了风险，而且还加强了合作伙伴间的交流。

⑥ 订单预测　综合实时及历史销售数据（POS）、库存信息及其他信息来生成具体的订单预测报告。订单的实际数量要随时间变化，并反映库存情况。报告的短期部分用来产生生产指令，长期部分则用来规划。订单预测报告能使制造商及时安排生产能力，同时也让销售商感到制造商有能力及时发送产品。

⑦ 鉴别预测异常　确定哪些项目的预测超出了框架协议中规定的预测极限。

⑧ 协商解决预测异常　解决办法和第⑤步类似。

⑨ 生产计划生成　将预测的订单转化为具体的生产指令，对库存进行补给。指令生成可由制造商完成，也可由分销商完成，取决于他们的能力、资源等情况。

（三）CPFR 的优缺点

CPFR 是从 VMI 发展而来的，它保留了 VMI 中一些先进的技术和管理思想，同时克服了 VMI 的一些局限。应该说 CPFR 在改善供应链合作关系、提高顾客满意度以及预防与处理不确定事件上都有更佳的表现。通过对欧美若干试验性项目的研究发现，CPFR 为制造商、销售商带来的效益也非常明显。比如在实施 CPFR 后，Warner-lambert 公司零售商品满足率从 87%增加到 98%，新增销售收入 800 万美元。由于 CPFR 巨大的潜在效益和市场前景，一些著名的软件商，如 SAP 等公司正在开发 CPFR 软件系统和相关的服务。但是 CPFR 同时也存在一些局限性，表现如下。

① 以消费者为中心的思想未能完全实现　主要是因为，缺乏最主要的当事人（消费者）的积极参与和密切配合。合作过程是在消费者“缺席”的情况下展开的，缺乏与消费者的互动和交流。不能真正反映消费者未来需求的真实情况。

② 合作过程不太完善　CPFR 的工作重点是产品的生产领域和流通领域的良好对接，但归根结底，这种合作性仍集中于流通领域。

复习思考题

1. 简述 MRP 的起源。其主要特点是什么？
2. 简要说明 MRP 的基本原理，以及实现 MRP 的基本要素。
3. MRP 的发展经过了几个阶段？各个阶段的主要特点有哪些？
4. 按照你的理解，MRP 的局限主要体现在哪些方面？
5. JIT 就是零库存吗？你是如何理解零库存的？
6. JIT 观念的特点主要有哪些？
7. 适合实施 JIT 的企业应该具备哪些条件？
8. 你是如何理解拉动式与推动式生产模式的区别的？
9. JIT 模式下，如何理解与供应商的关系？
10. 简述看板管理的原理与特点。
11. 简述 JIT 和 MRP 的相同点以及差异。
12. 简述供应商管理库存方法的基本原则和主要实施步骤。
13. 供应商管理库存的主要缺点是什么？联合库存模式是否优于供应商管理库存模式？

14. 简述联合库存控制的实施策略。

15. CPFR 的主要特点有哪些？

16. 常规库存管理与供应链下的库存管理有什么不同？

参考文献

[1] 张宏革．仓储与配送管理［M］．北京：中国劳动社会保障出版社，2006.

[2] 沈瑞山．仓储管理［M］．北京：中国人民大学出版社，2009.

[3] 程控，革扬．MRPⅡ ERP 原理与应用［M］．北京：清华大学出版社，2006.

[4] 赵涛．仓储经营管理［M］．北京：北京工业大学出版社，2006.

[5] 张晋莉，方小平．ERP 系统中库存控制问题的研究［J］．长沙铁道学院学报，2008（3）：211-213.

[6] 张万颖，李玲．供应链管理下的典型库存控制方法［J］．办公自动化，2008（3）：25-26，52.

[7] 张家善．论联合库存控制［J］．现代商货工业，2009（3）：27-28.

第九章　仓储信息管理

本章从介绍信息、物流信息及仓储信息入手，阐述了仓储信息管理的基本思想，介绍了几种常见的仓储信息管理的支持技术，进而引出仓储管理信息系统（WMS）的概念及具体案例，最后给出WMS的开发与实施步骤。

第一节　仓储信息管理概述

仓储信息管理作为一种管理理念，可以大大提高仓储管理的效率，它首先是对信息的管理，对仓储信息的管理，然后是与各种信息技术的结合。本节首先从信息与物流信息的概念着手，引出仓储信息与仓储信息管理的概念，进而对信息技术与仓储信息管理作详细介绍。

一、信息与物流信息

（一）数据

数据是对客观事物的符号表示，是用于表示客观事物的未经加工的原始素材。数据体现了有关事件离散的、互不关联的客观事实，可以用结构化的记录加以描述。或者说，数据是通过物理观察得来的事实和概念，是关于现实世界中的地方、事件、其他对象或概念的描述。数据并不能表达特定的背景和意义，也不提供对事件的判断或解释。例如：19860817，我们只知道这是一串数字或一个日期，其他含义便无法确定。

（二）信息

1. 信息的定义

信息（Information）作为一个科学术语最早出现在哈特莱（Hartley）在1928年撰写的《信息传输》一文中。随着研究的逐渐深入，许多学者从不同的角度和学科出发，对信息进行了不同的解释，比较有代表性的定义如下。

信息论的奠基人香农（Shannon）认为："信息是用来消除不确定性的东西"。

控制论的创始人维纳（Wiener）认为："信息就是我们在适应外部世界，并且使这种适应所作用于外部世界的过程中，同外部世界进行交换的内容的名称"。

系统论中，信息被认为是系统内部联系的特殊形式。

经济管理学中，信息被泛指为用于决策的有效数据。

我国国家标准GB 4898—85《情报与文献工作词汇基本术语》认为："信息是物质存在的一种方式、形态和运动状态，也是事物的一种普遍属性，一般指数据、消息中所包含的意义，可以使消息中所描述事件的不确定性减少"。

根据众多学者的研究成果，信息可以被概括为：信息是客观世界中各种事物的运动状态和变化的反映，是客观事物之间相互联系和相互作用的表征，表现的是客观事物运动状态和变化的实质内容。

所以，信息是对客观世界的反映，它提供了有关现实世界某些事物的知识。信息总是通过数据的形式来表示，加载在数据之上并对数据的具体含义进行解释。信息和数据之间的联系可以表述为：数据是原材料，信息是加工后的有价值的数据。

2. 信息的特征

根据以上对信息概念的阐述，可以认为信息具有以下特征。

① 客观性　信息是对客观事物属性的反映，表示的是数据中所包含的意义，反映的内容是客观的，而且信息本身也具有客观性。

② 价值性　通过信息可以了解某种事物，获得某种帮助或效益，因此信息对使用它的人来说是有价值的。

③ 时效性　信息是用来满足人们对学习、研究、购物等的需求的，只有及时的信息才能发挥最大的作用。

④ 共享性　信息在传递和使用中，允许多次和多方共享，原拥有者不会失去信息的使用价值和潜在价值，信息并不会因为共享而消失，这是信息与物质和能量的本质区别。

⑤ 可加工性　信息可以进行代码信号的转换，例如计算机中的二进制代码；也可以进行加工提炼，例如市场需求信息到数量信息的转换等。

3. 信息的分类

根据不同的角度，信息有着不同的分类方式，表 9-1 列出了几种有代表性的划分方法。

表 9-1　信息的划分方法

划分依据	内　容
信息的来源	内部信息、外部信息
信息的稳定性	固定信息、流动信息
信息的性质	市场信息、生产信息、物流信息、技术信息、经济信息、人事信息等
信息的重要程度	战略信息、战术信息、作业信息
信息的加工程度	原始信息、加工信息
信息的加工顺序	输入信息、中间信息、输出信息
信息的反映形式	数字信息、图像信息、声音信息

（三）物流信息

1. 物流信息的定义

物流信息是指与物流活动（如运输、仓储、装卸、搬运、包装、流通加工和配送）有关的信息，反映了物流各种活动内容的知识、资料、图像、数据和文件的总称，其产生过程与物流活动的开展密不可分。一般来讲，物流信息又有狭义和广义之分。

狭义的物流信息是指与物流活动直接相关的信息。例如运输工具的选择，运输线路的确定，运输数量的确定，在途货物的跟踪，最佳库存量的确定，订单管理等，都需要借助详细、准确的物流信息。

广义的物流信息则不仅包括与物流活动直接相关的信息，还包括与物流活动间接相关的信息，即包括与其他流通活动有关的信息。例如商品交易信息和市场信息等。广义的物流信息遍布了物流的各个环节和各个方面，是物流领域的神经网络。

2. 物流信息的特征

物流信息是信息的一种形式，除了具有信息的一般特点之外，还具有如下一些特点。

① 信息量大　物流信息随着物流业务的增多和物流信息技术的发展而大量发生。

② 动态性强　与信息量大相对应，物流信息的动态性也很强，物流活动中产生的信息必须进行及时的收集和传递，随着客户的需求而不断变化，这也是物流需要加强信息管理的原因之一。

③ 种类多，来源广　物流活动的各个环节都会产生种类繁多的各种物流信息，不仅包括企业内部的物流信息，而且包括企业间的物流信息和与物流活动有关的其他信息，使得各

种物流信息的来源、发生地和扩散范围都相对不同。

④ 标准化程度高　物流信息涉及国民经济的各个部门，物流活动中各个部门之间需要进行大量的信息交流，为了实现不同系统间物流信息的共享，必须采用统一的信息标准，如不同系统的不同物品必须采用统一的物品编码和条码等。

3. 物流信息的分类

物流信息也存在不同的划分方式，如表 9-2 所示。

表 9-2　物流信息的划分方法

划分依据	内　　容
物流信息的加工程度	原始的物流信息、加工的物流信息
物流信息的产生领域	物流内部信息、物流外部信息
物流功能	计划信息、控制信息、作业信息、统计信息
物流环节	运输信息、仓储信息、装卸搬运信息、包装信息、加工信息
物流信息的作用	订货信息、库存信息、采购指示信息、发货信息、物流管理信息

4. 物流信息的作用

在现代物流环境下，物流信息在整个系统的运作中起着极为重要的作用，不仅记录了物流活动的运作过程，而且能够用来改善物流活动，提高物流活动的运作效率。从管理层次的角度看，物流信息的作用可以体现在以下几个方面。

① 记录物流活动　物流信息记录了物流活动中每一项作业的具体详细的流程，为后续的管理和决策提供了原始材料和最初的依据。

② 提高管理水平　通过对物流活动的记录，可以对原有的物流规划和管理政策进行分析评估，发现不足，并且有针对性的进行改善，从而提高管理水平。

③ 辅助决策分析　对物流过程中记录下来的基本信息，可以用不同的方法进行分析评价，找出其中的规律，提出相应的战略和战术上的决策方案。

④ 支持战略制订　战略计划的制订是一项复杂的决策工作，需要大量的信息支持，不仅包括物流方面的相关信息，还包括大量外部的与物流息息相关的信息。

由此可见，物流信息是物流的核心，是物流进步的基础，是物流作业的关键因素，也是制定物流计划的保障。

二、仓储信息

（一）仓储信息的概念

仓储活动贯穿着物流和信息流两种运动方式。

① 物流是实物的流动，也就是物资实体的收、发、调、运、存的过程。伴随着这些物资实体流动，又产生了计划指标、成本、价格、购销合同、运输单据、进出库单据等有关物资流动和管理方面的信息，它们不断地产生、传递就形成了信息流。物流是仓储活动的实物形态，是仓储行为的物质基础，但要使物流成为符合经济规律和企业经营要求的运动，并达到最优的经济效果，就必须加以科学的计划、决策、组织和控制，这就离不开信息的使用。

② 信息流一方面伴随着仓储活动产生，另一方面又引导、控制着仓储行为进行有规律的运动。由于物流运动十分明显，很容易受到重视。信息流隐藏在物流运动的背后，常常被人们忽视。实际上，仓储活动是在信息流的控制下进行的。仓储活动能否取得满意效果，实现既定目标，关键在于是否控制好信息的流动。

仓储信息，属于物流信息的范畴，是用来表征仓储运动状态的、表征仓储与外界相互联系的、并可为仓储工作人员所认识和利用的信息。仓储信息是物流和仓储过程的要素之一，在仓储现代化过程中的地位和作用是十分显著的。

（二）仓储信息的特点

仓储信息作为信息的一种，主要有以下特点。

① 可传输性　仓储信息可以在仓储内部和一切与仓储有关的外部单位之间相互流动。正因为仓储信息具有该特性，仓储才能既为信息的发布者，又为信息的接收者；才可将那些表面上看来相互独立的事件联成一个有机整体，指导物资储运作业和经营管理。

② 可扩充性　仓储工作人员对某则信息的认识可以在深度和广度上不断发展。例如，某仓库收到一份电报，知道×月×日从××地发来××吨××物资。接着又收到有关该批物资运输的铁路货运清单，于是对该批物资的具体规格型号、重量、包装等内容又有了进一步的了解，即对电报上获得的信息做了进一步的扩充。仓储信息的这个特性可以使仓储人员对自己关心或重要的信息加深理解及全面认识，以便搞好工作。

③ 可扩散性　该特性是在可传输性基础上派生的，它主要表现为：可将仓储信息传遍仓储内部的每个角落和一切外部单位。例如，班组长开过上级组织的干部会后，可以将领导的意图与具体安排传达到每个工人。这时，领导发布的信息被扩散了。这个特性的作用是将某些仓储信息进行广泛的传播，以便被更多的工作人员所认识和利用。

④ 可交换性与可再生性　可交换性表现为：信息的形态可以在数字、文字、声音、图像等各种形式上交换。可再生性表现为：仓储信息从一种形态变为另一种形态而消灭后，还能从后者变换为前者。如信息从声音变为文字消失后还能从文字再变为声音。这个特性的作用主要是便于信息的传输、扩散等。

⑤ 可压缩性与可继承性　可压缩性表现为：可将内容繁杂的信息压缩得简明扼要。例如，仓储的年、季、月统计报表就是繁杂的原始记录的缩写。可继承性表现为信息在时间角度的延续性。一般来说继承的信息往往是经压缩后的信息。

⑥ 可贮存性　这个特性表现了仓储信息具有重复利用的价值。例如单据、表报的贮存等。这个特性有利于仓储信息的继承。

⑦ 可共享性　实物的交换是实物随所有权的转移而转移，而信息交换后，不但不会使信息发布者失去这则信息，反而能使发布者和接收者共同拥有这则信息。信息的这个特性可以使某条信息随着发布次数的增多，使得认识和利用它的人员越来越多。

⑧ 可替代性与可买卖性　可替代性是说信息中的知识一旦被人们所认识和利用，就可以变为生产力，即信息为生产力所替代。可买卖性表现了信息交换过程中的商品性。

⑨ 知识性　信息是一种可以被人们理解、应用的知识。

（三）仓储信息的分类

仓储信息十分复杂，通过不同角度进行划分，可以使人们比较清晰而具体地了解仓储信息的内容。比较常用的划分方法如表 9-3 所示。

表 9-3　仓储信息的分类

标　准	类别	内　容
信息在仓储管理中的作用	计划信息	这部分信息既包括确定目标及为实现目标制订各种措施时需用的信息，又包括上述过程所形成的信息。属于战略决策信息
	控制信息	包括仓储管理人员在工作中需用和形成的各种战术决策信息
	作业信息	这些信息来源于仓库日常经营和业务等各方面，是一般性质的信息
信息的技术经济性能	技术信息	指那些与仓储各项生产和管理技术有关的信息、设备性能和参数等
	经济信息	指那些与仓储经营状况有关的信息等

续表

标 准	类 别	内 容
仓储信息的变化速度	相对固定信息	指在一定时期内可以重复利用而不发生根本性变化的信息，如物资保管保养操作规程，各项作业定额等
	可变信息	也可称作流动信息，指那些只反映或只能用于某一时刻的信息。这种信息的时效性很强。在许多情况下，仓库经营的成败往往取决于对这种信息的管理及利用能力
信息的来源	库内信息	即仓库是信息的发布者，它产生的信息大都反映物资仓储各项生产经营状态及对外界的各种要求等
	库外信息	即仓库作为信息的接收者时，由仓库外单位产生的信息。这些信息反映了库外单位的状态、变化和要求。如供求状况、方针政策和市场动态等
信息的加工程度	原始信息	指那些未经加工的仓储信息。如记录、账本、单据等
	加工后信息	是指按各种要求经过收集、整理后得到的信息。如报告、报表等

（四）仓储信息的价值

仓储管理过程实质是信息处理过程。从信息论的观点看，仓储管理过程就是信息的收集、传递、加工、应用的过程。仓储活动可概括为两大类：一类是物流活动，即物资经过进、销、调、运、存各个环节，合理地满足社会的需要；另一类是管理活动，围绕和伴随着一系列物流活动，执行着决策、计划和调节等职能，以保证物流活动有秩序、高效能地进行。物流活动中流动的是物，从输入、转换到输出都是一股物流；而管理活动中流动的是信息，从输入、转换到输出的是一股信息流。物流是仓储活动的中心流，信息流是伴随物流而产生的；并且，信息流要规划和调节物流的数量、方向、速度、目标，使之按一定目的和方向活动。物流的畅通与否，是仓储管理人员极为关心的事。在这个主要的仓储活动中，伴随着许多信息流，而且在信息流动过程中都存在着信息反馈。在仓储系统中，物流和信息流相辅相成，互为条件，如图 9-1 所示。

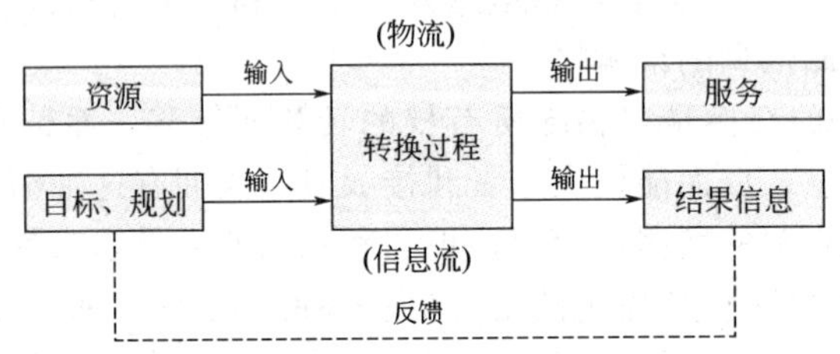

图 9-1 仓储活动中的物流和信息流

三、仓储信息管理

（一）信息管理概述

1. 信息管理的概念

信息管理是指信息社会实践活动过程的管理，是运用计划、组织、指挥、协调、控制等基本职能，对信息搜集、检索、研究、报道、交流和提供服务过程，有效地运用人力、物力、财力等基本要素，以期达到实现总体目标的社会活动。信息管理具有适应性、灵活性、整体性、协调性、综合性、社会性、战略性和预测性等特征。

信息管理作为一个不断运动、发展和变化的系统，其管理的实质就是对这个系统不断运动、发展和变化的有目的、有意义的控制行为。因此，计划、组织、指挥、协调、控制等基本职能的运用与发挥，对信息管理效果具有决定性的意义和作用。

① 计划 指对信息事业发展战略目标与主要任务做出具体安排和实施细则，包括经费预算、综合平衡、空间布局、结构设计、方案调整和系统评价等。

② 组织　指领导和组织力量对规划计划进行实施，包括建立与调整组织机构，人员调配，计划调度，以及指导、宣传、激励和奖励等。

③ 指挥　指通过职能作用形成强有力的指挥系统，发布指令性计划和各种强制性命令，使各个环节的信息活动步调一致，相互配合，确保系统运行的连续性和效能性。

④ 协调　指信息内部机制和外部环境的协调性，包括对信息系统各个要素、层次与外部环境的关系的协调活动，使信息系统适应变化了的社会环境和客观条件。

⑤ 控制　指对信息系统运行的控制，避免偏差，保证系统按照预定要求正常运转，以达到计划确定的结果。

这五项职能是相互联系、相互影响和相互作用的，其基本原则和指导思想都是从整体和宏观上对科学管理的丰富与补充，但其中最核心、最关键的是计划，计划是决定信息事业兴衰成败的关键。因此，强化信息事业的计划管理是十分重要的。

2. 信息管理的要素

信息管理要素是指构成信息管理活动的基本组成部分。为了提高信息管理的社会效能，必须搞清楚信息管理的诸要素，深入分析信息管理活动中各要素之间的内在联系，才能科学地组织信息社会实践活动，以适应信息事业发展的新形势。从信息社会实践活动的内容、特征来看，现代信息管理包括以下基本要素。

① 人　信息系统的主导者，包括管理者与被管理者，是信息系统演化、发展的原动力。在整个信息管理系统中，人是最重要、最活跃的因素，是信息社会实践活动的主体。

② 信息机构　信息系统的中心，信息体制内部组织的构造与单元，信息管理系统的网络。从系统论的观点来说，信息机构体制是社会系统体系结构的一种形式，是信息管理活动科学化构成系统的重要手段。

③ 政策与法规　确保信息管理活动正常而有效地运转的依据和行动准则，包括各种信息管理政策、法律、法令、条例、规则和章程等。

④ 财　信息系统功能结构的价值，也是信息系统有效地转动的原动力，包括各项信息资金的筹集、使用、收入和分配等。

⑤ 物　信息系统功能结构的内容、实质、相对环境，包括各种信息系统的设备、工具、仪器、信息资源、能源等，是现代信息管理必备的条件。

⑥ 信息流　信息系统功能结构运动变化的特征。整个信息系统不仅要不断地输入新的信息，而且要有反馈信息的作用，即信息流的正常运行，才能使信息系统按预定的目标实现其组织与控制。

⑦ 时间与空间　信息系统功能结构运动变化的过程区间和位置区间。信息系统与其他物质一样，其运动都在一定的时间和空间中进行，时间、空间的坐标体系表示信息流的存在与位置，体现了信息流运动和信息系统发展的基本状况。

3. 信息管理的功能

信息管理的基本功能是在信息产品生产与服务经营过程中出效率、出效益、出质量，为更先进的加工技术准备条件。通过有效的管理，一方面可以保证信息资源的合理配置和开发利用，提高信息人员的综合素质，发展和提高生产力的综合水平；另一方面可以促进信息产品生产和服务经营条件的改善，推动信息服务业与产业的发展，提高其经济效益和社会效益。具体功能有以下几个方面。

① 通过有效的管理，将各种独立存在的生产要素联结在一起，使潜在的生产力变为现实的生产力，确保信息产品生产与服务经营的正常运转。

② 通过宏观调控和市场调节机制，合理地配置社会信息资源，并有效地开发利用，使

信息产品生产与服务经营各环节的分工协作产生的生产力得以充分发挥。

③ 通过科学的组织和有效的管理，将信息产品生产与服务经营活动中孤立、分散的小生产状态组织成为整体力量，即有计划的社会性、专业性的信息产品大生产，从而创造出一种新的生产力。

④ 通过有效的信息管理，充分发挥科学技术第一生产力的作用，提高信息产品生产与服务经营的整体效能和水平。

（二）仓储信息管理的发展

在仓库出现的初期及后来相当长的时间内，由于生产力水平低下和发展缓慢，库存物品的数量和品种都很少，仓库结构简单，设备简陋，因此仓库管理工作也就比较简单，主要负责物品出入库的计量及看管好库存物资使之不受损失。这种情况下的仓储活动，称之为简单仓储管理。

随着生产力水平的提高，特别是机器生产代替手工生产之后，社会储存物品数量增多，品种复杂，物品性质各异，对存储条件提出了各自不同的要求。同时，由于社会分工越来越细，一些原先在生产领域完成的活动逐渐转移到更合适的流通领域来完成，其中相当部分业务在仓库的仓储过程实现，使得仓库的职能发生了变化，仓库不仅仅是单纯地进行储存和保管物资的场所，还增添了物品的分类、挑选、整理、加工、包装等活动，从而增加了物品的价值。由于储存商品的复杂化和仓储职能的多样化，引起仓储业务的不断革新，使得仓储活动向复杂化方向发展，可称之为复杂化仓储管理。

随着科学技术的进步，特别是电子计算机的出现和使用，给仓储业带来了一系列的重大变化，在整个仓储活动过程中，可以使用计算机进行信息处理，控制物流作业合理进行，增设光电感应系统，利用“自动分拣系统”进行商品分类整理，让机器人进入仓库等。现代化仓库的出现，要求仓储管理人员专业化，仓储管理科学化，仓储手段现代化。传统的仓储管理逐渐发展成为现代的仓储信息管理。

（三）仓储信息管理的工作流程

仓库信息管理主要包括入库管理、储存管理、装卸搬运管理和出库管理等环节的信息管理，其中最重要的是入库管理和出库管理。下文则以入库操作流程和出库操作流程为例来说明仓储信息管理的工作流程。

1. 入库流程

入库操作流程见图 9-2。

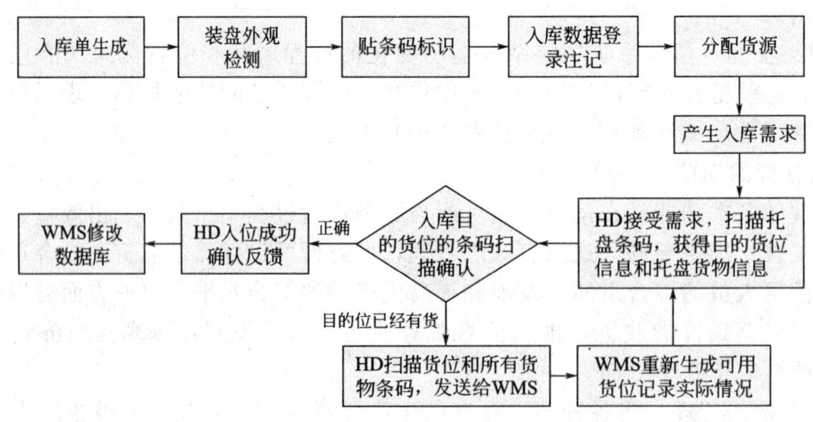

图 9-2 入库操作流程

如入库流程图所示，入库后，首先生成入库单，每份入库单可包含多种货物，按货物不同，又将入库单分成入库分单。此时，装盘完毕，在经人工预检认为外观尺寸等合格的托盘上贴以条码标识，通过扫描托盘条码标识（或人工键入），确认货物种类和数量的键入后，即完成托盘条码与所载货物信息的注记，亦即入库数据登录注记。此时，该托盘货物即进入“待入库状态”，注记完成的货物托盘所处的状态会一直被管理系统跟踪和监控，直至出库成功取消该注记为止。

注记完成的货物托盘由管理系统分配一个目的操作货位，同时，该操作需求被发送到HD，HD接受需求，扫描托盘条码，即可得到该托盘的目的操作货位和货物信息。然后，根据HD指示，由操作人员驾驶堆垛机行驶到目的货位。如果一切正常，操作人员将用HD扫描确认目的货位，操作成功后做确认反馈，管理系统收到操作成功确认后，即修改数据库相关记录，最终完成一次入库操作。

如果目的货位已有货物，HD将扫描现有货物条码，并发送给管理系统。管理系统将该异常修况记入数据库，并生成一新的推荐目的货位。然后重新开始操作，直至成功完成本次操作。

2. 出库流程

出库操作流程见图9-3。

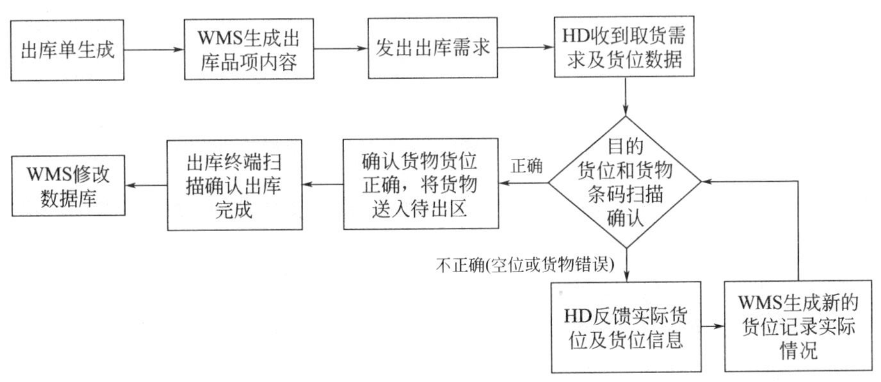

图 9-3 出库操作流程

出库流程始于出库单的生成，接着系统将根据出库单内容以一定的规律（先进先出等）生成出库品项和内容，即出库货位和货位信息。HD扫描到操作目的货位信息后，还须由操作人员驾驶堆垛机行驶到目的货位，扫描确认货位货物信息。经确认无误，操作人员即取出货物并送至待出库区。此时货物的状态为“位于待出库区”，最终由出货终端扫描确认后，发送操作完成确认信息给系统。管理系统收到此确认信息才修改数据库的相关记录。

如果堆垛机行驶至取货货位，扫描确认发现异常时（空货位或货物错误），HD即将此信息发送给管理系统，管理系统将该异常情况记录入数据库并生成一新的推荐货位，然后重新开始操作，直至成功完成此次操作。

四、信息技术与仓储信息管理

（一）信息技术概述

信息技术（Information Technology，IT），是用于管理和处理信息所采用的各种技术的总称，主要应用计算机科学和通信技术来设计、开发、安装和实施信息系统及应用软件。它也常被称为信息和通信技术（Information and Communications Technology，ICT），主要包括传感技术、计算机技术和通信技术。

现代信息技术的发展奠定和促进了信息时代的到来，它的发展以及全球信息网络的兴起，把全球的经济、文化联结在一起。任何一个新的发现、新的产品、新的思想、新的概念都可以立即通过网络、通过先进的信息技术传遍世界。经济国际化趋势更加显著，使得信息网络、信息产业发展更加迅速，使各行业、产业结构乃至整个社会的管理体系发生着深刻变化。现代信息技术是一个内容十分广泛的技术群，它包括微电子技术、光电子技术、通信技术、网络技术、感测技术、控制技术、显示技术等。

在企业、学校和其他组织中，信息技术体系结构是一个为达成战略目标而采用和发展信息技术的综合结构。它包括管理和技术的成分。其管理成分包括使命、职能与信息需求、系统配置、信息流程；技术成分包括用于实现管理体系结构的信息技术标准、规则等。由于计算机是信息管理的中心，计算机部门通常被称为“信息技术部门”。有些公司称这个部门为信息服务（IS）或管理信息服务（MIS）部门。另一些企业选择外包信息技术部门，以获得更好的效益。

（二）信息技术在仓储信息管理的应用

在仓储管理工作中应用计算机等信息技术效果较好，且简单易学，操作简便，能发挥计算机大量数据处理的优点，实现管理的信息化、自动化，使管理人员摆脱烦琐的计算业务，达到高质量的服务水平，并能达到最低的库存、最快的资金周转和正确及时地反映企业物资动态。实践说明，企业目前对计算机的应用大都从仓储管理突破，然后再扩展到其他管理系统。计算机目前在企业仓储管理中的应用形式如下。

1. 单项数据处理

即人们通常所说的计算机在仓储管理中的单项应用，这是计算机应用的初级阶段。

单项数据处理，就是在仓储管理的某个环节，用计算机模拟手工作业方式完成局部的数据处理工作，部分地代替人的劳动，使工作效率和工作质量有所提高，但基本上不改变管理工作的性质和内容。单项数据数理包括的业务主要有如下方面。

① 文件录入和保存　物资经过验收合格进入仓库或料场保管，同时按照有关凭证登记入账、记卡、建立物资保管贮存文件，使用部门领料也要记账、销卡，保证账、卡、物三符合。上述业务均由计算机执行。

② 编制汇总的物品报表　包括对各工序的领料或退料按时间要求的总数量和总金额倒出清单，都可经键盘输入指令由计算机系统的打印机自动打印出仓库、财务、计划等部门需要的各种日报表、月报表、汇总表、分类表、资金储备表等。

③ 申请购货补库业务　通过材料库存的变动可以由计算机与保险储备额进行核对或与储存限额对照，及时发出缺货或积压的信号，也可直接打印出相应单据，使库存得到及时控制。

④ 查询业务　管理人员可以通过电传机随时查询仓库存货情况，包括对某一种材料或某项元器件的库存数、金额数，也可查询某一仓库及全厂材料库存的总清单。

⑤ 过磅验收　采用计算机对它们的辅助操作，效率很高。办法是将机械秤改为电子自动秤，每批称量结果直接进入计算机，并在显示器上显示结果，然后由专用汉字票据打印机打出收料单和付款单交给送料人去财务部门领款或向运货单位结算。

单项数据处理常以成批处理的方式进行作业。各个单项数据之间一般没有直接联系，数据的共享性差，计算机的效能不能得到充分发挥。但这种方式也有其优点：其一是易于实现、见效快；其二是对计算机设备要求低，投资少，一般在单台低档微机上即可实现；其三是通过单项数据处理的实践，既可以加快专业人才的培养、又可以逐步提高企业领导和其他管理人员对应用计算机的兴趣，从而为进一步在仓储管理，直至企业管理中全面应用计算机创造良好的条件。

2. 仓储管理信息综合处理

这是较单项数据处理更高级的应用形式。这种形式，是指将某一部分互相关联的管理信息的处理工作纳入计算机系统，即开始用来控制某一管理子系统，并且有一定的反馈功能。纳入计算机系统的各个信息处理环节，相互有机地联系在一起，实现了一定程度的数据共享，使计算机的效能得到较好的发挥。这种应用一般均为部门内计算机主机与多终端联接，构成信息服务系统，为用户提供方便。

3. 仓储管理信息系统

这种系统的应用标志着仓储管理现代化的更高级阶段。其应用形式是企业管理系统甚至更大系统内的计算机信息网络的建立和运行。在这个发展阶段，整个企业将建立计算机管理信息系统，仓储管理信息系统将以子系统的形式出现。

在这种高级形式的应用中，程序系统的基础已超越了一般的数学和统计学的范畴，它以系统理论为基础，应用信息论和控制论的量化方法，使整个仓储管理活动从计划决策开始，全面地应用计算机来完成计划的编制、执行、作业、检查和控制等过程。

（三）仓储信息管理中应用信息技术的注意事项

信息技术虽然大大提高了仓储管理的工作效率，但是盲目的运用信息技术或者不恰当的使用都会对仓储管理带来负面影响。在仓储信息管理中应用信息技术的过程中要注意以下几点。

① 恰当合理的运用信息技术　任何新技术都有正面和负面的影响，仓储管理中并不是信息技术使用的越多越好，有些复杂的信息技术并不适合仓储管理，在实际工作中并不需要，应用这些技术反而会提高成本，浪费资源，且扰乱仓储管理的正常工作。

② 不能过度依赖信息技术　信息技术并不是绝对正确的，由于一些内部或外部的因素，计算机有时也会产生错位的数据和信息，如果完全依赖信息技术，也会造成一些不易察觉的错误。

③ 要重视前期的需求分析和规划　作为信息技术和信息系统的使用者，企业往往不太注意系统的前期需求分析工作。仓储管理人员需要使用哪些仓储信息管理的功能、操作流程和操作方法等都要进行系统的调查和分析，才能真正起到实用性。

④ 要重视人的作用　企业在使用信息系统之后，往往会忽略人在相关工作中的作用。而有些情况下一个信息系统是不能解决问题的，人作为系统的开发者和决策的制定者才是最关键的部分。

第二节　仓储信息管理的支持技术

仓储信息管理作为一种管理手段，只有管理理念并不够，还需要各种管理技术的支持。仓储信息管理的支持技术有很多，本节重点介绍其中的四种：数据库技术、条形码技术、电子数据交换技术和无线射频识别技术。并对电子自动订货系统（EOS）技术、销售时点信息系统（POS）技术、全球卫星定位系统（GPS）技术和地理信息系统（GIS）技术作简要介绍。

一、数据库技术

（一）数据库（DB）

1. 数据库定义

数据库（Data Base，DB），是指长期储存在计算机内的、有组织的、可以共享的，与公司或组织的业务活动和组织结构相对应的各种相关数据的集合。数据库中的数据按照一定的数据模型组织、描述和储存，具有较小的冗余度、较高的数据独立性和易扩展性，可以被各种用户所共享。

2. 数据库特点

数据库的特点主要有以下几个方面。

① 数据结构化　数据结构化是数据库的主要特征之一。数据库以一定的数据模型来组织数据，使得数据尽可能没有重复，保持最小的冗余度。这样不但节省了存储空间，而且还减少了存取时间，有利于系统功能的扩充。

② 数据独立性　在数据库系统中，数据结构独立于使用它的应用程序。数据独立性又包括逻辑独立性和物理独立性。不论是数据的总体逻辑结构还是存储结构发生了变化，都不必修改应用程序。

③ 数据资源共享　数据资源的共享性是大量数据集成的结果。同一组数据可以服务于不同的应用程序和不同的处理业务；多个用户也可以在相同的时间内使用同一个数据库，每个用户使用与自己相关的那一部分数据，且允许其访问的数据相互交叉和重叠。

④ 数据统一管理　对数据的定义、操作和控制，由数据库管理系统（DBMS）统一进行管理和控制。为确保数据库数据的正确、有效和数据库系统的有效运行，数据库管理系统提供了四个方面的控制功能：数据安全性控制、数据完整性控制、并发控制和数据恢复。

（二）数据库系统（DBS）

数据库系统（DataBase System，DBS），是指在计算机系统中引入数据库后的系统，是可运行的以数据库方式存储、维护和向应用系统提供数据或信息支持的系统。它一般由数据库、硬件、数据库管理系统及其开发工具、应用系统、数据库管理员及其他人员构成。数据库的组成如图 9-4 所示。

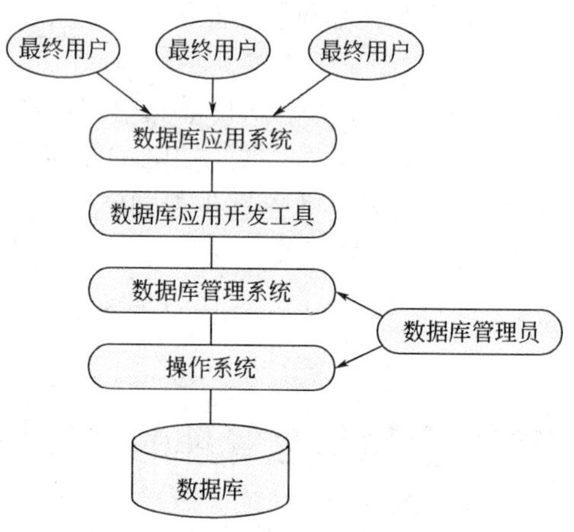

图 9-4　数据库系统的组成

1. 数据库及其硬件支持系统

数据库需要有包括 CPU、存储器和其他外部设备等在内的硬件设备支持。计算机性能越高，数据处理能力就越强。随着数据库中数据量的加大，以及系统规模的扩大，除了要求 CPU 运算速度足够快之外，数据库系统对硬件要求有足够大的内存、大容量的直接存取设备和高性能的数据通道传输能力。

2. 操作系统（OS）

操作系统是基础软件平台，主要负责计算机系统的进程管理、作业管理、存储器管理、设备管理和文件管理等，可以为数据库系统的数据组织、管理和存取提供支持。所选用的操作系统必须能够支持当前的数据库管理系统。

3. 数据库管理系统（DBMS）

数据库管理系统（DataBase Management System，DBMS），是位于用户和操作系统之间的一层数据管理软件。DBMS的功能主要包括以下几个方面。

① 数据定义功能　DBMS提供了数据定义语言（Data Definition Language，DDL），用户可以通过它来定义数据库中的各类对象。DBMS负责对DDL进行编译执行，生成一系列的元数据，存储到数据字典或系统目录中。

② 数据操纵功能　DBMS还提供了数据操纵语言（Data Manipulation Language，DML），用户通过它可以方便快捷地操作数据库中的各类数据，实现对数据的查询、插入、删除或更新等操作。

③ 数据库的建立、运行和维护功能　数据库的建立和维护功能包括初始数据的转换和装入、数据备份、数据库的重组织、性能监控和分析等。数据库的运行功能必须保证数据的安全性、完整性、数据的并发控制以及故障后的数据库恢复。

④ 数据的组织、存储和管理功能　DBMS要分类组织、存储和管理包括数据字典、用户数据、数据存取路径等在内的各种数据，确定以何种文件结构和存取方式来组织这些数据，如何实现数据之间的联系。数据组织、存储和管理的目标是确定文件的结构，提高存储空间的利用率，提供多种存取方式以提高存取效率等。

4. 数据库应用开发工具

数据库应用开发工具用于支持数据库应用系统的开发，包括过程性程序设计语言，如C、C++等，也包括可视化开发工具VB、PB、Delphi等，还包括与因特网有关的ASP、JSP、PHP、HTML、XML等，以及一些专用开发工具。另外，也可以直接利用DBMS产品，如Access、FoxPro和Oracle等。

5. 数据库应用系统（DBAS）

数据库应用系统（DataBase Application System，DBAS），是指包含数据库的各种应用系统，由数据库系统、应用软件、应用界面和用户组成。如管理信息系统（MIS）、决策支持系统（DSS）等都属于数据库应用系统。

6. 人员

数据库系统所涉及的人员主要包括数据库管理员（DataBase Administrator，DBA）、系统分析员、数据库设计人员、应用程序员和最终用户。数据库管理员负责数据库的全面管理和控制；系统分析员负责应用系统的需求分析和规范说明；数据库设计人员一般由DBA兼任，负责数据库中数据的确定、数据库的存储结构以及逻辑结构的设计；应用程序员负责设计、编写、调试和安装应用系统的程序模块；最终用户则主要对数据库进行联机查询，通过数据库应用系统提供的界面来使用数据库。

（三）数据库技术的应用

1. 数据仓库

数据仓库（Data Warehouse，DW）是一个面向主题的、集成的、不可更新的、随时间不断变化的数据集合，它用于支持企业或组织的决策分析处理。从定义可以得出，数据仓库具有以下几个特点。

① 面向主题　操作型数据库的数据组织面向事务处理任务，各个业务系统之间各自分离，而数据仓库中的数据是按照一定的主题域进行组织的。

② 集成的　数据仓库中的数据是在对原有分散的数据库数据抽取、清理的基础上经过系统加工、汇总和整理得到的，必须消除源数据中的不一致性，以保证数据仓库内的信息是

关于整个企业的一致的全局信息。

③ 相对稳定的　数据仓库的数据主要供企业决策分析之用，所涉及的数据操作主要是数据查询，一旦某个数据进入数据仓库以后，一般情况下将被长期保留，也就是数据仓库中一般有大量的查询操作，但修改和删除操作很少，通常只需要定期的加载、刷新。

④ 反映历史变化　数据仓库中的数据通常包含历史信息，系统记录了企业从过去某一时点（如开始应用数据仓库的时点）到目前的各个阶段的信息，通过这些信息，可以对企业的发展历程和未来趋势做出定量分析和预测。

2. 数据挖掘

数据挖掘（Data Mining，DM），就是从大量数据中获取有效的、新颖的、潜在有用的、最终可理解的模式的非平凡过程。数据挖掘的广义观点：数据挖掘就是从存放在数据库、数据仓库或其他信息库中的大量的数据中“挖掘”有趣知识的过程。数据挖掘，又称为数据库中知识发现（Knowledge Discovery in Database，KDD），也有人把数据挖掘视为在数据库中知识发现过程的一个基本步骤。知识发现过程由以下步骤组成：数据清理、数据集成、数据选择、数据变换、数据挖掘、模式评估和知识表示。

数据挖掘可以与用户或知识库交互，主要有神经计算、智能代理和辅助分析三种工具。

① 神经计算　神经计算是一种机器学习方法，通过这种方法可以为模型检查历史数据。拥有神经计算工具的用户可以搜索大型数据库，如识别新产品的潜在用户，或搜索那些根据其概况将要破产的公司。

② 智能代理　最有希望从 Internet 或基于 Internet 的数据库获取信息的方法之一是使用智能代理。

③ 辅助分析　这种方法使用一系列的算法对大数据集合进行分类整理，并用统计规则表达数据项。

3. 数据库技术的应用

随着所需管理的数据量（如客户的数据）的不断增加，许多大公司（如电信公司、PC 制造商等）都建立数据仓库来存储数据，为了对大量的数据进行筛选（如分析客户的购买习惯），各大公司纷纷开始使用数据挖掘工具进行数据挖掘。下面列举数据挖掘技术在某些商业领域中的应用。

① 零售业　主要用于预测销售，确定库存量和分销计划等。

② 银行业　主要用于预测坏账、信用卡欺诈、新信用卡用户等。

③ 航空公司　航空公司可以利用数据挖掘技术了解客户经常去的地方和那些中途转机的乘客的最终目的地，这样就可以识别那些尚未开辟业务但却很受欢迎的地点，并考虑增加班机路线以捕捉商业机会。

④ 广告业　预测在黄金时间播放什么广告最好，怎样使插入广告的收效最大。

⑤ 营销管理　对客户的人口统计信息进行分类，以预测哪些客户将对推销商品的邮件做出应答或购买特殊产品。

二、条形码技术

（一）条形码

1. 条形码的概念

条形码（Barcode），简称“条码”，是由条形码符号和人工识读代码两大部分构成的一种编码，是利用光电扫描阅读设备进行识读并实现数据输入的一种特殊代码。其中条形码符号是一组黑白（或深浅色）相间、长短相同、宽窄不一的图形符号；人工识读代码是一组字符串，一般包括 0～9 的阿拉伯数字、A～Z 的 26 个英文字母，以及一些特殊的符号。

一般来说，条形码隐含着数字信息、字母信息、标志信息及符号信息，主要用以表示商品的名称、产地、价格、种类等，是全世界通用的商品代码的表示方法。条形码也是一种可印刷的机器语言，采用二进制数的概念，经 1 和 0 表示编码的特定组合单元。条形码中的黑色部分对光线的反射率较低，白色部分对光线的反射率较高，再加上黑色与白色的宽度不同，就能使扫描光线产生不同的反射接收效果，从而在光电转换设备上转换成不同的电脉冲，形成了可以传输的电子信息。

2. 条形码的构成

一个完整的条码的组成次序依次为：静区（前）、起始符、数据符、（中间分割符，主要用于 EAN 码）、（校验符）、终止符、静区（后），如图 9-5 所示。

图 9-5 条形码的构成

① 静区 指条码左右两端外侧与空的反射率相同的限定区域，它能使阅读器进入准备阅读的状态，当两个条码相距距离较近时，静区则有助于对它们加以区分，静区的宽度通常应不小于 6mm。

② 起始/终止符 指位于条码开始和结束的若干条与空，标志条码的开始和结束，同时提供了码制识别信息和阅读方向的信息。

③ 数据符 位于条码中间的条、空结构，它包含条码所表达的特定信息。

3. 条形码的种类

在实际应用中，条形码一般可以分成一维条形码和二维条形码两种。一维条形码是由一个接一个的条和空排列组成的，条形码信息靠条和空的不同宽度和位置来传递。人们日常见到的印刷在商品包装上的条形码，即是普通的一维条形码。常用的一维条形码有：EAN 码、39 码、交叉 25 码、UPC 码、128 码、93 码、库德巴码（Codabar）等。

一维条形码所携带的信息量有限，且对汉字或图像的表示非常困难，在一定程度上限制了条形码的应用范围，因此二维条形码应运而生。二维条形码是用某种特定的几何图形，按照一定的规律通过在平面分布的黑白相间的图形来记录数据符号信息的，在代码编制上巧妙利用构成计算机内部逻辑基础的“0”和“1”的概念，使用若干个与二进制相对应的几何形体来表示文字数值信息，通过图像输入设备或光电扫描设备识读以实现信息自动处理。常见的二维条形码主要有：线性堆叠式二维码、矩阵式二维码、有证码。表 9-4 列出了一维条形码和二维条形码之间的比较。

4. 条形码的特点

① 信息容量大 不同的条空比例每平方英寸可以容纳 250～1100 个字符。

② 信息采集速度快 普通计算机的键盘录入速度为每分钟 200 字符，而条形码的录入速度是键盘录入的 20 倍。

③ 译码可靠性高 以条码中的三九码为例，其字符误读率只有三百万之一，而普通键盘输入的字符误读率高达三百分之一，相差近 1 万倍。由此可见条形码的可靠性要比人工输入高得多。

表 9-4 一维条形码与二维条形码的比较

项　目	一维条形码	二维条形码
基本形状	6 901234 567892	
显示内容	可直接显示英文、数字和简单符号	可直接显示英文、中文、数字、符号和图形
储存数据	储存数据不多，主要依靠计算机中的关联数据库	储存数据量大，可存放1KB字符，可用扫描仪直接读取，无须另接数据库
保密性	保密性较低	保密性高（可加密）
损污后可读性	损污后可读性差	安全级别最高时，损污50%仍可读取完整信息

④ 可读性高且修正错误能力强　条形码的首次可读率比较高，如果印刷的条形码符号符合有关标准所规定的误差范围，其首次阅读率几乎可达到100%。另外，在八级安全情况下，如果破损面积不超过50%，则条码因玷污、破损等所丢失的信息可以照常破译出来。

⑤ 容易制作且成本很低　利用现有的点阵、激光、喷墨、热敏/热转印、制卡等打印技术，即可在纸张、卡片、PVC，甚至金属上印出PDF417二维条形码，且与其他自动化识别技术相比，应用条形码技术所需的费用比较低。

⑥ 编码范围广　对照片、指纹、签字、声音、文字等凡可数字化的信息均可进行编码。

（二）条形码系统

条形码系统是由条形码符号设计、制作及扫描阅读组成的自动识别系统。它可以满足大量、快速采集信息的要求，能适应物流大量化和高速化的要求，从而大幅度提高物流效率。条形码识读系统是一种用条形码扫描器作为输入方式的计算机系统。它有三个主要部分：条形码扫描器、译码器和计算机。条形码扫描器是计算机的一种输入设备，译码器是一种和计算机联接的外部设备。

条形码系统在物流活动中具有比较广泛的应用，主要包括以下几个方面。

① 销售信息系统（POS系统）　这是我们最为熟悉的条形码应用领域。一般是在对销售货品进行结算时，通过光电设备扫描读取货品上的条形码，并将信息输入计算机和收款机，收款后开出收据，同时通过计算机进行信息处理，以便及时掌握货品进、销、存的相关数据，从而快速、准确地进行销售和配送管理。

② 库存系统　在库存物资上应用条形码技术，入库时自动扫描并输入计算机，由计算机处理后形成库存信息，并输出入库区位、货架、货位的指令，出库程序则和POS系统条形码应用相同。

③ 分货拣选系统　在配送和仓库出货时，采用分货、拣选方式，需要快速处理大量的货物，利用条形码技术即可自动进行分货拣选，并实现有关的管理。

④ 电子数据交换　条形码系统所提供的信息可以作为电子数据交换系统的基础数据。

⑤ 供应链系统　通过对条形码的识别，可以掌握货物的在途情况。

⑥ 物流管理　通过条形码所传递的信息，可以进行统计、结算、分析等管理活动。

（三）条形码技术的应用

资料的自动辨识方法可采用磁卡、条形码等方式来达成。而以物流中心而言，由于大多数的储存货品都备有条形码，所以用条形码做自动识别与资料收集是最便宜、最方便的方式。借助商品条形码上的资料经条形码读取设备读取后，可迅速、正确、简单地将商品资料自动输入与获取，而达到自动化登录、控制、传递、沟通的目的。其在储存管理上的效益如下。

① 登录快速、节省人力。

② 提高物流作业效率。

③ 减少管理成本。

④ 降低错误率，提高作业质量。

⑤ 更精确地控制储位的指派与货品的拣取。

⑥ 可方便有效地盘点货品，准确地掌控库存，控制存货。

⑦ 可做到实时数控收集，实时显示，并经计算机快速处理而达到实时分析与实时控制的目的。

仓储配送是产品流通的重要环节。以美国最大的百货公司沃尔玛为例。沃尔玛在全美有25个规模很大的配送中心，一个配送中心要为100多家零售店服务，日处理量为20多万个纸箱。每个配送中心分三个区域：收货区、拣货区和发货区。在收货区，一般用叉车卸货。先把货堆放到暂存区，工人用手持式扫描器分别识别运单上和货物上的条形码，确认匹配无误才能进一步处理，有的要入库，有的则要直接送到发货区（称作直通作业，可以节省时间和空间）。在拣货区，计算机在夜班打印出隔天需要向零售店发运的纸箱的条形码标签。白天，拣货员拿一叠标签打开一只只空箱。在空箱上贴上条形码标签。然后用手持式扫描器识读。根据标签上的信息，计算机随即发出拣货指令。在货架的每个货位上都有指示灯，表示那里需要拣货以及拣货的数量。当拣货员完成该货位的拣货作业后，按一下"完成"按钮，计算机就可以更新其数据库；装满货品的纸箱经封箱后运到自动分拣机，在全方位扫描器识别纸箱上的条形码后，计算机指令拨叉机把纸箱投入相应的装车线，以便集中装车运往指定的零售店。

三、电子数据交换技术

（一）电子数据交换（EDI）概述

1. EDI的概念

电子数据交换（Electronic Data Interchange，EDI），是通过电子方式，采用标准化的格式，利用计算机网络进行结构化数据的传输和交换的一种信息技术。它是通信技术、网络技术和计算机技术的结晶。

联合国标准化组织将EDI定义为：企业之间将商业或行政事务处理文件按照一个公认标准，形成结构化的事务处理或报文数据格式，从计算机到计算机的电子传输方法。从定义中可以看出EDI包含以下3个要素。

① 企业或公司之间　电子数据交换是在公司或企业之间进行的，为了成功的传输和接收数据，合作双方必须要有同等的通信能力。

② 具有统一的标准　EDI强调的是机器阅读的方式，不是人工阅读的书面格式，因此传输的内容必须以预定义的格式表示。这就要求进行电子数据交换的双方之间建立一个通用的标准，依照标准的格式、语法和规则进行电子数据交换。

③ 利用电子方法传递　EDI用电子传输取代了以往纸质方式的传递，解决了传统处理过程的时间长、效率低等问题，大大提高了传输效率。

EDI广泛的应用于电子计算机之间商业信息的传递，包括日常的咨询、计划、采购、到货通知、询价、付款、财政报告等，还用于安全、行政、贸易伙伴、规格、合同等信息交换，另外，人们正在开发适用于政府、司法、保险、教育、娱乐、保健和银行抵押业务等领域的EDI标准。

2. EDI的标准

EDI是国际范围的计算机与计算机之间的通信，其核心是被处理业务数据格式的国际统一标准。标准化的工作是实现EDI互通和互连的前提和基础。EDI主要包括4条标准。

① EDI网络通信标准　用来解决EDI通信网络所基于的通信网络协议问题，以保证各类EDI用户系统的互联。目前国际上主要采用MHX（X.400）作为EDI通信网络协议，用来解决EDI的支撑环境。

② EDI处理标准　研究不同地域不同行业的各种EDI报文之间相互共有的“公共元素报文”的处理标准。它与数据库、管理信息系统等接口有关。

③ EDI联系标准　解决EDI用户所属的其他信息管理系统或数据库与EDI系统之间的接口问题。

④ EDI语义语法标准　又称EDI报文标准，是EDI技术的核心。主要解决各种报文类型格式、数据元编码、字符集和语法规则以及报表生成应用程序设计语言等。

3. EDI的特点

EDI包括三方面的内容：格式化的数据与报文标准、通信网络、计算机应用。这三方面内容相互依存构成了EDI的基本框架。经过几十年的发展与完善，EDI作为一种全球性的具有巨大商业价值的电子化贸易手段，具有以下几个明显的特点。

① 结构化数据　EDI用于合作双方交换的数据是按照规范与标准格式进行组织的，以便于计算机处理和信息交换，而不是一种非标准规范的自由格式。交易双方传递的交易文件必须具有特定的格式。

② 公认化标准　在电子数据交换中，贸易伙伴在进行交换数据之前，必须就他们希望交换的数据格式以及使用何种标准达成协议和共识，避免出现发送来的数据既读不懂，又无法处理的情况。

③ 自动化处理　EDI信息传递的路径是计算机到数据通信网络，再到合作伙伴的计算机，信息的最终用户是计算机应用系统，它自动处理传递来的信息，而不需要人工干预。

（二）EDI系统

1. EDI应用系统的组成

EDI应用系统由4个模块构成，分别为联系模块、报文生成和处理模块、格式转换模块、通信模块。

① 联系模块　包括用户联系模块和内部联系模块。用户联系模块是EDI系统与EDI用户的界面，业务管理人员可以通过此模块进行输入、查询、统计、中断、打印等，及时地了解市场变化，以便调整策略。内部联系模块是EDI系统和本单位内部其他信息系统及数据库的接口，一份来自外部的EDI报文，经过EDI系统处理后，大部分相关内容都要经过内部联系模块送往其他信息系统，或查询其他信息系统才能给对方EDI报文以确定的答复。

② 报文生成和处理模块　该模块一方面可以接受来自用户联系模块和内部联系模块的命令和信息，按照EDI标准生成各种报文和单证，经格式转换模块处理后，由通信模块经EDI网络发给其他EDI用户。另一方面又可以自动处理由其他EDI系统发来的报文，及时与本单位信息系统相联，获取必要信息并答复其他EDI系统，同时将有关信息送给本单位其他信息系统。

③ 格式转换模块　所有的EDI单证都必须转换为标准的交换格式，转换过程包括语法上的压缩、嵌套、代码替换以及增加必要的EDI语法控制字符。在格式转换过程中要进行语法检查，对于语法有误的EDI报文应予以拒收并通知对方重发。

④ 通信模块 该模块是 EDI 系统与 EDI 通信网络的接口，包括执行呼叫、自动重发、合法性和完整性检查、出错报警、自动应答、通信记录、报文拼装和拆卸等功能。

2. EDI 系统的构成要素

① 通信网络 通信网络是实现 EDI 的基础。可以利用公用电话网（PSTN）、分组交换网（PSPDN）、综合业务网（ISDN）以及各种广域网（WAN）、城域网（MAN）和局域网（LAN）来建立 EDI 增值网络。

② 应用系统 由计算机硬件和专用软件组成，是实现 EDI 的前提条件。计算机硬件包括计算机、调制解调器和电话线等。专用软件包括转换软件、翻译软件和通信软件。转换软件将计算机的文件转换为翻译软件能够理解的中间文件，或将翻译软件接收的中间文件转换为计算机的系统文件；翻译软件将中间文件翻译为 EDI 标准格式，或将 EDI 标准格式翻译为中间文件；通信软件将要发送的 EDI 标准格式文件外层加上通信信封，送到 EDI 交换中心信箱，或从信箱将接收的文件取回。

③ EDI 标准化 这是实现 EDI 的关键。EDI 报文必须按照国际标准进行格式化，以达到彼此之间文件交换的目的。目前应用最广泛的 EDI 国际标准是 UN/EDIFACT 标准。

④ 数据库技术 EDI 是电子商务的重要组成部分，要想成功实现 EDI，企业的基础设施建设至关重要，而数据库系统的建设又是其中的重要一环。如何组织企业数据，以便及时准确地提供 EDI 报文所需的数据，自动完成 EDI 报文的生成，是数据库设计要解决的问题。

3. EDI 系统的工作原理

EDI 报文是结构化的数据，它是按照标准进行格式化的。而 EDI 用户的应用系统是不尽相同的数据库的数据结构，在报文进入网络之前，必须将它翻译为标准的 EDI 文件格式。在实际应用中，翻译软件（翻译器）将无格式的数据文件填到 EDI 报文的相应字段完成翻译工作。这种无格式的数据文件称为平面文件（又称中间文件）。用户应用系统的数据文件不是平面文件，而是格式不尽相同的数据库，因此需要有一个映像程序作为用户数据库与翻译软件包的接口程序，它的作用是将用户的格式数据文件展开成平面文件。

EDI 系统的工作原理如图 9-6 所示，其实现过程主要包括以下几个步骤。

① 用户应用系统将要发送的数据从信息系统数据库中提出，通过映像程序转换成平面文件，以便翻译器识别。

② 翻译器按照 EDI 标准将平面文件翻译为 EDI 报文。

③ 通信软件将已转换为标准格式的 EDI 报文，经通信网络传送至网络中心。

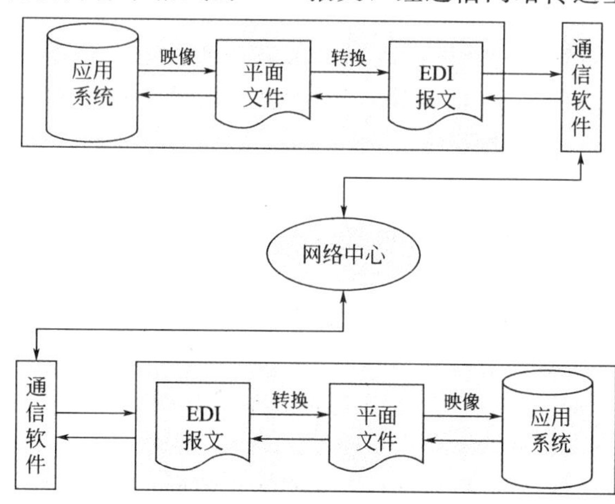

图 9-6 EDI 系统的工作原理

④ 接收方通过通信网络到网络中心提取数据，也可通过通信网络自动通知接收方。

⑤ 接收方将取回的 EDI 标准格式数据，通过 EDI 翻译器转换为平面文件。

⑥ 平面文件经映像程序转换为用户格式数据存入相应的用户数据库，并到达接收 EDI 用户的应用系统。

（三）EDI 技术的应用

EDI 在物流中的应用很广，范围包括制造商、配送中心、运输商、批发商、零售商。作业包括定购、进货、送货、配送、对账、转账、结账等。

① 制造商　制造商与贸易伙伴进行贸易往来，发生如接单、出货、催款、收款等业务，往来的数据交换单据主要有订单、出货单、催款单、对账单、收款凭证等。交易双方通过 EDI 技术传送各种单据信息，可大大提高交易效率，将商品尽快送达客户。

② 配送中心　物流配送中心与交易伙伴的商业行为大致可以分成接单、配送、催款、收款等业务。期间往来交换的数据单据包括订货单、出货单、催款单、对账单、收款凭证等。双方通过 EDI 技术传递信息，大大提高物流作业效率，将商品准确及时地送达客户。

③ 运输商　运输商接受托运人的委托，将货物送到收货人处，期间与托运人和收货人发生托运、收货、送货、回报等业务关系，可利用 EDI 进行数据单据交换，主要有托运单、送货单、收货单、回单等。采用 EDI 技术可大大提高运输作业效率，将货物快速准确地运送到收货人。

④ 批发商　批发商与交易伙伴发生的交易行为大致有订货、进货、出货、对账、收付款等作业。期间利用 EDI 进行数据交换的单据有订单、进货单、出货单、催款单、收付款凭证等。利用 EDI 技术可大大提高交易作业效率，将商品及时运到本企业或及时送达客户。

⑤ 零售商　零售商与其交易伙伴发生的交易行为大致有订货、进货、对账、付款等业务。期间利用 EDI 进行数据交换的单据有订单、进货单、对账单、付款单等。利用 EDI 技术可大大提高零售商的交易作业效率，将商品及时运达商店或及时销售给顾客。

四、无线射频识别技术

（一）无线射频识别技术（RFID）概述

1. RFID 的概念

无线射频识别技术（Radio Frequency Identification，RFID），其基本原理是电磁理论，是利用发射设备接受无线电射频信号，对物体进行近距离无接触方式探测和跟踪的一种技术，是自动设备识别技术中应用领域最为广泛的技术之一。

RFID 的基本工作方法是将无线射频识别标签安装在被识别的物体上，当被标识的物体进入无线射频识别系统阅读器的阅读范围时，标签和阅读器之间进行非接触式的信息通信，标签向阅读器发送自身信息（如 ID 号等），阅读器接收这些信息并进行编码，传输给后台处理计算机，完成整个信息处理过程。

2. RFID 的特点

① 免接触　RFID 是一种非接触式的自动识别技术，它通过射频信号自动识别目标对象并获取相关数据，识别工作无须人工干预。

② 环境适应性强　RFID 可以工作于各种恶劣环境，例如对生长在恶劣环境条件下的野生动物进行跟踪识别。

③ 抗干扰能力强　RFID 可识别公路上的汽车等高速运动物体，并可同时识别多个标签，操作快捷方便。

④ RFID 是一种突破性的技术　如果将 RFID 与条形码相比较，则其突破性主要体现在以下几点：a. RFID 可以识别单个的非常具体的物体，而不是像条形码那样只能识别一类物

体；b. 采用无线电射频，可以透过外部材料读取数据，而条形码必须靠激光来读取信息；c. RFID 可以同时对多个物体进行识读，而条形码只能一个一个地读。此外，RFID 储存的信息量也非常大，且可以穿透非金属物体进行识别。

（二）RFID 系统

1. RFID 系统的基本构成

最基本的 RFID 系统由标签、阅读器与天线三部分组成。

① 标签（Tag）　由耦合元件及芯片组成，每个标签具有唯一的电子编码，附着在物体上标识目标对象。

② 阅读器（Reader）　也称为读头，是用来读取（有时还可以写入）标签信息的设备，可设计为手持式或固定式。阅读器在 RFID 系统中起着举足轻重的作用，阅读器的频率决定了射频识别系统的工作频段，阅读器的功率也直接影响着射频识别的距离。

③ 天线（Antenna）　在标签和阅读器之间传递射频信号。

2. RFID 系统的基本原理

RFID 系统工作的基本原理是电磁理论。阅读器将要发送的信息，经编码后加载在某一频率的载波信号上经天线向外发送；标签进入磁场后，接收阅读器发出的射频信号，凭借感应电流所获得的能量发送出存储在芯片中的产品信息（Passive Tag，无源标签或被动标签），或者主动发送某一频率的信号（Active Tag，有源标签或主动标签）；阅读器读取信息并解码后，送至中央信息系统进行有关数据处理。图 9-7 为 RFID 系统的工作原理示意图。

图 9-7　RFID 系统的工作原理

RFID 系统的数据传输程序严格按照“主从原则”进行，即发出指令的方向为：应用程序→阅读器→电子标签，返回应答的方向则相反。

3. RFID 系统的基本参数

可以用来衡量 RFID 系统的技术参数比较多，其中工作频率和作用距离是两个主要参数。

① 工作频率　RFID 系统工作频率的选择在很大程度上决定了射频标签的应用范围、技术可行性以及系统成本的高低。在无线通信信道中，射频信号只能以电磁耦合或者电磁波传播的形式表现出来。因此，射频系统的工作性能必定要受到电磁波空间传输特性的影响。

② 作用距离　RFID 系统的作用距离指系统的有效识别距离。阅读器可以识别到标签的距离的影响因素很多，包括系统的工作频率、阅读器的射频发射功率、标签的封装形式等。在其他条件相同时，低频系统的识别距离最短，其次是高频、微波，超高频系统最远。RFID 系统的有效识别距离与阅读器的射频发射功率成正比，发射功率越大，识别距离越远。但是电磁波产生的辐射超过一定范围就会对环境和人体产生有害影响，称为电磁污染。另外，标签天线越大，系统的识别距离也越远。

除了工作频率和作用距离之外，阅读器的发射功率、识别距离的远近、执行的协议标准、识别速度、数据传输速率、芯片内存大小、标签封装标准、可同时识别的标签数、防冲撞性能，以及可读写性能、接口形式等参数也都在一定程度上影响着 RFID 系统的工作性能。

（三）RFID 技术的应用

无线射频技术已广泛运用到物流作业中，如货物入库、出库，通过无线射频技术的电子标签，仓库保管员可直接用读写器掌握物品的入库、出库情况，大大减少货物搜寻时间，提高工作效率。电子门禁系统还很好地保护了仓库、货场、商场的商品安全，减少了商品丢失和被盗的可能。定位系统在物流中对货物跟踪，无论货物是在订购中、运输途中，还是在仓库某个区位、货架上都一清二楚，大大提高了物流管理水平，我国的高速公路收费站、铁路记录货车车厢编号都开始使用定位系统。

五、其他支持技术

（一）电子自动订货系统（EOS）技术

1. EOS 概述

电子自动订货系统（Electronic Ordering System，EOS），是指企业间利用通信网络（VAN 或互联网）和终端设备以在线连接的方式进行订货作业和订货信息交换的系统。它可以将企业的各种订货信息通过计算机网络系统传送给供应商，完成零售企业与供应商之间商品的订购、运输、调配等信息控制，订货、接单、处理和结算等全部在计算机中进行处理。按照应用范围，EOS 可以分为企业内的 EOS 系统、零售商与批发商之间的 EOS 系统以及零售商、批发商和生产企业之间的 EOS 系统。

电子订货系统采用电子手段完成供应链上从零售商到供应商的产品交易过程。因此，一个 EOS 系统必须包含供应商、零售商、网络和计算机系统。EOS 的特点有如下几点。

① 能及时产生订货信息，并以计算机为工具，通过网络传输出货信息。

② POS 与 EOS 高度结合，能产生高质量的信息。

③ 在零售商和供应商之间进行信息传递，且传递及时、准确。

④ EOS 是许多零售商和供应商之间的整体运作系统，而不是单个零售商和供应商之间的系统。

⑤ EOS 在零售商和供应商之间建立起了一条高速通道，使双方的信息及时得到沟通，订货周期大大缩短，既保证了商品的及时供应，又加速了资金周转，从而实现零库存战略。

2. EOS 的工作流程

① 传统 EOS 工作流程　首先，零售商的计算机应用系统根据销售情况和库存情况生成订货信息，制作出一张订货单，利用计算机网络传到供应商的计算机系统中；供应商则根据订货单的要求准备货物，开出出库单（发货通知单）；将发货通知单通过网络传递到零售商的计算机系统中。交货单的资料便成为零售商的应付账款资料及供应商的应收账款资料，如图 9-8 所示。

图 9-8　传统方式的 EOS 工作流程

② 现代 EOS 工作流程　零售商将销售数据和库存信息通过网络传递给供应商，告知当前的销售情况，供应商根据销售情况决定是否为零售商发货。供应商发货时，通过网络传给零售商装货通知，零售商根据装货通知告知的情况自行计算货款进行付账，如图 9-9 所示。

图 9-9 现代方式的 EOS 工作流程

3. EOS 系统的应用

EOS 系统的作用主要体现在如下几个方面。

① 有利于减少企业的库存水平，提高企业的库存管理效率，防止商品尤其是畅销商品的缺货现象。

② 相比传统的订货方式（如上门订货、邮寄订货、电话和传真订货等），EOS 系统可以缩短从接到订单到发出货物的时间，缩短订货商品的交货期，减少商品订单的出错率，节省人工费用。

③ 有利于提高企业物流信息系统的效率，使各个业务信息子系统之间的数据交换更加便利和迅速，丰富企业的经营信息。

④ 对生产厂家和批发商来说，通过分析零售商的商品订货信息，能准确判断畅销商品和滞销商品，有利于企业调整商品的生产和销售计划。

（二）销售时点信息系统（POS）技术

1. POS 概述

销售时点信息系统（Point of Sale，POS），是指通过自动读取设备在销售商品时直接读取商品的销售信息，并通过通信网络和计算机系统传送至有关部门进行分析加工以提高经营效率的系统。

POS 主要采用条码技术和收款机进行销售数据的实时输入、跟踪、处理，并根据这些数据对销售动态进行详细、准确、迅速的分析，从而为商品的补货和管理提供信息依据。其功能是采集各种商品的销售信息，为实施单品管理创造条件，还可以根据计算机终端所提供的信息来控制进货、存货，使每种商品能以比较合理的库存来保证销售的需要，同时也可以减少收银工作中的错漏等现象的发生，缩短结算时间，减少顾客的等候时间。

一般 POS 系统的构建分为三个类型。

① 独立的收款机 POS 系统 收款机本身具有商品交易处理、商品信息储存和管理的功能，所以一般的小型商店就会采用基于 PC 机的收款机建成 POS 系统。

② 收款机与 PC 机组成的 POS 系统 由一台 PC 机与多台收款机连结而成，一般用于中、小型商场处理日常的商品销售交易业务，收款和处理商品销售收据，形成格式化的数据文件并传送给主机系统。

③ 收款机、网络、计算机组成的 POS 系统 由一组收款机与一台 PC 机相连，PC 机又通过网络与主计算机相连。收款机运行时所需要的信息，先由主机系统下载到 PC 机，然后再由 PC 机下载到收款机。收款机将商品交易的信息传送到 PC 机，PC 机再通过网给传送到主机系统，由主机系统去完成商品的进、销、存的处理与分析。这种 POS 系统可以分析处理整个商场的销售信息、库存信息和进货信息，同时还可以与银行组成金融商业 POS 系统，为客户提供信用卡结算的功能。

2. POS 系统的应用

POS 系统可以用来完成相关的信息收集，通过数据来辅助仓储式超市完成各种经营管理决策。具体来说，它的应用主要包括以下几方面。

① 商品销售 将销售商品的条码扫描进入收款机，收款机系统就会自动将商品的名称、数量、价格等信息从数据库中检索出来，并打印输出相关单据。

② 补货 计算机会根据预先设定的时间来测算一个平均库存量用来当作补货的依据。

③ 到货确认 卖场收货部门根据采购订单来确定到货的数量后，把商品的信息按要求输入系统，就形成了商品的库存管理。

④ 盘点管理 仓储式超市的商品部门可以根据收货部门对商品的计算机库存记录与实际卖场的库存相比较，进行盘点处理，并由计算机部门出具盘点报告。

(三) 全球卫星定位系统 (GPS) 技术

1. GPS 概述

全球卫星定位系统（Global Positioning System，GPS），是一种可以定时和测距的空间交会定点的导航系统，可以向全球用户提供连续、实时高精度的三维位置、三维速度和时间信息，为海陆空三军提供精密导航，还可以用于情报收集、核爆监测、应急通信和卫星定位等一些军事目的。该系统是美军自 20 世纪 70 年代初开始研制的新一代卫星导航和定位系统，它是建立在无线电定位系统基础上的空间导航系统，以距离为基本测量单位，通过同时对多颗卫星进行伪距离测量来计算接收机的位置，由于测距在极短时间内完成，故可实现动态测量。GPS 定位是由 GPS 定位卫星来完成的，全球 GPS 常用卫星有 24 颗，分布在 6 个轨道面上。

GPS 由三大子系统构成：空间卫星系统、地面监控系统、用户接收系统。

① 空间卫星系统由 24 颗 GPS 工作卫星组成，其中 21 颗为用于导航的卫星，3 颗为活动的备用卫星。每颗 GPS 工作卫星都发出用于导航定位的信号，GPS 用户利用这些信号来进行工作。

② 地面监控系统一方面用来检测和控制卫星上的各种设备是否正常工作以及卫星是否一直沿着预定轨道运行；另一方面还要保持各颗卫星处于同一时间标准，即 GPS 时间系统。

③ 用户接收系统的作用是接收 GPS 卫星所发出的信号，利用这些信号实时的计算出目标的三维位置、速度和时间，从而进行导航定位等工作。

2. GPS 技术的应用

GPS 技术在物流配送方面的应用主要有以下五种。

① 车辆跟踪 GPS 和电子地图可以实时的显示车辆的当前位置，从而对配送车辆和货物进行有效跟踪。

② 路线规划和导航 GPS 对路线的规划和导航分为自动和手动两种方式。自动路线规划是由驾驶员确定起点和终点，由计算机软件按照要求自动设计最佳行驶路线。手动路线规划是驾驶员根据自己的目的地设计起点、终点和途经点等，自己建立路线库，系统能够在电子地图上设计路线，同时显示车辆运行途径和方向。

③ 指挥调度 指挥中心可以监测区域内车辆的运行情况，对被测车辆进行合理的调度，并通过即时通话实现远程控制。

④ 信息查询 用户可以根据需要在电子地图上进行查询，被查询目标在电子地图上显示其位置，指挥中心利用监测控制台对目标的所在位置进行查询，车辆信息以数字形式在控制中心的电子地图上显示。

⑤ 紧急救援 GPS 定位和监控管理系统对遇有险情或发生事故的配送车辆可以进行紧急援助，监控台的电子地图可以显示求助信息和报警目标，从而规划出最优援助方案，实施紧急处理。

(四) 地理信息系统 (GIS) 技术

1. GIS 概述

地理信息系统（Geographic Information System，GIS），是建立在地球科学与信息科学基础上的新兴边缘学科，是图形管理系统和数据管理系统有机结合的产物，可以对各种空间信息进行收集、存储、分析和可视化表达的信息处理与管理系统。GIS 的实质是由计算机程序和地理数据组织而成的地理空间信息模型，在 GIS 的支持下可以提取出地理系统不同侧面、不同层次的空间和时间特征，也可以快速地模拟自然过程的演变和思维过程的结果。

从应用的角度，地理信息系统由硬件、软件、数据、人员和方法五部分组成。硬件和软件为地理信息系统建设提供环境；数据是 GIS 的重要内容；方法为 GIS 建设提供解决方案；人员是系统建设中的关键和能动性因素，直接影响和协调其他几个组成部分。

① 硬件主要包括计算机和网络设备，存储设备，数据输入、显示和输出的外围设备等等。

② 软件主要包括：操作系统软件、数据库管理软件、系统开发软件、GIS 软件等。GIS 软件的选型，直接影响其他软件的选择，影响系统解决方案，也影响着系统建设周期和效益。

③ 数据是 GIS 的重要内容，也是 GIS 系统的灵魂和生命。数据组织和处理是 GIS 应用系统建设中的关键环节，涉及许多问题：应该选择何种（或哪些）比例尺的数据？已有数据现势性如何？数据精度是否能满足要求？数据格式是否能被已有的 GIS 软件集成？应采用何种方法进行处理和集成？采用何种方法进行数据的更新和维护？等等。

④ 方法指系统需要采用何种技术路线，采用何种解决方案来实现系统目标。方法的采用会直接影响系统性能，影响系统的可用性和可维护性。

⑤ 人是 GIS 系统的能动部分。人员的技术水平和组织管理能力是决定系统建设成败的重要因素。系统人员按不同分工有项目经理、项目开发人员、项目数据人员、系统文档撰写和系统测试人员等。各个部分齐心协力、分工协作是 GIS 系统成功建设的重要保证。

2. GIS 技术的应用

GIS 的基本功能是将表格型数据（无论它来自数据库、电子表格文件或直接在程序中输入）转换为地理图形显示，然后对显示结果浏览、操纵和分析。其显示范围可以从洲际地图到非常详细的街区地图，显示对象包括人口、销售情况、运输线路以及其他内容。应用于物流分析，主要是指利用强大的地理数据功能来完善物流分析技术。国外公司已经开发出为物流分析提供专门分析的工具软件。完整的物流分析软件集成了车辆路线模型、网络物流模型、分配集合模型和设施定位模型等。

（1）车辆路线模型

用于解决一个起始点、多个终点的货物运输中，如何降低物流作业费用，并保证服务质量的问题。包括决定使用多少辆车，每辆车的行驶路线等。

（2）网络物流模型

用于解决寻求最有效的分配货物路线问题，也就是物流网点布局问题。如将货物从 N 个仓库运往到 M 个商店，每个商店都有固定的需求量，因此需要确定由哪个仓库提货送给哪个商店，总的运输代价最小。

（3）分配集合模型

可以根据各个要素的相似点把同一层上的所有或部分要素分为几个组，用以解决确定服务范围和销售市场范围等问题。如某一公司要设立 X 个分销点，要求这些分销点要覆盖某一地区，而且要使每个分销点的顾客数目大致相等。

（4）设施定位模型

用于确定一个或多个设施的位置。在物流系统中，仓库和运输线共同组成了物流网络，仓库处于网络的节点上，节点决定着路线。如何根据供求的实际需要并结合经济效益等原则，确定在既定区域内设立多少个仓库，每个仓库的位置，每个仓库的规模，以及仓库之间的物流关系等，运用此模型均能很容易地解决这些问题。

第三节 仓储管理信息系统

仓储管理信息系统（WMS）来自于仓储信息管理和管理信息系统的结合。本节首先对系统与管理信息系统进行介绍，进而阐述仓储管理信息系统的概念、特点和基本功能，然后给出三个仓储管理信息系统的具体实施案例，便于理解与实际应用。

一、系统与管理信息系统

（一）系统

系统是一个为了达到共同目标而相互作用的要素的集合。系统的组成要素一般包括输入、转化、输出和控制机制。其中转化是系统向环境所提供的服务，而控制机制则要监控转化过程，以保证系统目标的实现。例如，加热系统输入的是燃料，经过加热转化后输出热量，而控制机制是自动调温器。又如，一家生产企业输入的资源是原材料，生产过程是把它转化为制成品或服务，控制机制则是企业的管理活动，以确保企业的各项输出达到预定目标。

系统具有目的性、集合性、相关性、层次性、整体性和环境适应性等特点。系统可由许多子系统组成，每个子系统都有自己的组成、内部活动以及目标，子系统执行与整个系统总目标相关的任务。

系统有很多分类方法，不同的分类标准对应着不同的系统分类，如表 9-5 所示。

表 9-5 系统的分类方法

分类标准	分　类
系统的起源	自然系统,人造系统
系统的复杂程度	物理系统,生物系统,人类社会,宇宙系统
系统的抽象程度	概念系统,逻辑系统,实体系统
系统的功能	社会系统,经济系统,军事系统,企业管理系统等
系统和外界的关系	开放系统,封闭系统
系统内部结构	开环系统,闭环系统

（二）信息系统

信息系统是一个人造复合系统，它由人、硬件、软件和数据资源组成，目的是及时、准确地收集、加工、存储、传递和提供信息，实现组织中各项活动的管理、协调和控制。信息系统具有一般系统的特征，其主要目标是把数据转换为信息，即有意义的数据。

信息系统由要素组成，这些要素相互作用以达到提供信息这一目标，管理者利用这些日常活动的信息来控制企业运营。信息系统包含的要素包括硬件、软件、人员、数据库和完成任务的信息处理过程等。硬件包括支持数据处理、通信处理的计算机装置和其他与计算机有关的设备。软件是用来指示硬件处理信息的指令，分为应用软件和系统软件两类。应用软件由支持特定管理功能的程序构成，如订单记录、库存控制和应收账款管理；系统软件是辅助硬件运行的软件，主要负责数据排序、程序编译以及从存储区域读取数据等。

信息系统同时又由完成特定任务的各子系统组成，这些子系统需要相互协调，共同实现某些功能。例如，一个典型的订单处理系统通常包括处理新订单、更新库存水平和催收货款等子系统，这些子系统中的任何一个遭到破坏都将影响整个系统的功能，例如库存如果没有被及时更新，将导致企业库存不足，客户的订单也将得不到满足，客源将会因此而流失。

（三）管理信息系统

1. 管理信息系统的概念

管理信息系统（Management Information System，MIS）是一个以人为主导的，利用计算机硬件、软件和网络设备，进行信息的收集、传递、存储、加工、整理的系统，以提高组织的经营效率。管理信息系统是有别于一般的信息系统，因为它们都是用来分析其他信息系统在组织的业务活动中的应用。学术上，管理信息系统通常是用来指那些和决策自动化或支援决策者做决策有关的信息管理方法（例如决策支持系统，专家系统和主管支援系统）的统称。

2. 管理信息系统的特征

根据以上定义，可以得出管理信息系统具有以下特征。

① 主题性　MIS是面向管理决策的，是为解决某一领域的问题而存在，是面向具体管理决策的人工系统。例如，进行设备管理的设备管理系统、用于无纸化网络办公的办公自动化系统、用于财务管理的财务会计系统等。

② 系统性　MIS的开发具有系统性，包含多个层次的含义。首先，信息系统开发涉及人、财、物等多方面的资源，需要进行各个方面的协调；其次，系统开发要综合考虑各个方面的因素，如系统的应用环境、投资的大小、期望值、员工的素质等；再次，信息系统的开发需要软硬件的协作以完成特定的系统功能，相互配合、相互补充；最后，信息系统是人机的系统，需要管理和技术的双重支持。

③ 人机系统　虽然信息系统在计算机发明之前已经存在，但是现在的信息系统一般指基于计算机的信息系统。计算机在信息系统中扮演着重要的角色，计算机的存储能力与运算能力是人所不及的。但是，人的因素是决定性的因素，因为系统需求的提出、系统分析、系统设计、系统实施、系统维护和评价、系统的使用均是由人进行的。因此，系统应用成功与否主要取决于人。

④ 多学科交叉的边缘学科　MIS是综合了计算机科学、应用数学、决策理论、运筹学、管理学等多学科的一门学科，其边缘学科的特点非常明显。因此，正确认识和理解MIS需要有相应学科的基础知识。

3. 管理信息系统的结构

MIS的结构是指MIS各组成部分所构成的框架。由于MIS的内部组织方式不同，对其结构的理解也有所不同。MIS的结构主要有：功能结构、软件结构和物理结构等。

MIS不是一个孤立的事物，它是为解决某个具体的管理问题而存在，因此它必须和具体的管理内容相联系，是一种特殊的产品。MIS从用户角度看总有一定的目标，如为了有效管理库存、为了管理客户、为了控制生产等。而不同的信息系统之间有必要的联系，构成有机的整体，形成一个个功能子系统。

MIS的软件结构可以分解为以下几个部分。

① 事务处理部分　主要完成数据的收集、输入，数据库的管理、查询、基本运算、日常报表的输出等。

② 管理控制部分　主要在TPS基础之上，对数据进行深加工，如运用各种管理模型、定量化分析手段、程序化方法、运筹学方法等对组织的生产经营情况进行分析。

③ 战略决策部分　MIS的决策模型多以解决结构化的管理决策问题为主，其决策结果要为高层管理者提供一个最佳的决策方案。

④ 数据库部分　主要完成数据文件的存储、组织、备份等功能，数据库是MIS的核心部分。

⑤ 接口部分　接口部分在MIS中有举足轻重的地位，因为系统不是孤立的，总要和系统之外的数据和系统进行数据交换，因此数据的导入和导出成为系统必备的功能。

MIS的物理结构是指系统的硬件、软件、数据等资源在空间的分布情况。物理结构可分为集中式和分布式两大类。

① 集中式系统是资源在空间上集中配置的系统　单机系统是典型的集中式系统，它将软件、数据和主要外部设备集中在一套计算机系统之中。多用户系统也是集中式系统，它由分布在不同地点的多个用户通过终端共享资源。集中式系统由于资源集中，便于管理，资源利用率高。但系统可靠性低，一旦主机出现故障会导致全系统的瘫痪。

② 分布式系统通过计算机网络将不同地点的计算机硬件、软件、数据等资源联系在一起，服务于一个共同的目标。实现不同地点资源的共享是分布式系统的一个主要特征。分布式系统可以根据应用需求来配置系统资源，提高了系统对用户需求和环境变化的应变能力，系统扩展方便，健壮性好，网络上某个节点出现故障一般不会导致全系统的瘫痪。但由于资源分散且一般分属各个子系统，使得系统维护管理的标准不易统一，协调比较困难，不利于安全保密。

二、仓储管理信息系统

（一）仓储管理信息系统（WMS）的概念

目前，许多企业已认识到企业管理信息对企业发展的战略意义，从财务软件、进销存软件CIMS，从MRP、MRPII到ERP，代表了中国企业从粗放型管理走向集约管理的要求，竞争的激烈和对成本的要求使得管理对象表现为：整合上游、企业本身、下游一体化供应链的信息和资源。而仓库，尤其是制造业中的仓库，作为链上的节点，不同链节上的库存观不同，在物流供应链的管理中，不再把库存作为维持生产和销售的措施，而将其作为一种供应链的平衡机制，其作用主要是协调整个供应链。但现代企业同时又面临着许多不确定因素，无论它们来自分供方还是来自生产或客户，对企业来说处理好库存管理与不确定性关系的唯一办法是加强企业之间信息的交流和共享，增加库存决策信息的透明性、可靠性和实时性。因此仓储管理信息系统应运而生。

仓储管理信息系统（Warehouse Management System，WMS）是用来管理仓库内部的人员、库存、工作时间、订单和设备的软件实施工具。这里所称的“仓库”包括生产和供应领域中各种类型的储存仓库和配送中心。WMS可以对所有包括不同的地域、属性、规格和成本的仓库资源实现集中管理，采用条码、射频等先进的物流技术设备对出入仓库的货物实现联机登录、存量检索、容积计算、仓位分配、损毁登记、状态报告等自动处理，并向系统提交图形化的仓储状态。

WMS按照常规和用户自行确定的优先原则，来优化仓库的空间利用和全部仓储作业。对上，它通过电子数据交换（EDI）等电子媒介，与企业的计算机主机联网，由主机下达收货和订单的原始数据；对下，它通过无线网络、手提终端、条码系统和射频数据通信（RFDC）等信息技术与仓库的员工联系。这样，WMS上下相互作用、传达指令、反馈信息、更新数据库，并生成所需的条码标签和单据文件。

（二）WMS的特点

仓库的生产经营由装卸搬运、收发保管、包装加工、信息及财务等几个基本部分组成，它们相互依赖、相互影响、相互作用，按一定的规律和行为构成一个系统，即仓储管理系统。仓储信息的集合是这个系统中的一个分支，称作物资仓储管理信息系统（WMS）。WMS 的特点如下。

① 信源广泛 即向仓储发布信息的单位众多。这个特点是由仓储在社会再生产中的地位和作用决定的。仓储是社会再生产的流通过程的中间环节。是连接千百家生产单位和消费单位的纽带和桥梁，来自各方面的供求信息都要收集和处理；此外还有仓储内部各单位以及与仓储生产经营有直接关系或间接关系的部门和单位等。如今的政府部门、有关科研和教学单位，都是仓储信息的发源地。信源广泛的特点给仓储信息系统的管理带来了一定的困难。

② 信息量大 这个特点与信源广泛的特点一样，都受仓储在社会再生产过程中的地位和作用的制约。同时，仓储信息系统的信息量还受信源广泛的特点影响。因为信源广泛，就可能造成信息量较大，加上仓储的中间地位和中转作用。如物资的品种、规格型号、质量、价格、生产单位情况、生产工艺过程、保管保养与包装运输的要求等各种信息，都要反映到仓储信息系统。使得系统信息量及工作量大于一般工业企业，给系统的管理也增加了一定的难度。

③ 信息种类繁杂 仓储信息系统的这个特点是指仓储信息不仅包括技术方面、经济方面和社会方面等繁多的内容。而且，具体到某一工业企业，它既可为物资生产单位，向仓库发布各种供应信息，又可是另一物资的消费单位，向仓储发布各种需求信息，造成同一信源的信息种类繁杂，给仓储信息系统的分类、整理及加工处理带来麻烦。

④ 信息处理技术比较简单 仓储信息系统的这个特点较利于系统管理。这是因为仓储的日常业务基本上是收发、保养、装卸搬运、运输包装等，没有什么复杂的工艺设计和流程分析，所以，仓储信息系统的日常工作也基本属于信息输入、输出、整理、贮存、检索、打印等，比起某些技术复杂的信息处理单位来说，要简单得多。这个特点使得仓储信息处理的现代化进程快于其他工作环节。现在国内外仓储管理的实践也证明了这一点。

(三) WMS 的基本功能

WMS 一般具有以下几个功能模块：订单管理及库存控制、基本信息管理、货物流管理、信息报表、收货管理、拣选管理、盘点管理、移库管理、打印管理和后台服务系统。

WMS 系统可通过后台服务程序实现同一客户不同订单的合并和订单分配，并对基于电子标签拣选（Pick to Light，PTL）、射频（Radio Frequency，RF）、纸箱标签方式的上架、拣选、补货、盘点、移库等操作进行统一调度和下达指令，并实时接收来自 PTL、RF 终端 PC 的反馈数据。整个软件业务与企业仓库物流管理各环节吻合，实现了对库存商品进行实时有效的控制。下面是 WMS 几个基本功能。

① 收货 货到站台，收货员将到货数据由射频终端传到 WMS，WMS 随即生成相应的条码标签，粘贴在收货托盘，经扫描，这批货物即被确认收到，WMS 指挥进库储存。

② 储存 WMS 按最佳的储存方式，选择空货位，通过叉车上的射频终端，通知叉车司机，并指引最佳途径，抵达空货位，扫描货位条码，以核实正确无误。货物就位后，再扫描货物条码，WMS 即确认货物已储存在这一货位，可供以后订单发货。

③ 订单处理 订单到达仓库，WMS 按预定规则分组，区分先后，合理安排。例如，交由 UPS 公司快运的，要下午 2 点前发货；需由公路长途运输的，要下午 5 点前发货，有些货物需特别护送等。WMS 按这些需要，确定如何最佳、及时地交付订单的货物。

④ 基本信息管理 系统不仅支持对包括品名、规格、生产厂家、产品批号、生产日期、有效期和箱包装等商品基本信息进行设置，而且货位管理功能对所有货位进行编码并存储在

系统的数据库中，使系统能有效地追踪商品所处位置，也便于操作人品根据货位号迅速定位到目标货位在仓库中的物理位置。

⑤ 上架管理　系统在自动计算最佳上架货位的基础上支持人工干预，提供以存放同品种的货位、剩余空间，同时根据避免存储空间浪费的原则给出建议的上架货位并按优先度排序，操作人员可以直接确认或人工调整。

⑥ 拣选管理　拣选指令中包含位置信息和最优路径，根据货位布局和确定拣选顺序，系统自动在射频终端的界面等相关设备中根据任务所涉及的货位给出指导性路径，避免无效穿梭和商品寻找，提高了单位时间内的拣选量。

⑦ 库存管理　系统支持自动补货，通过自动补货算法，不仅确保了拣选面存货量，还能提高仓储空间利用率，降低货位蜂窝化现象出现的概率。系统能够对货位通过深度信息进行逻辑细分和动态设置，在不影响自动补货算法的同时，有效地提高空间利用率和控制精度。

⑧ 发货　WMS 制作包装清单和发货单，交付发运。称重设备和其他发货系统也能同时与 WMS 联合工作。

⑨ 站台直调　货到收货站台，如已有订单需要这批货，WMS 会指令叉车司机直送发货站台，不再入库。

三、仓储管理信息系统举例

（一）医疗卫生产品 WMS 应用案例

1. WMS 系统设计思想

医药流通行业仓储管理涉及 GSP 管理，并且批号要求严格、效期管理要求高，这些要求综合在一起管理复杂、难度大，是目前国内 WMS 系统难以解决的问题。针对流通企业对仓储、配送管理的需要，根据 WMS 的发展方向，时空超越公司开发了集企业业务管理、仓储作业管理、物流设备控制一体化的 WMS 系统。其 WMS 系统设计思想如下。

（1）基于 CCERP 系统开发，实现与业务管理一体化

WMS 根植于 CCERP（流通企业资源计划管理）系统，通过与业务管理结合实现商流和物流的一体化管理。具体的实现方式如图 9-10 所示。

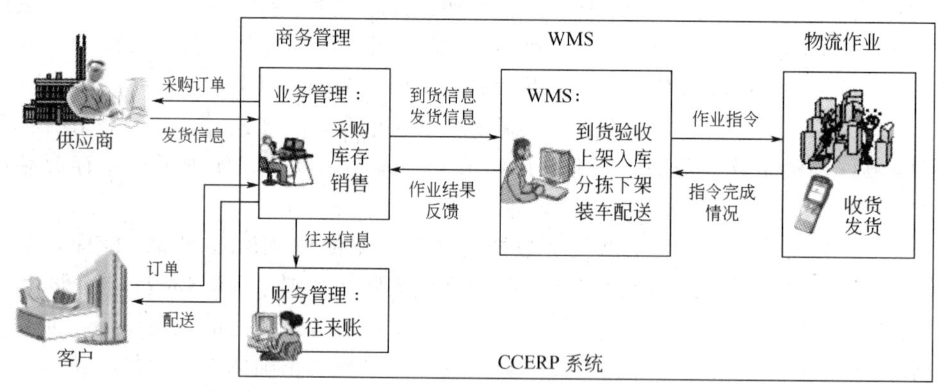

图 9-10　WMS 系统工作流程

如图 9-10 所示，WMS 系统把企业的商务管理、作业管理、操作控制系统集成，实现了与企业的采购、销售、财务、人力资源、协同办公（OA）、仓储票据管理（商务部分）、GSP 管理等系统的结合，对流通企业进行全面的信息化管理。

（2）与自动化控制设备集成，实现管理与作业协同

通过 WMS 和物流设备的集成应用，实现企业管理与作业的协同。如图 9-11 所示。

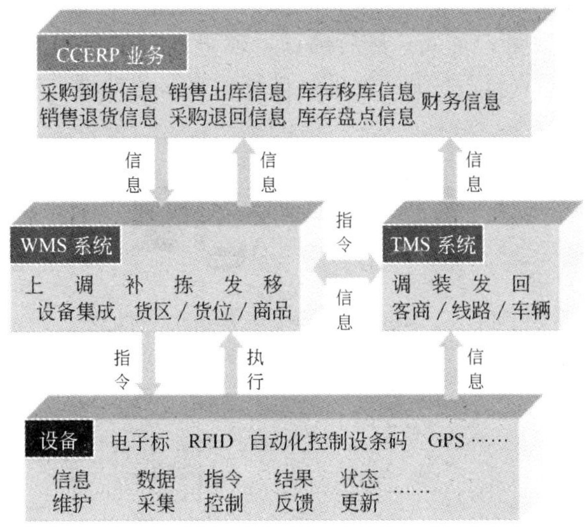

图 9-11 WMS 系统在企业生产中的位置

(3) 针对流通行业特点，设计开发

针对医药流通行业的 GSP 管理要求，以及企业对批号、效期等管理要求严格的行业特点，把 WMS 与业务系统的 GSP 管理相结合，并把批号、效期等管理融合到 WMS 的各环节中，以适应医药流通企业的管理特点。业务逻辑如图 9-12 所示。

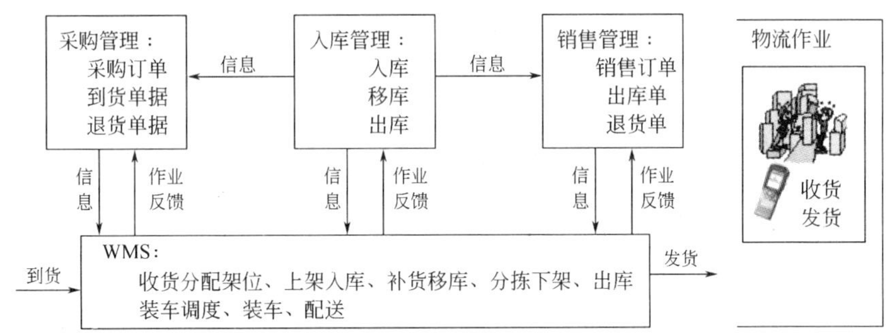

图 9-12 WMS 系统业务逻辑

2. 现代物流信息设备的应用

条码可以应用在商品的入库、盘点、下架出库等环节。

① 采购入库 供应商发货的同时把发运商品的条码信息通过电子数据交换系统（EDI）传送给企业，供应商把商品运到后，收货人员可以利用条码扫描设备扫描商品条码，读取到货信息，进行品规、数量、质量方面的验收复核，商品经过验收后就可以进行商务确认收货。然后入库上架分配，把商品装入容器后，利用手持终端扫描商品条码，维护商品批号信息和数量，再扫描容器条码，进行商品和容器的绑定，然后打印上架条码，粘贴到商品外包装或者容器上，上架条码包含的内容可以包括商品名称、批号、数量以及架位等信息，然后存放到指定的架位，完成商品入库。入库环节条码应用流程如图 9-13 所示。

通过条码传递信息，有效地避免了人工录入的失误，实现了数据的无损传递和快速录入，将商品的管理推进到更深的层次——个体管理。

② 盘点管理 条码技术可以应用于库房盘点环节，通过手持无线终端，扫描架位条码确定架位信息（如果商品容器或者外包装粘贴的条码包含架位信息，可省略该步骤），然后

再扫描商品容器或者商品外包装条码（手持终端可以只显示商品名称、批号、架位等信息，不显示数量信息），清点数量，录入，然后确认，就可以以架位为单位盘点商品，然后把手持终端中盘点的信息输入 WMS 系统，就可以进行盘点账务处理，生成盘点报告。盘点过程条码应用流程如图 9-14 所示。

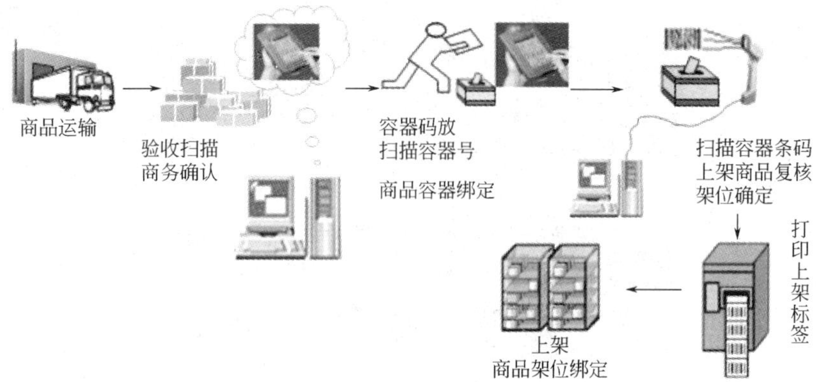

图 9-13 入库环节条码应用流程

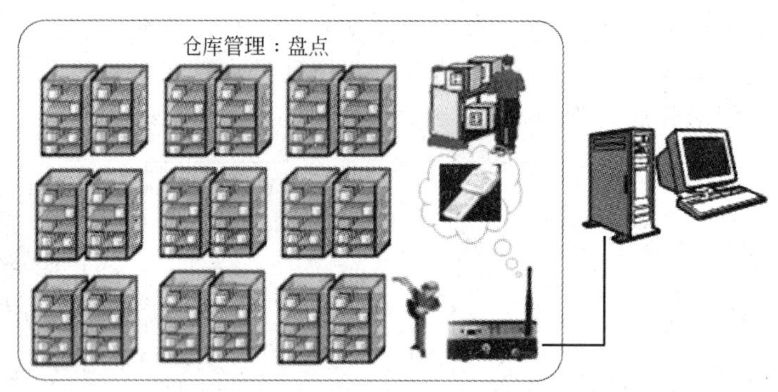

图 9-14 盘点过程条码应用流程

③ 出库发货管理 下架出库作业可以根据管理要求，可以选择在下架环节和出库复核环节应用条码技术。在下架环节应用，下架人员手持无线终端，根据分拣单，对相应的架位条码扫描，然后扫描商品标签，根据拣货的实际情况，录入数量，核对批号，确认后减少架位商品数量。在出库复核环节应用，商品下架后，复核人员调出订单，调出的订单可以根据要求不显示订单明细中的相应内容，而是利用条码扫描设备扫描商品条码，录入相应的内容，通过系统把出库的商品与订单核对，避免出库商品与订单出现差错。出库环节条码应用流程如图 9-15 所示。

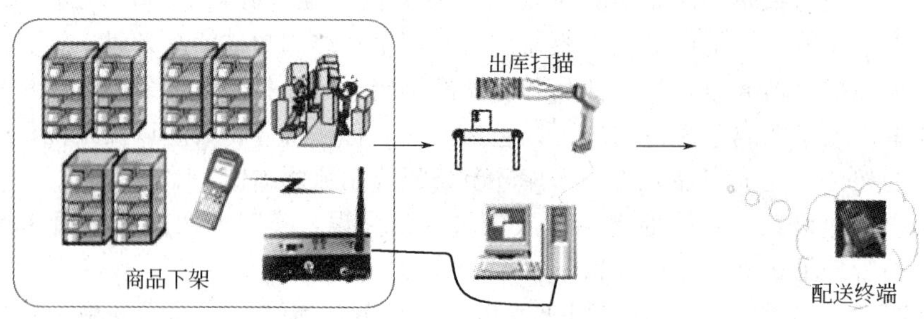

图 9-15 出库环节条码应用流程

（二）上海华联超市物流中心WMS应用案例

2007年5月，华联物流公司与海鼎携手，采用海鼎WMS系统对物流中心进行信息化改革。在海鼎项目组与华联物流人员的共同努力下，同年8月，WMS系统顺利上线。新系统实施后，项目组与物流管理人员一起跟踪分析业务流程中的节点，发现瓶颈，进行梳理，半年后整个物流中心的管理和业务流程都有了全面的提升，华联物流中心顺利从成本中心转为利润中心，从配送中心转为供应链中心，如今的华联物流已成为行业人员争相参观学习的对象。

1. 项目背景简介

上海华联超市物流有限公司坐落在上海市市级物流园区——普陀区桃浦西北物流园区内，物流中心有新、老两个仓库（3.3万平方米），主要承担600家供应商的进货仓储管理、100家直营店和1700家加盟店的日常配货管理，以及每年4次的针对加盟店的特卖会。

由于原物流系统开发较早，已不能满足配送中心日益增长的进货和配货需求，不能满足物流管理人员提出的可靠、高效的管理要求，公司迫切希望通过实施信息化改革来提升自身的核心竞争力，打造一个高效快捷、配送差错率小的现代化物流中心。

2007年5月，华联进行公开招标，包括海鼎在内的众多国际、国内知名物流软件供应商参与了竞标，经过专家综合评定，上海海鼎公司的HDWMS系统以其高效的标准业务流程、多样的例外流程和适合企业个性化业务的解决方案与华联的物流业务需求和发展战略目标一致而最终入选。

2. 华联超市物流信息化建设的目标

随着经济的发展，零售业在整个社会中的地位是越来越清晰而重要，而物流恰恰是零售业的支柱，物流动了才能给企业带来效益，在当前零售业利润越来越薄的情况下，企业都把目光投向了仓储与物流管理，哪家企业能将这方面的成本控制到最小，就能在行业中占据领先的地位。因此，建立高效、迅速的现代物流系统，成为建立企业核心竞争力的必需。华联希望通过物流管理信息系统项目，在信息技术支持下，改进华联物流中心作业模式，优化华联供应链，从而提高华联物流的总体市场竞争力。华联物流公司信息化建设主要解决的几个问题如下。

① 配送费率高　当前的配送费率为2.41%（常温），配送费2650万元/年（常温），配送额11亿元/年（常温）。

② 配货差错率高　当前的配货差错率为万分之四，配货差错主要表现为门店间串货，物流中心现场有两个人专门处理串货问题。

③ 收货量波动大　由于MIS系统和WMS系统里都没有定单管理，供应商可在三天内自由选择送货日期，导致每天的收货量难以控制，收货的波峰、波谷无法调节，场地、人员无法做到合理分配。

④ 门店满足率低　由于供应商送货没有严格的控制到某天，所以货品库存不能保持在一个合理的水平，而且库内人员作业效率低，排车花费长时间等诸多问题导致门店的满足率一直徘徊不前。当前的门店满足率为80%。

⑤ 作业人员效率低　收货速度慢，经常加班。6万～7万件收货到21:00完成，特卖会期间要收到凌晨2点。拣货的日均作业量为476件/人，4万～5万件出货要在22:00才能完成。

华联物流公司信息化建设的目标如下。

① 解决上述提到的困扰公司发展的问题，降低配送费率、配货差错率，提高供应商送货到达率、门店满足率、作业人员效率等。a. 降低配送费率。通过系统对物流中心整个作

业流程进行全程监控，对每个节点进行资源分析，找出瓶颈、梳理流程，提高货品库存周转率，在保证门店满足率的前提下，降低配送成本。b. 降低配货差错率。通过电子标签拣货，一件货品一个标签，并进行拣货复核、集货区监控等多种方式，降低配货差错率。c. 提高供应商送货到达率。通过定单管理，以及对配送货品的出货分析，系统为每次定货提供科学的参考数据，同时，把供应商的送货时间具体到某天的上、下午，对于不按时送货的供应商可在合同条款里写明处罚规定，这样不但平衡了每天的收货数量，也有效的提高了供应商送货到达率。d. 提高门店定单满足率。通过对货品出入库分析、门店销售分析以及主动分货、越库配货等多种方式来提高门店满足率。e. 提高作业人员效率。通过计件工资管理，多劳多得，提高作业人员效率，从而减少库内作业人数，降低人力成本。

② 以信息技术为基础，实现物流、资金流运作流畅，使华联物流顺利的从成本中心转为利润中心、从配送中心转为供应链中心。

3. 信息化解决方案简介

海鼎的 HDWMS 系统包含了采购入库、配货出库、客户退货入库、供应商退货出库以及仓库内部管理五大功能模块，此外，在 HDWMS 系统中还内嵌了由海鼎自主研发的强大的运输管理系统以及相关的车辆、配件管理等功能。

针对华联物流的业务特点和其发展战略目标，海鼎项目组提出了分阶段实现目标的方案，得到了华联物流公司的赞同。

第一阶段：降低配送差错率与配送费率。通过 ABC 分析、优化拣货路线以及采用标签拣选，来提高拣货速度、减少配货差错率；通过计件工资管理，提高各环节的作业效率；通过排车管理，提高车辆装载率、优化送货路线，减少运输成本等降低配送差错率与配送费率。2007 年配货差错率逐步降到万分之二；配送费率逐步降到 2%，配送作业成本减少 500 万元；人力成本下降，日常人均拣货量达到 1000～1500 件/天。

第二阶段：提高供应商送货到达率。引入定单管理，先进的进货订单管理模块，可以避免盲目进货造成的货位紧张，也可以改进无序进货带来的人工安排不合理现状，从而降低作业成本。①从源头上控制进货量，均衡库内作业，供应商根据定单所规定的送货量及指定日期分别按上、下午的批次送货，有效控制了库存，确保到货有足够的货位存放。②有效控制供应商的送货到达率，每个订单员通过系统提供的到达率报表监督供应商的到货情况，通过对供应商送达率的分析，定期考核供应商，必要时通过处罚来提高送货到达率。2007 年供应商送达率达到 85%～95%。

第三阶段：减少库存周转天数。海鼎 WMS 系统具有完善的库存跟踪和计算方法，实时、准确的反映真实库存，高效的管理大型仓库和物流中心。①货位管理。通过严格的货位管理，每一个货品都对应一个准确的拣货位，系统提供精确的出库建议和入库上架建议，配合功能强大的各种库存查询功能提高拣货和理货的工作效率。②批次控制。系统提供了先进先出和指定批次的出货管理，通过批次管理，大幅提高库存管理水平，降低库存损耗。同时，严格的先进先出配货也为门店的退货提供了监控功能。③通过越库、货品库存分析、货品出入库分析，辅助优化定货模式与库存模式，减少库存周转天数。越库拣货往往具有品种数较少、货量大、库存周转时间短的特点。对于这些货品收货时就没必要上架到正常仓的存储位，而是直接收到中转仓，然后在中转仓内进行配货出库。所以在仓库面积资源有限的约束条件下，在不减少门店经营品种的前提下，通过对货品库存、货品出入库等信息的分析，调整存储位，利用越库作业能大大减少仓库库存商品品种数，有效达到加快库存周转率的目的。2007 年库存周转天数由原来的 20 天逐步达到 12 天。

第四阶段：提高门店定单满足率，通过对物流中心出入库分析、门店销售趋势分析以及采购员的主动分货、季节性货品进行越库配货，排车管理，辅助优化的定单模式、门店配货模式等多种方式来提高门店满足率。2007 年门店订单满足率逐步达到 95%。

第五阶段：降低运输与车辆管理费用。海鼎 WMS 系统提供了强大的 TMS 运输管理与分析功能，通过“行车线路管理”、“车辆管理”、“加油卡管理”、“排车管理”、“出车登记管理”、“装车登记管理”、“回车登记管理”、“车辆费用管理”等管理工具进行系统规范的控制，有效的提高了管理，控制了运费，降低了成本。2007 年运输与车辆成本占配送成本比在 40%～45%。

4. 项目实施过程

（1）需求调研与个性化功能开发

2007 年 5 月华联物流与海鼎签订合作协议后，海鼎项目小组立刻开展调研工作，项目组不但与华联超市物流中心、商品部、财务部、加盟部、营运部、门店、以及各软件供应商进行多次的深入沟通，了解华联超市的发展战略目标与业务现状，而且还多次到物流现场，实地调研、比较配送中心各种资源利用率，调研历史作业数据、现场作业模式，分析作业特点，寻求最合适的作业模式以及效率提高点。

海鼎 WMS 系统的标准业务流程模型，对此阶段工作的顺利进行，提供了坚实基础。项目组根据华联超市的战略发展目标，设计了新的管理与业务模式，并设计了从现状到目标模式的变革方案与执行方案。海鼎物流系统是成熟的软件，基本上满足了华联物流的大部分需求。对个性化需求部分，项目组根据讨论结果，先形成详细的系统开发设计文档，然后与华联信息部工程师沟通、确认，一致通过后，再提交技术人员进行开发。

（2）仓库规划与设计

业务模型确定后，项目组分几条线并行推进。海鼎开发部集中调动人员，突击开发个性化需求，加快进度，配合华联紧迫的上线时间要求。物流咨询组，深入物流中心，展开全面、详细的仓库规划与设计工作，设计了仓库布局图、货架调整方案、确定拣货作业模式、系统阶段切换方案等。

（3）系统实施准备

① 搭建测试环境、整理基础数据　在切换华联物流信息系统前，项目组首先在现场搭建了测试环境，完全按照华联的实际业务流程再次对系统进行测试，以期在系统切换前把可能出现的问题暴露出来，及时解决掉，从而使系统上线后对业务的影响降到最小。

在华联物流的老系统中，货品没有固定的货位，收货后上架时，道长看哪个地方有空就上哪，常常造成系统货位货品与实际货品位置不一致，极大的影响了拣货人员的作业效率，而且，货品的基本信息如长宽高等在老系统里也没有维护，而这些数据与收货装盘、上架、以及出货装车都有密切的关系。为了系统实施后能大幅度的提高拣货效率、装车满载率等，项目组成员与物流管理人员一起整理货位，并通过 ABC 分析为货品重新分配货位。在海鼎项目组的帮助下，货品的基本信息也很快得到初步收集，并维护到系统中。

② 对各个岗位操作人员进行系统的培训　按业务流程分为定货、收货、配货、装运、退货、仓库内部管理等几个大的模块来对不同岗位操作人员进行培训，增强了培训的针对性。培训前，项目组人员撰写了详细的培训资料，既有系统功能的详尽介绍，也有业务流程的操作指导；在培训过程中，侧重于讲解实际业务流程在系统中的实现，以及对一些例外流程的处理。针对培训中出现的问题，项目人员每天都会及时整理，然后交给相关人员及时解决。

③ 切换前制定详细的阶段实施方案　把实施分为试运行初始阶段、试运行模拟阶段、系统切换阶段，并详细规定了每个阶段要完成的工作，如要收集的数据、要检查的资料、切

换时的操作步骤等，保证切换的顺利。

④ 切换前对节点人员进行突击培训　对收货、上架人员进行 RF 使用的培训，对拣货人员进行 ID 卡标签拣货的培训等，保证系统切换后整体流程的顺畅。

(4) 实施后问题的跟踪

在海鼎项目组的不懈努力下，常温物流系统于 2007 年 8 月 22 日成功上线。针对实施后存在的一些问题，如未上架托盘多、跨区补货多、新老库补货量大导致拣货速度慢、发货效率低，从而导致门店满足率低等问题，海鼎咨询人员对上线以来的货品出货件数进行分析，采取了重新布局各区货品品项数的措施。如将拆零区出货量大的、适合整箱发的货品，调整到新库整箱收、发货区；将恒温区有一定出货量、适合移出的货品，调整到新库整箱收、发货区；将新库整箱区出货量特别大的，调整到老库收、发货等。项目组成员在现场艰苦奋战，帮助客户梳理业务流程、提高作业效率、节约成本。半年后一个全新的华联物流中心跃然而出，其业务流程及管理都有了全面的提升。

5. 系统实施后的应用效果

① 极大地调动了员工的工作积极性。由于实行了计件制管理，每个一线员工的作业量都在系统中予以统计，制定计件标准，多劳多得，作业员工全力投入工作，不用太管理，现场作业就能够一片井然有序。到 2007 年底库内作业人员总体下降 32%，大大降低了人力成本。人均每日拣货量超过 1 000 箱，部分员工达到 2 000 箱/天。

② 激发了门店真实的潜在进货需求量。新系统改革了门店点菜模式，将原来门店看着库存点菜的方式，让门店完全按需求点菜，不用考虑配送中心是否有库存。在新系统的支持下，2007 年底门店定单满足率达到 95%。

③ 对供应商的送货、定单员的定货进行了有效的监督和管理。引入定单管理后，供应商按照定单所规定的送货量及指定日期送货，有效的均衡了库内作业，控制了库存；同时，每个定单员通过系统提供的到达率报表监督供应商的到货情况，使得业务合同的处罚条款有据可循；物流通过系统提供的定单员定货的监督报表，一方面能考核定单员的定货数量和定货时机，另一方面也让定单员清晰的了解自己工作的不足之处。

④ 大幅度提高了收货的准确率。收货预检、实收验货与最终的审核收货单工作都通过双方当场核实，核实无误后供应商签字，打印收货单并作为结算依据，准确率大幅度提高了。

⑤ 更好的支持了华联业务的多样性。系统支持多种配货限量控制，既有针对门店类型的配货限量控制；也有针对业务类型的配货限量控制，如正常配货、批发配货、特卖会配货；同时以 ID 卡启动标签拣货，从而实现拣货差错、串位、破损落实到人。

⑥ 拣货作业效率大幅度提高。采用计件工资管理，激发了员工的积极性，采用标签拣货以及优化拣货路线，极大的提高了拣货人员的作业效率。系统上线四个月后，4 万～5 万件出货在 18:00 即可完成，比系统上线前提前了 4 个小时。

⑦ 对加盟店资金的控制实现了自动化。配货过程中，系统自动执行资金控制，既支持“有多少钱、配多少货”的模式；也支持一个门店多个资金账户，如香烟资金控制、特卖会资金控制、生鲜资金控制、特供商品资金控制等，按用户需要，自行增加；同时也支持多个账户之间资金的自动转账。

⑧ 改革了自提加盟店的配货方式，减少库存长时间被门店锁定。在老系统中，自提门店只要上传要货信息后库存就被锁定，即使门店不提货，其他门店也不能利用此资源。新系统实行提前一天预约锁定库存，最大限度利用库存资源，华联物流预安排库存、拣货员、出货码头等资源。而且是车到凭行驶证当场配货，解决了因配货场地有限而导致的瓶颈问题。

⑨ 通过特卖会配货计划模块，大量减轻了之前特卖会期间的混乱状况。系统提供提前三天的备货原则。系统可以将加盟店三天后的需求量按目前库存及出货情况进行预估，提供建议进货量，避免了定单员的盲目进货；2008 年 1 月份的特卖会出货金额创了 8000 多万的巨量，现场作业仍然有条不紊。

⑩ 大幅度减少了排车作业时间。对所有配送门店维护送货路线，按送货顺序维护线路上的门店排序。系统提供自动排车功能，同时也允许人工调整排车结果，每天的配车时间由原来的 2.5 小时缩短到约 1 小时即可完成。排车信息通过 OA 公布给门店，让门店及时了解到货量、送货时间、车牌、司机等信息。改善了以前门店对送货信息一无所知的局面。而且司机出车、回车通过刷卡登记，也为司机的考核提供了有效手段。

（三）美的电子 WMS 应用案例

创建于 1968 年的美的集团，是一家以家电业为主，涉足物流等领域的大型综合性现代化企业集团，是中国最具规模的白色家电生产基地和出口基地之一。

1980 年，美的正式进入家电业；1981 年开始使用美的品牌；2001 年，美的转制为民营企业；2004 年，美的相继并购合肥荣事达和广州华凌，继续将家电业做大做强。

目前，美的集团员工达 10 万人，拥有美的、威灵等十余个品牌，除广东顺德总部外，还在广东广州、广东中山、安徽芜湖、湖北武汉、江苏淮安、云南昆明、湖南长沙、安徽合肥、重庆、江苏苏州等地建有十大生产基地，总占地面积达 700 万平方米；营销网络遍布全国各地，并在美国、德国、日本、韩国、加拿大、俄罗斯等地设有 30 个分支机构。

1. 美的遇到的问题

① 过去现场货物管理混乱、旺季收发货效率低，没法提高仓储管理质量和效率。

② 无法满足精确化货位管理要求，即产品放在那个货位上，及这个货位上的收发货顺序问题。

③ 无法保证库存的准确性及发货的准时性，客户抱怨较大。

④ 不能准确知道货物的库龄情况，有货物积压很久的情况。

⑤ 无法从整体上提高仓库的运作水平，不能很好的满足生产和销售的需求。

2. 美的电子股份有限公司存储系统的建设目标

在美的电子股份有限公司系统选型和实施过程中，美的电子制定了清晰的系统建设目标。这些目标通过系统实施的成功实施，最终获得实现。建立一套高度自动化、集成化的企业网络型仓储管理系统，实现对公司仓储网络资源的合理控制和有机管理，有效提高仓储工作效率和效益。

① 与现有的销售系统进行无缝集成，使整体运作效率得到有效提高。

② 实现对仓库的货位管理，有效的提高库存管理的准确性和发货及时性。

③ 为仓库的收、发货作业提供快速、准确的指导。

④ 保证仓库的整体运作水平，有效的满足生产和销售的需求。

⑤ 随时迅速的提供各类库存报表。

3. 美的电子股份有限公司仓储管理系统的解决方案

寰通商务项目组和美的电子股份有限公司从 2005 年 7 月至 2005 年 10 月完成整个项目实施，该系统基于 Internet 技术，在美的生活电器事业部实现了生活电器事业部仓库的全面管理，并顺利与美的电子股份有限公司的 Oracle 系统实现接口管理。目前美的电子所有的仓库数据管理和业务流程已经在 WMS 系统中实现。在功能应用上，美的电子股份有限公司存储管理系统实现了入库业务和出库业务。在功能应用上，美的电子存储管理系统实现了以下业务管理：出库管理、入库管理、入库策略、出库策略和库位转移。

4. 美的电子股份有限公司系统实施的效益分析

美的电子股份有限公司仓储管理系统已经在美的生活电器事业部全面应用，从应用的效果上看，在以下方面取得了显著成效。

① 入库跟踪 从货物下线开始一直到货物上架的整个过程进行跟踪。

② 出库跟踪 从货物发货指令开始一直到货物拣配出库的整个过程进行跟踪。

③ 入库优化 按照事先配置好的指令进行自动入库上架配货，并进行入库过程的优化。

④ 出库优化 按照事先配置好的指令进行自动出库拣配，并进行出库过程的优化。

⑤ 库龄追踪 追踪货物的库龄，方便管理层进行决策分析。

⑥ 系统集成，数据及时自动传递 存储管理系统与 Oracle 系统紧密集成，减少二次录入。

⑦ 实时管理控制 通过系统把仓库指令自动地传递到仓库，并可实时监控仓库的运作。

⑧ 信息透明 可以及时、准确和完整地获得整个仓库运作的信息；也可把收发货指令及时和准确地传递给仓库。

⑨ 分析和决策 充分利用存货、收发货数据对市场和存储绩效进行分析。

第四节 仓储管理信息系统（WMS）的开发与实施

仓储管理信息系统本身是管理信息系统的一种，其开发与实施步骤也要经过系统规划、系统分析、系统设计、系统实施、系统运行与维护等几个步骤，但每一个环节都需要将仓储管理的具体内容融入其中。本节主要对仓储管理信息系统的开发与实施进行详细阐述。

一、WMS 的规划

（一）系统规划的重要性

随着社会主义市场经济的发展，市场竞争愈来愈激烈，企业对物资管理工作将提出更高的要求。仓储管理是企业物资管理的重要组成部分，仓储管理工作质量的好坏将直接影响企业的物资经济效益和生产进程。仓储管理工作的信息量大，而且收、发频繁，以往这些信息处理全部靠手工完成，不仅工作量大，而且不能及时得到有关信息，还会经常出现差错。因此，传统的手工处理信息已不能适应时代发展的需要。电子计算机在仓储管理中的应用，既是促进仓储管理现代化的强大动力，又是仓储管理技术不断发展和进步的必然结果。

电子计算机辅助仓储管理是对传统管理方式的一场根本性变革，它改变了仓储管理人员的工作性质，对管理人员提出了新的要求。但在新的管理信息系统中，人的作用仍然是很重要的。对于各级管理人员，尤其是高层管理人员以及与系统关系比较密切的管理人员，他们对管理信息系统的理解和认识程度，对于信息系统的开发，具有直接影响。

仓储管理信息系统的规划是关于企业发展和管理信息系统的长远发展计划，是物流企业战略规划的一个重要组成部分。信息已成为物流企业的生命线，信息系统和企业的经营方式息息相关。一个有效的战略规划可以使信息系统和用户有较好的关系，可以做到信息资源的合理分配和使用，促进信息系统应用的深化，为企业创造更多的利润。

（二）系统规划的内容

系统规划阶段的工作是根据用户的系统开发要求，初步调查明确问题，然后进行可行性研究。如果不满意，则要反馈并修正这一过程；如果不可行则取消项目；如果可行并满意，则进入下一阶段。

系统规划是系统开发的第一个阶段，系统规划的目标是根据企业需求和现有的基础条件，制订出一个与企业发展相适应的、先进实用的、以计算机系统为基础的管理信息系统总体规划方案。系统规划要站在战略的高度，把企业作为一个有机的整体，全面考虑企业所处的环境、企业本身的潜力、企业具备的条件和企业发展的需要，规划出企业在一定时期所需建立的信息系统的蓝图。仓储管理信息系统的规划阶段主要包含三个部分：系统请求、可行性研究和系统调查。

1. 系统请求

仓储管理部门领导在各种条件成熟时，就会向研究部门提出请求，希望利用计算机解决仓储管理中的问题。此时，首先应组织一个机构，这个机构应由具有一定资历和经验的专家和领导组成，他们的任务是研究、分析和讨论如下问题：

① 本部门是否有资金开发管理信息系统；

② 是否有一定的技术力量参加；

③ 新建立的仓储管理信息系统是否能方便地使用和满足现行仓储业务的要求；

④ 新建立的系统能否在短期内收回投资。

2. 可行性研究

系统请求仅仅是领导部门根据客观条件去分析新系统开发的可能性和必要性。而可行性研究的是如何达到目标的第一步。它的任务是对整个新系统建立的所有问题，包括总目标，分目标，研究该问题的意义和价值、国内外状况、总体方案、系统功能、技术路线、承担单位和协作单位的技术力量、设备、器材、机房、人员培训、进度和经费概算等问题，与各方面人员充分讨论和协商，最后写出可行性研究报告，请各方面专家和领导进行可行性方案的论证，对报告中的各个方面进行充分的讨论，以确定：基本通过、进行修改、或推倒重来。仓储管理信息系统的可行性研究是十分重要的，如果这一阶段的工作做不好，后面的整个工作都将是盲目的，或者可能半途而废，或者可能系统虽然建立了，而很多问题事先未考虑到或未考虑好，致使系统无法达到预定目标而前功尽弃。

由于实施计算机仓储管理信息系统的投资量较大，少则几万元、十几万元，多则几十万元以上，因此对于可行性研究必须做好资金来源、投资方式、以及投资效果的估算和研究。针对仓储管理的实际情况和具体特点，要在分析研究的基础上，拟订若干方案，并对这些方案逐一进行论证、比较，以进行优化选择。

经过可行性研究，对于所开发的仓储管理信息系统要做到心中有数，对于所开发过程的工作内容与工作步骤以及每步工作所要实现的目标都要十分明确并做出周密安排。

可行性研究的步骤一般可以分为 3 个阶段。

(1) 初始阶段

① 任命设计负责人；

② 定义新系统所要确立的目标；

③ 形成初步计划。

(2) 研究阶段

① 配备可行性研究人员；

② 围绕新系统所确立的目标收集和分析有关数据；

③ 形成初步计划；

④ 管理部门对初步计划进行评价。

(3) 最后阶段

① 完成仓储管理信息系统实施计划；

② 产生正式建议书；

③ 产生可行性研究报告；

④ 组织由专家、管理部门、上级领导参加的方案论证会或可行性报告论证会。

3. 系统调查

仓储管理信息系统的建立过程是将计算机与仓储管理实际业务紧密结合的过程。因此，系统设计者对于应用对象的过去、现在和将来的各个方面都要透彻了解。以彻底弄清仓储管理的业务现状、信息流程、处理要求和组织机构，并提出新系统的目标。

参加系统调查的人员应包括设计单位的系统分析和设计人员，仓储管理部门的业务人员和领导人员。仓储管理信息系统的设计需要两方面的知识：计算机数据处理方面的知识和应用的具体业务知识。在大多数情况下，系统设计者具有第一方面的知识而缺乏第二方面的知识，而业务人员具有第二方面的知识但缺乏第一方面的知识。只有两方面的人员结合起来，取长补短，才能加快调查和设计的进度，并使设计的效果更好。

在进行调查前应做好充分的调查准备，拟订详细的调查提纲，让全体人员都明确调查的目的、任务、范围等内容。调查方法可采取向各业务部门发调查提纲、开调查会、个别访问、现场观看或跟班作业、查阅各种票据等方法。

二、WMS 的分析

系统分析阶段的任务是：分析业务流程；分析数据与数据流程；分析功能与数据之间的关系；最后提出新系统逻辑方案。若方案不可行，则停止项目；若方案不满意，则修改这个过程；若可行并满意，则进入下一阶段的工作。系统分析阶段要完成系统分析报告。

仓储管理系统是多种不同功能的仓储要素的集成。各要素相互联系、相互作用，形成众多的功能模块和各级子系统，使整个系统呈现多层次结构，体现出固有的系统特征。对仓储管理系统进行系统分析，可以了解仓储系统各部分的内在联系，把握仓储系统行为的内在规律性。所以说，不论从系统的外部还是内部，不论设计新系统或是发展现有系统，系统分析都是非常重要的。

系统分析的步骤主要包括详细调查和系统分析两大过程。

（一）详细调查

可行性报告批准之后，正式进入系统分析阶段，系统分析的首要任务就是详细调查。详细调查也称为功能数据调查。详细调查的对象是现行系统，目的在于掌握现行系统的现状。发现问题和薄弱环节，收集资料，为下一步的系统分析和提出新系统的逻辑模型做好准备。详细调查的内容包括：

① 组织机构与功能调查；

② 业务流程调查；

③ 数据与数据流程调查；

④ 决策方法的调查；

⑤ 薄弱环节的调查。

其中工作量较大的部分是业务流程调查和数据与数据流程调查。在对现行系统进行详细调查过程中要特别注意对薄弱环节的调查，薄弱环节也正是新系统设计时要解决的主要问题，薄弱环节的解决可极大地提高新系统的效益。在总体规划中，薄弱环节也是新系统目标的重要组成部分。决策方法调查和薄弱环节调查可通过座谈访问、书面调查、分析资料和直接参加业务实践来实现。

组织机构与功能调查是详细调查的首要环节，对一个企业进行调查时，首先要了解其组织机构状况，即一个企业内部职能的划分及相互关系，将企业内部的部门划分及相互关系用图形表示出来。为了实现系统目标，系统必须具有各种功能。功能调查就是要详细调查各部门的管理功能，将来子系统的划分就是以此为依据的。调查结果可以用功能层次图来描述。

（二）系统分析

在详细调查的基础上对系统进行组织结构与功能分析，业务流程及数据流程分析。

1. 业务流程分析

在对系统的组织结构和功能进行分析时，需要从一个实际业务流程的角度进行分析。业务流程是现行系统各个业务活动的工作过程，通过业务流程调查，系统分析人员可以发现业务流程是否合理，数据、业务过程和实现管理功能之间的关系。调查内容包括各个环节的处理业务、信息来源、处理方法、信息流经去向、输出信息的形态。

业务流程图（Transaction Flow Diagram，TFD），就是用一些规定的符号及连线来表示某个具体业务处理过程。业务流程图的绘制基本上按照业务的实际处理步骤和过程绘制。业务流程图用一种尽可能少、尽可能简单的方法来描述业务处理过程。通过绘制业务流程图可以帮助系统分析员整理和汇总调查结果，找出业务流程中的不合理流向；另外，通过业务流程图，系统分析人员可以更好地与管理人员进行交流，启发他们总结和说明管理业务的规律。

2. 数据流程分析

业务流程调查中所用的业务流程图和表格分配图等虽然形象地表达了管理活动中信息的流动和存储过程，但仍没有完全脱离一些物质要素（如货物、产品、资金等）。信息系统是为信息管理服务的，所以为了描述系统中数据流的变化过程，还必须进一步舍去物质要素，根据有关资料，绘制出原系统的数据流程图，为下一步分析做准备。数据流程分析又包括：数据与数据流程调查、数据流程图和数据字典。

（1）数据与数据流程调查

数据与数据流程调查过程中收集的资料包括：

① 原系统全部输入单据（如入库单、收据、凭证）、输出报表和数据存储介质（如账本、清单）的典型格式；

② 各环节上的方法和计算方法；

③ 上述各种单据、报表、账本的制作单位、报送单位、存放地点、发生频度（如每月制作几张）、发生的高峰时间及发生量等；

④ 上述各种单据、报表、账册上所包含数据的类型长度、取值范围（指最大值和最小值）。

（2）数据流程图

通过调查可以绘制出现行系统的数据流程图。数据流程图（Data Flow Diagram，DFD）是描述信息系统逻辑模型的主要工具，它可以用少数几种符号综合地反映出信息在系统中的流动、处理和存储情况，便于用户理解。是系统分析员与用户之间常用的通信工具，是系统设计的出发点。数据流程图是在详细调查的基础上，通过抽象（抽去物质流、资金流）后，把数据的流动及存储情况概括而成的。

结构化分析用图表的形式表示新系统的逻辑模型，使用户直观地理解系统的概貌，系统设计人员能够在逻辑模型的基础上进行系统设计，绘出系统功能结构。数据流程图是结构化系统分析的主要图表工具，它描述了系统具有的逻辑功能，以及与之有关的输入、输出和数据存储。数据流程图也是新系统逻辑模型的重要组成部分。数据流程图由四种基本元素组成：外部实体、数据流、处理逻辑、数据存储。

（3）数据字典

数据流程图从整体上描述系统的逻辑功能，但并未对图中的数据流、处理逻辑和数据存储等元素的具体内容加以说明。数据字典是为了对数据流程图上各个元素做出详细的定义和说明。数据流程图加上数据字典，就可以从图形和文字两个方面对系统的逻辑模型进行完整的描述。数据字典包括：数据项、数据结构、数据流、处理逻辑、数据存储、外部实体。

（三）新系统逻辑模型设计

新系统逻辑模型指的是经分析和优化后，新系统拟采用的管理模型和信息处理方法。新系统逻辑模型的建立是系统分析阶段的最终成果，它对下一步的设计和实现都是基础性的指导文件。

新系统的逻辑方案主要包括如下几个方面。

1. 对系统目标的分析结果

根据详细调查，对可行性分析报告中提出的系统目标作再次考察，对项目的可行性和必要性进行重新考虑，并根据对系统建设的环境和条件的调查修正系统目标，使系统目标适应组织的管理需求和战略目标。由于系统目标对系统建设具有举足轻重的意义，必须经过仔细论证才能修正。

2. 对系统业务流程分析整理的结果

包括对原有业务流程的分析、业务流程的优化、新的业务流程的确定、新系统人机界面的确定。

3. 对数据及数据流程分析整理的结果

与对业务流程的改进和优化相对应，数据流程的分析和优化一直是系统分析的重要内容。数据流程内容包括对原有数据流程的分析、数据流程的优化、确定新的数据流程、确定新系统人机界面。

4. 各子系统划分的结果

把系统划分为子系统可以大大简化设计工作，因为划分以后，只要子系统之间的接口关系明确，每一个子系统的设计、调试基本上可以互不干扰。各个具体的业务处理过程，根据实际情况建立管理模型和管理方法。

新系统的逻辑方案也是系统开发者和用户共同确认的新系统处理模式以及打算共同努力的方向。

（四）编写系统分析报告

系统分析阶段的成果就是系统分析报告，它反映了这一阶段调查分析的全部情况，是下一步系统设计的依据。系统分析报告形成后必须组织各方面的人员一起对已经形成的逻辑方案进行论证，尽可能地发现其中的问题、误解和疏漏。对于问题要及时修正，如有重大问题要重新进行系统分析。总之系统分析报告是一份非常重要的文件，必须非常认真地讨论和分析。

一份好的系统分析报告不但能够充分展示前阶段调查的结果，而且还要反映系统分析结果——新系统的逻辑方案。系统分析报告要包括以下内容。

1. 组织情况简述

主要是对分析对象的基本情况作概括性描述，它包括组织的结构、组织的目标、组织的工作过程和性质、业务功能、对外联系、组织与外部实体间的物质以及信息的交换关系、研制系统工作的背景等。

2. 现行系统运行状况

现行系统运行状况的分析主要利用业务流程图和数据流程图，详细描述原系统信息处理以及信息流动情况。另外，各个主要环节对业务的处理量、总的数据存储量、处理速度要求、主要查询和处理方式、现有的各种技术手段等，都应进行说明。

3. 新系统的逻辑方案

新系统的逻辑方案是系统分析报告的主体。这部分主要反映分析的结果和对今后建造新系统的设想。包括：

① 新系统拟定的业务流程及业务处理工作方式；

② 新系统拟定的数据指标体系和分析优化后的数据流程，以及计算机系统将完成的工作部分；

③ 新系统在各个业务处理环节拟采用的管理方法、算法或模型；

④ 与新的系统相配套的管理制度和运行体制的建立；

⑤ 系统开发资源与时间进度估计。

三、WMS的设计

系统分析阶段解决的是“做什么”的问题，分析的结果是构建出系统的逻辑模型；而系统设计阶段解决的是“怎么做”的问题，设计的结果应该是构建出系统的物理模型。WMS的设计主要包括总体设计和详细设计两大部分。

（一）总体设计

1. 系统总体功能模块设计

总体设计中最核心的问题是系统总体功能结构的确定和子系统与模块的划分。采用结构化系统设计思想，对系统自顶向下划分为若干个子系统。而子系统又划分为模块，模块又划分为子模块，层层划分直到每一个模块能够作为计算机可执行单独程序为止。系统划分的结果最终反映为一张分层的树型结构图。

2. 系统物理环境的配置设计

系统环境的配置是总体设计中必须考虑的第一件事。系统环境的配置包括机器设备的选择和软件配置方案的确定。通常主要从以下两个方面进行。

① 确定系统设备配置的拓扑结构　主要根据系统调查与分析的结果，从系统的功能、规模、主要的处理方式、用户的需要和条件来考虑。充分运用计算机系统技术、通信技术和网络技术等，为系统配置的机器设备构筑一个总体的方案。

② 机器选型　首先考虑主机的结构，如CPU的型号、处理速度、内存大小、I/O通道与输出口、外存储器容量和性能价格指标等；其次考虑外设的型号及其性能指标，如显示器的分辨率、打印机的速度、绘图仪的幅面和分辨率等；最后考虑软件配置，包括操作系统、网络管理软件、数据库系统、应用系统开发环境与工具等。

3. 代码设计

代码是一组有序的数字或字母的排列，是代表客观存在的实体或属性的符号，代码设计就是给系统中某些实体及其属性予以相应的编码。在仓储管理信息系统中，代码更是人和计算机对实体及其属性进行识别、记载和处理的共同语言，成为人和机器交换信息的有力工具。它的作用如下。

① 为数据单元提供一个简单而准确的识别，以便于数据的存储和检索。节省数据录入、记忆和存储的时间和空间。

② 代码可以显示数据单元的属性，便于对数据含义的理解，并能帮助对数据的操作。

③ 能使数据以分类、分组的形式有序地排列，便于对数据进行排序、累计或按某一规定算法进行统计分析等，提高了数据处理的效率和精度。

代码设计对系统的设计和实施影响极大，如果代码设计不合适，小则会引起程序的改变，大则引起数据存储文件的更新建立。因此，设计人员在完成了系统的功能设计之后，必须把精力转移到代码体系的建立上来。

（二）详细设计

1. 信息系统流程设计

这一步主要由信息系统流程图来描述。信息系统流程图是由前面逻辑模型中的数据流程图导出的。DFD 可以清晰的反映业务进程中数据的流动，而信息系统流程图则具体的描述了在此项业务中数据在计算机中到底是怎样运行的。

2. 系统功能模块结构设计

根据功能模块图，可以很好的对模块结构图的结构进行设计。模块结构图是由数据流程图导出的，每一张数据流程图对应了模块结构图中的某一个层次。

3. 数据库物理结构设计

设计数据库的物理结构主要是设计数据库中的表，首先根据数据字典的要求建立各个表文件，设置相应的字段和约束，然后建立一个表联系文件，建立表与表之间的联系，从而可以反映后台数据库各个表单的逻辑关系。

4. 输入输出设计

输入设计主要是考虑用什么样的方式和格式向系统输入数据，包括输入方式的设计、输入格式的设计以及正确性校验。

输出设计是仓储信息系统非常重要的设计，用户并不关心系统如何工作，关心的是系统输出结果，系统输出的方式通常有打印输出、屏幕输出、绘图仪输出、电子邮件输出、自动传真输出、专门设备输出等。输出设计必须考虑输出结果与平时工作习惯的对接，不能出现输出结果与平时工作结果不一致的情况，否则就很难被人们所接受。

四、WMS 的实施

系统实施是系统开发的最后一个阶段，也是至关重要的一个阶段，它将前面所进行的所有的分析和设计的工作实现出来，使设想的系统真正变成一个可以操作和运用的系统。实施阶段需要大量用到前面分析得出的数据和方法，要严格根据分析和设计展开实施，而反过来实施的进行也会对前面的分析和设计起到优化和完善的作用。系统实施阶段主要包括如下几个方面。

1. 系统开发环境的选择

根据仓储管理信息系统设计的要求，经仓储管理专家和企业领导评审批准后，请熟悉计算机和网络设备的工作人员到市场进行调查，拿出设备采购方案，以投标的方式选择硬件供应商，货到付款后，请供应商安装调试即可进行运行。

2. 程序的设计与测试

程序设计的依据来自于前面的数据库设计、数据字典、业务流程分析以及数据库表结构设计等多个方面。

系统测试是系统开发过程中一个重要的环节，测试成功则可以保证系统的质量和可靠性，也就是成功实现了系统分析、系统设计和系统实施的所有工作。测试的目的是发现软件的错误和问题，及时恰当的进行纠正和完善，主要包括：模块测试、组合测试、确认测试和系统测试。

3. 系统试运行与转换

这是系统实施的最后一个步骤，也是整个系统开发的最后一个环节，如果这一步顺利完成，那么新系统的开发工作基本上就能顺利结束，并保证了系统的准确性、可靠性和安全性。这一部分主要包括以下两个方面。

① 基础数据录入　在系统开发阶段中所使用的数据一般是比较简单和随意的，无法体现系统的严密性和准确性，因此在系统开发完成之后要进行严格准确的数据录入，使用比较正规和真实的数据测试系统，保证系统的现实意义。

② 系统试运行　这里是用上面录入的严密的数据进行系统试运行，发现系统还存在的

一些问题，比如数据的唯一性约束、数据的类型限制等。对这些问题及时改正，提高系统的质量和可行性，保证系统不会因为误操作而失败。

五、WMS的运行与维护

仓储管理信息系统经过系统调试切换无误后，系统就进入了正式运行状况，系统正式运行后要进行运行情况的登记和记录，包括系统运行的工作数量、工作效率、工作质量和工作保障。

系统维护主要包括以下几个方面。

① 数据维护　仓储管理信息系统在正式运行中有时会出现数据文件的差错，或者仓储业务的改变和新的仓储业务需要，要求系统建立新的数据文件时，就需要对仓储管理信息系统的数据文件进行修改维护和建立新的数据文件。

② 程序维护　仓储管理信息系统在正式运行过程中可能会出现计算机程序错误，需要修改错误的程序，或者随着仓储业务发展，用户提出了新的更高的要求，这时就需要对部分程序进行修改维护，以适应新的物流业务发展的需要。

③ 代码维护　随着物流业务的发展，系统中的代码可能不适应新的物流业务发展需要，有的可能过时，有的可能不符合新标准，这就需要进行及时的代码维护，制定新的代码体系或修改旧的代码体系。

④ 硬件维护　仓储管理信息系统中的硬件在经过一段时间的运行也会发生故障，特别是一些小故障的出现是正常的，这就需要经常对机器进行日常的维护和保养，要有熟悉设备维护的技术人员进行维护或请厂家维修，一般的工作人员不要轻易拆开设备，以免损坏设备，以保证系统的正常运行。

复习思考题

1. 什么是物流信息？物流信息具有哪些特征？物流信息有哪些作用？
2. 什么是仓储信息？仓储信息有哪些基本特征？举例说明某种仓储信息的应用价值。
3. 什么是仓储信息管理？仓储信息管理的基本思路是什么？举例说明某类仓储活动中的信息管理的业务流程。
4. 计算机在仓储管理中应用形式有哪几种？并简要说明不同应用形式各自的优缺点。
5. 仓储信息管理中应用信息技术应注意哪些问题？并举例说明。
6. 什么是数据库？什么是数据库系统？试论述数据库技术在仓储信息管理中的用途？
7. 什么是条形码？条形码由哪些部分构成？条形码有哪些种类？条形码技术的具体应用有哪些？
8. 什么是EDI？EDI系统的工作原理是什么？EDI技术有哪些应用？
9. 什么是RFID？RFID有哪些特点？RFID技术有什么应用？
10. 请简要介绍EOS、POS、GPS和GIS这些支持技术的含义和具体应用。
11. 什么是系统？什么是信息系统？信息系统由哪些要素组成？
12. 什么是管理信息系统？管理信息系统有哪些特征？管理信息系统的结构是怎样的？
13. 什么是仓储管理信息系统？仓储管理信息系统有什么特点？
14. 请简要介绍一下仓储管理信息系统的基本功能。
15. 通过企业中的调查和学习，试举一例说明仓储管理信息系统的具体应用。
16. WMS的规划有什么重要性？规划的内容有哪些？
17. WMS的分析的任务是什么？主要包括哪些步骤？
18. WMS的设计主要包括哪些内容？

19. WMS 的实施主要包括哪些内容?

20. WMS 的运行与维护主要包括哪几个方面?

参考文献

[1] 王宗喜. 仓储论 [M]. 北京: 军事科学出版社, 2000.

[2] 李振. 仓储管理 [M]. 北京: 中国铁道出版社, 1987.

[3] 符福峘. 信息管理学 [M]. 北京: 国防工业出版社, 1995.

[4] 杨长春. 仓储实务 [M]. 北京: 对外经济贸易大学出版社, 2004.

[5] 项振乐. 企业仓储管理学 [M]. 北京: 冶金工业出版社, 1993.

[6] 马健平. 现代物流配送管理 [M]. 广州: 中山大学出版社, 2001.

[7] 郭宁. 管理信息系统 [M]. 北京: 人民邮电出版社, 2006.

[8] 丁浩. 管理信息系统 [M]. 东营: 中国石油大学出版社, 2008.

[9] 浦震寰. 现代仓储管理 [M]. 北京: 科学出版社, 2006.

[10] 医疗卫生产品仓储管理系统 (WMS) 应用案例 [DB/OL]. http://healthcare.ancc.org.cn/webhug/News/article.aspx?id=3430.

[11] 上海华联超市物流中心 WMS 系统信息化: 案例分析 [DB/OL]. http://www.itpub.net/archiver/tid-984270.html.

[12] 美国寰通助力美的电子仓储管理系统案例 [DB/OL]. http://hi.baidu.com/huluhuluquickly/blog/item/635ad8c83f93e4137f3e6fce.html.

[13] 夏丽华. 物流管理信息系统 [M]. 广州: 华南理工大学出版社, 2005.

[14] 李日保. 现代物流信息化 [M]. 北京: 经济管理出版社, 2005.

第十章　仓储服务质量管理

仓储组织为其顾客提供仓储服务质量的好坏，直接关系到仓储组织自身的生存与发展。本章在介绍服务质量管理相关知识的基础上，重点阐述了仓储服务质量的特性、策划、控制与改进等相关知识。

第一节　服务质量管理概述

服务质量作为服务企业管理的基础和核心正受到越来越多的重视。提高服务质量和顾客满意度不仅是服务企业自身发展的需要，也反映了社会向前发展和人类不断追求更高质量生活的要求。

一、服务与服务质量的基本概念

（一）服务的定义与特征

20 世纪 70 年代初，随着服务业的发展，学术界开始注重对服务的研究。许多学者和机构对服务提出了自己的定义。下面主要介绍 ISO 9000 标准对服务的定义。

在 ISO 9004-2:1991 标准的 3.5 中对服务下的定义是：为满足顾客的需要，供方与顾客接触的活动和供方内部活动所产生的结果。同时在定义中有四条注释：①在接触面上，供方或顾客可能由人员或装备来代表；②对于服务提供，在与供方接触面上顾客的活动可能是实质所在；③有形产品的提供或使用可能成为服务的一部分；④服务可能与有形产品的制造和供应结合在一起。

在 ISO 9000:2000 标准 3.4.2 的注 2 中对服务的定义是：服务通常是无形的，并且是在供方和顾客接触面上至少需要完成一项活动的结果。服务的提供可涉及：①在顾客所提供的有形产品（如维修的汽车上）所完成的活动；②在顾客所提供的无形产品（如为准备税款申报书所需要的收益表）上所完成的活动；③无形产品的交付（如知识传授方面的信息提供）；④为顾客创造氛围（如在宾馆和饭店）。

对于以上对服务的定义，我们可以从以下几个方面来理解。①服务的目的是为了满足顾客的需要。顾客是指接受服务产品的个人或组织。服务的中心是顾客，服务是针对顾客的需要来说的，顾客的需要是指顾客的社会需要，这种需要通常包括在服务的技术标准中，或是服务的规范中，有时也指顾客的具体需要。②服务的条件是必须与顾客接触。这种供方与顾客的接触可以是人员的，也可以是装备的。③服务的内容是供方的一种活动。

对于大多数服务而言，一般有以下几个共同特征。

1. 无形性

无形性是服务的最主要特征。与硬件、流程性材料相比，服务被认为是一种无形产品。首先，服务的特质和组成服务的元素，人们无法去触摸，无法以形状、质地、大小等标准去衡量和描述。其次，服务的无形性还表现为消费服务获得的利益也可能很难察觉到或仅能抽象的表达。最后，比起有形产品，企业较难了解消费者是如何评价他们的服务的。但是，真正的，纯粹的“无形”服务是极其罕见的，事实上，有形产品往往和无形产品相伴随，有形产品的生产、流通、消费过程中伴随着大量的服务，而服务提供过程又往往以有形产品为载体，服务是无法独立存在的，如餐饮服务中的食物等。

2. 生产和消费不可分离性

实物产品的生产和消费是一个前后继起的过程，产品可以在一段时间内存在，并可作为商品在这段时间内流通。而服务的生产过程和消费过程是同步进行的，只有当顾客开始消费，服务才能生产出来，其生产和消费同时进行，两者在时间上不可分离。因此，服务的质量如何，不能像有形产品那样在企业内部就能控制。

3. 服务是一系列的活动或过程

服务不是有形产品，即不是实物，服务是服务企业通过一系列的活动或过程将服务提供给服务的买方，也是服务企业生产和服务买方消费的一系列活动或过程。服务企业不能按传统的方式来控制服务的质量。一般而言，服务的生产过程大部分是不可见的，顾客可见的生产过程只是整个服务过程的一小部分。因此，顾客必须十分注意自己看得见的那部分服务的生产过程，对所看见的活动和过程进行仔细的体验和评估。

4. 差异性

差异性主要是指服务的构成和质量水准难以固定，服务因人员的不同、时间的变化而出现差异，很难用同一标准来检验服务的质量。一方面，由于服务提供人员自身因素的影响，即使由同一服务人员来提供服务，在不同时间提供的服务的质量也可能有差异，而在同样的环境下，不同的服务人员提供同一种服务的质量也有一定的差别。另一方面，由于顾客直接参与服务的生产和消费过程，不同顾客在学识、素养、经验、兴趣、爱好等方面的差异客观存在，直接影响到服务的质量和效果，同一顾客在不同时间消费相同质量的服务也会有不同的消费感受。

5. 不可储存性

服务的无形性以及服务的生产和消费的同时性使得服务不可能像有形产品那样可以被储存起来，以备未来销售。顾客也不能一次购买较多的数量的服务回去，以备未来需要时消费。服务企业必须研究如何充分利用现有资源包括人员、设备等解决服务企业供需矛盾。服务企业应尽量增加服务供给的弹性，以适应变化的服务需求。

6. 服务所有权转让是特殊形式的交易活动

在大多数服务的生产和消费过程中，不涉及任何东西的所有权转移。服务是无形的，又是不可储存的，服务在交易完成以后就消失了，顾客并没有“实质性”地拥有服务。缺乏所有权会使顾客在购买时感受到较大的风险，如何克服这种消费心理，促进服务的销售，是服务营销人员所需要面对的课题。目前，许多服务业发达的国家，一些服务企业探索利用“会员制”、信用卡等方式维系企业与顾客之间的关系。当顾客成为企业的会员后，他们可享受某种优惠，使他们从心理上感受到就某种意义而言他们确实拥有企业所提供的服务。

（二）服务的分类

服务是有共性的，但同时又具有广泛的差异性，从简单的搬运行李到太空旅行，从家电维修到网上购物，不同的服务具有各自的特性。尽管可以根据不同因素来划分服务，但仍不可避免地存在两个缺陷。第一，由于服务产品创新和技术进步，新的服务业不断产生，服务的分类必须是开放的，以便随时增添新型服务业。第二，有关服务业的这些分类是从不同的角度认识服务，带有明显的主观性，还缺乏统一的、被一致认同的分类标准。

1. 按服务的对象特征分类

按服务的对象特征分类，服务可以分为如下 4 种：①经销服务，如运输和仓储、批发和零售贸易等服务；②生产者服务，如银行、财务、保险、通信、不动产、工程建筑、会计和法律等服务；③社会服务，如医疗、教育、福利、宗教、邮政和政府服务等；④个人服务，如家政、修理、理发美容、宾馆饭店、旅游和娱乐业等服务。

2. 按服务存在的形式划分

按服务存在的形式划分，服务可以分为如下 4 种：①以商品形式存在的服务，如电影、书籍、数据传递装置等；②对商品实物具有补充功能的服务，如运输、仓储、会计、广告等服务；③对商品实物具有替代功能的服务，如特许经营、租赁和维修服务等；④与其他商品不发生联系的服务，如数据处理、旅游、旅馆和饭店服务等。

3. 按服务企业的性质分类

按服务企业的性质分类，服务可以为如下 2 种：①主要以设备形式提供的服务，可以利用自动化设备向客户提供服务（如通过自动化喷漆设备为顾客提供喷漆服务）；由非熟练工操作的动力设备向顾客提供服务（如影院里利用放映设备向观众提供影片的观赏服务等）；②主要以人工方式向顾客提供的服务，服务的提供者可以是非熟练工（如园丁），可以是熟练工（如修理工），也可以是专业人员（如律师、医师等）。

（三）服务质量

ISO 9000:2000 中对质量的定义为：质量是指一组固有特性满足要求的程度。因此，可以将服务质量定义为：服务质量就是服务的一组固有特性满足要求的程度。其中的“服务”主要是指服务性行业提供的服务，如交通运输、邮电通信、金融保险、商业、餐饮、娱乐、医疗、咨询等组织提供的服务。在当今市场经济的条件下，服务的含义不断拓展，也包括产品的售前、售中和售后服务，以及企业内部上下道工序之间的服务。

长期以来，企业在市场上的竞争往往是产品质量的竞争。随着市场的进一步开放，仅仅依靠产品的质量来参与越来越激烈的竞争显然已经力不从心。许多有远见的企业开始在提高服务质量上下工夫，以适应复杂的市场环境。

服务质量环（见图 10-1）是对服务质量形成的流程和规律的描述，是从识别需要到评价这些需要是否得到满足的各个阶段中，影响服务质量的相互作用的活动的概念模式。该模式也是服务企业实施全面质量管理的原理和基础，它涵盖了服务质量体系的全部基本过程和辅助过程。其中，三个最基本的过程就是市场开发、产品开发和服务提供。服务质量环是设计和建立服务质量体系的基础，只有对本企业的服务质量环分析清楚，准确恰当地确认质量环，才能有针对性的选择服务质量控制要素，保证本企业的服务质量达到质量目标。也只有通过对服务质量环的正确管理，才能实现对服务质量的预先定位和适时控制。

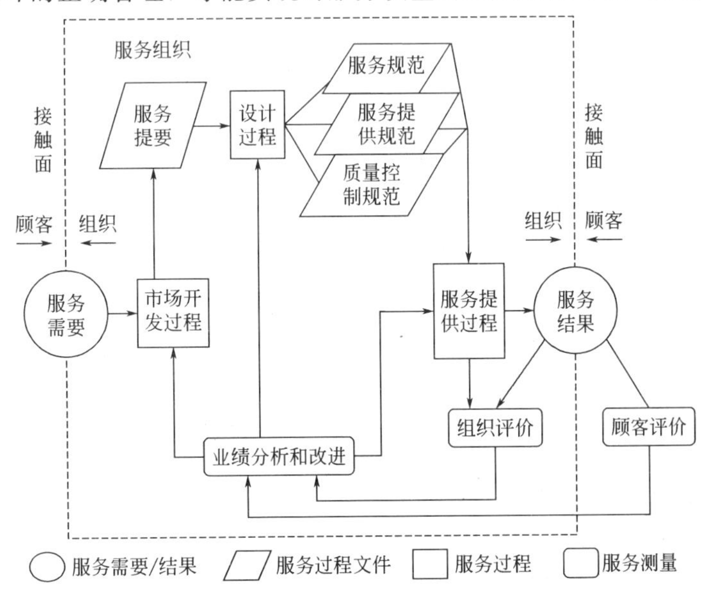

图 10-1 服务质量环

一般来说，服务的生产和消费是同时进行的。从顾客的角度来说，顾客购买服务并进行消费，他对服务质量的认可可归纳为两个方面：一方面是顾客通过消费服务究竟得到了什么，即服务的结果，通常称之为服务的技术质量；另一方面是顾客是如何消费服务的，即服务的过程，通常称之为服务的功能质量。

服务质量即是服务的技术和功能的统一，也是服务的过程和结果的统一。

1. 服务技术质量

服务技术质量是服务质量的一个方面，一般可以用某种形式来度量。如客运服务可以利用运行的时间来作为衡量服务质量的一个依据，教育服务可以利用教学成果如考试、竞赛成绩或升学率来作为衡量服务质量的一个依据。一般来说，顾客对他通过消费服务所获得的结果是非常关心的，这在顾客评价组织的服务质量中占有相当重要的地位。

2. 服务功能质量

服务功能质量主要是考虑顾客是如何消费服务的，即服务的过程。由于服务的消费过程与生产过程的同步性，顾客与服务组织之间存在着很多相互的作用，即顾客与服务组织的各种资源直接接触的“关键时刻”。对顾客来说，消费服务除感受到服务的结果即技术质量以外，还对服务的消费过程即功能质量非常敏感。虽然消费服务的目的可能仅仅是为了获得该项服务的技术质量，但如果顾客在得到技术质量的过程中发生了不愉快的事情，即使顾客得到的服务的结果即技术质量是完全相同的，顾客对服务质量的总体评价也会存在较大的差异。例如，到超市购买商品，如果该超市的商品陈列得非常整齐、清楚，顾客需购买的商品很容易被发现，或者即使是顾客一时找不到想购买的商品，但询问了一个服务员以后，马上被该服务员礼貌的带到希望购买的商品处，顾客的感觉就可能非常满意。相反，如果该超市的商品陈列得非常混乱，顾客很难发现自己需要的商品，当顾客向服务员请求帮助时，该服务员自己也不清楚该商品存放的位置或者非常不礼貌，这必然使顾客产生不好的印象，对该超市服务质量的评价就可能会比较差。

技术质量是客观存在的，而功能质量则是主观的，是顾客对过程的主观感觉和认识。顾客评价服务质量的好坏，是根据顾客所获得的服务效果和所经历的服务感受两个因素综合在一起来进行评价的。

二、服务质量的管理过程

对于服务质量的管理过程，在 ISO 9004-2:1991《质量管理和质量体系要素 第 2 部分：服务指南》中以服务质量环进行了表示。从图 10-1 上可以看出，服务质量环节把服务质量的全过程分为服务的市场开发、设计、提供、业绩分析与改进四个相互联系的阶段。

1. 服务市场开发过程

服务市场开发过程是从服务组织与顾客接触面开始来考虑问题的。服务组织首先要从顾客和社会出发，了解、识别和确定顾客对服务的需要。然后结合本组织在人、财、物等资源方面的条件和本组织经营管理的经验等，来调查、研究和开发这个服务市场。最后提出一个完整的服务提要，服务提要应包括服务需要、要开发的服务类型、服务规模、服务档次、服务质量、服务承诺、服务基本方式等方面的内容。

2. 服务设计过程

服务设计是在服务市场开发的基础上解决如何进行服务的问题，这一阶段要制定出服务过程中所应用服务规范、服务提供规范和服务质量控制规范，还要对服务设施、服务环境、服务方式和方法进行设计并把它们反映在这三种规范中。

① 服务规范　这个规范规定了服务应达到的水准和要求，也就是服务质量标准。

② 服务提供规范　这个规范规定了在服务提供过程中应达到的水准和要求，也就是怎

样达到服务设计过程中制定的服务规范的水准和要求。服务提供规范应明确每一项服务活动怎样做才能保证服务规范的实现，也就是要实现服务过程的程序化和服务方法的规范化。

③ 服务质量控制规范　这个规范规定了怎样去控制服务的全过程，即怎样去控制服务质量环的各个阶段的质量，特别是服务提供过程的质量。

3. 服务提供过程

服务提供是依据服务设计阶段所制定的三种规范向顾客提供服务。当服务提供结束后，应对服务的结果进行评估或评定（包括顾客评价和组织评价）。服务提供过程是涉及了服务组织各个部门和全体员工的过程，也是与顾客直接接触的过程，还是考察和评定服务提供和三个规范及其实践的过程。

4. 服务业绩分析与改进

在对服务结果作出供方评定和顾客评定的基础上，对服务业绩进行分析和改进，并将分析和改进的结果、建议要求反馈到市场开发、设计和服务提供等过程中去，形成服务质量信息的闭环系统，使得服务质量的产生、形成和实现过程成为一个不断循环上升的过程。

三、服务质量管理的常用方法与工具举例

（一）服务质量的差距分析

服务质量差距分析是美国的帕拉苏拉曼（A. Parasuraman）、齐塞尔（V. A. Zeithaml）和贝利（L. L. Berry）等服务营销研究人员于 20 世纪 80 年代末期开发的一种分析方法或模式。他们认为服务质量除了服务感知与服务结果外，还应包含服务的过程，必须消除 5 种差距，才能达到令人满意的程度。通过这种模式可以分析质量问题的起源，从而协助服务组织管理者采取措施，改善服务质量。差距分析模型如图 10-2 所示。

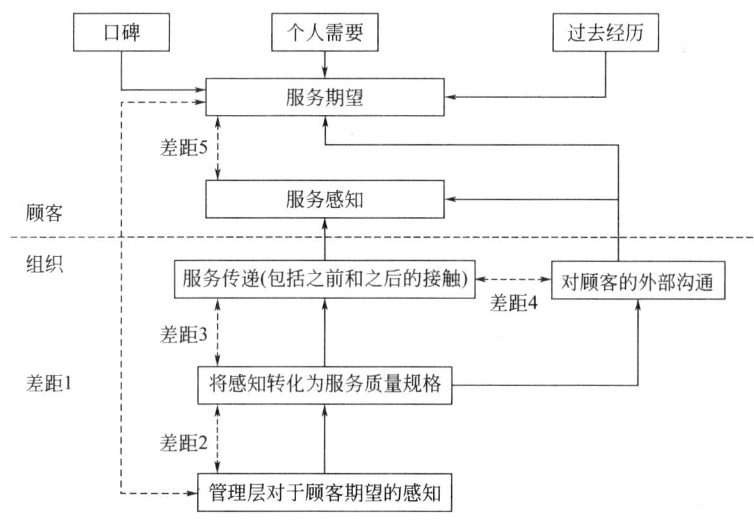

图 10-2　服务质量差距分析模型

该模式主要用来测量服务期望与服务感知之间的差距。是了解客户的反馈、分析质量问题的来源和提高服务质量的有效方式。

图 10-2 横线以上的部分与客户有关，横线以下的部分与服务提供者有关。顾客的服务期望与服务感知间的差距被定义为差距 5，它依赖于与服务传递过程相关的其他 4 个差距的大小和方向。

1. 差距 1 是客户期望与管理者对客户期望的感知之间的差距

形成这种差距的主要原因有以下几个。①管理者从市场调研和需求分析中得到的信息不

准；②从市场调研和需求中得到的信息准确，但管理者对这些信息的理解不正确；③服务组织没有对客户信息进行分析或分析不正确；④组织与顾客接触的一线员工传递给管理者的信息不准确或没有信息传递；⑤服务组织内部机构重叠，组织层次过多，影响或歪曲了与顾客直接接触的一线员工向管理者的信息传递。

服务组织只有根据形成差距的原因对症下药，才能彻底消除由于管理者认识差距而导致的服务质量问题。要缩小这种差距主要途径有两条。第一，服务组织要重视市场研究，加强市场调研，改进市场调查方法，将研究问题集中在服务质量问题上。第二，改革组织内部结构，加强管理。高层管理者要克服客观上的限制，抽出时间亲临服务现场，通过观察与交流了解顾客需求，或通过电话、信函定期与顾客联系，就可以更好的理解顾客；改进和完善管理者和一线员工之间的信息沟通渠道，减少管理层次，以缩小认识差距。

2. 差距2是服务组织制定的服务质量规范与管理者对顾客的质量预期的认识不一致

形成这种差距的主要原因有以下几个。①组织对服务质量规划不善或规划过程不完善；②管理者对组织的规划管理不善；③服务组织缺乏清晰的目标；④最高管理者对服务质量的规划缺乏支持力度；⑤组织对员工承担的任务的标准化不够；⑥对顾客期望的可行性认识不足。组织在制定服务规范时既要得到组织的管理者、规划者的认同，又要得到服务的生产者和提供者的认同。服务规范还必须有一定的柔性，不制约员工的灵活性，这样制定的服务规范才可能尽可能地减少差距2对服务质量的影响。

3. 差距3是服务传送的差距

这是指服务在提供或传递过程中表现的质量水平，未达到服务组织制定的服务规范。形成这种差距的主要原因有以下几个。①质量规范或标准制定得过于复杂或太具体；②一线员工不认同这些具体的质量标准，或员工认为严格按照规范执行会改变自己的习惯行为；③新的质量规范或标准与服务企业的现行企业文化如企业的价值观、规章制度和习惯做法不一致；④服务的生产和供给过程管理不完善；⑤新的服务规范或标准在企业内部宣传、引导或讨论等不充分，使职工对规范的认识不一致，即内部市场营销不完备；⑥组织的技术设备和管理体制不利于一线员工按服务规范或标准来操作；⑦员工的能力欠缺，无法胜任按服务质量规范提供服务；⑧组织的监督控制系统不科学，对员工依据其服务表现而非服务数量进行评价的程度不同；⑨一线员工与顾客和上级管理者之间缺乏协作。解决服务传送差距的办法可以是加强团队合作和培训，重视员工招聘以及合理设计工作等。

4. 差距4是市场信息传递的差距

这是指组织在市场传播中关于服务质量的信息与组织实际提供的服务质量不相一致的程度。形成这种差距的主要原因有以下几个。①组织的市场营销规划与营运系统之间未能有效的协调；②组织向市场或顾客传播信息与实际提供的服务活动之间缺乏协调；③组织向市场或顾客传播了自己的质量标准，但在实际提供服务时，组织未能按标准进行；④组织在宣传时夸大了服务质量，顾客实际体验的服务与宣传的质量有一定的距离。解决的办法一是在外部营销或内部运营之间组建跨职能小组，二是进行科学的营销。

5. 差距5是服务质量感知差距

这是指顾客体验和感觉到的服务质量与自己对服务质量的预期不一致，多数情况是顾客体验和感觉的服务质量较预期的服务质量差。服务质量感知差距会导致以下结果。①顾客认为体验和感觉的服务质量太差，比不上预期的服务质量，因此，对组织提供的服务持否定态度；②顾客将自身的体验和感觉向亲友等诉说，使服务具有较差的口碑；③顾客的负面口头传播破坏组织形象并损坏组织声誉；④服务组织将失去老顾客并对潜在的顾客失去吸引力。

利用服务质量的差距分析模型可以将引起服务质量问题的症结和根源找出来，从而可以根据造成服务质量问题的原因找到缩小差距的方法，提高顾客的满意度和服务质量。

（二）SERVQUAL 方法——服务质量评价的方法

评价服务质量是一项挑战，因为顾客满意是由许多无形因素决定的。与具有物理特性的客观可测的物质产品不同，服务质量包括许多心理因素。另外，服务质量的影响不仅仅限于直接的接触，如医疗服务对人的未来的生活质量会产生影响。因此，评价一个组织的服务质量的一个合适的方法就是测量顾客的质量感知，即顾客的满意程度。

SERVQUAL 方法是迄今为止应用最普遍的服务质量评价方法，是由美国的服务管理专家帕拉苏拉曼、齐赛尔、贝利在 1985 年共同提出来的。SERVQUAL 是 Service Quality 的缩写，它是以服务质量差距模型为基础的调查顾客满意程度的有效工具。它通过对顾客的服务期望和服务感知分别评价，然后对比两种评价的结果，找到其中的差距而得到最后的对服务质量的评价。

由帕拉苏拉曼、齐赛尔和贝利所作的研究揭示了顾客在评价服务质量时使用的标准。SERVQUAL 方法用 5 个指标表示顾客感受到的服务质量状况。①有形性。指服务的实物特征，如实物设施、员工形象、提供服务时所使用的工具和设备、服务的实物表征（卡片等）及服务设施中的其他东西。②可靠性。指绩效与可靠性的一致，如公司第一次服务要及时、准确的完成，准确结账，企业财务数据和顾客记录数据准确，在指定时间内完成服务等。③响应性。指员工提供服务的意愿，如及时服务、迅速回复顾客打来的电话、提供恰当的服务等。④保证性。服务人员具备执行服务所需的知识，并能获得消费者的信赖。⑤移情性。尽力去理解顾客的需求，如了解顾客的特殊需求、提供个性化的关心、认出老主顾等。

SERVQUAL 方法设计了一份评价服务质量的标准问卷来测量以上 5 大因素。第一部分评价顾客对某类服务的期望，第二部分反映顾客对某个服务企业的感知。调查表中的各个陈述分别描述了服务质量的 5 个方面。服务质量的得分是通过计算问卷中顾客期望与顾客感知之差得到的。该分数直接表明了顾客的满意程度。

SERVQUAL 评价模型在服务质量管理中应用很广。具体说来，该评价模型主要可以应用在如下几个方面。①使用这一模型可以更好的理解顾客的服务期望和感知。②通过定期使用 SERVQUAL 评价模型进行顾客调查，可以有效的追踪服务质量的变化趋势。③通过计算组成每一个方面的各条款的得分的平均分，SERVQUAL 评价模型可以按照 5 个服务质量方面的每一个方面来评价某给定组织的服务质量。计算 5 个方面的平均得分，就可以对服务质量作出一个全面的衡量。④对于有多个服务场所的组织（如连锁商店）来说，管理者可以用 SERVQUAL 判断是否有些场所的服务质量较差（得分低）。如果有的话，管理者可进一步探究造成顾客不良印象的根源，并提出改进措施。管理者也可以把服务质量分数作为奖励各场所经理的依据之一。⑤使用 SERVQUAL 评价模型的感知陈述部分，要求被访问者提供其对组织及每个竞争对手的服务质量的感知分数。通过比较本组织与竞争对手的得分，就可以识别出自己在目标市场中最显著的服务质量方面是什么，确定自己的服务质量在哪些方面优于对手，哪些方面逊于对手。

（三）PDCA 循环法——服务质量改进的方法

服务质量表现为产生、形成和实现的过程。这种过程是按照一定的逻辑顺序进行的一系列活动构成的，因此，服务质量的改进是一个循序渐进的过程。可以采用 PDCA 循环这一方法来阐述企业服务质量的改进。

PDCA 循环由休哈特（Walter Shewhart）在 19 世纪 30 年代所构想，20 世纪 50 年代由美国质量管理专家戴明（Edwards Deming）采纳、宣传从而获得普及，又被称为“戴明环”。PDCA 循环是“计划（Plan）—执行（Do）—检查（Cheek）—处理（Action）”工作循环的简称，它将过去事后检验把关为主的质量管理，转变为预防为主和改进为主的质量管理；把过去分散管理方式，转变为系统、全面综合治理的方式；把过去注重结果的管理，转变为注重因素的管理。PDCA 循环最基本的特点就是循环的阶梯提升。循环是有前后时间差异的，前一循环的输出往往成为后一循环的输入，在吸取前一循环经验和教训的前提下又开展了新一轮循环。但这种循环的接连滚动并不是在原地进行，而是随着每一个新循环的开始，质量改进的水平也跃上了一个新的台阶，如图 10-3 所示。

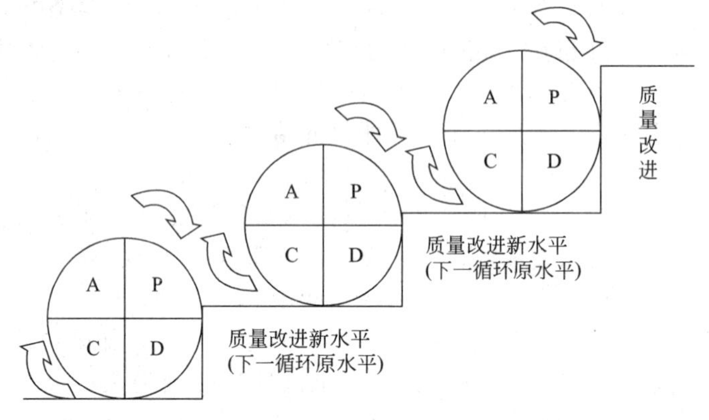

图 10-3　PDCA 循环法

1. P——计划阶段

这一阶段的主要工作是在企业中树立正确的服务理念；加强对员工的培训；制定改进计划。

① 强化"以顾客为中心"的服务理念。正确认识顾客对服务质量的期望。"以顾客为中心"的服务理念能使服务人员产生让顾客更满意的强烈愿望，从而在与顾客接触的过程中重视顾客的各种意见和建议，关注顾客对服务质量的感知和评价，自觉产生改进服务质量的要求。企业要改进服务质量，就必须弄清楚顾客的需求，并根据不同顾客的期望制定不同的服务策略。

② 在员工培训中加强对服务质量的培训，并教授给员工一些具体的操作技巧。一线员工是企业与顾客直接接触最多的人，在与顾客交流时他们服务质量观念的自然流露就可以展示出企业的实力和提供服务的能力，使顾客对企业产生信赖。同时，他们也最有机会听到或收集到顾客对其他服务和竞争对手的评价等信息。增强他们收集顾客信息的技巧和主动性，可以使企业掌握的顾客信息大量增加，使企业服务质量的测评更加真实和有效。

③ 制定服务质量改进计划。通过在市场调研中顾客所期望的服务质量标准以及现有服务的跟踪评价结果制定服务质量改进计划。在改进计划中要对制定该计划的原因、改进的对象、改进的目标、完成改进的时间、改进计划实施负责人以及如何完成改进等方面做出说明。

2. D——执行阶段

这一阶段的主要任务是实施改进计划。在改进计划的实施过程中，企业要从技术、方法、管理等方面创造利于改进的环境。企业要积极采用现代信息技术提高服务水平。在改进计划实施过程中，企业还可以借鉴国际上先进的管理经验，完善管理方法。可以加强内部管理的柔性手段，促进个性化服务的发展。在实际操作中，还要注意方法的灵活运用。如有的企业为了调动员工的积极性，把顾客对服务质量的评价与工资、奖金挂钩，这就造成员工为了个人利益不愿将顾客的口头抱怨传递给管理层，从而影响服务质量改进。所以，企业在引入“以顾客为中心”的服务理念时，可以淡化评价结果作为惩罚的依据，使员工相信收集顾客满意信息不是为了评价他们的工作表现，而是为了改进企业服务质量，提高顾客满意度，增强企业的核心竞争力，从而为员工提供更满意的工作环境。

3. C——检查阶段

这一阶段就是把服务质量改进结果与计划的目标进行对比。从而确定质量改进有无成效。在这一阶段，企业可以制定一个服务补救策略，用以处理服务质量问题。它可以包括公平对待顾客、跟踪并预期补救良机、授予员工解决问题的权利等措施。当然设置服务补救策略并不仅仅为了有机会补救有缺陷的服务和加强与客户的联系，同时也有助于进行根本原因分析，识别问题来源。进行过程改进，主动查找潜在的服务失误，从而消除对补救的需要。

4. A——处理阶段

这一阶段的任务就是总结上述所有过程的经验教训，将改进过程中的成功经验和失败教训纳入有关标准、规定和制度中，同时把发现的问题转入下一个“PDCA”循环。据调查显示，通常对服务不满意的顾客将把他们的经历告诉 10～20 人；抱怨得到解决的顾客会对 5 个人讲他的经历。但 4%抱怨的顾客比 96%不抱怨的顾客更可能继续购买；如果问题得到解决，那些抱怨的顾客中将有 60%会继续购买；如果问题得到尽快解决，这一比例上升到 95%。因而，企业要重视客户的意见，对服务质量存在的问题进行及时处理。

第二节 仓储服务质量特性

一、质量特性概述

1. 特性的定义

ISO 9000:2000 质量管理体系对质量的定义是：一组固有特性满足要求的程度。其中特性是指可区分的特征。它可以是固有的或赋予的，定性的或定量的，也可以是各种类别的，如物理特性（机械的、电的、化学的或生物学的特征），感官特性（如嗅觉、触觉、味觉、视觉、听觉），行为特性（如礼貌、诚实、正直），时间特性（准时性、可靠性、可用性），人体工效特性（如生理特征或有关人身安全的特性），功能特性（如飞机的最高速度）等。

2. 质量特性的定义

质量概念的关键是满足顾客及其他相关方的要求，而顾客及其他相关方的要求的表述常常是暧昧的、感性的、含混的。为了使满足各相关方的要求的质量得以实现，就必须对这些要求进行变换，将之用清晰的、理性的、技术的或工程的语言表述出来，这就是质量特性。在 ISO 9000 标准中，质量特性的定义是：产品、过程或体系与要求有关的固有特性。固有特性是指在某事或某物中本来就有的，尤其是那种永久的特性。与此相对的，赋予产品、过程或体系的特性（如产品的价格、所有者等）不是他们的质量特性。

由于质量特性是人为变换的结果，因此我们所得到的或确定的质量特性实质上只是相对于顾客等相关方的要求的一种代用特性。这种变换的准确与否直接影响着顾客等相关方的要求能否得到满足。变换越准确，顾客等相关方的要求越能得到准确的反映，就越能够实现各相关方的满意；变换的失真越大，顾客等相关方的要求同质量特性就越容易成为两张皮，这样即使所提供的产品能够很好地符合质量特性指标，也不意味着各相关方的要求得到了满足。

3. 质量特性的类型

① 技术性或理化性的质量特性　例如机械零件的刚性、弹性、耐磨性；汽车的速度、牵引力、耗油量、废气排放量；手表的防水、防震、防磁等。技术的质量特性可以用理化检

测仪器精确测定。科学技术的进步已经使得许多原来无法测定的特性可以进行精确的测定，从而使得人们可以对质量进行更加客观的判断。

② 心理方面的质量特性　例如服装的式样、时尚性；食品的味道；汽车的象征地位和气派等。心理方面的质量特性反映了顾客的心理感觉和审美价值，人们的心理感觉和和审美价值千差万别，很难用准确的技术指标来加以衡量。心理方面的质量特性对于构成产品的“独家特色”，构成产品对每一具体用户的“适用性”非常重要，尤其是在消费品领域就更是如此。

③ 时间方面的质量特性　例如耐用品的可靠性、可维修性、精度保持性等。时间方面的质量特性是同“产品使用寿命周期费用”相联系的。产品使用过程中的及时性、可靠性、可维修性以及使用费用等都极大地影响着顾客的质量评价。

④ 安全方面的质量特性　产品的使用不仅要可靠、及时，更加重要的是不能给顾客造成伤害和事故，因此，产品必须有保证条款，有各种安全措施。重视安全方面的质量特性对于企业避免和防止产品责任问题的发生具有极为重要的意义。

⑤ 社会方面的质量特性　在考虑质量特性的内容时，仅仅考虑对应顾客需要是不充分的，还必须考虑法律、法规、环保以及社会伦理等有关社会整体利益方面的要求。

质量特性有的是能够测量的，有的是不能够测量的。在实际工作中，通常把不可测量的特性转换成可以测量的代用质量特性。

二、仓储服务的特点

仓储服务是一种生产性服务，具有其特殊性。下文以仓储物流企业为例，简要说明仓储服务的几个方面的特点。

1. 提供的产品本身就是服务

仓储物流企业提供的产品就是服务，因此它的服务质量测评方法显然不同于传统的制造型企业，因为没有最终产品，所以产品的硬性指标对顾客的服务感知起的作用相对于传统企业来说较小。

2. 服务对象的数量小且稳定

相比较于传统的服务业，比如餐饮、金融、图书馆等服务行业，仓储物流企业的客户比较稳定且容易掌握客户的具体需求，这样就少了许多不确定因素的影响。

3. 仓储物流服务具有承接性

仓储物流服务的对象一般是上下游的企业，很少接触最终的消费者，但仓储服务的完成效率与效果却可以直接影响最终消费者对于商品和服务的感受，因此它是隐藏着的导致供应链最终服务质量低下的原因之一。

4. 服务质量具有可控性

仓储型物流企业由于其空间和服务内容的明确性，以及客户的稳定性，从而可以保证企业可以对其服务质量具有部分的可控性，并且易于对服务质量进行反馈和监督。

三、仓储服务的质量特性

开展服务活动，首先要确定服务对象，明确顾客的需要，再把顾客的需要转化成与此相应的服务属性。人们将这些属性叫做“服务质量特性”。例如在邮电服务中，“迅速服务”被公认为是顾客的基本要求，也是服务工作中的重要质量特性，它可以派生出下列质量要求：回答顾客问询的时间，电传所用的时间，交付款等待时间等。与硬件、流程性材料等有形产品相比，服务的质量特性具有一定的特殊性，有些服务质量特性顾客可以观察到或感觉到，如服务等待时间的长短、服务设施的好坏等。还有一些顾客不能观察到，但又直接影响服务业绩的特性，如拣货的差错率、仓储设备的正常工作率等。有的服务质量特性可以定量的考察，而有些则只能定性的描述。

仓储服务是一种生产性服务，一般说来，仓储服务至少具有如下几个方面的质量特性。

1. 功能性

功能是指某项服务所发挥的效能和作用。商店的功能是让顾客买到所需要的商品，交通运输业的功能是运送旅客和货物到达目的地，电信业的功能是为用户及时、准确的传递信息，银行的功能是为用户提供储蓄和其他金融服务等，而工业企业的销售和售后服务的功能是使采购方满意地得到和使用产品。能否使被服务者得到这些功能是对服务的最基本要求。因此，功能性是指服务所发挥的效能和作用，是服务质量中最基本的特性。

仓储服务的功能就是使用户得到满意的产品。保证服务功能最基础的工作是物资的入库和出库工作。在日常工作中，所有的仓储管理员认真做好进料登记、自点记录，在随时抽查的基础上每月进行定期检查。对入库物资进行严格的质量和数量验收。当出现有些物资验收困难时，要积极与技术部门联系，请技术部门指导验收，保证入库物资的数量正确、质量良好。当物资出库时，认真执行“三检查”，“三核对”，“五不发”的原则，以确保出库物资的数量准确、质量良好。

2. 安全性

安全性是指保证顾客在享受服务的过程中生命不受到危害，健康和精神不受到伤害，以及财物不受到损失的能力。安全性的改善和保证的重点在于唤起员工对安全性的高度重视，加强对防火和防盗措施的改善、服务设施的维护保养、环境的清洁卫生等方面工作的精力和财力的投入。

仓储服务的安全性是指保证服务过程中用户得到质量良好的物资。确保仓储服务的安全性的重点在于日常的库存物资维护保养。为了保持库存设施的清洁，经常开展“5S”活动，根据情况制定清洁卫生制度。坚持做到收发作业后及时清理现场，集中力量、集中时间擦洗料架、托盘、地台、衡器、量具、工具等设施、设备。按规定对物资进行保管保养。此外，还坚持仓库安全检查制度，严格执行管库员“两必须”、“两严禁”、“四不准”，严格坚持查门制度，彻底杜绝仓库漏锁、虚锁等事故隐患，确保物资安全。

3. 时间性

时间性是指服务在时间上能满足顾客需要的能力。它包括了及时、准时和省时三个方面。及时是当顾客需要某种服务时，能够及时地提供；准时是要求某些服务的提供在时间上是准确的；省时是要求顾客为了得到所需的服务所耗费的时间能够缩短。及时、准时和省时三者是相关的、互补的。研究表明，在服务传递过程中，顾客等候服务的时间是关系到顾客的感觉、顾客印象、服务组织形象以及顾客满意度的重要因素。

为了确保仓储服务的及时、准时、省时，需要做好如下几点。①及时提供服务。当管库员接到发料单后，抓紧时间办理手中的其他工作，不是急不可待的工作立即停止，同时，要做到向用户让座，并请稍等。②准时提供服务。根据经验，一般情况下小件物资（数量少、重量轻）在接单后 30 分钟内保证将材料准确发出；大件物资（数量多、重量大）在接单后 60 分钟内保证材料准确发出的制度，严格约束自己。③省时提供服务。这种服务主要是为了满足用户提出的缩短发料过程的要求。省时主要是指宁可自己多劳累、多费事而以优质服务为用户节省时间。因此，发料中需要人力、机械配合时，管库员要积极主动与有关部门联系，调用机械或人力，以求快速、质量良好地完成发料工作，尽力缩短用户等待时间。

4. 文明性

文明性是指顾客在接受服务过程中精神需求得到满足的程度。服务的结果是服务人员与顾客直接接触而产生的无形产品，因而在诸种服务质量特性中，文明性充分体现了服务质量的特色。

顾客期望得到一个自由、亲切、尊重、友好、自然与谅解的气氛，有一个和谐的人际关系，在这样的条件下来满足自己的需要。为此，仓库保管人员是直接与用户交往的人员，不但与用户之间应存在一种亲切、尊重、友好、谅解的气氛，而且应具备与用户沟通的适当知识和必要技能。在此条件下满足用户物质需求和精神需求，即可展示服务质量的特色。因此，仓储服务企业可以制定“管库人员服务质量标准”。这个标准包括仪容、语言、态度、动作举止、服务技巧、纪律几个方面，规定在接人待物方面的基本要求。这个标准实质是要求仓库保管员在用户提料的全过程中提供文明礼貌、周到的服务，使用户逐步感受到来时宾至如归，走时满意而去，给用户一种心情舒畅的感觉。

此外，为了保证仓储服务的文明性，组织需长期不懈地致力于对员工的培训、开发和教育。

第三节　仓储服务质量策划

一、仓储服务质量策划的概念

质量管理是指导和控制与质量有关的活动，通常包括质量方针和质量目标的建立、质量策划、质量控制、质量保证和质量改进。质量策划是质量管理的一部分，致力于设定质量目标并规定必要的运行过程和相关资源以实现其质量目标（ISO 9000:2000）。质量策划是企业质量管理中的筹划活动，是企业最高管理者和质量管理部门的质量职责之一。质量策划属于“指导”与质量有关的活动，也就是“指导”质量控制、质量保证和质量改进的活动。在质量管理中，质量策划的地位低于质量方针的建立，是设定质量目标的前提，高于质量控制、质量保证和质量改进。质量控制、质量保证和质量改进只有经过质量策划，才可能有明确的对象和目标，才可能有切实的措施和方法。因此，质量策划是质量管理诸多活动中不可或缺的中间环节，是连接质量方针和具体的质量管理活动之间的桥梁和纽带。

仓储服务质量策划是仓储组织以仓储服务为对象的质量策划，属于仓储服务质量管理的范畴，是仓储服务质量管理中的筹划活动，是仓储组织最高管理者和质量管理部门的质量职责之一。在仓储服务质管理领域内，尽管仓储服务质量策划是围绕着贯彻质量方针与实现质量目标而开展的质量管理活动，但是，质量方针与质量目标本身也需要通过一系列的策划过程建立的。为此，仓储服务质量策划也涵盖了质量方针与质量目标的建立过程。

从广义的视角上看，仓储组织在对其仓储服务质量策划过程中，一般包括如下5个环节：①在分析其内外顾客需求现状的基础上，建立仓储服务的质量方针；②依据质量方针，设定适合自身特点的仓储服务质量目标；③根据质量目标确定仓储服务的工作内容（措施）、职责和权限；④确定仓储服务的工作程序与工作要求；⑤编制仓储服务质量计划，形成仓储服务质量管理的实施方案。

二、仓储服务质量策划的范围与内容

（一）仓储服务质量策划的范围

尽管任何一项仓储服务质量管理活动，不论其涉及的范围大小、内容多少，都需要对其进行质量策划。但是，ISO 9000:2000标准所要求的质量策划，并不是包罗万象的，而是针对那些影响组织业绩的项目进行的。从这意义上看，仓储服务质量策划的范围一般包括如下几个方面。

1. 仓储服务质量管理体系的相关策划

一般说来，有关仓储服务质量管理体系的策划是一种宏观的质量策划，应由仓储组织的最高管理者负责进行，根据仓储服务质量方针确定的方向，设定仓储服务的质量目标，确定仓储服务的质量管理体系要素，分配仓储服务的质量职能等。在仓储组织尚未建立质量管理体系而需要建立时，或虽已建立却需要进行重大改进时，就需要进行这种仓储服务质量策划。

2. 仓储服务质量目标的相关策划

仓储组织已建立质量管理体系虽不需要进行重大改变，但却需要对某一时间段（例如中长期、年度、临时性）的业绩进行控制，或者需要对某一特殊的、重大的项目、产品、合同和临时的、阶段性的任务进行控制时，就需要进行这种质量策划，以便调动仓储组织各部门和员工的积极性，确保策划的质量目标得以实现。例如仓储组织每年进行的综合性质量策划（策划结果是形成年度质量计划）。这种仓储服务质量策划的重点，不是对仓储服务质量管理体系本身进行改造，而是在确定具体的仓储服务质量目标和强化仓储服务质量管理体系的某些功能。

3. 仓储服务过程的相关策划

针对具体的项目、产品、合同进行的质量策划，同样需要设定质量目标，但重点在于规定必要的过程和相关的资源。这种策划包括对产品实现全过程的策划，也包括对某一过程（例如设计和开发、采购、过程运作）的策划，还包括对具体过程（例如某一次设计评审、某一项检验验收过程）的策划。也就是说，有关过程的策划，是根据过程本身的特征（大小、范围、性质等）来进行的。

4. 仓储服务质量改进的相关策划

仓储服务质量改进是一项有计划的组织活动，主要是针对仓储服务的不良过程和不良结果而展开。一般说来，仓储服务质量改进的策划过程主要包括如下几个环节：①识别不良仓储服务的结果、过程或质量管理体系要素，确定本次改进的仓储服务质量项目，这是仓储服务质量改进策划的前提与基础；②分析待改进的仓储服务质量改进项目的相关要素（相关的结果、过程或质量管理体系要素），设定开展和实施改进目标；③编制开展和实施仓储服务质量改进的方案。

（二）仓储服务质量策划的主要内容

一般说来，仓储服务质量策划主要包括仓储服务的产品策划、管理和作业策划、质量计划编制三个方面的内容。具体说来，仓储服务质量策划主要包括如下几个方面的内容。

1. 设定仓储服务质量目标

任何一种仓储服务质量策划，都应根据仓储组织的质量方针或上一级质量目标的要求，以及顾客和其他相关方的需求和期望，来设定具体的质量目标。

2. 确定实现仓储服务各层次质量目标的途径

针对仓储组织的特定层次而言，实现其仓储服务质量目标途径一般是由多个相关过程组成。达到目标所需要的过程可能是链式的（即从一个过程到另一个过程，直到最终目标的实现），也可能是并列的（即各个过程的结果共同指向目标的实现），还可能是上述两种方式的结合（既有链式的过程，又有并列的过程）。事实上，任何一个质量目标的实现，都需要多种过程。因此，在仓储服务质量策划时，应该充分考虑所需要的过程，进而实现仓储服务质量各层次目标。

3. 确定仓储组织相关的职责和权限

仓储服务质量策划是对仓储服务相关的过程进行的一种事先的安排和部署，而任何过程必须由人员来完成。仓储服务质量策划的难点和重点就是落实质量职责和权限。如果某一个过程所涉及的质量职能未能明确，没有文件给予具体规定（这种情况事实上是常见的），会出现推诿扯皮现象。

4. 确定仓储服务提供过程所需的相关资源

在仓储服务提供过程中，涉及的仓储服务资源主要包括人员、设施、材料、信息、经费、环境等。这里需要特别强调的是，并不是所有的仓储服务提供过程中的质量策划都需要确定的这些资源，而是只有那些新增的、特殊的、必不可少的资源，才需要纳入到质量策划中来。

5. 选择实现仓储服务质量目标的方法和工具

并非所有的仓储服务质量策划都需要对所需的方法与工具进行策划。一般情况下，具体的方法和工具可以由仓储组织内承担特定质量职能的部门或人员去选择。但如果某项仓储服务的质量职能或某个过程是一种新的工作，或者是一种需要改进的工作，那就需要确定其使用的方法和工具。

三、仓储服务质量策划的输入与输出

仓储服务质量策划实际上是一个过程，也有其输入—过程—输出的特殊要求。下文将对仓储服务质量策划的输入与输出做简要说明。

1. 仓储服务质量策划的输入

仓储服务质量策划是仓储组织针对具体的质量管理活动进行的。在进行质量策划时，力求将涉及该项活动的信息全部搜集起来，作为质量策划的输入。其内容包括但不仅限于以下几个方面：①仓储服务的质量方针或上一级的质量目标的要求；②仓储组织的顾客和其他相关方的需求和期望；③与策划内容有关的业绩或成功经历；④存在的问题点或难点；⑤过去的经验教训；⑥仓储服务质量管理体系已明确规定的相关的要求或程序。在进行仓储服务质量策划时，必须尽力搜集与策划内容有关的输入，最好能有形成文件的材料。这些材料应尽早交与参与策划的所有人员。

2. 仓储服务质量策划的输出

仓储服务质量策划都应形成文件输出，也就是说，都应形成质量计划文件。将上述质量策划内容用文字表述出来，就成为仓储服务质量计划。一般来说，仓储服务质量策划输出应包括以下内容：①开展仓储服务质量策划或制订该项仓储服务质量计划的原因（将质量策划的输入进行简单表述），适当分析仓储服务的现状（问题点）与质量方针或上一级质量目标要求，以及顾客和相关方的需求和期望之间的差距；②通过策划而设定的仓储服务质量目标；③已确定的各项目具体工作或措施（也即各种过程）以及负责部门或人员（也即职责和权限）；④已确定的资源、方法和工具；⑤确定下来的其他内容（其中质量目标和各项措施的完成时间是必不可少的）。如果仓储服务质量计划草案是预先准备好的草案，应根据仓储组织质量策划会议的决定对其进行必要的修改。如果未预先准备好草案，则应委托或指令相关人员根据会议的决定起草。仓储组织的质量计划应经负责该项质量策划的管理者（组织一级综合性的或重大的质量计划应是最高管理者）批准后下发实施。

第四节　仓储服务质量控制

一、仓储服务质量控制概述

1. 仓储服务质量控制的概念

仓储服务质量控制是仓储服务质量管理的一个重要组成部分，是仓储组织致力于满足顾客与相关方要求的质量活动。仓储组织实施仓储服务质量控制的目的是确保仓储服务产品（含常规性的仓储服务产品、仓储增值服务产品等）能够满足仓储组织自身、顾客及社会三个方面的质量要求。

2. 仓储服务质量控制的范围

仓储服务质量控制的范围涉及仓储服务质量形成的全过程（如货品的入库、存储、盘点、流通加工、出库、拣选等一系列环节或过程），通过一系列仓储作业技术和活动对全过程质量影响的人、机、料、法、环（Man，Machine，Material，Method，Environment，简称 4M1E）诸要素来进行控制，并排除会使仓储服务质量受到影响而不能满足质量要求的各项原因，以减少经济损失，取得经济效益。

3. 仓储服务的质量控制与质量保证之间的关系

仓储服务的质量控制与质量保证有很多共同之处。两者都需要评价仓储服务的绩效，都需要将绩效与目标相对照，都需要对差异采取措施。但两者又相互区别：仓储服务的质量控制目的在于维持性控制，绩效评价是在运作过程中进行的，绩效所对照的也是运作过程中的目标，所产生的信息也为仓储组织运行部门的人员所接受和利用；仓储服务的质量保证的主要目的在于确认始终保持着控制，绩效评价是在运作过程之后进行的，所产生的信息既提供运作部门，也提供给有需要了解的其他方面（如仓储组织的其他职能部门，有关团体，主管机关，顾客及社会公众）。

4. 仓储服务质量控制的反馈原理

仓储服务质量控制是通过运用反馈回路来进行的，其基本反馈环节如图 10-4 所示。图 10-4 中各反馈环节的各步骤如下所述。①测量手段对仓储服务的受控对象的实际质量加以评价，受控对象即我们所关注的仓储服务项目或过程的特征。确定一个过程的绩效可以直接评价过程的质量特性，也可以间接通过特定仓储服务结果的质量特性来进行，因为结果是过程的最终体现。②测量手段将绩效信息报告给判断装置。③判断装置同时也可以接收到有关的质量目标或标准的信息。④判断装置将实际绩效与标准相对照。若差异过大，判断装置将激活调节装置。⑤调节装置刺激过程（不论是人力过程还是工艺过程），改变其绩效，以使过程质量与质量目标相一致。

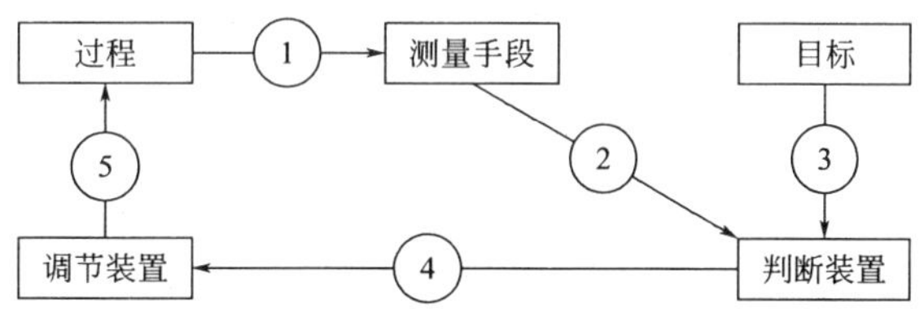

图 10-4　仓储服务质量控制的基本反馈环节

此外，在图 10-4 中反馈环节中的要素是职能。这些职能在各种情况下都是普遍存在的，但承担这些职能的职责会有很大差异。有些控制是通过自动反馈来实现的，不需要人力的介入，如自动化立体仓库中的货品拣选系统可以按照特定的指令自动完成货品的拣选工作。另一种常见的控制形式是由人来实现的自我控制。

二、仓储服务质量控制的一般过程

在上文所讨论的仓储服务控制的基本反馈环节对于质量控制具有普遍意义，对解决仓储服务质量控制中的任何问题都是至关重要的。图 10-5 是描述仓储服务质量控制的一个简单的流程图（其中包含了通用的反馈环节），反应了仓储服务质量控制的一般过程。

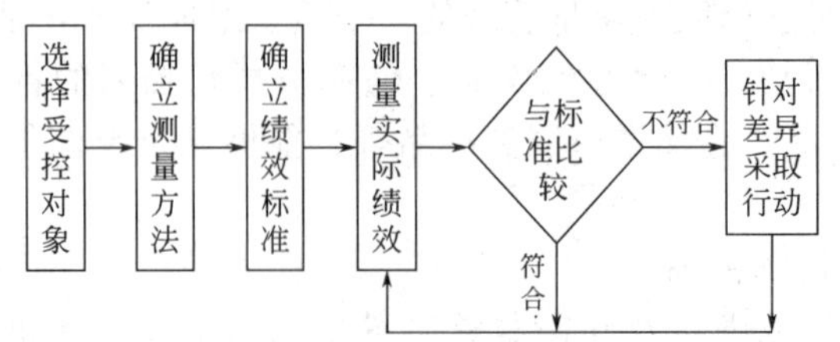

图 10-5 仓储服务质量控制的一般过程

1. 选择受控对象

在仓储服务质量管理过程中，任何种类的仓储服务或任何一个具体的仓储服务过程的每个质量特性都可以成为一个受控对象，这是在具体仓储服务质量控制过程中所围绕的中心。选择仓储服务的受控对象是关键的第一步。仓储服务的受控对象可以来自方方面面，如顾客表述的对于仓储服务特征的需要；将顾客需求转化为服务或过程特性的技术分析；直接影响仓储服务的质量特性的过程性能；仓储行业和政府的相关标准等。

在仓储组织成员的层次上，受控对象主要由规格和程序手册中的服务和过程特性所构成。在仓储组织管理层次上，受控对象则要广泛得多，且更加体现在经营方面，其重点转向顾客需要与市场竞争方面。这一重心的转移要求增加更为广泛的受控对象，进而影响着仓储服务质量控制的其他相关过程。

2. 确立测量方法

选择了受控对象之后，接下来的一步便是确定测量过程的实际绩效或仓储货品与仓储服务的质量水平的手段。测量是仓储服务质量管理中最为困难的任务之一。在确定测量方法时，仓储组织必须明确测量工具（测量手段）、测量频率，选择记录数据的方法和报告数据的形式，确定将数据转化为有用信息所作的分析以及负责测量的人员。

3. 确立绩效标准

仓储组织在仓储质量控制过程中，必须对每个受控对象制订与之相适应的绩效标准，即质量目标。绩效标准是仓储组织成员所追求的成果，也是他们努力达到的方向。一般说来，仓储组织的整体绩效标准是依据质量方针而设定的质量目标的定量或定性的描述。仓储组织具体职能部门的绩效标准则是对组织的质量标准按职能分解或细化的结果。仓储组织成员（管理者和操作者）的绩效标准则是将仓储组织或仓储职能的质量标准落实到具体组织成员的结果。

在制订绩效标准时，无论处在组织层次或部门层次上，还是处在个人层次上，这些绩效标准应该具备如下特点：①绩效标准是可测量的；②绩效标准是通过努力能够实现的；③绩效标准对任何部门或个人都应该是平等的；④绩效标准是正式的；⑤绩效标准是有一定的时效性的。

此外，在确立仓储组织的绩效标准体系过程中，不仅要设定针对组织、部门或个人的相关的绩效标准，同时，还要为受控的仓储服务过程（如货品的出入库、流通加工、盘点、存储等方面特定过程）确定绩效标准。

4. 测量实际绩效

在仓储组织质量管理中，测量仓储服务或过程的实际绩效是质量控制的一个关键环节。要进行测量，需要有测量手段（即进行实际测量的装置）。测量手段是专门的检测装置，可以用于识别某一现象的存在及强度，并能将所得到相关数据转换为信息，而这些信息则是仓储组织管理决策的依据。在仓储组织的较低层次上，信息通常是实时的，主要用做仓储服务或过程的现场控制。在仓储组织的较高层次上，则需要将信息以各种不同的方式加以整理，以提供更为广泛的指标、监测趋势及辨识那些关键的少数问题。

仓储服务质量管理中，由于受控对象的广泛差异要求具有多种多样的测量手段。这些测量手段主要可以分为四类。一是用于测量仓储服务特性和过程特性的大量的技术仪器和设备，如：温度计、直尺、磅秤等。二是用于各种数据系统以及相关的报告，它为仓储组织的管理层提供了经过整理的信息。三是利用人员作为测量手段。四是以问卷和访谈作为测量手段。

5. 与标准比较

在仓储组织质量管理中，与标准相对照这一行为通常被看作是判断装置的职责。判断装置可以是人也可以是仪器设备。无论是何种形式，判断装置都用于执行下面的全部或部分活动：①将实际质量绩效与质量目标相对照；②解释观测到的差异，确定是否与目标一致；③决定需采取的行动；④触发纠偏行动。

6. 针对差异采取行动

在任何功能完备的仓储服务质量控制体系中，都需要某种对于期望的绩效标准和实际绩效之间的差异采取行动的手段。这需要某种调节装置，这一装置可以是人工的，也可以是技术的，还可以是人工和技术兼备的。调节装置是触发旨在恢复符合性的行动的手段。在管理层而言，这种行动手段可以是向下属下达纠偏指令的一个电话、一张便签，也可以是一份文件，还可以采用其他手段。对于操作层而言，这种行动手段也是多种形式的，如给办公室计算机发出指令的一个键盘，调整行车作业的一个按钮等。

第五节　仓储服务质量测量、评价与改进

一、仓储服务质量测量

（一）仓储服务质量的测量对象

测量是对产品、服务、过程以及其他业务活动等特性和结果的量化，通常用测量指标表示测量活动所产生的数量信息。仓储服务质量测量是指对仓储服务结果、仓储服务过程以及与仓储服务质量体系要素（如仓储技术水平、仓储设备能力、仓储设施的符合性与适应性等）等方面的量化过程，是仓储服务质量评价、控制与改进的前提与基础。

仓储服务质量测量对象一般可以分为如下3类：①仓储服务结果，主要测量顾客对仓储组织所提供的仓储服务结果的满意程度，一般可以通过问卷调查等形式获得相关数据；②仓储服务过程，主要是对进货、储存、盘点、分拣、补货、出货、流通加工等作业过程的技术质量与工作质量进行测量；③仓储服务质量体系要素，主要是对仓储服务的结果与过程的绩效产生重要影响的仓储服务规程与规范、仓储设施与设备资源、组织结构要素、组织文化等方面进行测量。

（二）仓储服务质量的测量指标

仓储服务质量测量的指标是指质量目标的具体化而形成的用以衡量仓储服务质量水平的定量或定性指标。在仓储组织开展的仓储服务质量测量过程中，由于测量的目的不同，所需测量的对象也存在明显差异，因而不存在普遍适用的测量指标体系。下文举例说明反应仓储服务过程的技术质量水平的部分有代表性的测量指标。

1. 收发货错误率

收发货错误率是表示仓库在某一段时间错误收发货物的程度。这是仓储服务的重要质量指标，可以用来衡量收发货物的准确性，以保证仓储服务的质量。仓库的收发货错误率应当控制在0.05％以下。这一指标的计算公式为

$$收发货错误率=\frac{收发货物差错累计笔数}{收发货物累计笔数}\times100\%$$

2. 账货相符率

账货相符率是指仓库货物保管账面上的货物储存数量与相应库存实有数量的相互符合程度。一般在对仓库货物进行盘点时，要求逐笔与保管账面数字相核对。其公式为

$$账货相符率=\frac{账货相符笔数}{储存货物总笔数}\times100\% \text{ 或 } \frac{账货相符件数（重量）}{期内储存总件数（重量）}\times100\%$$

3. 货物损耗率

货物损耗率主要反映货物保管与养护的实际情况。其公式为

$$货物损耗率=\frac{货物损耗额（元）}{货物保管总额（元）}\times100\% \text{ 或 } \frac{货物损耗量（吨或公斤）}{期内货物库存总量（吨或公斤）}\times100\%$$

4. 平均保管损失

通过该指标的核算，可以追查事故原因，核实经济责任，降低损失。其公式为

$$平均保管损失=\frac{保管损失金额（元）}{期内货物库存总金额（元）}$$

5. 货物及时验收率

货物及时验收率反应的是某一特定时期仓储组织及时验收笔数占收货总笔数的百分比，其计算公式为

$$货物及时验收率=\frac{及时验收笔数}{收货总笔数}\times100\%$$

6. 设备完好率

设备完好率是指某一定时期内仓储组织所有拥有的完好设备数量占所有设备总量的百分比。良好设备的标准包括 3 个方面。第一，设备的各项性能良好。第二，设备运转正常，零部件齐全，磨损腐蚀程度不超过技术规定的标准，计量仪器仪表和润滑系统正常。第三，原料、燃料和油料消耗正常。设备完好率的计算公式为

$$设备完好率=\frac{完好设备台数}{设备总台数}\times100\%$$

（三）仓储服务质量测量的一般步骤

仓储服务质量测量是测量人员对仓储服务的结果、过程以及相关质量体系要素所进行度量的过程。一般说来，仓储服务质量的测量过程一般包括如下四个步骤。

1. 测量的条件分析

仓储组织在开展具体的仓储服务质量测量活动之前，分析仓储服务质量测量过程的前提条件非常重要。每个仓储组织都有其自己的文化，从而决定了组织在决策时可接受的方向、风险、行为和必须遵循的方针，这些特征形成了测量系统的背景或者前提条件。测量过程通常与仓储组织的企业文化相协调，同时要反映出企业文化需要加以根本改变的必要性。前提条件的确定要考虑到利益相关方，如顾客、所有者（可能还有社会）和员工等。

2. 计划测量活动

在明确了仓储服务质量测量系统运营的前提条件之后，仓储组织便可对具体的测量过程其他步骤进行计划。这一步骤是要形成一份仓储服务质量的“测量规程”，即有关数据的收集、存储及分析的含“对象、时间、场所、方法、频次”等内容的文件，最重要的是要在测量规程中规定每一步的责任人。仓储组织在编制仓储服务质量的测量规程时，特别需要做好如下几点：①明确测量对象，设计测量指标；②选择能够反映测量对象质量特性的“关键的少数”指标；③明确测量的地点或场所；④明确测量时间、方法、频次；⑤明确测量数据的

收集方法与渠道；⑥充分考虑测量数据的分析、综合、建议和展示等相关因素；⑦明确实施测量行为的相关责任者，如谁收集数据，谁储存数据，谁在控制图上打点，谁以其他方式观察数据；⑧形成测量规程，即对数据的收集和存储、分析综合和展示加以规定的一份文件。实际上，测量规程确定了在随后的步骤中要遵循的各个子过程。

3. 收集数据

该阶段是按测量规程执行。测量人员应当维持详细的记录，在维持记录方面形成好的规矩非常重要。即使能够按计划进行校准和遵循测量程序，记录工作也必须保持进行。最重要的是，任何的例外情况都要仔细谨慎地记录下来。数据质量这一问题需要给予特别的重视。对数据的收集应当进行控制，以使差错在第一地点就能得到预防。但无论何时发现错误，对数据的改动就必须仔细加以记录。

4. 分析、综合、阐明结果并展示结果与建议

该阶段就是要把收集到的仓储服务质量的相关数据进行归纳，并以便于决策者理解的形式展示出来。这一步骤通常被称作“数据分析”。但分析只是全部活动的 1/4，其他 3/4 分别是“综合”、“阐明结果”和“展示”。综合是合成，将两个或多个事物放在一起以形成一个整体，接下来，要制定具体的决策/行动的“建议”，最后，展示意味着将最重要的结果和建议归纳为一种易于理解的格式。

二、仓储服务质量评价

（一）SERVQUAL 模型在仓储服务质量评价的应用分析

有些学者认为 SERVQUAL，也就是服务质量差距分析模型不适用于第三方物流产业，但根据前面对此模型的介绍和对仓储物流业服务质量特点的分析，可以看出，正是由于仓储物流企业提供的产品本身就是服务，因而顾客的感知就很大程度上决定了该企业的服务满意度，而且由于仓储型物流企业的客户相对稳定，可以做到相互了解，这样就更容易明确客户的期望服务水平，而 SERVQUAL 往往被人诟病的就是顾客的期望服务水平的准确性不足，由于仓储型物流企业客户结构的特殊性，可见，SERVQUAL 是比较合适构建其服务质量评价模型的基础之一。

虽然 SERVQUAL 与仓储物流企业的服务质量特点具有一致性，但完全的照搬这种评价模型也会产生比较大的误差，主要原因是 SERVQUAL 是在完全根据客户的期望与实际感受基础上建立起来的，虽然由于客户稳定性的提高，主观性误差有所减少，但这种误差依然存在，由于可控性的存在，一些客观指标的应用便可以削减主观性的影响。因此，我们主要的目的就是把 SERVQUAL 方法和一些客观指标有效结合，来达到降低误差，提高准确性。

（二）仓储服务质量评价的指标体系

SERVQUAL 一般从可靠性、反应性、保证性、移情性、可感知性这五个维度来进行评价。如果将其应用于仓储物流业，可以解释如下。①可靠性。评价企业是否可靠地、准确地履行了服务承诺，可靠性反映了服务能无差错的为顾客完成，由于仓储服务的可控性，我们可以将这个维度通过质量指标加以计算反映，而无需进行问卷调查。②反应性。评价企业是否随时帮助顾客并提供了快捷、有效的服务，针对仓储物流企业可以从仓库能否及时满足客户的储存，拼装，分类，配送等服务的要求来评价。③保证性。评价企业是否具备满足顾客需求的能力和态度，针对仓储物流企业，相当于仓库工作人员的工作能力与工作态度。④移情性。表现员工是否设身处地为顾客着想和对顾客给予特别的关注，体现在仓储企业是否对客户的实际情况进行针对对待，提供用户需要的个性化服务。⑤可感知性。是指企业有形的设施、设备以及服务人员的形象等，体现在仓储企业主要指仓储企业的环境和从业人员的精

神面貌等。

根据上面所提到的维度制定出具体的22项评价指标，参照我国国家评价标准，可以建立一个二级的仓储服务质量评价指标体系，如表10-1所示。

表10-1 仓储服务质量评价指标体系

一级指标	二级指标	一级指标	二级指标
可靠性	出库差错率	保证性	员工具备较好的专业素质
	责任货损率		员工服务态度积极认真
	账货相符率		员工与顾客沟通良好
	订单按时完成率		具有意外灾害处理能力
	单据与信息传递准时率	移情性	可提供个性化服务
	数据与信息传输准时率		可为顾客提供专有的仓储区域
反应性	能及时提供存储的空间		能按顾客出入库规律进行合理配送
	能及时提供配送车辆		与顾客信息系统有对接功能
	能及时出具相关单据	可感知性	仓库规划合理、布局整齐
	能及时满足用户的拼装要求		仓库有自动化设备与先进信息技术
			仓库空间充足、防火通风
			仓储服务收费合理

三、仓储服务质量改进

（一）质量改进概述

质量管理活动可划为两个类型：一类是维持现有的质量，其方法是质量控制；另一类是改进目前的质量，其方法是主动采取措施，使质量在原有的基础上有突破性的提高，即质量改进。质量控制与质量改进效果不一样，但两者是紧密相关的，质量控制是质量改进的前提，质量改进是质量控制的发展方向。质量控制面对的是“今天”的要求，控制的效果是维持其质量水平；而质量改进是为了“明天”的需要，改进的效果则是突破或提高。改进的最终效果是按照比原计划目标高得多的质量水平进行工作。那么，什么是质量改进呢？质量改进的意义体现在哪些方面呢？质量改进一般可以采取哪些策略呢？

1. 质量改进的内涵

在国际标准化组织颁布的ISO 9000:2000质量标准中，质量改进被定义为：是质量管理的一部分，致力于增强满足质量要求的能力。该定义中的“要求”可以是有关任何方面的，如有效性、效率或可追溯性。从这一定义可以认识到，质量改进是质量管理活动的组成部分，是着重于增强满足质量要求的能力的那些质量管理活动。美国质量管理学家朱兰在欧洲质量管理组织第30届年会上发表《总体质量规划》论文中指出：质量改进是使效果达到前所未有的水平的突破过程。由此可见，质量改进的含义应包括以下内容。

① 质量改进的对象　质量改进的对象可以分为两类：一类是产品（或服务）质量，如电视机厂生产的电视机实物的质量，饭店的输出服务质量等；另一类是工作质量，如企业中供应部门的工作质量，车间计划调度部门的工作质量等。因此，质量改进的对象是全面质量管理中所叙述的“广义质量”概念。

② 质量改进的方式　质量改进有两种基本方式。一种是通过改进“产品特性”进而增强顾客满意的改变，这种改变通常是通过质量计划活动来实现的；另一种则是通过降低“缺

陷”来减少慢性浪费和消除顾客不满的改变，这种改变主要通过揭示原因并采取纠正措施的方法来实现。这种旨在减少慢性浪费的活动便是通常人们所讲的质量改进。

③ 质量改进的过程　质量改进是一个变革和突破的过程，该过程也必然遵循 PDCA 循环的规律。由于时代的发展是永无止境的，为立足于时代，质量改进也必然是永无止境的。国外质量专家认为：永不满足则兴、裹足不前则衰。此外，还要深刻理解变革的含义，变革就是要改变现状。改变现状就必然会遇到强大的阻力。这个阻力来自技术和文化两个方面。因此，了解并消除这些阻力，是质量改进的先决条件。

④ 偶发性缺陷与长期性缺陷　在质量管理过程中，既要及时排除产品的质量缺陷，又要保证产品质量的继续提高。缺陷是质量管理的主要对象，缺陷是指不满足预期的使用要求，即指一种或多种质量特性偏离了预期的使用要求。一般情况下，质量缺陷分为偶然性质量缺陷和长期性质量缺陷两种类型。偶然性质量缺陷是指产品质量突然恶化所造成的缺陷，是由于生产过程中系统偏差所造成的。由于偶然性质量缺陷影响生产的进展，因此需要立即采取措施使生产恢复正常。它类似产品质量的“急性病”，采取对策的方式是“救火式”，其目的仅局限于“恢复常态”。长期性质量缺陷是指产品质量长期处于低水平状态所造成的缺陷，是生产过程中随机偏差综合影响所造成的。人们虽然对它有所察觉，但习以为常，缺乏采取措施的紧迫感。长期性质量缺陷不易引起人们的重视，所造成的经济损失远远高于偶发性质量缺陷。长期性质量缺陷类似产品质量的“慢性病”，对其采取的对策是“质量突破”方式，其目的是“层次提高”。

2. 质量改进活动的意义

市场竞争的焦点是质量竞争，质量改进的重要性关系到企业参与市场竞争的成败。企业开展质量改进活动的意义主要体现在如下几个方面。

① 质量改进是企业在激烈竞争中生存和发展的保证　人们已经认识到质量竞争不仅是一种长久的存在，而且还会日益加剧。企业要在激烈的竞争中生存和发展，必须要开展持续的质量改进活动。而且，人们还意识到，由于质量改进速度决定了谁能够作为质量领先者，因此企业不仅要长期开展质量改进活动，而且需要保持较高的速度。

② 质量改进是企业不断满足顾客要求的需要　目前，几乎没有哪个企业敢于忽视顾客的力量和要求。因此，顾客已经变成了企业能否生存的“裁判”和“主宰”。然而，顾客的要求不仅不断变化，而且越来越高。顾客不仅要求企业改进产品，而且还要求改进其质量管理体系。因此，任何满足于当前成功的组织，都会在顾客不断升级的需求面前被淘汰。分析顾客需求，跟踪顾客需求，在整个组织中进行持续不断的质量改进已经成为企业生存的必要条件。

③ 质量改进是企业消除慢性浪费、提高竞争力的重要手段　质量改进活动的开展能够帮助企业发现长期的系统性问题，并且通过分析原因，采取纠正和治疗措施，解决问题。这样的活动不仅有利于降低企业的成本，消除浪费，增强企业在成本上面的竞争力，而且能够帮助企业找到更有效果和效率的工作方法，使企业实现突破，达到一个更高的层次。

3. 质量改进的对策

正是基于以上的认识，越来越多的企业开展了广泛的质量改进活动，并且在实践中总结出许多有价值的经验。那些成功的企业为人们提供了很多深刻的启迪。通过对诸多的成功企业所采取举措的分析，可以看出它们中的绝大多数都采取了以下的对策。①所有层次的经营计划中都设立了质量改进目标。②建立了实施改进的过程，并且设立了专门的实施机构。③树立了广义质量的概念，改进过程不仅应用于制造过程，也应用于其他业务过程中。④高层经理在内的所有层次的人员就如何履行各自的质量管理使命接受了培训。⑤对普通员工进行充分的授权，促进他们参与质量改进活动。⑥建立了评价指标以衡量实现质量改进目标的进展情况。⑦包括高层经理在内的各级管理人员对于实现改进目标的进展情况进行评审。⑧对于卓越的质量绩效应用褒奖手段。⑨修改薪酬制度以鼓励和表彰各自职责范围内所取得的成绩。

（二）仓储服务质量改进的对象及其选择方法

仓储组织质量改进活动涉及质量管理的全过程，改进对象既包括仓储服务的结果、过程与质量体系要素，也包括员工的工作质量。仓储服务质量是在一系列的仓储作业过程中形成的，涉及仓储设施、仓储设备、仓储作业、仓储物资等诸多方面。仓储服务质量改进项目的选择重点，应是长期性的缺陷。仓储服务质量改进是指改进服务自身的缺陷，或是改进与之密切相关事项的仓储作业缺陷的过程。

1. 仓储服务质量的改进对象

一般来说，应把影响仓储组织质量目标实现的主要问题，作为质量改进的选择对象。同时还应对以下情况给予优先考虑。

① 市场竞争最敏感的项目　仓储组织应了解顾客在对影响仓储服务结果的众多服务过程与质量体系要素中最关切的是哪一项，因为它往往会决定仓储服务在市场竞争中的成败。例如：顾客对于流通加工服务的速度与效率两个因素比较敏感，则流通加工服务质量改进项目主要是提高它的速度与效率。

② 服务质量指标达不到规定“标准”的项目　所谓规定“标准”是指在服务提供过程中，合同或销售文件中所提出的标准。如仓储服务的质量指标达不到这种标准，则仓储组织就难以在市场上立足。为此，仓储组织应该对仓储服务中所存在的不达标的作业流程、仓储设施与设备资源配置情况、储存条件等方面加以改进。

③ 服务质量低于行业先进水平的项目　颁布的各项标准只是仓储服务质量要求的一般水准，有竞争力的仓储组织都执行内部控制的标准，内部标准的质量指标高于公开颁布标准的指标。因此选择改进项目应在立足于与先进仓储组织服务质量对比的基础上，将本仓储组织服务质量项目低于行业先进水平者，均应列入计划，订出改进措施，否则难以占领国内外市场。

④ 其他　诸如仓储服务质量成本高的项目，用户意见集中的项目，索赔与诉讼项目，影响服务信誉的项目等。

2. 仓储服务质量的改进对象的选择方法

仓储服务质量改进项目的选定应该根据项目本身的重要程度、缺陷的严重程度、仓储组织的技术能力和经济能力等方面的资料，综合分析后来决定。下面介绍几种常见的选择方法。

① 统计分析法　该方法首先运用数理统计方法对仓储服务缺陷进行统计，得出清晰的数量报表；然后利用这些资料进行分析；最后根据分析的结果，选定改进项目。常用的方法有：缺陷的关联图分析和缺陷的矩阵分析等。该方法的特点是目光注视仓储组织内部，积极搜寻改进目标。

② 对比评分法　该方法是运用调查、对比、评价等手段将仓储组织服务质量与市场上同类仓储服务质量进行对比评分，从而找出本企业产品质量改进的重点。该方法的特点是，放眼四方，达到知己知彼的境地，从而制定出最有利的改进项目。

③ 技术分析法　该方法是首先收集科学技术情报，了解顾客对仓储服务需求的发展趋势，了解新技术在仓储服务上应用的可能性，了解新工艺及其实用的效果等；然后通过科技情报的调查与分析；最后寻求质量改进的项目和途径。该种方法的特点是，运用“硬技术”，

抢先一步使仓储技术处于领先地位，从而占领市场。

④ 质量经济分析法 该方法是首先运用质量经济学的观点，来选择改进项目并确定这些项目的改进顺序；然后运用“用户评价值”的概念，计算出成本效益率；最后以成本效率数值来选择仓储服务质量的改进项目。其中“用户评价值”是指：当该项质量特性改进后，用户愿意支付的追加款额。成本效益率就是“用户评价值”与“质量改进支出费用”的比值，该值大者优先进行质量改进，该值小于1者，无改进价值。该种方法的特点是，以企业收益值作为标准来进行质量改进项目选择的。

(三) 仓储服务质量改进的一般步骤

仓储服务质量改进项目（活动）通常起始于改进机会的发现，而改进机会发现又基于对质量损失的度量和（或）与同行领先仓储组织进行的对比分析。问题一旦明确，质量改进项目或活动就可以通过一系列步骤向前推进，并通过采取预防或纠正措施来完成，最终使该过程达到和保持新的、更高的水平。实施质量改进的一般步骤如下。

① 质量改进的项目或活动的确立 仓储组织成员都应积极地提出质量改进项目和活动。项目确定之后，应将项目或活动指定给专人或小组负责实施。在实施之前，应制订质量改进项目实施计划，分配充足的资源。

② 调查可能的原因 这一步骤的目的是通过搜集资料，确认、分析被改进项目的性质，提高对被改进项目的认识，初步诊断引起被改进项目的可能原因。

③ 确定因果关系 通过对资料、数据进行分析，确定因果关系，掌握待改进过程的性质。此时，要注意区分巧合与因果关系是很重要的。

④ 采取预防或纠正措施 在确定因果关系之后，应针对相应的原因制订多种预防或纠正措施的方案并对它们加以评估。对有关方案的取舍，应由参与该措施实施的成员来研究决定。在其实施方面，全体有关人员的合作十分重要。

⑤ 对改进进行确认 采取预防或纠正措施之后，必须搜集适当的数据加以分析，以确定改进取得的效果。如果在采取预防或纠正措施之后，未达到预期效果，那些不良现象仍继续发生，且发生频率与改进之前几乎相同，则需要重新确定质量改进项目或活动。

⑥ 保持成果 为了将经确认后的改进成果保持下去，应对相应的规范、作业标准、管理程序及方法等进行更改，并要对有关人员进行必要的教育和培训。对改进后的过程需要在新的水平上加以控制。

⑦ 继续改进 改进取得成果之后，在新的水平上又会有新的问题，此时可以根据新的目标再实施质量改进项目活动。

上述质量改进的步骤也就是一个PDCA循环。将PDCA循环用于持续的质量改进，就能使产品、服务质量不断提高到更高的水平。

(四) 仓储服务质量改进的若干注意事项

仓储服务质量的改进是一个循序渐进的过程。在竞争激烈的市场中，企业必须时刻关注客户的需求变化，持续改进仓储服务质量。忽视质量改进的企业或许会获得短期利益，但很难在市场中长久的生存和发展，最终将被市场淘汰。

1. 正确认识顾客对仓储服务质量的期望

仓储组织要改进其服务质量，就必须弄清客户的需求，并根据不同客户的期望制定不同的服务策略。通过对潜在的市场分析研究，客观的预测客户对质量服务需求的期望，制定具体的服务规范，设计新的服务程序，程序通常需要根据物流企业的管理模式，企业开展仓储服务活动的具体特征和分析其他企业优势与不足来制定。

2. 强化服务质量培训教育

注重服务质量观念的培养，是仓储服务质量管理中的重要环节。客户能从仓储服务人员自然的观念流露中，看到仓储组织的实力与提供服务的能力，从而产生对企业的信赖。仓储服务质量观念的建立，主要是通过对员工的素质培养、业务培训与相关的激励来实现。因此，从仓储组织的高层管理者到相关的具体操作人员都需要接受服务质量培训，强化质量意识和责任感。

3. 鼓励员工开展有创造性的服务

仓储组织领导要充分认识竞争力的源泉蕴藏在富于创造精神和充满活力的员工身上。要将“员工第一”与“客户第一”摆在同等重要的位置。用正确的理念激发员工的责任心和积极性，充分发挥主动性和创造力，不断提高仓储服务水平。同时应努力维护员工的切身利益，运用精神的、物质的激励手段，增强企业的凝聚力。只有企业尊重和善待每一位员工，员工才会善待每一位客户，推出优质的个性化服务，有人说：“没有快乐的员工也就没有快乐的顾客”。仓储组织的管理者要关心员工，形成相互尊重的工作氛围，使追求更高品质的仓储服务成为管理者和所有员工的共同目标。

4. 建立完善的服务补救机制

仓储组织要重视客户的意见，进行及时的服务补救。服务补救策略包括：跟踪并预期补救良机；主动地查找潜在的服务失误。最有效的补救就是要授予员工解决问题的权力，承认问题的存在，向顾客道歉，并将问题当面解决。

复习思考题

1. 什么是服务？服务有哪些特征？结合实际例子，谈谈自己的理解。
2. 什么是服务质量？什么叫服务的技术质量？什么叫服务的功能质量？两者有什么关系？
3. 结合仓储服务，谈谈对服务质量差距分析的理解。
4. 什么叫服务质量环？它有什么意义？
5. 什么是质量特性？仓储服务的质量特性有哪些？
6. 什么叫质量策划？仓储服务质量策划主要包括哪些环节？
7. 仓储服务质量策划的输入与输出主要包括哪些？
8. 简述仓储服务策划的范围与内容。
9. 什么是仓储服务的质量控制？仓储服务的质量控制与质量保证的关系如何？
10. 论述仓储服务质量控制的反馈原理及其应用。
11. 结合实际谈谈仓储服务质量控制的一般过程。
12. 什么是仓储服务质量测量？简述仓储服务质量测量的对象可以分为哪些类型，并举例说明。
13. 简述仓储服务质量评价的五个维度及其应用。
14. 什么是质量改进？试论述仓储服务质量改进的意义。
15. 简述仓储服务质量改进的对象与方法。
16. 结合实际谈谈仓储服务质量改进过程应关注哪些问题？
17. 调研一家仓储企业，诊断其仓储服务质量问题及其改进对策。

参考文献

[1] 安玉婷．第三方物流企业服务质量评价研究［J］．物流科学与工程，2009，(1)：9-10.

[2] 郑克磊，郑克俊，倪志敏．浅谈我国现代仓储业存在问题及发展对策［J］．物流科技，2009，(2)：

12-14.

[3] 应可福．质量管理［M］．北京：机械工业出版社．2005.

[4] 龚益鸣，蔡乐仪，陈森．质量管理学［M］．第3版．上海：复旦大学出版社，2007.

[5] 张健兰，吴向丹．SERVQUAL模型在图书馆服务质量评价上的应用［J］．图书馆学研究，2003，(5)：87-90.

[6] 中国仓储协会秘书处（北京）．中国仓储业发展调研报告［J］．商品储运与养护，2006，(6)：13-18.

[7] 陈运涛．质量管理［M］．北京：清华大学出版社，北京交通大学出版社，2008.

[8] 闫伟红．服务质量评价模型比较［J］．贵州工业大学学报（社会科学版），2008，10 (4)：29-31.

[9] Parasuraman，Zeithaml，Berry. SERVQUAL：A Multiple-Item Scale for Mearsuring Consumer Perceptions of Service Quality [J] . Journal of Retailing，1988，64 (1)：12-40.

[10] 赵吉壮，余伟萍，王成杰．服务质量研究综述［J］．技术与市场，2008，(1)：82-84.

[11] 中国仓储协会秘书处．仓储服务质量评鉴的指标体系［J］．物流工程与管理，2008，(10)：67-68.

[12] 约瑟夫·M·朱兰．朱兰质量手册·第五版·［M］．焦叔斌等译．北京：中国人民大学出版社，2003.